高等学校创新性数智化应用型经济管理规划教材（审计系列）

总主编 / 李雪　　主审 / 徐国君

U0780362

审计学原理（第三版）

李雪 ◎ 主编

立信会计出版社

LIXIN ACCOUNTING PUBLISHING HOUSE

图书在版编目(CIP)数据

审计学原理 / 李雪主编. —3 版. —上海：立信
会计出版社,2023.3(2024.12 重印)

ISBN 978 - 7 - 5429 - 7225 - 5

Ⅰ.①审… Ⅱ.①李… Ⅲ.①审计学 Ⅳ.
①F239.0

中国国家版本馆 CIP 数据核字(2023)第 037696 号

策划编辑　方士华
责任编辑　孙　勇
美术编辑　吴博闻

审计学原理(第三版)

SHENJIXUE YUANLI

出版发行	立信会计出版社
地　　址	上海市中山西路 2230 号　　　邮政编码　200235
电　　话	(021)64411389　　　　　传　　真　(021)64411325
网　　址	www.lixinaph.com　　　电子邮箱　lixinaph2019@126.com
网上书店	http://lixin.jd.com　　　http://lxkjcbs.tmall.com
经　　销	各地新华书店

印　　刷	上海华业装璜印刷有限公司
开　　本	787 毫米×1092 毫米　　　1/16
印　　张	17.75
字　　数	421 千字
版　　次	2023 年 3 月第 3 版
印　　次	2024 年 12 月第 3 次
书　　号	ISBN 978 - 7 - 5429 - 7225 - 5/F
定　　价	48.00 元

总　序

教材是高校实现人才培养目标的重要载体,教材及教材建设对高校发展具有举足轻重的作用。与培养模式相对应的教材是培养合格人才的基本保证,是实现培养目标的重要工具。由于历史的原因,在财经类教材的出版方面,相关出版社出版研究型本科或者高职高专、中等职业等层次的教材较多,应用型本科教材较少。虽然近年来一些应用型本科教材也陆续出版,但总体而言,这些教材还是缺乏权威性、普适性、实用性、创新性。造成这种状况的原因主要在于:出版社对财经类应用型本科教材的出版还不够重视,没有进行有效的组织;财经类应用型本科院校多为新建院校,教材建设相对滞后,主观上也较愿意使用研究型本科教材;在教材使用中存在比较严重的混用现象,教材目标读者群不明确,如不少教材既适用于研究型本科院校又适用于应用型本科院校,或者既适用于本科院校又适用于高职高专院校。

由于目前财经类应用型本科教材种类和数量匮乏或质量欠佳,财经类应用型本科院校不得不沿用传统研究型教材。这些教材本身的质量很好、级别很高,但是并不适用于应用型本科院校的教学,教师和学生普遍反映不好用。即使在全国范围看,也还没有相对成套、成熟的适合财经类应用型本科院校的教材。现有教材存在的主要问题包括:①教材的定位和要求过高;②教材的内容偏多、难度偏大;③教材着重于理论解释,相关案例、实训等内容较少,缺乏普适性、实用性。

与此同时,信息技术的快速发展使学生的学习习惯和阅读习惯发生了改变,不断朝个性化、自主学习的方向发展,传统的单一纸质教材已经无法适应这种变化。翻转课堂、慕课、微课等网络课程的兴起,混合式教学的不断推进,也对立体化教材建设提出了新的要求。教材作为一种课堂上的教学工具、一种传播媒介,理应顺势而为,随课堂形式、学生学习方式的改变而改变,朝着数字化、立体化、可视化的方向发展。因此,需要编写适应学生水平、便于学生接受的立体化财经类应用型本科教材。

我们组织具有多年应用型人才培养经验的优秀教师和实务界专家编写了这套教材。本系列教材有《会计基本技能》《出纳实务》《基础会计》《中级财务会计》《成本会计》《管理会计》《会计信息系统》《财务管理》《审计学》《高级财务会计》《商业分析》《税法》《经济法》《金融学》等品种。为了保证教材的质量,本系列教材聘请了知名高校的专家教授进行专门指导和审核。每本教材至少有一名本学科的知名专家或学科带头人提出审核指导意见,至少有一名高等院校教学一线的高级职称教师组织编写,至少有一名行业协会、实务界专家或教学研究机构人员提出编写建议。

本系列教材的特色如下。

1. 应用性

应用型本科的教材建设应坚持培养应用型本科人才的定位,充分吸收和借鉴传统的普通本科教材与高职高专类教材建设的优点和经验,以就业为导向,做到理论上高于高职高专类教材、动手能力的培养上高于传统的本科院校教材。本系列教材体现了应用型本科的定位,体现了素质教育和"以学生发展为本"的教育理念,遵循了高等教育教学基本规律,重视知识、能力和素质的协调发展,根据应用型人才培养模式对学生的创新精神、实践能力和适应能力的要求,在内容选材、教学方法、学习方法、实验和实训配套等方面突出了应用性特征。

2. 针对性

本系列教材的编写符合会计学、财务管理和审计学等专业的培养目标、培养需求、业务规格和教学大纲的基本要求,与各专业的课程结构和课程设置相对应,与课程平台和课程模块相对应。教材在结构纵横的布局、内容重点的选取、示例习题的设计等方面符合教改目标和教学大纲的要求,把教师的备课、试讲、授课、辅导答疑等教学环节有机地结合起来。

3. 立体化

本系列教材为立体化教材,实现了由传统纸质教材向"纸质教材+数字资源"的转变,通过技术手段将晦涩难懂的理论知识转变为直观的具体知识,以立体化、数字化的方式呈现,包括图文、动画、音频、视频等多种形式,生动、有趣且易懂,不仅可以激发学生的学习兴趣,还有利于教学效果的提升。

4. 趣味性

本系列教材注重趣味性,使用了大量的例题和案例,每章都加入了"思政育人""相关思考""延伸阅读"等内容,使读者能够加深理解,便于掌握相关内容。在案例、例题等的设计选用上重点突出趣味性,易于引发读者的共鸣。

5. 先进性

本系列教材反映了应用型会计人才教育教学改革的内容,能够反映学科领域的新发展。教材的整体规划、每一种教材的内容构建等均体现了创新性。教材还强调了系列配套,包括了教材、学习参考书、教学课件等。立体化教材在内容修订上更具有明显优势,线上资源可以随时根据政策法规、理论知识或工作实务等的变化进行调整,更有利于保持教材内容的先进性。

6. 基础性

本系列教材将打破传统教材自身知识框架的封闭性,尝试多方面知识的融会贯通,注重知识层次的递进,体现每一门科目的基本内容,同时在具体内容上突出实际运用能力,做到"教师易教,学生乐学,技能实用"。

7. 易于自学

自学能力是大学生的一项基本能力。学生只有具备了自主学习的能力,才能最终建立起终身学习的保障体系,这也是应用型本科人才培养的客观要求。应用技术型高校的生源素质与普通高校相比存在一定的差距,除了一部分是高考发挥失误的学生,还有一部分学生在学习习惯、基础知识等方面存在一定的欠缺,这就要求教材能够调动这部分学生的学习积极性,在理论方面尽量通俗易懂,在实践方面尽量采用案例式教学。为了有利于学生课后自主学习,本系列教材配套了学习指导书和教学课件。

因此,本系列教材的定位准确,特色明显,适用于应用型本科院校教学,容易得到学生和市场的认可,便于学生的自学和教师的教学。

"十四五"高等学校创新性数智化应用型经济管理规划教材凝聚了众多领导、教授和专家多年来的经验和心血。当然,由于我们的经验和人力有限,教材中难免存在不足,我们期待着各位同行、专家和读者的批评指正。我们将伴随着经济发展和会计环境的变迁不断修订教材,以便及时反映学科的最新发展和人才培养的最新变化。

本系列教材自2014年出版后,得到市场的认可,深受广大高校师生的欢迎。为了更好地回馈读者,本系列教材从2017年起启动第二版的修订工作,2019年启动第三版的修订工作,2021年启动第四版的修订工作。各种教材的修订版将陆续出版。我们会一如既往地做好教材修订和相关服务工作,希望广大读者对本套系列教材继续给予支持。

李　雪

2022 年 8 月

第三版前言

　　审计学原理课程是高等学校会计学本科专业的核心专业课之一,内容涵盖了审计学的基本理论、程序和方法。审计学原理课程主要通过对审计学核心概念的讲解,并辅之以生动的案例剖析,使学生掌握审计学的基本理论、程序和方法,更好地理解和掌握审计理论、审计过程和审计决策,为学习后续的审计实务课程和今后从事会计、审计工作打下扎实的基础。

　　我们本着与时俱进的精神,着眼于应用技术型会计人才培养的现实需要,依据高等学校创新性数智化应用型经济管理规划教材的编写要求,结合多年应用技术型会计人才培养的教学经验,体现应用技术型会计人才培养的主要特色和成绩,编写了本教材。

　　本教材的内容立足于我国审计准则,围绕审计人员进行审计决策的过程,全面系统地阐述了有关审计的基本理论、程序和方法。教材共分12章,大致可以划分成四大部分。第一章至第三章为第一部分"审计环境",主要介绍审计的基本理论,重点说明经济生活对审计的需求、审计本质、审计机构和人员、审计准则和质量管理、职业道德等审计环境因素。第四章至第七章为第二部分"审计计划",主要介绍审计目标、审计证据、审计计划、审计重要性、审计风险等审计计划阶段的内容。第八章至第十章为第三部分"审计测试",主要介绍风险评估、风险应对、审计抽样等审计测试阶段的内容。第十一章至第十二章为第四部分"审计报告",主要介绍终结审计、审计报告等内容。

　　本教材编写力图体现以下特点:

　　一是结构合理,便于应用技术型会计人才的教育教学。本教材每章均设置了"内容提要""重点难点""学习目标""知识框架""本章小结""本章重要概念""本章练习"等内容,便于学生了解章节知识脉络,把握重难点。

　　二是国际化与本土化并重。一方面,本教材大量借鉴了以英美为代表的发达国家先进审计理论与实务,系统地介绍了国际审计准则、质量管理准则、职业道德准则和法律责任以及有关审计理论和方法;另一方面,本教材始终注重立足国情,严格按照我国的最新的审计法规、审计准则阐述审计问题,便于提高学生的实际工作水平。

　　三是体现了最新审计准则和企业内部控制规范的要求。本教材吸收并参考了截至2022年12月我国发布的所有审计准则和相关规范,还吸收了作者及中外众多审计学者的最新研究成果。本教材适时、较为全面地反映了审计学领域的最新变化,有助于学生及时了解新的规范对审计的影响和要求。

　　四是内容新颖,形式灵活。从内容上看,本教材体现了审计学领域的最新变化,便于学生了解最新要求。从形式上看,本教材列示了各种重要观点、流程图和审计报告,同时提供二维码学习资料、各种图表资料,便于学生对知识点的理解和掌握。

　　五是编写了配套的学习指导书,便于学生课后学习。学习指导书既包括对教材中每章重难点的讲解及例题、思考与练习及解答,还包括自测题及参考答案,非常方便学生开展复习和测试,以便巩固课堂所学的知识,拓宽知识面。

本教材既适合财经类专业学生学习使用,也适合相关专业人员参考。

本教材第三版由李雪、高金清、冉欣怡、宋丹雯负责修订。

我国审计还处于改革时期,新的情况会随着市场经济体制的逐步完善而不断出现。因此,本教材的编写只能就目前所能预期到的审计情况进行适当的前瞻,而无法全面预期。加之客观条件和作者水平有限,本教材如有不足之处,恳请各位读者多加指正,以便我们在后续编写中改进。

编　者
2023 年 3 月

目 录

第一章　绪　　论

内容提要

本章主要讲述了审计的产生和发展、概念和特征以及职能和分类。

重点难点

本章重点为注册会计师审计的产生和发展、审计的概念和特征以及审计的职能和分类；难点为审计的概念、审计的职能。

学习目标

通过本章学习,学生应了解审计的产生和发展历程;理解审计的概念、会计与审计的区别和联系,以及审计的基本特征;熟悉审计的分类。

知识框架

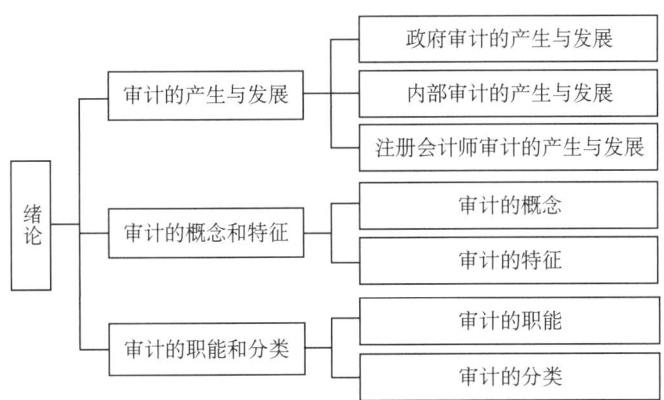

思政育人　　　　英国南海公司审计案例①

200 多年前,英国成立了南海股份有限公司(下称"南海公司")。由于经营无方,公司效益一直不理想。公司董事会为了使股票达到预期价格,不惜采取散布谣言等手段,使股票价格直线上升。事情败露后,英国

———————————

① 李若山.审计案例——国外审计诉讼案例[M].沈阳:辽宁人民出版社,1998.

1

议会聘请了一位懂会计的人,审计了该公司的账簿,然后据此查处了该公司的主要负责人。于是,审核该公司账簿的人开创了世界注册会计师行业的先河,民间审计从此在英国拉开了序幕。

1. 大肆造假

1711 年,英国政府为偿还因参与西班牙王位继承战争而欠下的大笔债务创立了南海公司。经过近 10 年的经营,该公司业绩依然平平。1719 年,南海公司向英国政府提出一个名为"南海计划"的大型换股计划,通过该计划,南海公司以自身股票购买市场上的英国政府债券。1719 年年底,公司的董事们开始对外散布各种所谓的好消息,即南海公司在年底将有大量利润可实现,并煞有其事地预计,在 1720 年的圣诞节,公司可能要按面值的 60% 支付股利。这一消息的宣布,加上公众对股价上扬的预期,促进了债券转换,进而带动了股价上升。1719 年年中,南海公司股价为 114 英镑,1720 年 3 月,股价劲升至 300 英镑以上,到了 1720 年 7 月,股票价格已高达 1 050 英镑。此时,南海公司老板布伦特又想出了新主意:以数倍于面额的价格,发行可分期付款的新股。同时,南海公司将获取的现金,转贷给购买股票的公众。这样,随着南海股价的扶摇直上,一场投机浪潮席卷全国。由此,170 多家新成立的股份公司股票以及原有的公司股票,都成了投机对象。

1720 年 6 月,英国国会通过了《泡沫公司取缔法》,该法对股份公司的成立进行了严格的限制,只有取得国王的御批,才能得到公司的经营执照。事实上,股份公司的形式基本上名存实亡。自此,许多公司被解散,公众开始清醒过来,对一些公司的怀疑逐渐扩展到南海公司身上。从 7 月份开始,外国投资者首先抛出南海公司股票,撤回资金。随着投机热潮的冷却,南海公司股价一落千丈,到 1720 年 12 月份仅为 124 英镑。当年年底,政府对南海公司资产进行清理,发现其实际资本已所剩无几。

2. 一朝梦醒

南海公司的消息传来,犹如晴天霹雳,惊呆了正陶醉在黄金美梦中的债权人和投资者。迫于舆论的压力,1720 年 9 月,英国议会组织了一个由 13 人参加的特别委员会,对"南海泡沫"事件进行秘密查证。在调查过程中,特别委员会发现该公司的会计记录严重失实,明显存在蓄意篡改数据的舞弊行为,于是特邀了一名叫查尔斯·斯内尔的资深会计师,对南海公司的分公司"索布里奇商社"的会计账目进行检查。查尔斯·斯内尔通过对南海公司账目的查询、审核,于 1721 年提交了一份对索布里奇商社的会计账簿进行检查的意见。在该份报告中,查尔斯指出了公司存在舞弊行为、会计记录严重不实等问题。

议会根据这份查账报告,将南海公司董事之一的雅各希·布伦特以及他的合伙人的不动产全部予以没收。其中一位叫乔治·卡斯韦尔的爵士,被关进了著名的伦敦塔监狱。直到 1828 年,英国政府在充分认识到股份有限公司利弊的基础上,通过设立民间审计的方式,将股份公司中因所有权与经营权分离所产生的不足予以制约,才完善了这一现代化的企业制度。据此,英国政府撤销了《泡沫公司取缔法》,重新恢复了股份公司这一现代企业制度的形式。

英国南海公司的舞弊案例,对世界民间审计史具有里程碑式的影响。尽管在 1720 年之前,就有人认为已有了民间审计这一行业,但世界上绝大多数的审计理论工作者都认为,查尔斯·斯内尔是世界上第一位民间注册会计师,他所撰写的查账报告,是世界上第一份民间审计报告。而英国南海公司的舞弊案例,也被列为世界上第一起比较正式的民间审计案例。由此可见,该案例对注册会计师行业来说,具有举足轻重的影响。

审计究竟是怎样产生和发展起来的,注册会计师又有什么样的职能和作用,学完本章,你将会有答案。

第一节 | 审计的产生和发展

一、政府审计的产生与发展

(一)国外政府审计的产生与发展

在西方国家,随着生产力的发展和受托经济责任的出现,早期的政府审计应运而生。

据考证,早在奴隶制度下的古埃及,以及古罗马和古希腊,已有建立官厅审计机构和实施政府审计的史实。古埃及大约早在公元前 3500 年,奴隶主阶级的统治者就设置了一种有较强独立性的监督官,负责对政府的会计账簿和谷物税的征收进行审查和监督工作。监督官的职责实际上就是审计。古罗马在公元前 443 年,也设立监督官,与元老院和财务官共同组成古罗马国家政权的主干,监督官也就是当时的审计官。古希腊的雅典城邦,在 2 000 多年前就建立了官吏卸任经济责任审计制度,由审计官执行这种审计。那时,这些古国的审计官员以"听证"方式,对掌管国家财物和赋税的官吏进行审查和考核,成为具有审计性质的经济监督工作。

到中世纪,西方国家的封建王朝中大多设置审计机构和审计官员,对国家财政收支进行审计监督。例如,法国资产阶级革命前,当时的政府就设有审计厅,实施政府审计。资产阶级革命后,拿破仑一世创建的审计法院至今仍是法国政府实施事后审计的最高机关。但是,中世纪的西方政府审计,在组织上、体制上、方法上,都还处于很不完善的初始状态。

在资本主义时期,随着社会经济的高度发展和资产阶级国家政权组织形式的日臻完善,审计逐渐成为推行民主政治的重要手段,政府审计得到进一步的发展。欧洲的许多国家于 19 世纪都在《宪法》或特别法令中规定了审计的法律地位,确立政府审计机关的职权、地位和审计范围,并授权独立地对财政财务收支进行审计监督。现代资本主义国家,大多实行议会制的政治制度,即立法、行政、司法三权分立的国家政权组织形式,议会为国家的最高立法机关,并对政府行使包括财政监督在内的监督权。为了监督政府的财政收支,切实执行财政预算法案,以维护统治阶级的利益,西方国家大多在议会下设立专门的审计机构,由议会或国会授权,对政府及公营企业、事业单位的财政财务收支进行独立的审计监督。例如,美国早年没有独立的财政监督机构,只在财政部设审计官进行财政审计,直到 1919 年经参、众两院建议,组成预算特别委员会后才把政府的账目审计从财政部的业务中分离出来。1921 年,美国公布了《预算和会计法》,并根据该法建立了美国的最高审计机关——审计总署,受理政府账目审计,以寻求经济而有效的方式来管理美国政府的公共款项。美国的审计总署的审计监督权力很大,除了中央情报局和总统办公室不能审计,对凡与公共开支有关的事项都有权进行审查,但其重要的职责则是向国会提供信息和参考意见,以利于国会委员会开展工作。美国的审计总署是世界上最典型的隶属于国会的审计机关,其审计长由国会提名,经参议院同意,由总统任命。但审计总署和审计长则置于总统管辖之外,独立行使审计监督权。

值得介绍的还有英国政府审计的产生和演进情况。英国的政府审计也隶属于立法系统。它有着悠久的历史,是近代审计的重要发源地。英国的王室财政审计制度源于 13 世纪,至今已有 770 多年。11 世纪和 12 世纪,英王一直控制国家的财政大权,威廉一世和亨利一世在财政部内设置审计监督部门,即上院(收支监督局)和下院(收支局)执行审计监督。1215 年英国《大宪章》的颁布,使英王的权力受到制约,奠定了英国政府审计产生和发展的政治基础。1785 年,英国颁布《更好检查和审计国王公共账目的法案》,取消国库审计官一职,组建五人审计委员会,执行政府审计监督。1834 年,英国颁布了修订审计制度的法案,改建国库审计部,设审计长负责国库公款的监督,审计长为终身职务。之后,英国的政府审计得以长期持续发展。1983 年 1 月 1 日,英国政府通过了一项名为《政府审计法》的新法案,并于 1984 年 1 月 1 日生效,取消国库审计部,从此英国的国家最高审计机关正式定名为政府审计署,最高审计长官为主计审计长。英国的政府审计署独立于行政部门,代表议会对政府实行审计监督,向议会报告工作。除了英、美等国家,加拿大的审计长公署、西班牙的审计法院等都是隶属于国家立法部门的独立审计机关,其审计结果向议会报告,享有独立审计监督权。

西方还有一些国家的政府审计机关归属于司法系统,即所谓司法型的审计体制。例如,前述的法国审计法院就是独立于立法系统(议会)与行政部门(内阁政府)的一个司法机构。法国审计法院的院长由总统任命,为终身制,审计法院的裁决为终审判决,有很强的法律效力。日本则是另外一种类型(独立型),它的最高审计机关是会计检查院,既不属于立法系统,也不属于行政系统,而是直接对日本天皇负责的特殊类型,具有很强的独立性和权威性。

第二次世界大战以后,科学技术的进步,促使世界经济得到迅速发展,这就推动了许多西方国家的政府审计不仅在审计体制上更加完善,而且在审计理论和实务方面有了许多重大突破。人们把经济监督与经济管理相互结合起来,从传统的财务审计向着现代效益性审计方面开拓。在政府审计领域出现了效益审计、环境审计、绩效审计等现代审计类型,并在审计手段上实现科学化和现代化。

(二)我国政府审计的产生与发展

我国也是世界上最早产生审计的国家之一,据史料记载,早在3 000多年前的西周就已经设立负责审计的官员,称之为宰夫。周王朝对财政收支有"以参互考日成,以月要考月成,以岁会考岁成"的要求,《周礼》记载,"宰夫岁终,则令群吏正岁会;月终,则令正月要;旬终,则令正日成,而以考其治。治不以时举者,以告而诛之"。又说:"宰夫考其出入,而定刑赏。"即按日、按月、按年考核、审查经营成果,制定刑赏,并定期向周王报告。周王也可亲自听审,这种做法在当时称为"受计",后来将其形成制度,叫作"上计"制度。这一制度对以后历代王朝产生了深远的影响,是我国政府审计制度的雏形。

秦汉时期是我国审计的确立阶段,主要表现在三个方面:一是初步形成了统一的审计模式。秦朝,中央设"三公""九卿"辅佐政务。御史大夫作为"三公"之一,是最高监察官,执掌弹劾、纠察之权,专司监察全国的民政、财政以及财务审计事项,并协助丞相处理政事。汉承秦制,西汉初中央仍设"三公""九卿",仍由御史大夫执掌监督审计大权。二是"上计"制度日趋完善。秦朝继承了周朝的"上计"制度,到了汉代,汉武帝在原来"上计"制度的基础上制定了"上计律",使审计与法律联系起来,成为我国审计立法的开端。三是审计地位提高,职权扩大。御史制度是秦汉时代审计建制的重要组成部分,秦汉时代的御史大夫不仅行使政治、军事的监察之权,还行使经济的监督之权,控制和监督财政收支活动,勾稽总考财政收入情况。由此可见,秦汉时期的审计比西周时期取得了更大的发展,但这个时期仍然属于审计初步发展的时期。

隋唐及宋代,中央集权不断加强,官僚系统进一步完善,审计制度也随之健全。宋代设立"审计司"和"审计院",是我国审计定名之始。

元明清各朝代,君主专制日益强化,审计工作没有专门机构和专职人员管理,审计有所削弱。

辛亥革命后,北洋政府于1912年在国务院下设审计处,到1914年,将审计处改为审计院,同年颁布了《审计法》。1920年南京国民政府设立审计院,后改为隶属于监察部的审计部。

中华人民共和国成立以后,我国审计步入现代阶段。中华人民共和国成立初期,我国学习苏联的经验,以会计检查取代了审计,国家未设立独立的审计机构。一方面赋予会计人员以监督财政、财务收支的职权,另一方面实行由主管部门对所属单位进行不定期的会计检查,对财政、税务、银行进行业务监督的制度。但这些检查监督,既不能自行监督,也不能互相监督,更不能适应经济发展的需要。在实行经济体制改革过程中,人们开始认识到建立社会主义的审计制度、完善社会主义的经济监督体系的必要性。这种必要性主要出于健全民主与法制,为宏观调控服务,维护经济秩序,保障所有者权益,促进廉政建设,提高经济效益的需要。1982 年 12 月,第五届全国人民代表大会第五次会议通过了《中华人民共和国宪法》,规定在我国建立审计机构,实行审计监督制度。1983 年 9 月,我国在国务院设立了审计署,县以上的各级人民政府也相继成立了审计局,独立行使审计监督权。审计机关独立行使审计监督权,不受其他行政机关、社会团体和个人的干涉。1984 年 12 月 17 日,中国审计学会成立。1985 年 8 月公布了《审计工作试行程序》。1988 年 12 月,国务院发布了《中华人民共和国审计条例》。1994 年第八届全国人大常委会第九次会议通过了《中华人民共和国审计法》,对审计监督的基本原则、审计机关和注册会计师、审计机关职责、审计机关权限、审计程序、法律责任等做了全面规定。1997 年国务院又发布了《中华人民共和国审计法实施条例》,并于 2010 年进行了修订,修订后的《中华人民共和国审计法实施条例》自 2010 年 5 月 1 日起施行。2009 年审计署又对《中华人民共和国国家审计准则》进行修订,并经审计长会议审议通过,2011 年 1 月 1 日起施行。

二、内部审计的产生与发展

(一)国外内部审计的产生与发展

在西方国家,内部审计的起源可以追溯到古代和中世纪。史料记载的庄园审计、宫廷审计、行会审计和寺院审计都属于内部审计范畴。它们也是因受托经济责任关系的出现、组织内部需要经济监督而形成的。

20 世纪前后,资本主义经济的发展,使生产和资本高度集中,托拉斯式的大型企业大量出现,企业只能采取分级、分散管理体制。这就导致大型企业内部要设立专门的机构和人员,由最高管理当局授权,对其所属分支机构的经营业绩进行独立的内部审计监督,近代内部审计也就应运而生。早在 1875 年,德国的克虏伯公司就实行了内部审计制度。20 世纪初,美国的铁道部门开始对本系统实行内部财务审计和经营审计。经过一段时期的实践,到1941 年内部审计有了初步发展,其成效为社会所认可。维克多·布瑞克出版了《内部审计学》,这是有关内部审计的第一部专著,宣告了内部审计学的诞生。同年,"内部审计师协会"在纽约成立,即今天的国际内部审计师协会。该协会制定了《内部审计师职责条例》《内部审计实务标准》,对内部注册会计师的职责、范围和执业标准作出规定。该协会成立时仅有注册会计师 24 人,但它标志着内部审计已成为一种社会力量,内部审计在理论与实务方面已颇具影响,以至后来人们把 1941 年誉为内部审计的奠基年。从此,揭开了现代内部审计的序幕。

第二次世界大战以后,资本主义经济的空前发展,使竞争更加激烈。为了增加竞争实力,在控制理论的指导下,许多企业都十分重视加强内部经济监督,实行事前预防性控制,现代内部审计随着内部控制的加强而蓬勃发展起来。现代内部审计成型的主要标志:一是它出于经济预测和事前控制的需要,实行事前审计制度;二是审计领域的拓宽,由财务审计扩展到经营审计、管理和效益性方面的审计。

在西方的许多国家,不仅企业设置内部审计机构,实行内部审计制度,而且政府部门也开展内部审计。例如,美国联邦政府各部门和地方政府都设有稽核长办公室,执行内部审计职责。当今,西方国家企业单位内部审计机构和内部审计师,通过经营管理的评价、建议,日益成为企业最高决策人的得力助手而为社会所关注;内部审计师正在成为西方社会人们最为向往的职业之一。

(二) 我国内部审计的产生与发展

随着政府审计的产生和发展,我国内部审计也随之形成。据史料记载,我国早在西周时期就有了内部审计的雏形,当时设置"司会"一职,除了负责财政经济的全面核算,还同时行使内部审计之权,对王朝内的财务收支按日、按月、按年考核,监督王朝财务在各部门各环节的动态,并定期向周王报告,以维护统治阶级的利益。这种做法可称为原始意义上的内部审计,在审计范围、方法和人员配备上只处于起步阶段,谈不上系统的审计理论和完善的审计制度。

我国现在的内部审计是伴随政府审计的恢复和重建而产生和发展的。

党的十一届三中全会以后,为了适应社会主义市场经济的新形势,强化各部门、各单位内部控制及管理,完善审计监督体系,中华人民共和国审计署于1984年提出在各部门、各单位内部成立专职的审计机构、配备专职的审计人员实施内部审计。1985年10月,国家审计署颁布了《审计署关于内部审计工作的若干规定》,随后陆续颁布了相关法规。1987年4月,中国内部审计学会成立;2002年5月,经民政部批准,更名为中国内部审计协会,是对内部审计进行行业自律管理的全国性行业组织。各业务主管部门都针对本行业、本系统的情况制定内部审计的具体办法,内部审计日趋规范化,对促进企业改善经营管理发挥了积极作用。根据《中华人民共和国审计法》的有关规定,1995年7月审计署颁布了《审计署关于内部审计工作的规定》,就我国内部审计的任务、职责、权限、机构设置、审计范围、工作程序,以及职业道德标准等作出了明确规定,进一步规范了我国内部审计工作。目前,由于我国各部门、各单位领导的重视,广大内部审计工作者的辛勤劳动,我国内部审计事业在强化内部控制、深化企业改革,以及建立现代企业制度诸多方面正在作出自己应有的贡献。

三、注册会计师审计的产生与发展

(一) 国外注册会计师审计的产生与发展

注册会计师审计起源于企业所有权和经营权的分离,是市场经济发展到一定阶段的产物。从国外注册会计师审计发展的历程看,它最早起源于意大利合伙企业,在英国股份公司出现后得以形成,伴随着美国资本主义市场的发展而逐步完善起来。

西方国家的注册会计师审计起源于16世纪的意大利。当时,地中海沿岸商品贸易已经比较繁荣,威尼斯是这一地区的中心,商业经营规模不断扩大。由于单个的业主难以满足投入巨额资金的需求,为了筹集所需的大量资金,合伙企业产生。合伙企业不仅提出了会计主体的概念,促进了复式记账的产生和发展,也产生了对注册会计师审计的最初需求。由于部分合伙人仅仅对合伙企业出资而不参与经营管理,便出现了所有权与经营权的分离。出资的合伙人希望对经营者进行监督,经营者也希望向出资合伙人证明其认真履行了合伙契约,正确计算分配了企业的利润,因此,产生了对独立第三方鉴证的客观需求,开始聘请会计专家来担任查账和公证工作。这样,在16世纪意大利的商业城市中出现了一批具有良好的会计知识、专门从事这种查账和公证工作的专业人员,并于1581年在威尼斯创立了威尼斯会计师协会。这便是注册会计师审计的萌芽。

随着经济重心的转移,英国在注册会计师审计的形成和发展过程中发挥了重要作用。英国工业革命(18世纪)以后,产业规模日益扩大,以发行股票筹集资金为特征的股份公司大量涌现,公司所有权与经营权进一步分离,绝大多数股东不再直接参与经营管理,但出于自身的利益,非常关心公司的经营成果。潜在投资者也十分关注公司的经营情况,以便进行投资决策。这些需求,只能通过独立的会计师对财务报表进行审计加以满足。现代注册会计师审计产生的"催化剂"是1721年英国"南海公司事件"。南海公司以虚假信息诱骗投资者,最终走向破产,议会聘请查尔斯·斯内尔对南海公司进行审计,斯内尔以会计师名义出具了"查账报告书",从而宣告了注册会计师的诞生。1844年,英国颁布《公司法》,规定股份公司必须设监察人,负责公司账目的审查;1853年,苏格兰爱丁堡创立了第一个注册会计师的专业团体——爱丁堡会计师协会,标志着注册会计师职业的诞生。

从1844年到20世纪初,是注册会计师审计的形成时期。这一时期,法律规定股份公司和银行必须聘请注册会计师审计,使得英国注册会计师审计得到迅速发展,然而,当时的注册会计师审计尚缺乏系统的理论依据和方法体系,只是根据查错防弊的审计目的,对大量的账簿记录进行逐笔审查,即采用详细审计方法,后来人们称之为英式详细审计。其主要特点有:注册会计师的法律地位得到了法律的确认;审计的主要目的是查错防弊,保护企业资产的安全与完整;审计的方法是对会计账目进行详细审查;审计报告使用人主要为企业股东。

19世纪后半叶,英国的巨额资本开始流入美国,英国注册会计师也随之进入美国开展审计业务。20世纪初,美国逐渐成为世界经济的重心,美国的注册会计师审计取得了迅速发展。1887年,美国公共会计师协会成立,1916年改组为美国注册会计师协会,后来成为世界最大的注册会计师职业团体。注册会计师渗透到社会经济领域的不同层面。由于金融资本对产业资本更为广泛的渗透,企业同银行的关系愈加紧密,银行逐渐把企业的资产负债表作为了解企业信用的主要依据,以资产负债表审计为特征的美国式注册会计师审计产生了。审计方法也从单纯的详细审计过渡到初期的抽样审计。在这一时期,美国式注册会计师审计的主要特点有:审计对象由会计账目扩展到资产负债表;审计主要是通过对资产负债表数据的检查,判断企业信用状况;审计方法从详细审计初步转向抽样审计;审计报告使用人除股东外,扩大到了债权人。

1929—1933年,资本主义世界经历了历史上最严重的经济危机,大批企业倒闭,投资者和债权人蒙受了巨大的经济损失。在客观上促使企业利益相关者从只关心企业财务状况转变到更加关心企业盈利能力,产生了对损益表进行审计的要求。美国1933年《证券法》规定,在证券交易所上市公司的财务报表必须接受注册会计师审计,向社会公众公布注册会计师出具的审计报告。注册会计师审计体现出新的特征:审计对象涵盖以资产负债表、利润表为中心的全部会计报表;审计主要目的是对会计报表发表审计意见,以确定其可信性;审计范围扩大到控制测试,并广泛采用抽样审计;审计报告使用人扩大到企业的利益相关者;审计准则开始修订,审计工作向标准化、规范化方向发展。

第二次世界大战后,经济发达国家通过各种渠道推动本国企业向海外拓展,跨国公司得到空前发展。国际资本的流动带动了注册会计师审计的跨国界发展,形成了一大批国际会计师事务所。随着会计师事务所规模的扩大,产生了"八大"国际会计师事务所,后来合并为"六大",之后又合并为"五大",时至今日,尚有"四大"国际会计师事务所,即普华永道(Pricewaterhouse Coopers)、德勤(Deloitte Touche Tohmatsu)、安永(Ernst & Young)、毕马威(KPMG)。

延伸阅读1-1 ....

国际四大会计师事务所全球收入情况如表1-1所示。

1-1 国外注册会计师审计的发展

表1-1　　　　　　　　　　"四大"国际会计师事务所全球收入情况　　　　　　单位:百万美元

事务所名称	2019 年	2018 年
德勤	46 300	43 200
普华永道	42 448	41 280
安永	36 400	34 772
毕马威	29 750	28 960

(二)我国注册会计师审计的产生与发展

我国注册会计师审计的历史比西方国家要短得多。1918年,北洋政府颁布了我国第一部注册会计师审计法规——《会计师暂行章程》,并于同年批准谢霖为我国第一位注册会计师。谢霖创办了我国第一家会计师事务所——正则会计师事务所,与后来潘序伦创办的潘序伦会计师事务所(后改称立信会计师事务所)、徐永祚创办的徐永祚会计师事务所、奚玉书创办的公信会计师事务所被誉为旧中国的"四大"会计师事务所。1925年,全国会计师公会在上海成立。1930年,国民政府颁布《会计师条例》,确立了会计师的法律地位。至1947年,我国已有注册会计师2 619人,并建立了一批会计师事务所。但是,在半封建、半殖民地的旧中国,会计师事务所主要集中于沿海大城市,业务较为单一,注册会计师审计未能得到很大的发展。

中华人民共和国成立初期,注册会计师审计在经济恢复工作中发挥了重要作用。当时负责财经工作的陈云同志大胆雇用注册会计师,依法对工商企业进行查账,对平抑物价、保证国家税收、争取国家财经状况好转作出了突出贡献。在社会主义改造中,私有制的会计师事务所也是改造的对象,注册会计师悄然退出了历史的舞台。

改革开放以后,商品经济得到迅速发展,注册会计师审计也随之恢复。1980年财政部发布《关于成立会计顾问处的暂行规定》,标志我国注册会计师职业开始重建,主要业务是为外商投资企业进行审计并提供会计咨询服务。1981年1月1日,上海会计师事务所成立,成为新中国第一家由财政部批准独立承办注册会计师业务的会计师事务所。1986年7月,国务院颁布《中华人民共和国注册会计师条例》,确立了注册会计师行业的法律地位。1988年11月15日,中国注册会计师协会(以下简称"中注协")成立,我国注册会计师行业开始步入政府监督和指导、行业协会自我管理的轨道。1993年10月,第八届全国人大常委会第四次会议审议通过《中华人民共和国注册会计师法》(以下简称《注册会计师法》),对注册会计师行业进行规范。

在国家法律、法规的规范下,我国注册会计师行业得到了快速发展。一是不断拓展服务领域。从最初的主要为外商投资企业提供查账、验资等服务,发展到为所有企业提供财务报表审计等鉴证服务,并向非鉴证服务拓展,执业范围得到扩展和延伸。二是不断加强人才培养。自 1991 年设立注册会计师全国统一考试以来,全国具有注册会计师资质的人员超过 25 万人。中国注册会计师考试于 2006 年首次在欧洲地区开设考场。同时,行业建立了继续教育制度,制定发布了行业人才培养"三十条",明确提出了加强行业人才培养的指导思想和总体思路,大力推行行业人才培养战略。三是不断深化执业标准建设。根据国际审计准则的发展趋势和审计环境的巨大变化,大力推行审计准则国际趋同战略。2006 年年初,我国审计准则实现与国际审计准则的趋同,我国建立起一套既适应社会主义市场经济建设要求又与国际准则相接轨的审计准则体系。2010 年 11 月,我国又对 38 项审计准则进行了修订,保持了与国际准则持续全面的趋同。2016 年 12 月 23 日,财政部发布《在审计报告中沟通关键审计事项》等 12 项新审计报告准则,先行在上市公司分类分批实施,在 2018 年 1 月 1 日起全面实施。四是不断完善监管制度建设。2004 年创立会计师事务所执业质量检查制度,从以往的以专案、专项检查为主要方式向 5 年一个周期的制度性、全面性检查转变,并开展全国性的会计师事务所执业质量检查工作。五是不断推动会计师事务所健康发展。开展会计师事务所脱钩改制,推动会计师事务所做大做强。2009 年 10 月 3 日,国务院办公厅发布《国务院办公厅转发财政部关于加快发展我国注册会计师行业若干意见的通知》(以下简称"国办发 56 号文"),引导促进注册会计师行业又好又快发展,财政部连出三项新法规,即《会计师事务所财务管理暂行办法》《关于科学引导小型会计师事务所规范发展的暂行规定》《关于推动大中型会计师事务所采用特殊普通合伙组织形式的暂行规定》,力推会计师事务所做大做强。六是不断密切国际合作。我国先后加入亚太会计师联合会和国际会计师联合会,向国际审计与鉴证准则理事会等国际组织选派代表,与 30 多个国家和地区的 50 多个会计师执业组织建立了交往和合作关系,国际影响力和国际地位日益提高。

延伸阅读1-2

2020 年我国会计师事务所十强排名如表 1-2 所示。

表 1-2　　　　　　　　**2020 年我国会计师事务所十强排名**①

名次	名称	收入(亿元)	CPA 人数	综合评价得分
1	普华永道中天	61.15	1 390	975.40
2	安永华明	47.60	1 645	947.30
3	德勤华永	39.79	1 239	914.88
4	毕马威华振	34.17	973	891.18
5	天健	30.50	1 846	888.80

① 中国注册会计师协会发布的会计师事务所综合评价前百家信息。

（续表）

名次	名称	收入（亿元）	CPA 人数	综合评价得分
6	立信	41.06	2 216	871.28
7	信永中和	23.75	1 739	849.10
8	大华	25.37	1 679	823.11
9	天职国际	22.28	1 254	821.75
10	容诚	18.76	1 018	815.20

相关思考 1-1

本土会计师事务所如何做大做强？

第二节 审计的概念和特征

一、审计的概念

（一）审计的定义

审计发展至今，已经超越了查账的范畴，涉及对各项工作的经济性、效率性和效果性的查核。随着审计的不断完善和发展，人们对审计的概念也进行了深入的研究，我国具有代表性的是 1989 年中国审计学会审计基本理论研究组对审计的定义：审计是由专职机构和人员，依法对被审计单位的财政、财务收支及其有关经济活动的真实性、合法性、效益性进行审查，评价其经济责任，用以维护财经法纪，改善经营管理，提高经济效益，促进宏观调控的独立性的经济监督活动。国外最具代表性的是美国会计学会（AAA）的基本审计概念委员会于 1972 年发布的《基本审计概念说明》中的定义：审计是一个客观地获取和评价与经济活动和经济事项的认定有关的证据，以确认这些认定与既定标准之间的符合程度，并把审计结果传达给利害关系人的系统过程。

这一定义涉及六个方面的主要内容：

一是经济活动和经济事项的认定。引起被审计单位的资产、负债、所有者权益及收入和费用发生增减变化的活动就是经济活动或交易事项。被审计单位有关经济活动和经济事项的认定是审计的对象。例如，财务报表列示应收账款 10 000 元，管理层的认定表明这些应收账款是存在的，计价是准确的。

二是客观地获取、评价审计证据。客观意味着没有偏见，这不仅是对信息获取方法的质量要求，也是对注册会计师的道德要求。证据是注册会计师用来确定被审计单位的认定与既定标准是否一致的资料。获取和评价证据是审计的中心环节，确定证据的类型和必要的证据数量，并且评价其与既定标准是否相符，是每一次审计的关键。客观地获取和评价证据要求对被审计单位有关认定的形成基础加以审查，并对其结果加以公正地评估，不偏不倚。

三是判断认定与既定标准之间的符合程度。既定的标准是指判断认定时所使用的衡量标准，这些标准既可能是立法机关制定的特殊规则、管理层制定的预算或绩效衡量标准，也可能是财务会计委员会或其他权威机构发布的一般公认会计原则。选择哪种标准取决于所审计的信息。符合程度是指注册会计师确认管理层认定与既定标准的接近程度。这种符合程度既可以用数量表示,如现金短缺金额;也可以用质量方法表示,如财务报表的公允性。

四是审计结果。审计结果是基于对证据的分析和评价而得出的对认定与结果的一致程度的评价。传达审计结果可以提高被审计单位作出的认定的可靠性。审计结果的传达一般采用书面报告形式,如有关财务报表的审计报告。

五是利害关系人。利害关系人是指所有使用或依赖审计报告的单位和个人。审计服务的对象不仅限于被审计单位或审计的委托人,还包括所有与被审计单位有利害关系的用户,如股东、管理层、债权人、政府机构和一般社会公众等。

六是系统的过程。系统的过程是指合理的、有序的、有组织的步骤或程序,审计是一种遵循顺序、逻辑严密的活动。这就要求审计人员在制定审计计划、执行审计程序、获取审计证据和形成审计结论时要通盘考虑,以实现审计目标。

这一定义可通过图 1-1 简明地表示。

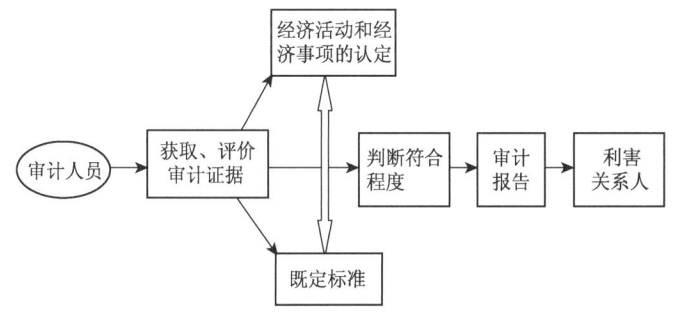

图 1-1 审计是一个系统化的过程

(二) 审计与会计的区别

许多财务报表使用者和一般公众将审计与会计混为一谈,其原因是大多数审计都与会计信息相关,同时许多审计师又是会计专家。此外,将多数从事审计业务的人称为"注册会计师"更是加剧了这种混淆。

会计人员以逻辑方式对经济事项进行记录、分类和汇总,其目的是为决策提供所需的财务信息。为了提高相关的信息,会计人员必须全面掌握表述会计信息所应遵循的原则和规则。此外,会计人员应制定一套会计处理系统,以确保能以合理的成本,及时、恰当地记录单位所发生的经济事项。

在审计会计数据时,审计师应关注所记录的信息是否恰当地反映了会计期间内所发生的经济事项。由于公认会计原则是评价会计信息是否恰当记录的标准,审计师必须全面掌握公认会计原则。

除了懂得会计,审计师必须拥有收集和解释审计证据的专业能力,这种专业能力正是审计师与会计人员的区别所在。确定适当的审计程序、所测试项目的数量和类型以及评价结果等,都是审计所特有的工作。

具体而言,会计和审计的区别如表 1-3 所示。

表 1-3　　　　　　　　　　　　会计与审计的区别

项　目	会　计	审　计
产生前提	加强经营管理	加强经济监督
性质	经营管理的组成部分	经济监督的组成部分
对象	资金运动过程	经济活动
方法程序	核算、分析、检查	规划方法、实施方法、管理方法
职能	记录、计算、反映、监督	监督、评价、鉴证

相关思考 1-2

你将怎样向一个非财经专业的人解释审计是什么?

二、审计的特征

审计的特征是指审计区别于其他管理活动的独特之处。审计的本质是一种独立的经济监督活动。其特征集中体现在独立性和权威性方面。

（一）审计的独立性

独立性是审计的灵魂。审计可以提高财务报表等信息的可信任程度,如果审计人员与被审计单位在经济上或其他方面存在紧密联系,丧失了独立性,那么,审计人员就不可能对被审计单位的经济事项发表公正的意见,所以,独立性是审计的最本质特征。为了充分体现这一本质特征,在审计机构的设置和审计工作过程中必须遵循独立性原则,做到实质上的独立和形式上的独立。审计的独立性主要体现在三个方面。

1. 组织机构的独立

组织机构的独立是保证审计工作独立性的关键。其主要内容为审计机构不能受制于其他部门和单位,尤其是不能成为国家财政部门和各机构财务部门的下属机构,否则,对财政、财务收支进行审计就会失去意义。组织机构的独立性还表现为审计机构应独立于被审计单位,与被审计单位没有任何组织上的行政隶属关系。

2. 业务工作的独立

业务工作的独立首先是指审计工作不能受任何部门、单位和个人的干涉,应独立地对被审查的事项作出评价和鉴定;其次是指注册会计师要保持精神上的独立,自觉抵制各种干扰,对被审计事项作出客观公正的结论。

3. 经济来源的独立

经济来源的独立是保证审计组织独立和业务工作独立的物质基础。如果审计机构没有一定的经费或收入,其业务活动就无法展开,但若其经费或收入受制于被审计单位或与其相关的其他单位,审计的独立性就难以保证。这一方面要求各级审计机构的经费要有一定的标准,不得随意变更;另一方面要求会计师事务所的收入要受国家法律的保护,使其公正、合理。

（二）审计的权威性

审计组织的权威性是审计监督正常发挥作用的重要保证。一方面,各国法律对实行审计制度、建立审计组织以及审计机构的地位和权力都有明确规定,同时,一些国际组织也通过协调各国审计制度、准则以及制定统一的标准,使审计成为一项世界性的专业服务,保证

了审计的权威性;另一方面,审计组织的独立性决定了它的权威性。审计人员以独立于被审计单位的第三方身份进行工作,任何组织不得拒绝、阻碍审计人员依法执行审计业务,不得打击报复审计人员,而且取得审计人员资格必须通过国家统一规定的考核或考试,因而他们具有较高的专业知识水平,这就保证了其所从事的审计工作具有准确性、科学性。正因为如此,审计人员的审计报告具有一定的社会权威性,经济利益不同的使用者乐于接受。

第三节 | 审计的职能和分类

一、审计的职能

审计职能是指审计本身所固有的内在功能。它是审计能够适应社会经济生活需要所必须具备的能力,并且随着社会经济条件和经济发展的客观需要而变化。一般而言,审计具有经济监督、经济评价和经济鉴证职能。其中,经济监督是基本职能,经济鉴证和经济评价是以经济监督为基础而派生出的职能。

(一) 经济监督

经济监督是指通过对被审计单位的财政、财务收支及有关经济活动真实性、合法性和效益性的审查,指出错弊,监督被审计单位或个人遵守财经法纪,履行经济责任,以保证被审计单位的经济活动和会计核算按规定的轨道运行的职能。它是审计最基本的职能。综观审计产生和发展的历史,审计无不表现为经济监督活动,履行着经济监督的职能。政府审计对财政收支情况进行检查,作出审计处理处罚决定并监督执行,内部审计对单位内部的经济活动进行检查,对效益进行考评,注册会计师审计对被审计单位的财务收支的公允性和合法性进行审查来实施经济监督,都体现了审计的经济监督职能。

(二) 经济评价

经济评价是指审计机构或审计人员在对被审计单位的财政、财务收支及其有关经济活动进行审查核实的基础上,对被审计单位经营决策、计划、预算是否确实可行,经济活动及其结果是否按照既定方针运行,经济效益的高低优劣,以及内部控制制度是否健全有效等作出评价,从而有针对性地提出意见和建议,以促使其改善经营管理,提高经济效益的活动。经济效益审计最能体现审计的评价职能。

(三) 经济鉴证

经济鉴证是指审计机构或审计人员通过对被审计单位的财务报表和其他相关资料进行检查和验证,确定其财务状况和经营成果的公允性、合法性,并出具书面报告,以取得审计委托人或社会公众的信任。例如,注册会计师接受委托,通过对财务报表审计出具审计报告,就体现了审计的经济鉴证职能。各国法律均规定,企业的财务报表必须经过审计人员的审查鉴证,审计的经济鉴证职能在经济生活中发挥着越来越重要的作用。

审计机构和人员在发挥审计职能、达成审计目标过程中所产生的社会效果就是审计的作用。体现在制约性和促进性两方面。

一方面,审计发挥经济监督的职能,揭示错误进而纠正错误,提高会计工作质量,揭露舞弊,保护财产安全,防止损失;在审查取证的基础上,对违法违纪行为进行查处,维护财经法纪的权威。

另一方面,审计机构和人员通过审核和检查,对被审计单位的财务收支和有关经营管理活动及其经营管理制度进行评价,既指出其合理的方面,以便继续推广,也指出其不合理方面,并提出建议,促进被审计单位加强经营管理。不仅如此,审计机构和人员还对于经济活动所实现的经济效益进行评价,指出潜力所在,以提高经济效益和社会效益。

相关思考 1-3

注册会计师在现代经济社会中的作用是什么?

相关思考 1-4

张华和李强是好朋友,两人共同开了一家餐厅。张华因有工作单位,不能离职参与经营,经协商,由李强来经营管理。双方约定,李强每月工资为 3 500 元,年终利润平分。到了年底,李强告诉张华,餐厅生意冷淡,没有利润可分。而张华的朋友告诉他,餐厅的生意很是火爆。张华很是郁闷,到底是谁的话可信呢?有人提议,请一个注册会计师来查查账,不就清楚了?

要求:请根据材料论述注册会计师的作用,并说明注册会计师能否解答张华的疑问。

二、审计的分类

审计可以从不同的角度作出不同的分类。对审计进行科学分类,可以帮助我们从不同的角度加深对审计的认识,以便有效地组织和运用各种类型的审计,更好地发挥审计的职能作用,建立完善我国的审计的监督体系。一般将审计大致分为基本分类和其他分类。

(一)审计的基本分类

审计的基本分类,有按审计主体分类和按审计的内容及目的分类两种。

1. 按审计主体分类

1-3 审计的基本分类

审计的主体是指审计的执行者。审计按其主体不同,可分为政府审计、民间审计和内部审计。

政府审计是由国家审计机关依法实施的审计,又称国家审计。政府审计的主体是中央政府一级和地方政府各级的审计机关。审计机关是国家为了依法对财政、财务收支等进行审计监督而专门设立的国家机关。政府审计监督范围包括:国务院各部门和地方各级人民政府及其各部门的财政收支;国有金融机构和企事业单位的财务收支;国有资本占控股或主导地位的企业及金融机构;其他应当接受审计的财政、财务收支。政府审计的目的是保证财政资金的依法合理使用,防止国有资产的损失浪费,维护国家财经法纪,提高财政资金使用效益,促进廉政建设,保障国民经济的健康发展。

民间审计是指由经政府有关主管部门审核批准的注册会计师组成的会计师事务所进行的独立审计,又称为注册会计师审计、独立审计和社会审计。民间审计的委托人或授权人通常是各类资源财产的所有人或主管人,包括政府审计机关、国家行政机关、企事业单位和个人等,民间审计组织接受它们的委托或经其授权,代表它们依法对被审计单位的经济活动进行审计。民间审计组织的业务范围十分广泛,包括审计、审阅等鉴证业务和相关服务业务。

内部审计是组织内部专职审计机构或人员实施的审计,是组织内部的一种独立客观的监督和评价活动,它通过审查和评价经营活动及内部控制的适当性、合法性和有效性来促进组织目标实现。内部审计的主体是组织内部专职审计机构或人员。国家机关、金融机构、企事业单位、社会团体及其他单位,应按国家规定设立专职的内部审计机构。内部审计的范围是组织的经营活动和内部控制,包括各种业务活动、管理活动及相关内部控制,也包括财政财务收支活动与控制。审计目的是监督和评价本单位及所属单位财政收支、财务收支及经济活动的真实性、合法性和效益性,内部控制及风险管理的有效性。

政府审计、民间审计与内部审计的区别如表 1-4 所示。

表 1-4

政府审计、民间审计与内部审计的区别

项目	政府审计	民间审计	内部审计
审计主体	政府审计机关	会计师事务所	内部审计机关
审计对象	财政收支情况	财务报表合法性、公允性	内部控制运行情况
审计独立性	单向独立	双向独立	单向独立
审计方式	强制审计	受托审计	自行安排
审计报告对象	政府机关	社会公众	单位负责人
审计标准	国家审计准则	注册会计师审计准则	内部审计准则

1-4 注册会计师审计、政府审计和内部审计的对比

2. 按审计的内容及目的分类

审计按其内容和目的的分类,可分为财务报表审计、经营审计和合规性审计。

财务报表审计是注册会计师通过执行审计工作,对财务报表是否按照规定的标准编制发表审计意见。规定的标准通常是企业会计准则和相关会计制度。当然,对按照计税基础、收付实现制基础或监管机构的报告要求编制的财务报表,注册会计师进行审计也较普遍。财务报表通常包括资产负债表、利润表、现金流量表、所有者权益(或股东权益)变动表以及财务报表附注。一般来说,经注册会计师审计的财务报表通常为被审计单位管理层进行内部决策提供依据。尽管财务报表审计在大多数情况下由注册会计师完成,以独立第三者的身份对财务报表发表意见,但政府审计人员和内部审计人员有时也会对企业财务报表进行审计。

经营审计是注册会计师为了评价被审计单位经营活动的效率和效果,而对其经营程序和方法进行的审计。美国政府审计准则对经营审计作出如下规定:经济和效率审计包括:①确定经济主体取得、保护和使用其资源(如人员、财产和空间)时是否具备经济性和效率性;②确定低效或不经济的成因;③确定经济主体是否遵守法律、法规中关于经济和效率的规定。但程序审计包括:①确定立法机关或其他权威机构的预测结果或多或少影响收益的实现程度;②确定组织、系统、业务活动或职能的效力;③确定经济主体是否遵循法律、法规中适用于该系统的规定。注册会计师从事经营审计业务,在完成审计工作后,一般要向被审计单位管理层提出经营管理建议。在经营审计中,审计对象不限于会计,还包括组织机构、计算机信息系统、生产方法、市场营销以及注册会计师能够胜任的其他领域。在某种意义上,经营审计更像是管理咨询。

合规性审计的目的是确定被审计单位是否遵循了特定的法律、法规、程序或规则,或者是否遵守将影响经营或报告的合同的要求。例如,确定会计人员是否遵守了财务主管规定的手续,检查工薪率是否符合相关法律规定的最低限额,或者审查与银行签订的合同,以确信被审计单位遵守了法定要求。合规性审计的结果通常报送给被审计单位管理层或外部特定使用者。表1-5总结了这三种类型的审计,并为每种类型分别举了一个范例。

表1-5   三种类型审计的实例①

审计类型	实 例	信 息	既 定 标 准	可 用 证 据
财务报表审计	通用汽车公司的年度财务报表审计	该公司的财务报表	公认会计原则	凭证、记录和来源于外部的证据
经营审计	评价某分部处理工资系统的效率和效果	每月处理的工资记录数,该分部的工资成本和出现错误的数量	公司为工资部门工作效率性和效果性所制定的标准	错误报告、工资记录和工资处理成本
合规性审计	确定贷款存续期是否符合银行要求	公司记录	贷款协议条款	财务报表和审计师的计算

(二) 审计的其他分类

1. 按审计范围分类

审计按其范围,可以分为全面审计、局部审计和专项审计。

1-5 审计的其他分类

全面审计又称全部审计,是指对被审计单位一定期间的财政财务收支及有关经济活动的各个方面及其资料进行全面的审计。

局部审计又称部分审计,是指对被审计单位一定期间的财务收支或经营管理活动的某些方面及其资料进行部分、有目的、重点的审计。

专项审计又称专题审计,是指对某一特定项目所进行的审计。

2. 按审计实施时间分类

审计按其实施时间分类,可以分为事前审计、事中审计和事后审计。

事前审计是指在被审计单位经济业务发生以前所进行的审计。对预算或计划的编制和对经济事项的预测及决策进行的审计,均属于事前审计。

事中审计是指在被审计单位经济业务执行过程中进行的审计。

事后审计是指在被审计单位经济业务完成以后所进行的审计。财务报表审计这类传统的审计均属事后审计。

3. 按审计执行地点分类

审计按其执行地点分类,可以分为报送审计和实地审计。

报送审计又称送达审计,是指审计机构按照审计法规的规定,对被审计单位按期报送来的凭证、账簿和财务报表及有关账证等资料进行的审计。

实地审计是指审计机构委派审计人员到被审计单位所在地进行的审计。

4. 按审计动机分类

审计按其动机分类,可以分为强制审计和任意审计。

强制审计是指审计机构根据法律、法规规定对被审计单位行使审计监督权而进行的审计。这种审计是按照审计机关的审计计划进行的,不管被审计单位是否愿意接受审计,都应依法进行。

任意审计是被审计单位根据自身的需要,要求审计组织对其进行的审计。

---

① 阿尔文·A·阿伦斯,兰德尔·J·埃尔德,马克·S·比斯利.审计学——一种整合方法[M].谢盛纹,张龙平,译.北京:中国人民大学出版社,2009.

5. 按审计是否通知被审计单位分类

审计按其是否通知被审计单位分类,可以分为预告审计和突击审计。

预告审计是指在进行审计以前,把审计的目的、主要内容和日期预先通知被审计单位的审计方式。

突击审计是指在被审计单位实施审计之前,不预先把审计的目的、内容和日期通知被审计单位而进行的审计,这种审计方式主要是对贪污盗窃和违法乱纪行为进行的财经法纪审计。

6. 按审计方法分类

审计按其适用的技术和方法分类,可分为账项基础审计、制度基础审计和风险导向审计。

账项基础审计又称详细审计,围绕着会计凭证、会计账簿和财务报表的编制过程进行,通过对账表上的数字进行详细核实来判断是否存在舞弊行为和技术上的错误。它是在审计发展的早期形成的,适用于组织结构简单、业务性质单一的企业。

制度基础审计是以内部控制为基础的审计方法,强调对内部控制的测试和评价。如果测试结果表明内部控制运行有效,那么审计人员对财务报表相关项目的审计只需抽取少量样本便可得出审计结论;如果测试结果表明内部控制运行无效,那么内部控制就不值得信赖,审计人员对财务报表相关项目的审计需要视情况扩大审计范围,检查足够数量的样本,才能得出审计结论。企业规模的扩大、统计抽样技术的应用以及内部控制的普及,推进了制度基础审计的产生和发展。

风险导向审计围绕重大错报风险的识别、评估和应对进行审计工作。它要求审计人员从对企业环境和企业经营进行全面的风险评估出发,使用风险导向模型,积极采用分析程序,制定总体审计策略和具体审计计划,以确保审计工作的效率和效果。风险导向审计是当今主流的审计方法。

❓ 相关思考 1-5 ....

如果一个执行财务报表审计的审计师未能通晓会计,将是一种严重的失职,然而许多胜任的会计人员却并不了解审计过程,试述产生这种差异的原因。

本 章 小 结

通过本章学习,同学们可以对审计有一个总体认识。审计是独立的经济监督行为,具有独立性、权威性的特征。审计具有经济监督、经济评价和经济鉴证的职能,我国审计概括起来主要有防护作用和促进作用。按照审计主体不同,审计分为国家审计、社会审计和内部审计;按照审计目的和内容来分,分为财务报表审计、经营审计和合规审计。

本章重要概念

审计　财务报表审计　经营审计　合规性审计

本章练习

一、思考题

1. 与 50 年前相比,当今社会对独立审计的需求大大增加了,产生这种现象的主要原因是什么?

2. 如何理解审计的定义? 如何评价这些定义?

3. 审计与会计有何区别和联系? 区分会计和审计有何重要意义?

4. 如何区分财务报表审计、合规性审计和经营审计?

5. 如何理解审计的独立性?

6. 影响民间审计独立性的因素有哪些? 提高民间审计独立性的途径有哪些?

1-6 扫一扫
练一练

二、案例分析题

1-7 扫一扫
看答案

资料:A 会计师事务所接受了华兴股份有限公司的委托,对公司 2022 年的财务报表进行审计。华兴股份有限公司是国有大型上市公司,目前承担了兴建大型水电站的项目。A 会计师事务所接受委托后,即刻派注册会计师前往华兴股份有限公司开展 2022 年度的财务报表审计业务。注册会计师到达公司后,了解到如下一些情况:华兴股份有限公司审计委员会安排内部审计人员对公司的主要业务进行专项审计;审计署委派的某特派办对华兴股份有限公司正在兴建的大电站工程资金运用情况进行审计。

1-8 扫一扫
看课件

要求:

(1) 以上三种审计活动是否可以相互替代?

(2) 对比分析以上三种审计业务,总结其相同及其不同的地方。

(3) 注册会计师能否利用内部审计的工作成果? 如果可以的话,注册会计师该如何利用?

第二章 注册会计师执业准则

内容提要

本章主要讲述了注册会计师的执业准则,包括执业准则概述、鉴证业务基本准则、质量管理准则。

重点难点

本章重点为我国执业准则体系构成、鉴证业务的定义、目标及构成要素,质量管理准则的目标及构成;难点为质量管理准则的目标及构成。

学习目标

通过本章学习,学生应了解我国执业准则的制定历程,掌握我国执业准则的体系构成;掌握鉴证业务的定义、目标及构成要素,以及质量管理准则的目标及构成;了解会计师事务所质量管理制度的构成要素。

知识框架

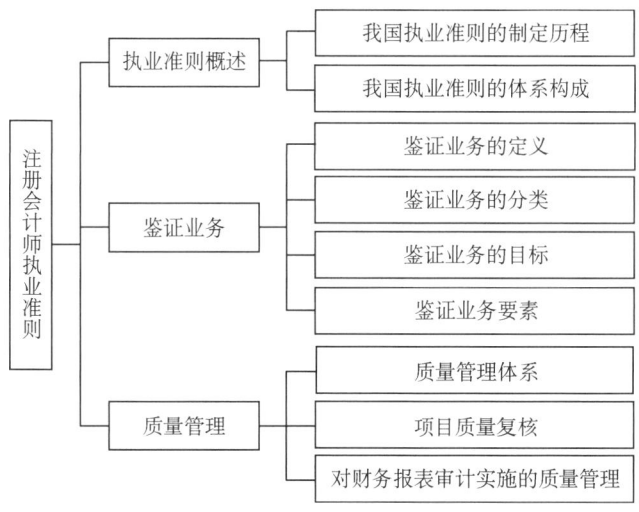

 **思政育人**

民间审计准则产生的背景
——麦克逊·罗宾斯破产案例

20世纪30年代,在美国经济发展进程中,上市公司自愿委托社会公认会计师实施审计形成风气。民间审计有效帮助了投资者决策,维护了资本市场的稳定,民间审计的会计报表审计在美国逐渐深化。在这样的背景下,1938年美国发生了一桩令人震惊的"麦克逊·罗宾斯公司破产案",引起了全美各界人士的关注。

1938年年初,麦克逊·罗宾斯药材公司(以下简称"麦克逊公司")的债权人米利安·汤普森在与麦克逊公司的经济往来业务中,发现了该公司的财务资料有异常之处:其一,该公司制药原料部门是盈利较高的经营部门,但公司经营者都直接对其重新投资,而该部门还没有资金积累;其二,公司账面制药原材料存货的保险金额较少。前任公司董事会决定减少存货余额,并要求现任经理菲利普·科斯特仍执行这一决定,但1938年年末,公司存货却增加了100万美元。米利安对上述问题产生疑惑,向公司管理人员要求提供制药原材料实际存货的证明,但未能取得该证据,且其拒绝承认公司300万美元的债券。尔后,美国证券交易委员会开始对麦克逊公司立案调查。

美国证券交易委员会对麦克逊公司的调查结果如下:

(1)麦克逊公司的有价证券在纽约证券交易所公开上市,并已依法在证券交易所注册登记。

(2)该公司及其子公司10多年来的会计报表均由美国第一流的普莱斯·沃特豪斯会计公司执行审计,对麦克逊公司财务状况及经营成果出具了无保留意见的审计报告。

(3)1937年12月31日麦克逊公司的合并资产负债表中总资产8700万美元,其中1907.5万美元属虚假资产(存货1000万美元,销售收入900万美元,银行存款7.5万美元)。1937年度该公司合并损益表中虚假收入1820万美元,虚假毛利180万美元。

(4)公司现任总经理菲利普使用化名并有诈骗罪前科,其3位兄弟均使用化名在公司任要职。菲利普与其3位兄弟合谋舞弊,利用公司内部控制薄弱,贪污巨款。

美国证券交易委员会核实上述事实后,召开了由注册会计师参加的听证会,宣布了这些事实。而后,美国证券交易委员会颁布了新的报告,对审计程序加以修改,增加了关于应收账款函证,对存货实地检查,对内部控制系统详细评价的条款,同时强调了审计人员对公共持股人的责任,加强对管理部门的检查,及对发表审计意见的具体要求的规范。

美国注册会计师协会对此也作出了积极反应,建立了审计程序委员会,并于1939年制定了《审计程序的扩展》,对审计程序的完善从以下四个方面提出了更加具体的要求:①对存货检查,通过实地盘存确认存货数量,并将之作为必需的审计程序;②对应收账款检查,应积极采用函证法,对债务人直接询证;③对审计报告格式及内容加以规范,将其分为范围段和意见段;④通过董事会任命或股东大会投票选举独立注册会计师等。

1947年10月,美国注册会计师协会的审计程序委员会颁布了《审计准则草案——公认的意见和范围》,1954年对其修改,改名为《公认审计准则——其意义和范围》。从此民间审计有了一套公认的执业标准。

该公司破产案的披露对民间审计界产生了重大影响,也提出了新的课题。首先,此案件的披露对美国民间审计在社会中的声誉产生了极大的负面影响,使社会公众对处于独立地位的民间审计及审计结论的信任度急剧下降;其次,这一事件的背后隐含着十分丰富的内涵,即提出了民间审计工作质量如何保证,怎样发挥民间审计在社会经济发展中的应有作用,如何保证民间审计的生存和发展等问题。要解决上述问题,民间审计界应该围绕提高审计质量问题深刻反思,吸取教训,采取可行措施,有效规范审计行为。

第一节 | 执业准则概述

一、我国执业准则的制定历程

我国注册会计师执业准则的制定历程可划分为三个阶段。

（一）起步阶段（1980—1993 年）

1980 年注册会计师行业恢复重建后不久，针对当时的审计验资业务，启动了执业标准的制定工作，并陆续出台了相关执业规定。随着中国注册会计师协会（以下简称"中注协"）的成立，专业标准建设工作得到了高度重视，进入了快速发展时期。中注协专门设立了专业标准部，负责专业标准的研究制定工作。1991—1993 年，中注协先后发布了《注册会计师检查验证会计报表规则（试行）》等 7 个执业规则。这些执业规则对我国注册会计师行业走向正规化、法制化和专业化起到了积极作用。

（二）制定准则阶段（1994—2004 年）

1993 年 10 月 31 日，第八届全国人民代表大会常务委员会第四次会议通过《注册会计师法》，赋予中国注册会计师协会依法拟订执业准则、规则的职能。经财政部批准同意，中注协自 1994 年 5 月开始起草独立审计准则。到 2004 年，中注协先后分 6 批制定了审计准则，共计 41 个项目，基本建立起了我国审计准则体系框架，执业准则核心体系基本确定。

（三）国际趋同阶段（2005 年至今）

随着审计环境的巨大变化和公司财务舞弊重大事件的发展，以及国际审计准则的规模修改，迫切要求我国大力改进审计准则，增加审计的有效性，防范和化解审计风险，维护市场经济的稳定有序运行。在此背景下，财政部于 2005 年年初提出了我国会计审计准则国际趋同的主张和中国会计审计准则体系建设目标。根据这一目标，遵循科学、民主、透明和公开的准则制定程序，2006 年 2 月 15 日，包括 48 项审计准则的新审计准则体系正式发布。同时发布了 1 项审阅准则、2 项其他鉴证业务准则、2 项相关服务准则，注册会计师执业准则体系实现了国际趋同的历史性突破。

在新执业准则体系实施后，我国并没有放慢实现国际趋同的脚步。近年来，国际审计与鉴证准则理事会开展国际审计准则明晰项目，对国际审计准则作了重大修订；企业经营环境的变化也导致审计实务风险日益增加；行业发展形势和服务经济社会发展大局的需要，也要求拓展审计准则的适用范围，为我国注册会计师的新兴审计实务提供便利和指引。我们密切关注国内外审计业务发展形势，及时修订完善审计准则体系，以保持技术标准的先进性，为建立健全经济运行风险防范机制提供强有力的专业支持，进一步提高行业服务经济社会发展的能力。

2010 年 10 月 31 日，中国注册会计师协会修订后的 38 项审计准则，通过了中国审计准则委员会审核，经进一步修改完善后已由财政部正式发布，并于 2012 年 1 月 1 日起施行。据中注协专业标准部有关负责人介绍，国际审计准则近年来最大的变化是完成了明晰项目，涉及 37 项准则，与我国现行 33 项审计准则相对应。此次修订中，这 33 个项目全部被纳入修订范围，并调整为 37 个，从而实现了与国际审计准则的一一对应。此外，此次修订还包括我国特有的前后任注册会计师的沟通准则。因此,此次修订后公布的审计准则共38项。此次修订主要有两方面变化,一方面是对16项准则的内容进行实质性修订,并制定1项新的准则;另一方面是对全部准则按照新体例进行改写。

修订后的审计准则体系提高了准则理解和执行的一致性,全面体现风险导向审计,增强识别舞弊风险的有效性,加强与治理层有效沟通的同时,增强了对小型企业审计的相关性。

2008年全球金融危机发生后,国际上对提高审计质量、提升审计报告信息含量的呼声日趋强烈。2015年,国际审计与鉴证准则理事会(IAASB)修订发布了新的国际审计报告准则,在改进审计报告模式、增加审计报告要素、丰富审计报告内容等方面作出了重大改进。在我国,随着资本市场的改革与发展,政府部门、监管机构和投资者对注册会计师执业质量提出更高的要求,期望注册会计师出具的审计报告具有更高的信息含量和决策相关性,以降低资本市场的不确定性和信息不对称带来的风险。为顺应市场各方的需求,体现审计准则持续趋同要求,中国注册会计师协会借鉴国际审计报告改革的成果,结合我国实际情况,启动了审计报告准则的改革修订工作。经过近两年的研究、起草、论证和广泛征求意见,新审计报告准则由中国注册会计师协会审计准则委员会审议通过。2016年12月23日,财政部印发了《在审计报告中沟通关键审计事项》等12项中国注册会计师审计准则(新审计报告准则)。

新审计报告准则的发布实施,将带来三个方面的积极变化:一是提高审计报告的信息含量,增强其决策相关性;二是提高审计报告的沟通价值,增强审计工作的透明度;三是强化注册会计师的责任,提高审计质量,回应财务报表使用者对持续经营、其他信息、注册会计师独立性的关注。

随着财务报告环境的日益复杂,企业管理层舞弊手法的不断创新,注册会计师审计面临着日益严峻的挑战。大力提高审计质量、有效防范和化解审计风险、服务经济社会健康发展,已成为注册会计师行业当前和未来一段时期改革发展的重要任务。2019年2月20日,财政部发出《关于印发〈中国注册会计师审计准则第1101号——注册会计师的总体目标和审计工作的基本要求〉等18项准则的通知》(财会〔2019〕5号),涉及利用内部审计人员的工作、应对违反法律法规行为、财务报表披露审计等三方面。本次修订旨在满足资本市场改革与发展对高质量会计信息的需求,规范和指导注册会计师应对审计环境变化和利用内部审计人员的工作、应对违反法律法规行为、财务报表披露审计等三个方面审计实务的新发展,并保持中国审计准则与国际准则的持续全面趋同。为了加强对注册会计师执业的指导,帮助其识别、评估和应对因舞弊导致的财务报表重大错报风险,提高审计质量,中注协有针对性地选择了职业怀疑等五项审计准则问题解答进行修订,并于2019年12月31日发布施行。

提供高质量的审计服务,是注册会计师行业的第一生命线,是会计师事务所生存发展和树立市场信誉的基础。为了回应包括审计行业监管机构在内的社会各界对审计质量的关切,顺应经济社会及信息技术发展对会计师事务所管理提出的新要求、新挑战,提高质量管理能力,中国注册会计师协会针对会计师事务所质量管理方面的突出问题,并借鉴国际质量管理相关准则的最新成果,拟订(修订)了《会计师事务所质量管理准则第5101号——业务质量管理》等3项质量管理相关准则,报经财政部批准发布。2020年11月19日,财政部批准印发《会计师事务所质量管理准则第5101号——业务质量管理》等3项中国注册会计师执业准则(以下统称质量管理相关准则)。质量管理相关准则具体包括3项,分别是《会计师事务所质量管理准则第 5101 号——业务质量管理》《会计师事务所质量管理准则第 5102 号——项目质量复核》以及《中国注册会计师审计准则第 1121 号——对财务报表审计实施的质量管理》。

质量管理相关准则的拟订(修订)遵循以下总体原则和思路:一是坚持以维护公众利益为宗旨。质量管理相关准则从总体上强调,会计师事务所应当通过持续高质量地执行业务来服务于公众利益,质量管理体系的目的在于为会计师事务所持续高质量地执行业务提供支持。质量管理体系的设计、实施和运行,为会计师事务所维护公众利益提供了很好的抓手,会计师事务所将质量管理相关准则中的要求落实到位,就能够切实达到维护公众利益的目的。二是切合中国实际情况。质量管理相关准则特别注重将国际准则的先进成果与中国注册会计师行业的执业实践相结合,针对我国会计师事务所质量管理中存在的突出问题,提出行之有效的解决方案。三是坚持原则和规则的有机结合。质量管理相关准则首先对会计师事务所质量管理体系从目标、总体思路、组成要素等方面作出原则性规定,为质量管理体系的设计、实施和运行提供思维框架。在此基础上,其针对具体方面也作出了细化规定,为会计师事务所和注册会计师实际执行提供具体指导。四是保持与国际准则的持续全面动态趋同。质量管理相关准则涵盖了国际质量管理相关准则的所有要求和内容,绝大多数条款都与国际准则保持一致,某些条款虽与国际准则存在细微的差异,但都属于对国际准则中的原则在中国运用的具体化,有助于将国际准则的精神与我国注册会计师行业的具体实践相结合。

2022 年 12 月 22 日,财政部发布了修订后的《中国注册会计师审计准则第 1211 号——重大错报风险的识别和评估》《中国注册会计师审计准则第 1321 号——会计估计和相关披露的审计》等两项审计准则,并对《中国注册会计师审计准则第 1101 号——注册会计师的总体目标和审计工作的基本要求》等 23 项准则进行了一致性修订。该批准则将于 2023 年 7 月 1 日起施行。本次修订是为了贯彻落实《国务院办公厅关于进一步规范财务审计秩序促进注册会计师行业健康发展的意见》(国办发〔2021〕30 号)中"持续提升审计质量"和"完善审计准则体系"的要求,规范和指导注册会计师开展实务工作,保持我国审计准则与国际准则的持续动态趋同。

修订后的执业准则体系,实现了与国际准则的持续趋同,解决了我国注册会计师执业过程中迫切需要解决的问题,提高了应对风险的能力,体例明晰、文字质量高、内容成熟,更易于注册会计师的使用和执行,有利于提高审计效率,促进我国资本市场健康发展。有鉴于此,本书后续章节涉及相关准则的内容均按照最新修订审计准则体例编写。

二、我国执业准则的体系构成

中国注册会计师执业准则体系受注册会计师职业道德守则统领,包括注册会计师业务准则和会计师事务所质量管理准则,如图 2-1 所示。注册会计师业务准则又包括鉴证业务准则和相关服务准则两个部分,如图 2-2 所示。会计师事务所质量管理准则是为了规范会计师事务所建立并保持有关财务报表审计和审阅、其他鉴证和相关服务业务的质量管理制度。本章第二节将主要介绍鉴证业务的相关内容,第三节将主要介绍质量管理体系的构成,有关审计准则、审阅准则和其他鉴证业务准则的内容将结合在后续章节中予以介绍。

2-1 我国执业准则的体系构成

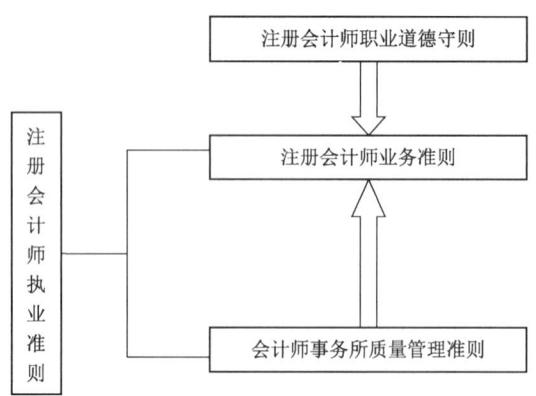

图 2-1　我国执业准则的体系构成

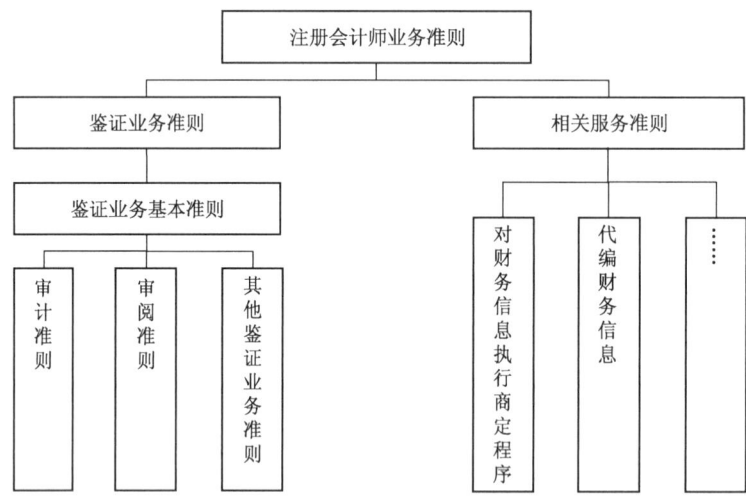

图 2-2　注册会计师业务准则体系

鉴证业务准则由鉴证业务基本准则统领,按照鉴证业务提供的保证程度和鉴证对象的不同,分为审计准则、审阅准则和其他鉴证业务准则。

鉴证业务基本准则是鉴证业务准则的概念框架,旨在规范注册会计师执行鉴证业务,明确鉴证业务的目标和要素,确定审计准则、审阅准则、其他鉴证业务准则适用的鉴证业务类型。

审计准则用以规范注册会计师执行历史财务信息的审计业务。在提供审计服务时,注册会计师对所审计信息是否不存在重大错报提供合理保证,并以积极方式提出结论。审阅准则用以规范注册会计师执行历史财务信息的审阅业务。在提供审阅服务时,注册会计师对所审阅信息是否不存在重大错报提供有限保证,并以消极方式提出结论。其他鉴证业务准则用以规范注册会计师执行历史财务信息审计或审阅以外的其他鉴证业务,根据鉴证业务的性质和业务约定的要求,提供有限保证或合理保证。

在准则框架体系中,审计准则无疑是其核心内容和重点所在。因此按照审计过程、业务性质和规范的内容,又将审计准则划分为一般原则与责任、风险评估与风险应对、审计证据、利用其他主体的工作、审计结论与报告,以及特殊领域等六小类。中国注册会计师执业准则体系具体包括如下内容。

（一）审计、审阅与其他鉴证业务准则

（1）中国注册会计师鉴证业务基本准则。

（2）中国注册会计师审计准则。

① 一般原则与责任：

中国注册会计师审计准则第 1101 号——注册会计师的总体目标和审计工作的基本
要求

中国注册会计师审计准则第 1111 号——就审计业务约定条款达成一致意见

中国注册会计师审计准则第 1121 号——对财务报表审计实施的质量管理

中国注册会计师审计准则第 1131 号——审计工作底稿

中国注册会计师审计准则第 1141 号——财务报表审计中与舞弊相关的责任

中国注册会计师审计准则第 1142 号——财务报表审计中对法律法规的考虑

中国注册会计师审计准则第 1151 号——与治理层的沟通

中国注册会计师审计准则第 1152 号——向治理层和管理层通报内部控制缺陷

中国注册会计师审计准则第 1153 号——前任注册会计师和后任注册会计师的沟通

② 风险评估与风险应对：

中国注册会计师审计准则第 1201 号——计划审计工作

中国注册会计师审计准则第 1211 号——通过了解被审计单位及其环境识别和评估重
大错报风险

中国注册会计师审计准则第 1221 号——计划和执行审计工作时的重要性

中国注册会计师审计准则第 1231 号——针对评估的重大错报风险采取的应对措施

中国注册会计师审计准则第 1241 号——对被审计单位使用服务机构的考虑

中国注册会计师审计准则第 1251 号——评价审计过程中识别出的错报

③ 审计证据：

中国注册会计师审计准则第 1301 号——审计证据

中国注册会计师审计准则第 1311 号——对存货、诉讼和索赔、分部信息等特定项目获
取审计证据的具体考虑

中国注册会计师审计准则第 1312 号——函证

中国注册会计师审计准则第 1313 号——分析程序

中国注册会计师审计准则第 1314 号——审计抽样

中国注册会计师审计准则第 1321 号——审计会计估计（包括公允价值会计估计）和相
关披露

中国注册会计师审计准则第 1323 号——关联方

中国注册会计师审计准则第 1324 号——持续经营

中国注册会计师审计准则第 1331 号——首次审计业务涉及的期初余额

中国注册会计师审计准则第 1332 号——期后事项

中国注册会计师审计准则第 1341 号——书面声明

④ 利用其他主体的工作：

中国注册会计师审计准则第 1401 号——对集团财务报表审计的特殊考虑

中国注册会计师审计准则第 1411 号——利用内部审计人员的工作

中国注册会计师审计准则第 1421 号——利用专家的工作

⑤ 审计结论与报告：

中国注册会计师审计准则第 1501 号——对财务报表形成审计意见和出具审计报告

中国注册会计师审计准则第 1502 号——在审计报告中发表非无保留意见

中国注册会计师审计准则第 1503 号——在审计报告中增加强调事项段和其他事项段

中国注册会计师审计准则第 1504 号——在审计报告中沟通关键事项

中国注册会计师审计准则第 1511 号——比较信息:对应数据和比较财务报表

中国注册会计师审计准则第 1521 号——注册会计师其他信息的责任

⑥ 特殊领域：

中国注册会计师审计准则第 1601 号——对按照特殊目的编制基础编制的财务报表审计的特殊考虑

中国注册会计师审计准则第 1602 号——验资

中国注册会计师审计准则第 1603 号——对单一财务报表和财务报表特定要素审计的特殊考虑

中国注册会计师审计准则第 1604 号——对简要财务报表出具报告的业务

（3）中国注册会计师审阅业务准则。

中国注册会计师审阅准则第 2101 号——财务报表审阅

（4）中国注册会计师其他鉴证业务准则。

中国注册会计师其他鉴证准则第 3101 号——历史财务信息审计或审阅以外的鉴证业务

中国注册会计师其他鉴证准则第 3111 号——预测性财务信息的审核

（二）中国注册会计师相关服务准则

中国注册会计师相关服务准则第 4101 号——对财务信息执行商定程序

中国注册会计师相关服务准则第 4111 号——代编财务信息

（三）会计师事务所质量管理准则

质量管理准则第 5101 号——业务质量管理

质量管理准则第 5102 号——项目质量复核

第二节 | 鉴证业务

一、鉴证业务的定义

鉴证业务是指注册会计师对鉴证对象信息提出结论,以增强责任方之外的预期使用者对鉴证对象信息信任程度的业务。鉴证对象信息是按照标准对鉴证对象进行评价和计量的结果。例如,责任方按照会计准则和相关会计制度(标准)对其财务状况、经营成果和现金流量(鉴证对象)进行确认、计量和列报而形成的财务报表(鉴证对象信息)。

鉴证业务包括历史财务信息审计业务、历史财务信息审阅业务和其他鉴证业务。注册会计师执行历史财务信息审计业务、历史财务信息审阅业务和其他鉴证业务时,应当遵守鉴证业务基本准则以及依据该准则制定的审计准则、审阅准则和其他鉴证业务准则。

二、鉴证业务的分类

鉴证业务分为基于责任方认定的业务和直接报告业务。

在基于责任方认定的业务中,责任方对鉴证对象进行评价或计量,鉴证对象信息以责任方认定的形式为预期使用者获取。例如,在财务报表审计中,被审计单位管理层(责任方)对财务状况、经营成果和现金流量(鉴证对象)进行确认、计量和列报(评价或计量)而形成的财务报表(鉴证对象信息)即为责任方的认定,该财务报表可为预期报表使用者获取,注册会计师针对财务报表出具审计报告。这种业务属于基于责任方认定的业务。

在直接报告业务中,注册会计师直接对鉴证对象进行评价或计量,或者从责任方获取对鉴证对象评价或计量的认定,而该认定无法为预期使用者获取,预期使用者只能通过阅读鉴证报告获取鉴证对象信息。例如,在内部控制鉴证业务中,注册会计师可能无法从管理层(责任方)获取其对内部控制有效性的评价报告(责任方认定),或虽然注册会计师能够获取该报告,但预期使用者无法获取该报告,注册会计师直接对内部控制的有效性(鉴证对象)进行评价并出具鉴证报告,预期使用者只能通过阅读该鉴证报告获得内部控制有效性的信息(鉴证对象信息)。这种业务属于直接报告业务。

三、鉴证业务的目标

鉴证业务的保证程度分为合理保证和有限保证。合理保证的保证水平要高于有限保证的保证水平。

合理保证的鉴证业务的目标是注册会计师将鉴证业务风险降至该业务环境下可接受的低水平,以此作为以积极方式提出结论的基础。例如,在历史财务信息审计中,要求注册会计师将审计风险降至该业务环境下可接受的低水平,对审计后的历史财务信息提供高水平保证(合理保证),在审计报告中对历史财务信息采用积极方式提出结论。这种业务属于合理保证的鉴证业务。

2-2 合理保证与有限保证的区别

有限保证的鉴证业务的目标是注册会计师将鉴证业务风险降至该业务环境下可接受的水平,以此作为以消极方式提出结论的基础。例如,在历史财务信息审阅中,要求注册会计师将审阅风险降至该业务环境下可接受的水平(高于历史财务信息审计中可接受的低水平),对审阅后的历史财务信息提供低于高水平的保证(有限保证),在审阅报告中对历史财务信息采用消极方式提出结论。这种业务属于有限保证的鉴证业务。

四、鉴证业务要素

鉴证业务要素是指鉴证业务的三方关系、鉴证对象、标准、证据和鉴证报告。

(一) 三方关系

鉴证业务涉及的三方关系人包括注册会计师、责任方和预期使用者。责任方与预期使用者可能是同一方,也可能不是同一方。

如果鉴证业务涉及的特殊知识和技能超出了注册会计师的能力,注册会计师可以利用专家协助执行鉴证业务。在这种情况下,注册会计师应当确信包括专家在内的项目组整体已具备执行该项鉴证业务所需的知识和技能,并充分参与该项鉴证业务和了解专家所承担

2-3 鉴证业务要素

的工作。

责任方是指下列组织或人员：在直接报告业务中，对鉴证对象负责的组织或人员；在基于责任方认定的业务中，对鉴证对象信息负责并可能同时对鉴证对象负责的组织或人员。责任方可能是鉴证业务的委托人，也可能不是委托人。注册会计师通常提请责任方提供书面声明，表明责任方已按照既定标准对鉴证对象进行评价或计量，无论该声明是否能为预期使用者获取。在直接报告业务中，当委托人与责任方不是同一方时，注册会计师可能无法获取此类书面声明。

预期使用者是指预期使用鉴证报告的组织或人员。责任方可能是预期使用者，但不是唯一的预期使用者。注册会计师可能无法识别使用鉴证报告的所有组织和人员，尤其在各种可能的预期使用者对鉴证对象存在不同的利益需求时。注册会计师应当根据法律、法规的规定或与委托人签订的协议识别预期使用者。在可行的情况下，鉴证报告的收件人应当明确为所有的预期使用者。

（二）鉴证对象

1. 鉴证对象与鉴证对象信息的形式

鉴证对象与鉴证对象信息具有多种形式，主要包括：

（1）当鉴证对象为财务业绩或状况时（如历史或预测的财务状况、经营成果和现金流量），鉴证对象信息是财务报表。

（2）当鉴证对象为非财务业绩或状况时（如企业的运营情况），鉴证对象信息可能是反映效率或效果的关键指标。

（3）当鉴证对象为物理特征时（如设备的生产能力），鉴证对象信息可能是有关鉴证对象物理特征的说明文件。

（4）当鉴证对象为某种系统和过程时（如企业的内部控制或信息技术系统），鉴证对象信息可能是关于其有效性的认定。

（5）当鉴证对象为一种行为时（如遵守法律、法规的情况），鉴证对象信息可能是对法律、法规遵守情况或执行效果的声明。

相关思考 2-1

鉴证对象和鉴证对象信息之间有何区别与联系？

2. 鉴证对象特征

鉴证对象具有不同特征，可能表现为定性或定量、客观或主观、历史或预测、时点或期间。这些特征将对下列方面产生影响：

（1）按照标准对鉴证对象进行评价或计量的准确性。

（2）证据的说服力。

（三）标准

标准是指用于评价或计量鉴证对象的基准，当涉及列报时，还包括列报的基准。标准可以是正式的规定，如编制财务报表所使用的会计准则和相关会计制度；也可以是某些非正式的规定，如单位内部制定的行为准则或确定的绩效水平。注册会计师在运用职业判断对鉴证对象作出合理一致的评价或计量时，需要有适当的标准。

适当的标准应当具备下列所有特征：

（1）相关性：相关的标准有助于得出结论，便于预期使用者作出决策。

（2）完整性：完整的标准不应忽略业务环境中可能影响得出结论的相关因素，当涉及列报时，还包括列报的基准。

（3）可靠性：可靠的标准能够使能力相近的注册会计师在相似的业务环境中，对鉴证对象作出合理一致的评价或计量。

（4）中立性：中立的标准有助于得出无偏向的结论。

（5）可理解性：可理解的标准有助于得出清晰、易于理解、不会产生重大歧义的结论。

注册会计师基于自身的预期、判断和个人经验对鉴证对象进行的评价和计量，不构成适当的标准。在具体鉴证业务中，注册会计师评价标准各项特征的相对重要程度，需要运用职业判断。标准可能是由法律、法规规定的，或由政府主管部门或国家认可的专业团体依照公开、适当的程序发布的，也可能是专门制定的。采用标准的类型不同，注册会计师为评价该标准对于具体鉴证业务的适用性所需执行的工作也不同。

（四）证据

注册会计师应当以职业怀疑态度计划和执行鉴证业务，获取有关鉴证对象信息是否不存在重大错报的充分、适当的证据。注册会计师应当及时对制定的计划、实施的程序、获取的相关证据以及得出的结论作记录。

注册会计师在计划和执行鉴证业务，尤其在确定证据收集程序的性质、时间和范围时，应当考虑重要性、鉴证业务风险以及可获取证据的数量和质量。

（五）鉴证报告

注册会计师应当出具含有鉴证结论的书面报告，该鉴证结论应当说明注册会计师就鉴证对象信息获取的保证。注册会计师应当考虑其他报告责任，包括在适当时与治理层沟通。

注册会计师应当考虑就执行业务过程中注意到的与治理层责任相关的事项与治理层沟通的适当性。"与治理层责任相关的事项"是指在鉴证业务中发现的，与治理层相关并重大的事项。相关事项仅包括执行鉴证业务过程中引起注册会计师注意的事项，如果委托人并非责任方，注册会计师直接与责任方或责任方的治理层沟通可能是不适当的。

第三节 | 质 量 管 理

执业质量是会计师事务所的生命线，是注册会计师行业维护公众利益的专业基础和诚信义务。加强质量管理体系建设，制定并实施科学、严谨的质量管理政策和程序，积极主动地实施质量管理，是保障会计师事务所执业质量、实现注册会计师行业科学健康发展的重要制度保障和长效机制。设计、实施和运行完善的质量管理体系是一项系统工程，涉及会计师事务所的方方面面。会计师事务所应当按照《会计师事务所质量管理准则第 5101 号——业务质量管理》的要求，结合本会计师事务所及其业务的实际情况，设计、实施和运行适合本所的质量管理体系，并定期对质量管理体系进行评价；按照质量管理体系的要求，会计师事务所应当制定与项目质量复核有关的政策和程序，并对符合特定条件的业务实施项目质量复核；财务报表审计是会计师事务所的核心业务，财务报表审计质量对会计师事务所的生存发展和市场信誉尤为重要。因此，会计师事务所应当针对财务报表审计业务严格实施质量管理，确保审计业务的高质量开展。

一、质量管理体系

(一) 质量管理体系的概念、目标和框架

1. 质量管理体系的概念和目标

质量管理体系是会计师事务所为实施质量管理而设计、实施和运行的系统,其目标是在以下两个方面提供合理保证:

(1) 会计师事务所及其人员按照适用的法律法规和职业准则的规定履行职责,并根据这些规定执行业务。

(2) 会计师事务所和项目合伙人出具适合具体情况的业务报告。

2. 质量管理体系的框架

会计师事务所质量管理体系的框架包括八个要素:

(1) 会计师事务所的风险评估程序。

(2) 治理和领导层。

(3) 相关职业道德要求。

(4) 客户关系和具体业务的接受与保持。

(5) 业务执行。

(6) 资源。

(7) 信息与沟通。

(8) 监控和整改程序。

上述各要素应当有效衔接、互相支撑、协同运行,以保障会计师事务所能够积极有效地实施质量管理。图 2-3 展示了会计师事务所质量管理体系的框架。

2-4 会计师事务所质量管理体系各要素之间的关系图

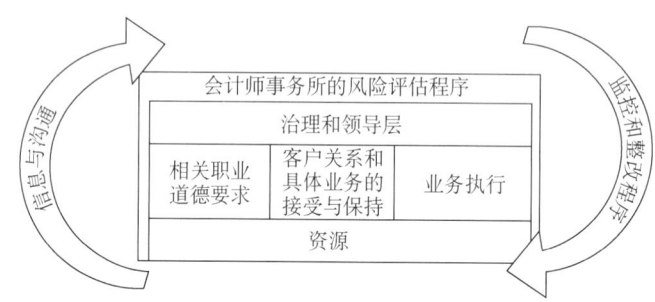

图 2-3 会计师事务所质量管理体系的框架

(二) 质量管理体系的总体要求

会计师事务所质量管理体系应当满足以下总体要求。

1. 在全所范围内统一设计、实施和运行

会计师事务所应当在全所范围内(包括分所或分部)统一设计、实施和运行质量管理体系,实现人事、财务、业务、技术标准和信息管理五方面的统一管理;如果会计师事务所通过合并、新设等方式成立分所(或分部),应当将该分所(或分部)纳入质量管理体系中统一实施质量管理。

2. 风险导向的思路

会计师事务所在设计、实施和运行质量管理体系时,应当采用风险导向的思路。按照风

险导向的思路,会计师事务所应当采取以下三个步骤:

(1)针对质量管理体系的各个要素设定质量目标,即为了确保实现质量管理体系的目标,质量管理体系的各个要素需要达到的目标。

根据会计师事务所质量管理的需要,质量目标可以进一步细化为若干子目标。例如,针对"治理和领导层"要素,会计师事务所可以设定如下质量目标:会计师事务所领导层通过实际行动展示其对质量的重视。而针对该质量目标,会计师事务所可以将其进一步细化为以下两个子目标:①会计师事务所领导层能够了解到所有与本会计师事务所执业质量相关的内外部投诉和举报及其处理情况;②对于涉及会计师事务所执业质量的重大问题,会计师事务所领导层亲自参与相关决策过程,并且在全所范围内形成一种"质量至上"的示范效应。

(2)识别和评估质量风险。质量风险是一种具有合理可能性会发生的风险,这种风险一旦发生,将单独或连同其他风险对质量目标的实现产生不利影响。

(3)设计和采取应对措施以应对质量风险。应对措施通常是指会计师事务所为应对质量风险而设计和实施的政策和程序,应对措施的性质、时间安排和范围取决于相关质量风险的评估结果及得出该评估结果的理由。

3. 根据本会计师事务所的实际需要进行"量身定制"

在实务中,会计师事务所应当实事求是,根据本会计师事务所及业务的性质和具体情况,以及本会计师事务所质量管理的实际需要,"量身定制"适合本会计师事务所的质量管理体系,而不应当机械执行会计师事务所质量管理准则,也不应当盲目地"照搬照抄"其他事务所的政策和程序。由于不同会计师事务所的规模、组织结构、业务类型、业务风险等方面不同,质量管理体系在设计上会存在差异,特别是其复杂程度和规范程度也会存在差异。如果一个会计师事务所规模较大,组织结构较为复杂,业务类型较多,并且执行上市实体审计业务,则该事务所很可能需要更加复杂和规范的质量管理体系和支持性工作记录。

会计师事务所在"量身定制"适合本所的质量管理体系时,针对前述质量管理体系的框架,可以使用与前述不同的名称来描述质量管理体系的要素,也可以根据实际情况调整这些要素,但调整的范围仅限于更改要素的名称、将某个要素进行拆分或将某些要素进行合并。

4. 不断优化和完善

质量管理体系是动态的,不应一成不变。实务中,会计师事务所应当根据本所及其业务在性质和具体情况方面的变化,对质量管理体系的设计、实施和运行进行动态调整。

(三)会计师事务所的风险评估程序

按照风险导向的思路,会计师事务所应当设计和实施风险评估程序,以设定质量目标、识别和评估质量风险,并设计和采取应对措施以应对质量风险。

1. 识别和评估质量风险并采取应对措施

会计师事务所在识别和评估质量风险时,应当了解可能对实现质量目标产生不利影响的事项或情况,包括相关人员的作为或不作为。这些事项或情况包括下列方面:

(1)会计师事务所的性质和具体情况,具体包括:①会计师事务所的复杂程度和经营特征;②会计师事务所在战略和运营方面的决策与行动、业务流程及业务模式;③会计师事务所领导层的特征和管理风格;④会计师事务所的资源,包括其拥有的内部资源和可获得的外部资源;⑤法律法规、职业准则的规定;⑥会计师事务所运营所处的环境;⑦会计师事务所所在网络向其成员组织统一提出的要求或统一提供的服务(如适用)。

（2）会计师事务所业务的性质和具体情况,具体包括:①会计师事务所执行业务的类型和出具报告的类型（如所执行业务的类型是否是审计等要求提供保证程度较高的业务）;②业务执行对象的实体类型（如业务执行对象是否为上市公司）。

在了解上述事项或情况的基础上,会计师事务所应当考虑这些事项或情况可能对实现质量目标产生哪些不利影响,以及不利影响的程度。会计师事务所应当根据质量风险的评估结果及得出该评估结果的理由设计和采取应对措施,以应对质量风险。

2. 对风险评估程序的动态调整

实务中,会计师事务所或其业务的性质和具体情况可能发生变化。会计师事务所应当制定政策和程序,以识别这些变化。如果识别出变化,会计师事务所应当考虑调整之前实施风险评估程序的结果,并在适当时采取下列措施:

（1）设定额外的质量目标或调整之前设定的额外质量目标。

（2）识别和评估额外的质量风险、调整之前评估的质量风险或重新评估质量风险。

（3）设计和采取额外的应对措施,或调整已采取的应对措施。

图2-4展示了会计师事务所风险评估程序的基本思路。

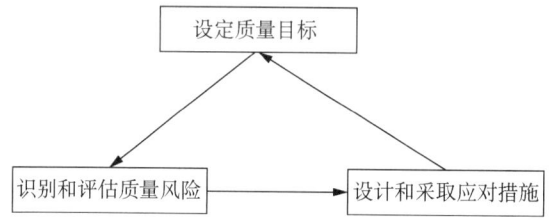

图2-4　会计师事务所风险评估程序的基本思路

（四）治理和领导层

会计师事务所的治理和领导层在全所范围内营造一种"质量至上"的文化氛围,能够为会计师事务所质量管理设定良好的"高层基调",从而对质量管理体系的设计、实施和运行产生广泛和积极的影响。因此,治理和领导层应当为质量管理体系的设计、实施和运行提供良好的支持性环境。

1. 相关质量目标

针对"治理和领导层"要素,会计师事务所应当设定下列质量目标:

（1）会计师事务所在全所范围内形成一种"质量至上"的文化,树立质量意识。这种"质量至上"的文化应当认可并强调以下方面:①会计师事务所及其人员有责任持续高质量地执行业务,从而更好地服务于公众利益;②会计师事务所人员树立正确的职业价值观、职业道德和职业态度,对于持续高质量地执行业务至关重要;③会计师事务所所有人员都对其执行业务的质量承担责任,或者对其在质量管理体系中所执行工作的质量承担责任,并且这些人员的行为应当得当;④会计师事务所的所有战略决策和行动,都应当坚持质量优先,都不能以牺牲质量为代价。

（2）会计师事务所的领导层对质量负责,并通过实际行动展示出其对质量的重视。

（3）会计师事务所领导层向会计师事务所人员传递"质量至上"的执业理念,培育以质量为导向的文化。

（4）会计师事务所的组织结构以及对相关人员角色、职责、权限的分配是恰当的，能够满足质量管理体系设计、实施和运行的需要。

（5）会计师事务所的资源（包括财务资源）需求得到恰当的计划，并且资源的取得和分配能够为会计师事务所持续高质量地执行业务提供保障。

2. 会计师事务所质量管理领导层

会计师事务所应当在其质量管理领导层中设定以下三种角色，以保障该体系能够得以恰当地设计、实施和运行：

（1）会计师事务所主要负责人（如首席合伙人、主任会计师或者同等职位的人员）应当对质量管理体系承担最终责任。

（2）会计师事务所应当指定专门的合伙人（或类似职位的人员）对质量管理体系的运行承担责任。

（3）会计师事务所应当指定专门的合伙人（或类似职位的人员）对质量管理体系特定方面的运行承担责任。这里的"特定方面"，可以是质量管理体系的特定要素，也可以是特定要素进一步细分出来的特定方面。例如，会计师事务所可以指定专门的合伙人对相关职业道德要求、监控和整改等要素的运行承担责任，也可以指定专门的合伙人对独立性要求的履行（即"相关职业道德要求"要素细分出来的特定方面）承担责任。

会计师事务所应当确保上述三类人员同时满足下列条件：具备适当的知识、经验和资质；在会计师事务所内具有履行其责任所需要的权威性和影响力；具有充足的时间和资源履行其责任；充分理解其应负的责任并接受对这些责任履行情况的问责。

会计师事务所应当确保对质量管理体系的运行承担责任的人员、对质量管理体系特定方面的运行承担责任的人员，能够直接与对质量管理体系承担最终责任的人员（即主要负责人）沟通。良好的沟通有助于在质量管理体系领导层之间传递信息，有利于相关人员能够及时获取相关信息并迅速作出相关决策。图 2-5 展示了质量管理体系领导层中的三种角色及沟通方向。

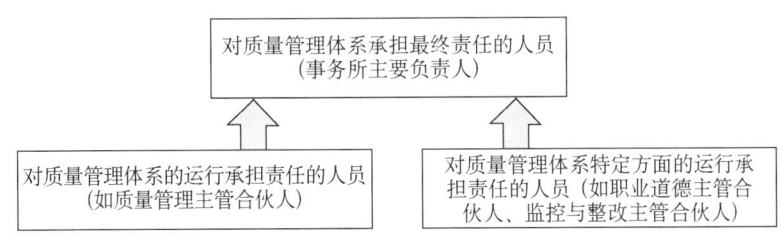

图 2-5　质量管理体系领导层中的三种角色及沟通方向

会计师事务所领导层成员应当以身作则、率先垂范，带头遵守质量管理体系中的各项政策和程序，不得干扰项目组按照职业准则的要求执行业务、作出职业判断。

3. 合伙人管理

会计师事务所的组织形式通常采用特殊普通合伙制，也有一些会计师事务所采用普通合伙制和有限责任公司制。本章所称的合伙人是一种统称，是指在提供专业服务方面有权代表会计师事务所的人员，包括非合伙制会计师事务所中处于同等职位的人员。每一个合伙人的执业质量，以及其对执业质量的重视和追求，对会计师事务所的整体质量和声誉都至关重要。因此,会计师事务所有必要加强对合伙人晋升、培训、考核、分配、转入、退出的管理,体现以质量为导向的文化,确保合伙人能够按照质量管理体系的要求,切实履行其在质量管理方面的责任,防范执业风险。

会计师事务所应当加强对其员工(包括外部转入人员)晋升合伙人的管理,在晋升时,应当综合考虑拟晋升人员的执业理念、职业价值观、职业道德、专业胜任能力和执业诚信记录,建立以质量为导向的晋升机制,不得以承接和执行业务的收入或利润作为晋升合伙人的首要指标。会计师事务所应当针对合伙人的晋升建立和实施质量"一票否决"制度。例如,会计师事务所可以制定政策和程序,要求在一定期间内执业有重大质量问题的人员,不得被提名晋升为合伙人。在实务中,会计师事务所可以综合考虑重大质量问题的性质和影响程度,该问题是否表明相关人员缺乏必要的胜任能力和职业道德,以及相关人员的整改情况等因素,判定执业中的质量问题是否重大。如果在经过适当的期间后,会计师事务所认为该人员的执业质量已经得到全面提升,能够满足晋升合伙人的标准,该人员可以恢复晋升机会。此外,会计师事务所还可以建立与执业质量挂钩的合伙人奖惩机制。

会计师事务所应当在全所范围内统一进行合伙人考核和收益分配。在进行考核和收益分配时,应当综合考虑合伙人的执业质量、管理能力、经营业绩、社会声誉等指标,不得以承接和执行业务的收入或利润作为首要指标,不应直接或变相以分所、部门、合伙人所在团队作为利润中心进行收益分配。这样做是为了避免会计师事务所过于强调商业利益,而忽视执业质量。

(五)相关职业道德要求

对任何行业来说,职业道德都与质量密切相关,注册会计师行业尤其如此。注册会计师行业的宗旨是维护公众利益,围绕这一宗旨,注册会计师必须不断提高自身的职业道德水平,会计师事务所也必须制定相关政策和程序,对本所执业人员的职业道德水平给予充分关注并积极加强管理。

1. 相关质量目标

为确保会计师事务所执业人员按照相关职业道德要求(包括独立性要求)履行职责,会计师事务所应当设定下列质量目标:

(1)会计师事务所及其人员充分了解相关职业道德要求,并严格按照这些职业道德要求履行职责。

(2)受相关职业道德要求约束的其他组织或人员(如网络事务所及其人员),充分了解与其相关的职业道德要求,并严格按照这些职业道德要求履行职责。

为此,会计师事务所应当制定下列政策和程序:

(1)识别、评价和应对对遵守相关职业道德要求的不利影响。

(2)识别、沟通、评价和报告任何违反相关职业道德要求的情况,并针对这些情况的原因和后果及时作出适当应对。

(3)至少每年一次向所有需要按照相关职业道德要求保持独立性的人员获取其已遵守独立性要求的书面确认。

2. 关键审计合伙人轮换机制

如果注册会计师长期连续执行同一审计客户的审计业务,将会因密切关系和自身利益对独立性产生不利影响。因此,《中国注册会计师职业道德守则》明确规定,注册会计师应当识别、评价和应对这种不利影响,尤其是,对于公众利益实体审计客户,关键审计合伙人应当严格遵守轮换要求。会计师事务所应当对本所关键审计合伙人轮换情况进行监督和管理。

会计师事务所应当按照相关职业道德要求,建立并完善与公众利益实体审计业务有关的关键审计合伙人轮换机制,明确轮换要求,确保做到实质性轮换,防止流于形式。针对公众利益实体审计业务,会计师事务所应当对关键审计合伙人的轮换情况进行实时监控,通过建立关键审计合伙人服务年限清单等方式,管理关键审计合伙人相关信息,每年对轮换情况实施复核,并在全所范围内统一进行轮换。

会计师事务所应当完善利益分配机制,保证全所的人力资源和客户资源实现一体化统筹管理。会计师事务所应当定期评价利益分配机制的设计和执行情况。这样做是为了避免某合伙人或项目组的利益与特定客户长期直接挂钩,从根源上解决关键审计合伙人轮换机制"流于形式"的问题。

(六) 客户关系和具体业务的接受与保持

会计师事务所的执业质量在很大程度上受客户质量的影响。例如,如果客户的管理层和治理层缺乏诚信,不配合注册会计师执行业务,甚至蓄意实施舞弊,注册会计师将面临很高的执业风险,其执业质量难以获得保障。

1. 相关质量目标

会计师事务所在作出是否承接与保持某项客户关系和具体业务的决策时,应当"知己知彼"。所谓"知彼",是指这种决策应当建立在对客户及其管理层和治理层充分了解的基础之上;所谓"知己",是指应当充分了解本所自己的专业胜任能力,包括遵守法律法规和相关职业道德要求的情况。基于"质量至上"的原则,会计师事务所在作出相关决策时,应当优先考虑的是质量方面的因素,而非商业利益。因此,针对客户关系和具体业务的接受与保持,会计师事务所应当设定下列质量目标:

(1)会计师事务所就是否接受或保持某项客户关系或具体业务所作出的判断是适当的,充分考虑了以下方面:①会计师事务所是否针对业务的性质和具体情况以及客户(包括客户的管理层和治理层)的诚信和道德价值观获取了足以支持上述判断的充分信息;②会计师事务所是否具备按照适用的法律法规和职业准则的规定执行业务的能力。

(2)会计师事务所在财务和运营方面对优先事项的安排,并不会导致对是否接受或保持客户关系或具体业务作出不恰当的判断。例如,会计师事务所在运营方面的优先事项可能包括市场份额的增长、聚焦于特定行业或新业务拓展等;会计师事务所在财务方面的优先事项可能更多关注其盈利能力。如果会计师事务所过于强调经济利益优先,则可能为取得较高的业务收入而承接一些高风险客户,这些客户的风险可能超出会计师事务所的承受能力,从而可能给会计师事务所执业质量带来不利影响。会计师事务所应当制定相关政策和程序以应对以下情形:①会计师事务所在接受或保持某一客户关系或具体业务后知悉了某些信息,而这些信息如果在接受或保持该客户关系或具体业务之前知悉,将会导致其拒绝接受该客户关系或业务;②根据法律法规的规定,会计师事务所有义务接受某项客户关系或具体业务。

2. 树立风险意识

会计师事务所应当在客户关系和具体业务的接受与保持方面树立风险意识,确保对拟承接项目的风险评估真实、到位,并制定相关政策和程序,在全所范围内统一决策。在决策时,会计师事务所应当充分考虑相关职业道德要求、管理层和治理层的诚信状况、业务风险以及是否具备执行业务所必需的时间和资源,审慎作出承接与保持的决策。

对于会计师事务所认定存在高风险的业务,应当设计和实施专门的质量管理程序,如加强与前任注册会计师的沟通、与相关监管机构沟通、访谈拟承接客户以了解有关情况、加强内部质量复核等,并应当经质量管理主管合伙人(或类似职位的人员)或其授权的人员审批。

(七) 业务执行

会计师事务所整体的执业质量,是由每个项目组实际执行业务的质量决定的。每个项目组的质量,都会直接影响会计师事务所整体的执业质量。因此,会计师事务所有必要在项目层面实施质量管理。

1. 相关质量目标

针对业务执行,会计师事务所应当设定下列质量目标:

(1)项目组了解并履行其与所执行业务相关的责任,包括项目合伙人对项目管理和项目质量承担总体责任,并充分、适当地参与项目全过程。

(2)对项目组进行的指导和监督以及对项目组已执行的工作进行的复核是恰当的,并且由经验较为丰富的项目组成员对经验较为缺乏的项目组成员的工作进行指导、监督和复核。

(3)项目组恰当运用职业判断并保持职业怀疑。

(4)项目组对困难或有争议的事项进行了咨询,并已按照达成的一致意见执行业务。

(5)项目组内部、项目组与项目质量复核人员之间(如适用),以及项目组与会计师事务所内负责执行质量管理体系相关活动的人员之间存在的意见分歧,能够得到会计师事务所的关注并予以解决。

(6)业务工作底稿能够在业务报告日之后及时得到整理,并得到妥善的保存和维护,以遵守法律法规、相关职业道德要求和其他职业准则的规定,并满足会计师事务所自身的需要。

2. 对项目合伙人的要求

项目合伙人是指会计师事务所中负责某项业务及其执行,并代表会计师事务所在出具的报告上签字的合伙人。

会计师事务所应当制定政策和程序,在全所范围内统一委派具有足够专业胜任能力、时间,并且无不良执业诚信记录的项目合伙人执行业务。其中,对专业胜任能力的评价应当包括下列方面:

(1)是否充分了解相关法律法规和监管要求。

(2)是否能够熟练掌握和运用相关职业准则的规定。

(3)是否充分了解客户所在行业的业务特点、发展趋势、重大风险,以及该行业对信息技术的运用情况等。

会计师事务所应当按照质量管理体系的要求,对项目合伙人的委派进行复核。

3. 项目组内部复核

项目组是指执行某项业务的所有合伙人和员工,以及为该项业务实施程序的所有其他人员,但不包括外部专家,也不包括为项目组提供直接协助的内部审计人员。

项目组内部复核是指在项目组内部实施的复核。

会计师事务所应当制定与内部复核相关的政策和程序,对内部复核的层级、各层级的复核范围、执行复核的具体要求以及对复核的记录要求等作出规定。

4. 项目质量复核

项目质量复核是指在报告日或报告日之前,项目质量复核人员对项目组作出的重大判断及据此得出的结论作出的客观评价。

项目质量复核人员,是指会计师事务所中实施项目质量复核的合伙人或其他类似职位的人员,或者由会计师事务所委派实施项目质量复核的外部人员。

会计师事务所应当就项目质量复核制定政策和程序,并对下列业务实施项目质量复核:

(1)上市实体财务报表审计业务。

(2)法律法规要求实施项目质量复核的审计业务或其他业务。

(3)会计师事务所认为,为应对一项或多项质量风险,有必要实施项目质量复核的审计业务或其他业务。

项目质量复核不同于项目组内部复核,两者主要区别如下:

(1)复核的主体不同。项目质量复核是由独立于项目组的项目质量复核人员执行;项目组内部复核是由项目组内部人员执行的复核,通常包括多个复核层级。

(2)适用的业务范围不同。项目质量复核仅适用于上市实体财务报表审计业务、法律法规要求实施项目质量复核的审计业务或其他业务,以及会计师事务所政策和程序要求实施项目质量复核的审计业务或其他业务;项目组内部复核适用于所有业务。

(3)复核的内容不同。项目质量复核主要聚焦于复核两个方面的内容:①项目组作出的重大判断;②根据重大判断得出的结论;项目组内部复核的内容比较宽泛,涉及项目的各个方面。

 延伸阅读2-1 ....

虚假审计报告导致重犯被判无罪　法院亡羊补牢①

身为会计师事务所主任,李某却胡乱签发审计报告,导致犯罪嫌疑人被定为无罪。李某因"出具证明文件重大失实罪",被江汉区法院一审判处徒刑1年、缓刑1年,并处罚金5万元。本案也由此成为江汉区法院追究审计责任的第一案。

经经理查明,2004年年初,湖北某会计师事务所(简称会计师事务所)接受武汉中级人民法院的委托,对几家公司(湖北汽车工业总公司武汉公司、武汉康顺集团有限公司、湖北岭丰实业公司等)在2001年1月至2002年12月2年时段的财务往来及债权、债务情况进行审计。

李某违反审计准则,指派不具有注册会计师资格的周某、左某单独进行审计工作;在审计证据收集不全、审计范围受限的情况下,仍然定稿、审核、签发了一份审计报告。这份审计报告被法院采信,导致相关案件的嫌疑人被判无罪。

其后,经再次审计,发现李某出具的这份审计报告与事实严重不符。法院重审该案,以犯有挪用公款罪将犯罪嫌疑人判刑12年。

法院审理认为,李某的行为已构成"出具证明文件重大失实罪"。

5. 意见分歧

在业务执行中,时常可能出现项目组内部、项目组与被咨询者之间以及项目合伙人与项

---

① 柳洪强,金文兵.虚假审计报告导致重犯被判无罪　法院亡羊补牢[N].武汉晚报,2008-02-03.

目质量复核人员之间的意见分歧。会计师事务所应当制定与解决意见分歧相关的政策和程序，包括下列方面：

（1）明确要求项目合伙人和项目质量复核人员（如有）复核并评价项目组是否已就疑难问题或涉及意见分歧的事项进行适当咨询，以及咨询得出的结论是否得到执行。

（2）明确要求在业务工作底稿中适当记录意见分歧的解决过程和结论。如果项目质量复核人员（如有）、项目组成员以外的其他人员参与形成业务报告中的专业意见，也应当在业务工作底稿中作出适当记录。

（3）确保所执行的项目在意见分歧解决后才能出具业务报告。

6．出具业务报告

业务报告在出具前，应当经项目合伙人、项目质量复核人员（如有）复核确认，确保其内容、格式符合职业准则的规定，并由项目合伙人及其他适当的人员（如适用）签署。会计师事务所应当加强对业务报告签发过程的控制，委派专门人员负责对报告的签章进行严格管理。

7．投诉和指控

投诉和指控可能来自会计师事务所内部，也可能来自外部。会计师事务所应当制定政策和程序，以接收、调查、解决由于未能按照适用的法律法规、职业准则的要求执行业务，或由于未能遵守会计师事务所制定的政策和程序，而引发的投诉和指控。

会计师事务所领导层需要重视并妥善处理与会计师事务所执业质量相关的投诉和指控。为此，会计师事务所可能需要制定相关政策和程序，包括相关机制和处理流程，使投诉和指控能够得到积极、公平、恰当的处理，并鼓励会计师事务所人员能够积极、通畅地反映与执业质量相关的问题而不用担心遭受打击报复。

（八）资源

会计师事务所的资源是一个宽泛的概念，既包括货币资金、办公设备等各种有形资源，又包括人力资源、知识资源和技术资源。其中，人力资源如会计师事务所的合伙人和员工，包括执业人员和质量管理人员；技术资源如信息技术基础设施、信息技术应用程序等；知识资源如书面的政策和程序、业务方法论或指引等。从某种意义上说，人力资源、知识资源和技术资源，与会计师事务所的整体执业质量具有更高的相关性。

1．相关质量目标

会计师事务所应当设定下列质量目标，以及时且适当地获取、开发、利用、维护和分配资源，支持质量管理体系的设计、实施和运行：

（1）会计师事务所招聘、培养和留住在下列方面具备胜任能力的人员：①具备与会计师事务所执行的业务相关的知识和经验，能够持续高质量地执行业务；②执行与质量管理体系运行相关的活动或承担与质量管理体系相关的责任。

（2）会计师事务所人员通过其行为展示出对质量的重视，不断培养和保持适当的胜任能力以履行其职责。会计师事务所通过及时的业绩评价、薪酬调整、晋升和其他奖惩措施对这些人员进行问责或认可。

（3）当会计师事务所在质量管理体系的运行方面缺乏充分、适当的人员时，能够从外部（如网络、网络事务所或服务提供商）获取必要的人力资源支持。

（4）会计师事务所为每项业务分派具有适当胜任能力的项目合伙人和其他项目组成员，并保证其有充足的时间持续高质量地执行业务。

（5）会计师事务所分派具有适当胜任能力的人员执行质量管理体系内的各项活动，并保证其有充足的时间执行这些活动。

（6）会计师事务所获取、开发、维护、利用适当的技术资源，以支持质量管理体系的运行和业务的执行。

（7）会计师事务所获取、开发、维护、利用适当的知识资源，为质量管理体系的运行和高质量业务的持续执行提供支持，并且这些知识资源符合相关法律法规和职业准则的规定。

（8）结合上述第（4）项至第（7）项所述的质量目标，从服务提供商获取的人力资源、技术资源或知识资源能够适用于质量管理体系的运行和业务的执行。

2. 与资源相关的政策和程序

对会计师事务所来说，从业人员的专业知识和技能水平，以及在时间和其他资源上的投入，对执业质量至关重要。因此，会计师事务所需要投入足够资源，建立与下列方面相关的政策和程序：

（1）组建一支专业性强、经验丰富、运作规范的质量管理体系团队，以维持质量管理体系的日常运行。

（2）与专业技术支持相关的政策和程序，配备具备相应专业胜任能力、时间和权威性的技术支持人员，确保相关业务能够获得必要的专业技术支持。

（3）完善的工时管理系统，确保相关人员投入足够的时间执行业务，并为业绩评价提供依据。

（4）与业务操作规程、业务软件等有关的指引，把职业准则的要求从实质上执行到位，确保执业人员恰当记录判断过程、程序执行情况及得出的结论。

（九）信息与沟通

会计师事务所质量管理体系能够流畅、有效地运行，有赖于会计师事务所与项目组之间，以及各项目组之间能够有效地进行双向沟通，传递相关、可靠的信息。在某些情况下，会计师事务所也可能有必要与外部各方进行沟通，以支持质量管理体系的设计、实施和运行。

1. 相关质量目标

会计师事务所应当设定下列质量目标，以支持质量管理体系的设计、实施和运行，确保相关方能够及时获取、生成和利用与质量管理体系有关的信息，并及时在会计师事务所内部或与外部各方沟通信息：

（1）会计师事务所的信息系统能够识别、获取、处理和维护来自内部或外部的相关、可靠的信息，为质量管理体系提供支持。

（2）会计师事务所的组织文化认同并强调会计师事务所人员与会计师事务所之间，以及这些人员彼此之间交换信息的责任。

（3）会计师事务所内部以及各项目组之间能够交换相关、可靠的信息，这种信息交换包括以下方面：①会计师事务所向相关人员和项目组传递信息，传递的性质、时间安排和范围足以使其理解和履行与执行业务或质量管理体系各项活动相关的责任；②会计师事务所人员和项目组在执行业务或质量管理体系各项活动的过程中向会计师事务所传递信息。

（5）会计师事务所向外部各方传递相关、可靠的信息，这种信息传递包括以下方面：①会计师事务所向其所在的网络、网络中的其他事务所，或者向服务提供商（如有）传递信息；②会计师事务所根据相关法律法规或职业准则的规定向外部利益相关方传递信息，或为了帮助外部各利益相关方了解质量管理体系而向其传递信息。

2. 与信息与沟通相关的政策和程序

会计师事务所应当针对下列方面制定政策和程序：

（1）会计师事务所在执行上市实体财务报表审计业务时，应当与治理层沟通质量管理体系是如何为持续高质量地执行业务提供支撑的。

（2）会计师事务所在何种情况下向外部各方沟通与质量管理体系相关的信息是适当的。

（3）会计师事务所按照上述第（1）项和第（2）项的规定进行外部沟通时应当沟通哪些信息，以及沟通的性质、时间安排、范围和适当形式。

（十）监控和整改程序

会计师事务所通过实施监控和整改程序，能够对质量管理体系的运行情况进行定期和持续监控。如果会计师事务所发现质量管理体系存在缺陷，应当评价该缺陷的严重程度和广泛性，并考虑设计和采取恰当的整改措施。

1. 相关质量目标

会计师事务所应当建立在全所范围内统一的监控和整改程序，并开展实质性监控，以实现下列质量目标：

（1）就质量管理体系的设计、实施和运行情况提供相关、可靠、及时的信息。

（2）采取适当的行动以应对识别出的质量管理体系的缺陷，以使该缺陷能够及时得到整改。

2. 监控活动

会计师事务所应当设计和实施监控活动，既包括定期实施的监控活动，又包括持续实施的监控活动。

在确定监控活动的性质、时间安排和范围时，会计师事务所应当考虑下列方面：

（1）对相关质量风险的评估结果以及得出该评估结果的理由。

（2）针对质量风险的评估结果设计和采取的应对措施。

（3）会计师事务所的风险评估程序以及监控和整改程序的设计。

（4）质量管理体系发生的变化。

（5）以前实施监控活动的结果，包括以前实施的监控活动是否仍然与评价质量管理体系相关，以及为应对以前识别出的缺陷所采取的整改措施是否有效。

（6）其他相关信息。

会计师事务所的监控活动应当包括从会计师事务所已经完成的项目中周期性地选择部分项目进行检查。在每个周期内，对每个项目合伙人，至少选择一项已完成的项目进行检查。对承接上市实体审计业务的每个项目合伙人，检查周期最长不得超过三年。

会计师事务所执行监控活动的人员应当符合以下要求：

（1）具备有效执行监控活动所必需的胜任能力、时间和权威性。

（2）具有客观性，项目组成员和项目质量复核人员不得参与对其项目的监控活动。

3. 会计师事务所质量管理体系的缺陷

会计师事务所质量管理体系的缺陷，是指会计师事务所质量管理体系的设计、实施或运行无法合理保证实现其目标。当存在下列情况之一时，表明会计师事务所质量管理体系存在缺陷：

（1）未能设定某些质量目标，而这些质量目标对实现质量管理体系的目标是必要的。

（2）未能识别或恰当评估一项或多项质量风险。

（3）未能恰当设计和采取应对措施，或者应对措施未能有效发挥作用，导致一项应对措施或者多项应对措施的组合未能将相关质量风险发生的可能性降低至可接受的低水平。

（4）质量管理体系的某些方面缺失，或者某些方面未能得到恰当的设计、实施或有效运行。

在实施监控的过程中，会计师事务所应当评价发现的情况，以确定是否存在缺陷，包括监控和整改程序中存在的缺陷。

针对识别出的缺陷，会计师事务所应当通过下列方法评价缺陷的严重程度和广泛性：

（1）调查缺陷的根本原因。

（2）评价这些缺陷单独或累积起来对质量管理体系的影响。

4．整改措施

会计师事务所应当根据对根本原因的调查结果，设计和采取整改措施，以应对识别出的缺陷。

对监控和整改程序的运行承担责任的人员应当评价整改措施是否得到恰当的设计，以应对识别出的缺陷及其根本原因，并确定这些措施是否已得到实施。该人员还应当评价针对以前识别出的缺陷采取的整改措施是否有效。如果评价表明整改措施并未得到恰当的设计和执行，或未达到预期效果，则该人员应当采取适当措施以确保对这些整改措施已作出必要调整以使其能够达到预期效果。

如果监控发现某项业务在执行过程中遗漏了应当实施的程序，或者出具的报告可能不适当，会计师事务所应当采取以下应对措施：

（1）采取适当行动，以遵守适用的法律法规和职业准则的规定。

（2）当认为出具的报告不适当时，考虑其影响并采取适当的行动，包括考虑是否需要征询法律意见。

对监控和整改程序的运行承担责任的人员，应当及时与会计师事务所主要负责人以及对质量管理体系的运行承担责任的人员沟通下列事项：

（1）已执行的监控活动。

（2）识别出的缺陷，包括缺陷的严重程度和广泛性。

（3）针对识别出的缺陷采取的整改措施。

会计师事务所应当就上述事项与项目组以及在质量管理体系中承担相关责任的其他人员沟通，以使项目组和这些人员能够根据其职责迅速采取恰当行动。

针对缺陷的性质和影响程度，会计师事务所应当对相关人员进行问责。这种问责应当与相关责任人员的考核、晋升和薪酬挂钩。对执业中存在重大缺陷的项目合伙人，会计师事务所应当对其是否具备从事相关业务的职业道德水平和专业胜任能力作出评价。

会计师事务所应当就监控的实施情况，发现的缺陷，评价、补救和改进措施、问责等形成监控报告，并针对存在的缺陷，及时修订完善质量管理体系。

（十一）评价质量管理体系

质量管理体系在建成并运行了一段时间以后，会计师事务所应当对其运行情况进行评价,并根据质量管理体系的评价结果,对相关人员进行业绩评价。

1. 对质量管理体系的评价

会计师事务所主要负责人应当代表会计师事务所对质量管理体系进行评价。这种评价应当以某一时点为基准,并且应当至少每年一次。

作为评价的结果,主要负责人可能得出下列结论中的一项:

(1) 质量管理体系能够向会计师事务所合理保证该体系的目标得以实现。

(2) 质量管理体系的设计、实施和运行存在严重但不具有广泛影响的缺陷,除与这些缺陷相关的事项外,质量管理体系能够向会计师事务所合理保证该体系的目标得以实现。

(3) 质量管理体系不能向会计师事务所合理保证该体系的目标得以实现。

如果得出上述第(2)项或第(3)项结论,会计师事务所应当采取下列措施:①迅速采取适当行动;②与各项目组以及在质量管理体系中承担相关责任的其他人员就与其责任相关的事项进行沟通;③按照会计师事务所的政策和程序与外部各方沟通。

2. 对相关人员的业绩评价

会计师事务所应当定期对下列人员进行业绩评价:

(1) 主要负责人。

(2) 对质量管理体系承担运行责任的人员。

(3) 对质量管理体系特定方面承担运行责任的人员。

在进行业绩评价时,会计师事务所应当考虑对质量管理体系的评价结果。

(十二) 会计师事务所对质量管理体系的记录

1. 记录的目的

会计师事务所应当对质量管理体系进行记录,以实现下列目的:

(1) 为会计师事务所人员对质量管理体系的一致理解提供支持,包括理解其在质量管理体系和业务执行中的角色和责任。

(2) 为质量管理体系的持续实施和运行提供支持。

(3) 为应对措施的设计、实施和运行提供证据,以支持主要负责人对质量管理体系进行评价。

2. 记录的内容

会计师事务所应当就下列方面形成工作记录:

(1) 主要负责人和对质量管理体系承担运行责任的人员各自的身份。

(2) 会计师事务所的质量目标和质量风险。

(3) 对应对措施的描述以及这些措施是如何应对质量风险的。

(4) 实施的监控和整改程序,具体包括:①已执行监控活动的证据;②对监控发现的情况、识别出的缺陷、缺陷的根本原因作出的评价;③为应对识别出的缺陷而采取的整改措施,以及对这些整改措施在设计和执行方面的评价;④与监控和整改程序相关的沟通。

(5) 主要负责人对质量管理体系作出的评价及其依据。

3. 记录的保存期限

会计师事务所应当规定质量管理体系工作记录的保存期限,该期限应当涵盖足够长的期间,以使会计师事务所能够监控质量管理体系的设计、实施和运行情况。如果法律法规要求更长的期限,应当遵守法律法规的要求。

二、项目质量复核

(一) 项目质量复核人员的委派和资质要求

1. 项目质量复核人员的委派

会计师事务所应当在全所范围内(包括分所或分部)统一委派项目质量复核人员,并确保负责实施委派工作的人员具有必要的胜任能力和权威性。负责委派项目质量复核人员的人员需要独立于项目组。因此,对于接受项目质量复核的项目,其项目组成员不能负责委派本项目的项目质量复核人员。

2. 项目质量复核人员的资质要求

由于项目质量复核人员应当独立于执行业务的项目组,项目合伙人和项目组其他成员不得成为本项目的项目质量复核人员。除此之外,项目质量复核人员还应当同时符合下列要求:

(1) 具备适当的胜任能力,包括充足的时间和适当的权威性以实施项目质量复核。项目质量复核人员的胜任能力应当至少与项目合伙人相当。

(2) 遵守相关职业道德要求,并在实施项目质量复核时保持独立、客观、公正。

(3) 遵守与项目质量复核人员任职资质要求相关的法律法规(如有)。

为了确保项目质量复核人员的权威性和客观性,会计师事务所应当委派合伙人或类似职位的人员,或者会计师事务所外部的人员担任项目质量复核人员。在为某一具体项目委派项目质量复核人员时,会计师事务所应当充分考虑拟委派人员的胜任能力和客观性。实务中,拟委派项目质量复核人员的客观性可能受到以下情况的影响:

(1) 项目之间交叉实施项目质量复核。例如,在同一年度内,由 A 项目的项目合伙人对 B 项目实施项目质量复核,同时由 B 项目的项目合伙人对 A 项目实施项目质量复核。除非出现特殊情况,如具有适当胜任能力和权威性的人员不足,否则,会计师事务所应当尽量避免在同一年度内交叉实施项目质量复核。对于在特殊情况下出现的交叉实施项目质量复核的情况,会计师事务所可以制定相关政策和程序,例如,要求取得质量管理主管合伙人和业务主管合伙人的批准,并至少每年重新评估和批准一次。

(2) 某一项目的前任项目合伙人被委任为该项目的项目质量复核人员。例如,甲注册会计师于 2022 年度担任某项目的项目合伙人,如果其在 2023 年度被委派担任同一项目的项目质量复核人员,将可能对其客观性产生不利影响。因此,会计师事务所应当规定一段冷却期,要求在冷却期结束之前,前任项目合伙人不得担任该项目的项目质量复核人员。这段冷却期至少应当为两年。

3. 为项目质量复核提供协助的人员的资质要求

在实施项目质量复核的过程中,项目质量复核人员可能需要某些具备相关专业知识和技能的人员或团队提供协助。为了确保协助人员的客观性,项目合伙人和项目组其他成员也不得为本项目的项目质量复核提供协助。除此之外,为项目质量复核提供协助的人员还应当同时满足下列条件:

(1) 具备适当的胜任能力,包括充足的时间,以履行对其分配的职责。

(2) 遵守相关法律法规的规定(如有)和相关职业道德要求。

尽管在实施项目质量复核的过程中可以利用相关人员提供协助,项目质量复核人员仍然应当对项目质量复核的实施承担总体责任,并负责确定对协助人员进行指导、监督和复核的性质、时间安排和范围。

4. 项目质量复核人员不再符合任职资质要求的情况

在某些情况下,已委派的项目质量复核人员可能不再符合任职资质要求。例如,项目具体情况发生变化,可能导致项目质量复核人员不再具备适当的胜任能力或客观性;或者,项目质量复核人员承担的其他职责发生变化,导致其不再具备充足的时间以执行项目质量复核。

会计师事务所应当对项目质量复核人员符合资质要求的情况进行实时监控,以及时识别出项目质量复核人员不再符合任职资质要求的情况,并采取适当措施,包括委任一位新的项目质量复核人员。

当项目质量复核人员意识到其不再符合任职资质要求时,应当通知会计师事务所适当人员,并采取下列措施:

(1) 如果项目质量复核尚未开始,不再承担项目质量复核责任。

(2) 如果项目质量复核已经开始实施,立即停止实施项目质量复核。

(二) 项目质量复核的实施

1. 复核程序

在实施项目质量复核时,项目质量复核人员应当实施下列程序:

(1) 阅读并了解相关信息,这些信息包括:①与项目组就项目和客户的性质和具体情况进行沟通获取的信息;②与会计师事务所就监控和整改程序进行沟通获取的信息,特别是针对可能与项目组的重大判断相关或影响该重大判断的领域识别出的缺陷进行的沟通。

(2) 与项目合伙人及项目组其他成员讨论重大事项,以及在项目计划、实施和报告时作出的重大判断。

(3) 基于实施上述第(1)项和第(2)项程序获取的信息,选取部分与项目组作出的重大判断相关的业务工作底稿进行复核,并评价下列方面:①作出这些重大判断的依据,包括项目组对职业怀疑的运用(如适用);②业务工作底稿能否支持得出的结论;③得出的结论是否恰当。

(4) 对于财务报表审计业务,评价项目合伙人确定独立性要求已得到遵守的依据。

(5) 评价是否已就疑难问题或争议事项、涉及意见分歧的事项进行适当咨询,并评价咨询得出的结论。

(6) 对于财务报表审计业务,评价项目合伙人得出下列结论的依据:①项目合伙人对整个审计过程的参与程度是充分且适当的;②项目合伙人能够确定作出的重大判断和得出的结论适合项目的性质和具体情况。

(7) 针对下列方面实施复核:①针对财务报表审计业务,复核被审计财务报表和审计报告,以及审计报告中对关键审计事项的描述(如适用);②针对财务报表审阅业务,复核被审阅财务报表或财务信息,以及拟出具的审阅报告;③针对财务报表审计和审阅以外的其他鉴证业务或相关服务业务,复核业务报告和鉴证对象信息(如适用)。

2. 与项目质量复核相关的政策和程序

针对项目质量复核的实施,会计师事务所应当制定与下列方面相关的政策和程序:

(1) 项目质量复核人员有责任在项目的适当时点实施复核程序,为客观评价项目组作出的重大判断和据此得出的结论奠定适当基础。

（2）项目合伙人与项目质量复核相关的责任，包括禁止项目合伙人在收到项目质量复核人员就已完成项目质量复核发出的通知之前签署业务报告。

（3）对项目质量复核人员的客观性产生不利影响的情形，以及在这些情形下需要采取的适当行动。

3. 项目质量复核的完成

如果项目质量复核人员怀疑项目组作出的重大判断或据此得出的结论不恰当，应当告知项目合伙人。如果这一怀疑不能得到满意的解决，项目质量复核人员应当通知会计师事务所适当人员项目质量复核无法完成。

如果项目质量复核人员确定项目质量复核已经完成，应当签字确认并通知项目合伙人。

（三）与项目质量复核有关的工作底稿

项目质量复核人员应当负责就项目质量复核的实施情况形成工作底稿。对项目质量复核形成的工作底稿应当足以使未曾接触该项目的、有经验的执业人员了解项目质量复核人员以及对项目质量复核提供协助的人员（如有）所执行程序的性质、时间安排和范围，以及在实施复核的过程中得出的结论。

项目质量复核工作底稿应当包括下列方面的内容：

（1）项目质量复核人员及协助人员的姓名。

（2）已复核的业务工作底稿的识别特征。

（3）项目质量复核人员确定项目质量复核已经完成的依据。

（4）项目质量复核人员就无法完成项目质量复核或项目质量复核已完成所发出的通知。

（5）完成项目质量复核的日期。

延伸阅读2-2

审计的十大缺陷①

Beasley 等人在 2000 年完成了一份题为《1989—1997 年美国证券交易委员会针对审计师涉嫌欺诈行为的处罚措施研究》的报告。研究对象涉及 56 个案例，其中 11 个案例属于没有实施审计或者不具有注册会计师资格的人员冒充注册会计师出具了虚假的审计意见的情形。对于其余的 45 个案例，美国证券交易委员会明确指出了审计业务中存在的缺陷。该报告的分析是在这 45 个案例的基础上进行的。

这 45 个案例与上市公司有关，大部分涉及虚假的财务报告，也有少量的公司涉及侵占、挪用资产，如表 2-1 所示。

表 2-1　　　　　　　　　　　审计的十大缺陷

审计业务存在的缺陷	存在该缺陷案例占全部案例的百分比（存在该缺陷的案例数量）
1. 未能搜集充分的审计证据（例如，有关资产的计价、所有权、管理层声明的相关证据等）	80%（36 个案例）
2. 未能保持应有的职业谨慎	71%（32 个案例）

① 王英姿. 审计原理与实务[M]. 上海：上海财经大学出版社，2012.

（续表）

审计业务存在的缺陷	存在该缺陷案例占全部案例的百分比（存在该缺陷的案例数量）
3.未能保持适当的职业怀疑态度	60%（27个案例）
4.未能恰当解释或运用公认会计原则	49%（22个案例）
5.审计计划的制订存在缺陷	44%（20个案例）
6.过度信赖通过询问的方式所取得的审计证据	40%（18个案例）
7.未能取得充分证据评价管理层作出的重大评估的恰当性	36%（16个案例）
8.应收账款函证程序存在缺陷	29%（13个案例）
9.未能发现（或要求被审计单位披露）重大关联交易	27%（12个案例）
10.过度信赖被审计单位内部控制或者未能针对已发现的内部控制缺陷采取恰当的措施	24%（11个案例）

三、对财务报表审计实施的质量管理

财务报表审计是会计师事务所的核心业务,财务报表审计质量的高低,对于维护公众利益,特别是资本市场上的投资者和债权人的利益至关重要。本节将在会计师事务所质量管理体系的框架下,进一步探讨在财务报表审计业务中,会计师事务所如何实施质量管理,特别是审计项目合伙人在其中应当承担的角色和责任。

（一）审计项目合伙人管理和实现审计质量的领导责任

审计项目合伙人,是指会计师事务所中负责某项审计项目及其执行,并代表会计师事务所在出具的审计报告上签字的合伙人。

审计项目合伙人应当对管理和实现审计项目的高质量承担总体责任,这种责任包括为审计项目组营造一个良好的环境,强调会计师事务所对诚信和高质量的重视,明确对审计项目组成员的行为期望。审计项目合伙人应当向审计项目组强调以下执业理念:

（1）审计项目组所有成员都有责任为在项目层面管理和实现业务的高质量作出贡献。

（2）审计项目组成员的职业价值观、职业道德和职业态度至关重要。

（3）在审计项目组内部进行开放、顺畅、深入的沟通非常重要,这种沟通应当能够使每位审计项目组成员都能够提出自己的质疑,而不怕遭受报复。

（4）审计项目组成员在整个审计项目中保持职业怀疑非常重要。

审计项目合伙人应当充分、适当地参与整个审计过程,从而能够根据审计项目的性质和具体情况,确定审计项目组作出的重大判断和据此得出的结论是否适当。

实务中,审计项目合伙人可以将设计或实施某些审计程序、执行某些审计工作或采取某些行动的任务分配给审计项目组其他成员,但审计项目合伙人仍然应当通过指导、监督这些审计项目组成员并复核其工作,对管理和实现审计项目的高质量承担总体责任。

在签署审计报告前,审计项目合伙人应当确定其已经对管理和实现审计项目的高质量承担责任。审计项目合伙人应当确定下列事项:

（1）审计项目合伙人已经充分、适当地参与了审计项目的全过程,能够确定审计项目组作出的重大判断和据此得出的结论是适当的。

（2）考虑了审计项目的性质和具体情况、发生的任何变化,以及会计师事务所与之相关

的政策和程序。

（二）相关职业道德要求

审计项目合伙人应当了解与本审计项目相关的职业道德要求,包括独立性要求。审计项目合伙人应当负责确保审计项目组其他成员了解与本审计项目相关的职业道德要求,以及会计师事务所相关的政策和程序,这些政策和程序可能包括以下方面:

（1）识别、评估和应对对遵守相关职业道德要求（包括独立性要求）的不利影响。

（2）可能导致违反相关职业道德要求（包括独立性要求）的情形,以及当审计项目组成员意识到这种违反时应当承担的责任。

（3）当审计项目组成员意识到被审计单位存在违反法律法规的迹象时应当承担的责任。审计项目合伙人应当通过观察和必要的询问,在整个审计过程中对审计项目组成员违反相关职业道德要求或会计师事务所相关政策和程序的情形保持警觉。如果审计项目合伙人注意到某些事项可能对遵守相关职业道德要求产生不利影响,应当对照会计师事务所的政策和程序,利用来自会计师事务所、审计项目组或其他来源的相关信息,对这些不利影响作出评价,并采取适当行动。如果某些事项表明相关职业道德要求未得到遵守,审计项目合伙人应当在咨询会计师事务所相关人员后,立即采取适当行动。

在签署审计报告之前,审计项目合伙人应当负责确定相关职业道德要求（包括独立性要求）已经得到遵守。

（三）客户关系和审计业务的接受与保持

审计项目合伙人应当确定会计师事务所就客户关系和审计业务的接受与保持制定的政策和程序已得到遵守,并且得出的相关结论是适当的。例如,下列信息可能有助于审计项目合伙人确定针对客户关系和审计业务的接受与保持得出的结论是否适当:

（1）被审计单位的主要所有者、实际控制人、关键管理层、治理层的诚信状况和道德价值观。

（2）是否具备充分、适当的资源以执行该审计项目。

（3）被审计单位管理层和治理层是否认可其与该审计项目相关的责任。

（4）审计项目组是否具备足够的胜任能力,包括充足的时间以执行该审计项目。

（5）本期或以前期间审计中发现的重大事项是否影响该审计业务的保持。

如果审计项目组在接受或保持某项客户关系或审计业务后获知了某些信息,并且,如果这些信息在接受或保持之前获知,可能会导致会计师事务所拒绝接受或保持该客户关系或审计业务,则审计项目合伙人应当立即与会计师事务所沟通该信息,以使会计师事务所和审计项目合伙人能够立即采取必要的行动。

（四）业务资源

审计项目中的资源主要是由会计师事务所提供或分配的,在某些情况下,也可能是审计项目组直接获取的。

审计项目合伙人应当结合会计师事务所的政策和程序、审计项目的性质和具体情况,以及在执行审计项目过程中可能发生的任何变化,确定充分、适当的资源已被及时分配给审计项目组用于执行审计项目,或审计项目组能够及时获取这些资源。如果审计项目合伙人确定所分配的资源或审计项目组能够获取的资源对于审计项目的性质和具体情况来说是不充分、不适当的,审计项目合伙人应当采取适当的行动,包括与适当的人员沟通,以向审计项目组分配或提供额外的资源或替代性资源。

审计项目合伙人应当负责根据审计项目的性质和具体情况,适当使用向审计项目组分配或提供的资源。

审计项目合伙人应当确保审计项目组成员以及审计项目组成员以外提供直接协助的外部专家或内部审计人员作为一个集体,拥有适当的胜任能力,包括充足的时间执行审计项目。在确定审计项目组是否具备适当的胜任能力时,审计项目合伙人可以考虑下列因素:

(1)审计项目组通过适当的培训并依赖执业经历,是否能够理解具有相似性质和复杂程度的审计业务,以及是否拥有相关实务经验。

(2)审计项目组是否理解适用的法律法规和职业准则的要求。

(3)审计项目组是否具备会计或审计特殊领域的专长。

(4)针对被审计单位所使用的信息技术,以及审计项目组在计划和执行审计工作时拟使用的自动化工具或技术,审计项目组是否具备专长。

(5)审计项目组是否了解被审计单位所处的行业。

(6)审计项目组是否能够运用职业判断并保持职业怀疑。

(7)审计项目组是否理解会计师事务所的政策和程序。

审计项目合伙人应当在考虑审计项目的性质和具体情况的基础上,制定合理的时间预算,以保证审计项目合伙人和审计项目组其他成员投入充分时间参与审计项目。

(五)业务执行

1. 对项目组成员的指导、监督和复核

审计项目合伙人应当负责对审计项目组成员进行指导、监督并复核其工作,并确定指导、监督和复核的性质、时间安排和范围符合下列要求:

(1)按照适用的法律法规和职业准则的规定,以及会计师事务所的政策和程序进行计划和执行。

(2)符合审计项目的性质和具体情况,并与会计师事务所向审计项目组分配或提供的资源相匹配。

对项目组成员的指导和监督可能包括下列方面:

(1)追踪审计项目的进程,包括对下列方面实施监控:①按照审计计划实施审计工作的进程;②已执行的工作是否达到了目标;③分配的资源是否始终是充分的。

(2)采取适当措施以解决在审计项目执行过程中遇到的问题。例如,如果遇到的问题比最初的预期更为复杂,则将计划实施的某些审计程序重新分配给经验更为丰富的审计项目组成员。

(3)识别在执行审计工作过程中需要咨询或由经验较为丰富的审计项目组成员考虑的事项。

(4)为审计项目组成员提供指导和现场培训,以帮助其提高工作技能和胜任能力。

(5)营造一种环境,使审计项目组成员可以没有顾忌地提出疑虑而不用担心遭受打击报复。

审计项目合伙人在对审计项目组成员的工作进行复核时,可以考虑下列方面:

(1)已执行的工作是否符合适用的法律法规、职业准则以及会计师事务所的政策和程序。

（2）是否已将重大事项提请作出进一步考虑。

（3）是否已进行了适当咨询以及咨询结论是否已得到记录和落实。

（4）是否需要调整已执行工作的性质、时间安排和范围。

（5）已执行的工作是否能够支持得出的结论，是否已得到适当的记录。

（6）已获取的证据是否充分、适当，能够支持发表审计意见。

（7）实施审计程序的目标是否已实现。

2. 复核审计工作底稿等相关文件

审计项目合伙人应当在审计过程中的适当时点复核审计工作底稿，包括与下列方面相关的工作底稿：

（1）重大事项。

（2）重大判断，包括与在审计中遇到的困难或有争议事项相关的判断，以及得出的结论。

（3）根据审计项目合伙人的职业判断，与审计项目合伙人的职责有关的其他事项。审计项目合伙人应当确保审计项目组成员在审计项目执行过程中，将职业准则以及会计师事务所的政策和程序从实质上执行到位，并恰当记录判断过程、程序执行情况及得出的结论。

在审计报告日或审计报告日之前，审计项目合伙人应当通过复核审计工作底稿以及与审计项目组讨论，确保已获取充分、适当的审计证据，以支持得出的结论和拟出具的审计报告。

在签署审计报告前，为确保拟出具的审计报告适合审计项目的具体情况，审计项目合伙人应当复核财务报表、审计报告以及相关的审计工作底稿，包括对关键审计事项的描述（如适用）。

审计项目合伙人应当在与管理层、治理层或相关监管机构签署正式书面沟通文件之前对其进行复核。

3. 咨询

审计项目组在执行审计项目的过程中时常会遇到各种各样的疑难问题或者争议事项。当这些问题和事项不能在审计项目组内部得到解决时，有必要向审计项目组之外的适当人员咨询。咨询可以在会计师事务所内部，也可以在外部。实务中，审计项目组通常针对以下方面进行咨询：

（1）复杂的或不熟悉的事项（如某项具有高度估计不确定性的会计估计）。

（2）存在特别风险的事项。

（3）被审计单位超出正常经营过程的重大交易或重大异常交易。

（4）被审计单位管理层施加限制的情况。

（5）与违反法律法规有关的情况。

针对审计项目中需要咨询的事项，审计项目合伙人应当承担下列责任：

（1）对审计项目组就下列事项进行咨询承担责任：①困难或有争议的事项，以及会计师事务所政策和程序要求咨询的事项；②审计项目合伙人根据职业判断认为需要咨询的其他事项。

（2）确定审计项目组成员已在审计过程中就相关事项进行了适当咨询，咨询可能在审计项目组内部进行，或者在审计项目组与会计师事务所内部或外部的其他适当人员之间进行。

(3) 确定已与被咨询者就咨询的性质、范围以及形成的结论达成一致意见。

(4) 确定咨询形成的结论已得到执行。

4. 项目质量复核

针对需要实施项目质量复核的审计项目,审计项目合伙人应当承担下列责任:

(1) 确定会计师事务所已委派项目质量复核人员。

(2) 配合项目质量复核人员的工作,并要求审计项目组其他成员配合项目质量复核人员的工作。

(3) 与项目质量复核人员讨论在审计中遇到的重大事项和重大判断,包括在项目质量复核过程中识别出的重大事项和重大判断。

(4) 只有在项目质量复核完成后,才签署审计报告。

5. 意见分歧

审计项目组内部、审计项目组与项目质量复核人员之间(如适用),或者审计项目组与在会计师事务所质量管理体系内执行相关活动的人员(包括提供咨询的人员)之间可能出现意见分歧,审计项目组应当遵守会计师事务所处理及解决意见分歧的政策和程序。

针对意见分歧,审计项目合伙人应当承担下列责任:

(1) 对按照会计师事务所的政策和程序处理和解决意见分歧承担责任。

(2) 确定咨询得出的结论已经记录并得到执行。

(3) 在所有意见分歧得到解决之前,不得签署审计报告。

(六) 监控与整改

针对监控与整改,审计项目合伙人应当对下列方面承担责任:

(1) 了解从会计师事务所的监控和整改程序获取的信息,这些信息可能是由会计师事务所提供的,也可能来自网络和网络事务所的监控和整改程序(如适用)。

(2) 确定上述第(1)项提及的信息与审计项目的相关性及其对审计项目的影响,并采取适当行动。

(3) 在整个审计过程中,对可能与会计师事务所的监控和整改程序相关的信息保持警觉,并将此类信息通报给对监控和整改程序负责的人员。

(七) 审计工作底稿

针对财务报表审计的质量管理,注册会计师应当在审计工作底稿中记录下列事项:

(1) 针对相关职业道德要求(包括独立性要求)、客户关系和审计业务的接受与保持等方面识别出的事项、与相关人员进行的讨论,以及讨论得出的结论。

(2) 在审计过程中进行咨询的性质、范围、得出的结论,以及这些结论是如何得到执行的。

(3) 如果审计项目需要实施项目质量复核,则应当记录项目质量复核已经在审计报告日或之前完成。

本 章 小 结

本章主要学习了注册会计师的执业准则体系。注册会计师执业准则体系涵盖注册会计师所有执业领域,包括审计准则、审阅准则和其他鉴证业务准则以及相关服务准则。此外,注册会计师职业准则还包括用于保证各类业务质量的会计师事务所质量管理准则,其中,审计准则是执业准则体系的核心。

本章重要概念

鉴证业务　合理保证　有限保证　标准　职业准则　项目组　项目质量复核人
业务工作底稿

本　章　练　习

一、思考题

1. 什么是鉴证业务?它的目标是什么?
2. 鉴证业务的承接条件有哪些?
3. 什么是鉴证业务风险?包括哪些内容?
4. 质量管理体系的要素有哪些?
5. 会计师事务所在什么情况下才能接受或保持客户关系和具体业务?
6. 项目质量复核包括哪些工作?
7. 对监控结果的处理应注意哪些问题?

2-5　扫一扫
练一练

2-6　扫一扫
看答案

2-7　扫一扫
看课件

二、案例讨论题

全球知名"四大"会计师事务所之一的普华永道会计师事务所,因其为中国恒大(03333.HK)出具的审计报告疑存问题,而被中国香港特别行政区财务汇报局(以下简称"财汇局")调查。多位业内人士认为普华永道对中国恒大持续经营性问题是否知情尚无法判断,不过,一旦被判定为知情且与中国恒大合谋,等待普华永道的将是严厉的行政处罚,倘若投资者起诉还将承担民事责任。

无论国内国外,会计师事务所因与被审计对象合谋而被重罚的案例并不鲜见。多年前,彼时与普华永道齐名、身为"五大"之一的安达信会计师事务所(以下简称"安达信"),因与被审计对象安然公司合谋而声名狼藉,终至倒闭。

2021年10月15日,财汇局发布公报,就中国恒大2020年年度账目、2021年中期账目的财务报表展开查讯,对普华永道为中国恒大出具的2020年年度账目进行的审计展开调查。关于调查原因,财汇局称,通过监察市场活动,在中国恒大2020年年度账目、2021年中期账目及普华永道2020年年度审计的核数师报告(即审计报告,中国香港称审计报告为核数师报告)中,发现该集团在有关持续经营汇报的充分性方面存在问题。财汇局还接获一宗与2020年年度账目及2020年年度审计相关事项的公众投诉。实际上,中国恒大2020年资金链早已十分紧张。根据财汇局公报,截至2020年12月31日,中国恒大共报告现金及现金等价物1 590亿元,但未涵盖流动负债15 070亿元。扣除流动负债后,中国恒大2020年年底现金及现金等价物为-13 480亿元。2020年,中国恒大还有高达1 670亿元的借款将要到期。这些无疑都将给中国恒大的持续经营带来重大不确定性,但为中国恒大出具

2020 年度审计报告的普华永道并未在其审计报告中明确提示,反而发表了无保留意见。此外,财汇局还指出中国恒大持续经营存在的另一重大不确定性——2021 年上半年,中国恒大正在就有关工作因房地产开发应付账款逾期而停工一事与供应商和建筑工人进行谈判,并将采取其他措施解决资金流动性问题。财汇局认为,只有在解决措施得到有效实施的情况下,中国恒大 2021 年中期账目采用持续经营基础才是适当的,而中国恒大并未指出持续经营的重大不确定性。

　　普华永道与中国恒大的合作已经持续 12 年之久。2009 年,中国恒大赴港上市时,普华永道便是其合作的会计师事务所,中国恒大每年的审计报告均由普华永道出具。作为资深合作伙伴,中国恒大存在重大资金链问题,普华永道却出具无保留意见,是没有审计出问题,还是对中国恒大的相关问题故意视而不见呢? 你认为应该如何去界定普华永道是否承担责任以及承担多大的责任呢?

第三章　职业道德守则

内容提要

本章主要讲述了注册会计师执业过程中应遵守的职业道德守则,以及注册会计师在提供专业服务时的要求。

重点难点

本章重点为职业道德守则原则、职业道德概念框架;难点为注册会计师在提供专业服务时的要求。

学习目标

通过本章学习,学生应了解职业道德的概念、制定职业道德守则的必要性;熟悉职业道德基本原则;理解职业道德概念框架和提供专业服务的具体要求。

知识框架

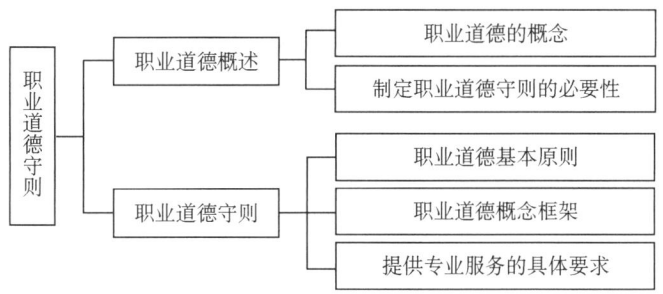

 **思政育人**　　　　　德勤"放飞机"案

2021年2月3日晚,一名曾任职于德勤华永会计师事务所的审计组员工将一份长达55页的PPT文件群发公司邮件,文件列举了自己在德勤就职期间,所在项目组执行审计工作中的违规行为,以及自己遭受到的不公平待遇。该员工在之后发布的致歉信中称"德勤管理层和德勤声誉与综合风险管理部的所作所为已经逾越了审计道德底线"。该事件一经发布立刻引起各大主流媒体的转载与报道,许多审计从业人员在网络上争相发表言论,德勤一时成为众议对象。"放飞机"一词成为审计领域的新兴热门词汇,带领德勤迅速冲上了热搜话题。

"放飞机"是指将没有做过的审计程序写在审计底稿上。一些网友表示凡是做审计的,没有人不"放飞机"的。不止是四大,我们本土的事务所也都"放飞机"。这在业内已经习以为常。由于审计工作时间紧、任务重,要抓大放小,不能所有的事情都做到百分之百落实,否则无法按时完成任务。一些审计界资深人士认为,审计本身就不是发现客户所有的问题,只要将重要性水平降低至可接受范围之内即可。在审计工作中,"放飞机"现已成为心照不宣的潜规则。究其根源是项目多、任务重、又缺少人手,审计时间有限,每个人都处于高压之下,大家默认通过"放飞机"来完成项目。当审计工作"放飞机"成为业内普遍之事,审计质量和审计人员的职业道德必然会受到质疑。

保持应有的职业谨慎和诚信是注册会计师审计的基本要求,而如今审计失信的事件层出不穷。德勤被举报一事表面上看起来似乎是个人事件,实际上映射出整个行业可能存在的一系列问题和隐患。社会大众对此事的讨论反映了人们对社会审计的公正性和独立性产生了信任危机。因此,探究审计职业道德问题并对其进行重构显得更加重要。

资料来源:张夏恒,张煜. 失位与归位:社会审计职业道德建设的重构研究[J]. 工信财经科技,2022(03):84-96.

第一节 职业道德概述

道德是一个引起当今社会极大关注的问题。这种关注既反映出道德行为对维持一个文明社会的重要性,也反映出社会上还存在着大量不道德的行为。从事任何职业都必须遵守一定的道德原则,注册会计师也不例外。

一、职业道德的概念

(一) 道德

1. 道德的概述

道德一般是指人们共同生活及其行为的准则和规范。它是社会意识形态之一,要通过社会的或一定阶级的舆论对社会生活起约束作用。每个人都有自己的一套行为准则或规范。哲学家、宗教团体以及其他群体已经用各自不同的方式定义了理想的道德原则和价值标准。现有的道德原则和价值标准从可实施的角度来看,包括法律和法规、宗教教义、注册会计师等职业团体的职业道德规范以及个别组织的行为规则。例如,美国"约瑟夫森道德规范促进协会"制定的道德原则为诚实、正直、遵守诺言、忠诚、公正、关心他人、尊重他人、作负责的公民、追求完美、负责。该协会是一个非营利组织,其宗旨是促进政府、法律、医药、工商企业、会计以及新闻等行业的职业道德规范的建设。但每个人的行为原则和价值标准又往往不同。这些差异是由各自不同的生活经历造成的。

2. 对道德的需要

社会生活需要秩序,道德行为必不可少。可以说道德是将社会融合在一起的黏合剂。设想如果我们交往的人不可靠,缺少正直性,那将怎么样。如果父母、教师、兄弟姐妹、同事和朋友经常说谎,那么就几乎无法进行有效的沟通。正因为社会对道德的需要,才使人们将许多具有普遍意义的价值标准写入法律。例如,酒后驾车和贩毒行为涉及"做负责任的公民"和"尊重他人"这两条基本道德原则,因此法律规定禁止这两种行为。又如,如果公司出售伪劣商品,遭受损失的一方选择通过法律提起诉讼,那么公司就应对此负责。再如,《中华人民共和国反不正当竞争法》就把许多诋毁竞争对手的不道德手段列为非法,从而保障了商家在市场上不受某些不道德竞争手段的伤害。

但是社会上许多价值标准不能写入法律,因为这些价值标准不能作为审判依据。如"正直性""遵守诺言""关心他人""忠诚""追求完美"等,要制定有意义的法律是非常困难的。这些标准不能被写入法律条款并不说明它们对社会不重要,而是这些标准更为隐蔽、不易衡量,而且即使人们有这些不道德行为,这些行为也并不构成对他人的主动伤害。因此,这就需要由社会道德来起约束作用。

(二) 不道德行为

人们心中的不道德行为是指违背他们伦理道德标准的行为,而社会大众所公认的道德伦理标准将作为社会对其成员的行为是否道德作出判断的依据。每个人都为自己明确了自己和他人的不道德行为。导致不道德行为的原因主要有两种:一是个人的道德标准与社会一般道德标准不一致。极端例子如毒贩、银行抢劫犯、盗窃犯,他们在被捕时并不感到自责,因为他们的道德标准与社会整体的道德标准不一致。不太极端的例子有申报税款时作弊、对人充满敌意、应聘时说谎、作为雇员在工作时不尽其所能等。大多数人会将这种行为视为不道德行为。而如果其他人认为这种行为是合乎道德的和可以接受的,那么就会产生无法解决的道德价值标准的冲突。例如,某人在机场发现一个公文包,里面有一些文件和2 000元现金。他扔掉了公文包,但留下来现金。他为此向家人和朋友夸耀自己的好运。这说明他的道德标准与社会道德标准不一致。二是个人的自利行为,即某些人为了谋求个人利益,明知自己的行为不道德,但仍然我行我素。相当一部分不道德行为是由自利行为引起的,如美国水门事件和其他政治丑闻产生于对政治权力的渴望、在编制纳税申报单和费用报告时作弊产生于对财富的贪欲。在每一种情况下,当事人虽然明知这种行为是不道德的,但由于道德行为的代价太大,因而仍然选择了去做。

(三) 道德两难问题

作为一个合格的职业人员,我们必须在遵守社会道德基础上同时遵循职业道德。但是,在现实生活中,我们可能会遇到很难在两种道德之间作出选择的情况,这就是道德两难问题的一种情况。道德两难问题是指某人面临必须对正当行为作出决策的情况。下面举例说明。

李先生负责某公司的审计工作,在审计工作中他了解到该公司有一位50岁的女出纳员,负责管理公司的备用金。由于该出纳员的能力不高,有时会出现资金的余缺,该出纳员往往通过伪造凭证的方式来平衡账实之间的差异。根据李先生的计算,伪造凭证涉及的金额为200元。该出纳员有个儿子仍在大学求学,家庭开支紧张。被审计公司的总经理是一个不能容忍下属犯错误的人,对从事会计工作的员工更是要求严格,不容有半点闪失。如果他了解了出纳员的行为,那么该出纳员肯定会被开除。现在,总经理向李先生询问审计结果。李先生是否应当报告他的审计发现呢?

在上面的案例中,李先生必须作出的决策是是否向客户公司的总经理隐瞒他所获得的审计证据。如果他把事情告诉了总经理,那么那位出纳员就可能因为制作假凭证的行为而被开除;如果他不把审计结果告诉总经理,那他的行为从性质上看就是对客户说谎,不但没有履行合约、对客户负责任,而且连最起码的"不能说谎"的基本道德准则都没能遵守。由于出纳员并不是通过制作假凭证故意贪污钱财,她的行为从性质上看并不是很严重,而且整个事件涉及的金额很小,只要李先生对出纳员说明问题的严重性,并要求她以后不要再犯,同样可以解决公司的备用金管理问题。那么李先生最终是应当动恻隐之心、隐瞒事实,还是尽注册会计师之职、报告事实呢?这确实很难作出选择。

道德两难问题在现实生活中可能经常遇到,那么我们究竟应该如何去作出选择呢? 我们不妨来看一下美国审计职业界的做法。以下是解决道德两难问题的简便方法,通过六个步骤实现:

(1) 获取相关的事实。

(2) 明确相关事实中的道德问题。

(3) 确定谁将受到道德两难问题结果的影响,以及每个人或每个群体受到怎样的影响。

(4) 明确处理道德两难问题的当事人可以采用的各种方法。

(5) 确定每一种方法可能产生的后果。

(6) 决定合适的行动。

(四) 职业道德

职业道德是某一个职业组织以公约、守则等形式公布的,其人员自愿接受的职业行为标准。"职业"这个词赋予其从业人员更多的责任和义务,它不但要求从业人员认真完成其岗位赋予的责任,要求其行为必须符合法律、法规的规定,而且还要求从业人员对社会负担更多的责任。职业人员首先必须为社会的整体利益服务,在这个大前提下,他还必须服务于客户的利益、职业同伴的利益,在某些情况下,甚至要以牺牲自身利益为代价。因此,社会要求职业人员具有更高标准的道德,以使该职业能得到社会成员的信任与拥护。

而中国注册会计师协会注册会计师职业道德守则是用来规范中国注册会计师协会注册会计师职业道德行为,提高职业道德水准,维护社会公众利益的准则。注册会计师的职业性质决定了其所担负的是对社会公众的责任。会计师事务所与财务报表使用者之间的关系不同于大多数其他职业人员与其服务使用者之间的关系。例如,律师一般由客户聘用和支付报酬,其主要职责是担当客户的辩护人。会计师事务所是由公司聘用和支付报酬,但审计的主要受益人却是报表使用者。通常,注册会计师并不认识报表使用者,与他们也没有联系,但是与客户却有着频繁的接触和持续的交往。因此,使用者认为会计师事务所具有相应的技能,并能公正无偏地工作是非常关键的。如果使用者认为会计师事务所并没有提供有价值的服务(降低信息风险),那么会计师事务所的审计报告和其他鉴证报告的价值就会降低,对审计的需求也会因此而减少。因此,社会上存在着促使会计师事务所按较高职业水准进行工作的动因,注册会计师的职业道德也日益显示出其重要性。

二、制定职业道德守则的必要性

从审计的历史进程来看,审计学家一直在争论是否要制定职业道德规范。反对的人认为,职业道德主要是精神上的一种崇高追求,不能由法律或准则形式规范。一旦写成法律或准则,这些条文将成为最低的要求。一方面,法律、准则在制定过程中必然经过利益集团的斗争和妥协,妥协的过程也就是降低要求的过程;另一方面,法律和准则的本身性质也决定了它们是行为的最低标准,宽泛的精神要求没有约束力,而详细的条文只能从反面限制某些不当行为,从而使职业人员认为只要自己的行为达到了法律或准则制定的要求就是道德的行为,抱着这样的最终目的,他们将放弃对更高道德标准的追求。这一观点在 20 世纪初以前较为流行。另一种观点认为,职业道德这个概念比较抽象,每个人在理解和执行过程中可能会有偏差,为了保证职业人员能够有统一的职业道德行为,职业团体必须以文字形式明确道德行为标准。后来,随着经济环境的逐渐复杂和职业人员不道德行为的增加,人们逐渐意识到光靠职业人员个人的觉悟来避免注册会计师的不道德行为明显是不够的,因此,在美国和英国这样民间审计发展较早的国家,自1912年起便陆续制定了一些大众认可的职业道德准则。例如,美国在那时就制定了"各种行为的规章",共8条,现已并入"其他责任与惯例"部分。"规章"的实施为明确职业人员的执业纪律和执业能力、约束职业人员的思想方式和行为方式起到了很好的作用。

制定审计职业道德守则的必然性表现在以下几个方面。

(一)制定审计职业道德守则是由审计职业的特殊性所决定的

审计职业的特殊性表现在以下三个方面。

1. 审计的服务对象

审计的服务对象有别于医生对病人、售货员对顾客那种一对一的社会职业关系。从表面上看,审计工作的服务对象是客户(即委托人或被审计单位),在接受审计工作到审计工作结束的过程中,注册会计师只与被审计单位存在委托与被委托关系。但如果考虑审计服务所产生的结果(即审计报告),我们就会发现,审计服务的结果不仅仅只对被审计单位产生影响,它还对成千上万使用被审计单位审计报告的团体或个人产生影响。因此,有可能注册会计师与客户都满意的服务结果,却损害了成千上万的公众的利益。而且对于后者的影响要远远大于对于前者的影响。

2. 现代审计技术的复杂性

现代信息技术的发展,不仅提高了审计的难度,也促进了审计技术的深化。因此,任何一个非执业注册会计师,不通过系统的、较长时间的培训,根本无法理解和判断注册会计师是否恪尽应有的职守。

3. 审计服务的结果为社会直接引用

对比会计师事务所与律师事务所提供的服务,我们可以发现,两者虽有相似之处,即同为中介机构、同为公众服务。但是,注册会计师提供的审计服务与律师提供的辩护服务,其服务的结果对社会产生的影响却大不相同。律师的最终答辩还需法院作出判决,即其服务的结果还需要通过法官的评判才能对社会产生影响,然而,注册会计师的服务结果(即审计报告)一经产生就可以直接为社会所引用。因此,"社会公众是唯一的委托人"也就成为审计职业道德的精髓。可见,由于审计职业本身的这些特殊性,审计职业界非常有必要制定一套完整的审计职业道德准则,从道德思想上约束注册会计师,并以此提高审计服务质量。

(二)制定审计职业道德守则能够使公众对审计工作产生信任感

建立一套高水准的职业道德守则,最深层次的原因在于要使公众对执业人员提供服务的质量产生信任感。在注册会计师提供了审计服务及其他服务后,客户以及财务报表外部使用者对这些服务的质量信任与否对注册会计师而言是至关重要的。如果客户或其他使用者对注册会计师或审计结果不信任的话,那么,审计这一职业的存在也就没有什么意义了。

(三)审计职业道德守则是对注册会计师的自我约束

在现代,公司结构日趋复杂,经济活动日益频繁,客户受制于信息不对称以及其自身专业知识的局限性,所以,要求客户或其他外部人员去评价审计所提供的审计服务的质量如何是不现实的。特别是现代审计本身就存在可容许的失误风险。如何分清注册会计师是在恪尽职守的情况下出现的可容许误差,还是故意利用审计技术的复杂性,犯了不容许的错误,非执业人员是无法加以判断的。而且客户也没有时间和精力去评价注册会计师是否尽责,是否独立、客观、公正等。因此,客户及公众期望审计职业界能有一系列的道德规范,对注册会计师实行自我约束。

(四)社会竞争日益激烈

现代社会竞争日益激烈,在审计职业界也是如此。有时,激烈的竞争会迫使注册会计师更关注于拉拢客户或谋求客观利润,而忽视了对审计服务质量的保证。例如,注册会计师由于不想失去客户而作出让步,从而丧失独立性和客观性;又或为了争夺客户而采用压低收费的方式,在收费较低的情况下,出于成本效益的考虑而不得不压缩审计程序、偷工减料等。这些情况都会使审计服务的质量大打折扣,从而影响到这些服务使用者的利益。但是,激烈的竞争又是行业继续存在和发展不可缺少的,因此,审计职业界自己制定出一套职业道德规范体系,以在适应日益激烈的职业竞争同时的又能保证审计服务质量。

第二节 | 职业道德守则

一、职业道德基本原则

注册会计师为实现执业目标,必须遵守一系列前提或一般原则。这些基本原则包括下列职业道德基本原则:诚信、客观公正、独立性、专业胜任能力和勤勉尽责、保密、良好职业行为。

(一)诚信

诚信是指诚实、守信。也就是说,一个人言行与内心思想一致,不虚假;能够履行与别人的约定而取得对方的信任。诚信原则要求注册会计师应当在所有的职业活动中保持正直和诚实,诚实可信。

当注册会计师在执行业务时认为报告、申报资料或其他信息存在下列情形时,不得与这些有问题的信息发生关联:

(1)含有严重虚假或误导性陈述。

(2)含有缺少充分依据的陈述或信息。

(3)存在遗漏或含糊其辞的信息,而这种遗漏或含糊其辞可能会产生误导。

如果注册会计师注意到其已经与上述信息发生牵连,则应当采取措施消除与该信息的牵连。

(二)客观公正

客观是指按照事物的本来面目去考察,不添加个人的偏见。公正是指公平、正直、不偏袒。客观公正原则要求注册会计师应当公正处事、实事求是,不得由于偏见、利益冲突或他人的不当影响而损害自己的职业判断。

如果某一情形或关系导致偏见或者对职业判断产生不当影响,注册会计师不应提供相关专业服务。注册会计师在许多领域提供专业服务,在不同情况下均应表现出客观性。

 延伸阅读3-1

在扩展的审计业务中,有一个领域目前越来越流行,即将内部审计职责的一部分外包给公共会计师事务所。只要审计不同时执行控制活动或监督职能,那么这种外包业务并不一定会损害独立性。其中,客户

负责确定审计工作的范围和风险,并负责评价审计的结果。外部审计人员负责根据业务的条款执行审计程序并报告审计结果。同时,审计人员还必须确定董事会或审计委员会理解这些责任的性质[①]。

(三) 独立性

独立性是指不受外来力量控制、支配,按照一定之规行事。独立性原则通常是对注册会计师而不是非执业注册会计师提出的要求。在执行鉴证业务时,注册会计师必须保持独立性。在市场经济条件下,投资者主要依赖财务报表判断投资风险,在投资机会中作出选择。如果注册会计师不能与客户保持独立,而是存在经济利益、关联关系,或屈从于外界压力,就很难取信于社会公众。

那么,什么是独立性呢? 较早给出权威解释的是美国注册会计师协会。美国注册会计师协会在 1947 年发布的《审计暂行标准》中指出:"独立性的含义相当于完全诚实、公正无私、无偏见、客观认识事实、不偏袒。"传统观点认为,注册会计师的独立性包括两个方面——实质上的独立和形式上的独立。美国注册会计师协会在职业行为守则中要求:"在公共业务领域中的注册会计师(执业注册会计师),在提供审计和其他鉴证业务时应当保持实质上与形式上的独立。"国际会计师联合会职业道德守则也要求执行公共业务的职业会计师(执业注册会计师)保持实质上的独立和形式上的独立。

中国注册会计师协会注册会计师职业道德守则规定,独立性包括实质上的独立性和形式上的独立性:

(1) 实质上的独立性是一种内心状态,要求注册会计师在提出结论时不受有损于职业判断的因素影响,能够诚实公正行事,并保持客观和职业怀疑态度。

(2) 形式上的独立性要求注册会计师避免出现重大的事实和情况,否则,会使一个理性且掌握充分信息的第三方在权衡这些事实和情况后,很可能推定会计师事务所或项目组成员的诚信、客观或职业怀疑态度已经受到损害。

注册会计师执行审计和审阅业务、其他鉴证业务时,应当从实质上和形式上保持独立性,不得因任何利害关系影响其客观公正。会计师事务所在承接审计和审阅业务、其他鉴证业务时,应当从会计师事务所整体层面和具体业务层面采取措施,以保持会计师事务所和项目团队的独立性。

(四) 专业胜任能力和勤勉尽责

专业胜任能力和应有的关注原则要求注册会计师应当保持专业胜任能力,将专业知识和技能始终保持在应有的水平之上,以适应当前实务、法律和技术的发展,确保客户或雇佣单位能够得到合格的专业服务。同时,在提供专业服务时,注册会计师应当保持应有的关注,遵守职业准则和技术规范,勤勉尽责。

1. 专业胜任能力

注册会计师作为专业人士,在许多方面都要履行相应的责任,保持和提高专业胜任能力就是其中的重要内容。专业胜任能力是指注册会计师具有专业知识、技能和经验,能够经济、有效地完成客户委托的业务。注册会计师如果不能保持和提高专业胜任能力,就难以完成客户委托的业务。事实上,如果注册会计师在缺乏足够的知识、技能和经验的情况下提供专业服务,就构成了一种欺诈。一个合格的注册会计师,不仅要充分认识自己的能力,对自

---

① W·罗伯特·克涅科.审计——增信服务与风险[M].北京:中信出版社,2007.

己充满信心,更重要的是,必须清醒地认识到自己在专业胜任能力方面存在的不足。如果注册会计师不能认识到这一点,承接了难以胜任的业务,就可能给客户乃至社会公众带来危害。

专业服务要求注册会计师在运用专业知识和技能提供服务时合理运用职业判断。专业胜任能力可分为两个独立阶段:①专业胜任能力的获取;②专业胜任能力的保持。注册会计师应当持续了解和掌握相关的专业技术和业务的发展,以保持专业胜任能力。持续职业发展能够使注册会计师发展和保持专业胜任能力,使其能够胜任特定业务环境中的工作。

2. 勤勉尽责

勤勉尽责,要求注册会计师遵守法律法规、相关职业准则的要求并保持职业怀疑,认真、全面、及时地完成工作任务。在审计过程中,注册会计师应当保持职业怀疑态度,运用专业知识、技能和经验,获取和评价审计证据。同时,注册会计师应当采取措施以确保在其授权下工作的人员得到适当的培训和督导。在适当情况下,注册会计师应当使客户、雇佣单位和专业服务的其他使用者了解专业服务的固有局限性。

例如,某公司急于成立一个注册资金为 500 万元的装饰公司,有关办事人员找到一家会计师事务所验资,并提供了一张经过涂改的银行进账单复印件。该会计师事务所的注册会计师并未提出任何疑问,就出具了验资报告。在这一案例中,注册会计师没有索要进账单原件,也未向银行函证,没有保持应有的职业谨慎。

(五)保密

注册会计师能否与客户维持正常的关系,有赖于双方能否自愿而又充分地进行沟通和交流,不掩盖任何重要的事实和情况。只有这样,注册会计师才能有效地完成工作。注册会计师与客户的沟通,必须建立在为客户信息保密的基础上。这里所说的客户信息,通常是指涉密信息。一旦涉密信息被泄露或被利用,往往会给客户造成损失。因此,许多国家规定,在公众领域执业的注册会计师,在没有取得客户同意的情况下,不能泄露任何客户的涉密信息。

保密原则要求注册会计师应当对执业活动中获知的涉密信息保密,避免出现下列行为:

(1)未经客户授权或法律、法规允许,向会计师事务所以外的第三方披露其所获知的涉密信息。

(2)利用所获知的涉密信息为自己或第三方谋取利益。

注册会计师在社会交往中应当遵循保密原则。注册会计师应当警惕无意泄密的可能性,特别是向直系亲属、近亲属以及关系密切的商业伙伴无意泄密的可能性。直系亲属是指配偶或父母(含岳父母)、子女或兄弟姐妹。近亲属是指不属于直系亲属的近亲属。

另外,注册会计师应当对其预期的客户或雇佣单位的信息予以保密。在终止与客户或雇佣单位的关系之后,注册会计师仍然应当对在职业关系和商业关系中获知的信息保密。如果变更雇佣单位或获得新客户,注册会计师可以利用以前的经验,但不应利用或披露任何由于职业关系和商业关系获得的涉密信息。注册会计师应当明确在会计师事务所内部或雇佣单位内部保密的必要性,采取有效措施,确保其下级员工以及为其提供建议和帮助的人员遵循保密原则。

注册会计师在下列情况下可以披露客户的涉密信息:

(1)法律、法规允许披露,并且取得客户的授权。

（2）根据法律、法规的要求，为法律诉讼、仲裁准备文件或提供证据，以及向监督机构报告所发现的违法行为。

（3）法律、法规允许的情况下，在法律诉讼、仲裁中维护自己的合法权益。

（4）接受注册会计师协会或监管机构的执业质量检查，答复其询问和调查。

（5）法律、法规、执业准则和职业道德规范规定的其他情形。

❓ 相关思考3-1

注册会计师王某在对 A 公司年度财务报表审计时，发现一张装修发票上的金额与原合同规定金额有出入，发票金额比合同金额少了 50 000 元。A 公司接到发票后未曾发现与合同有误，并将款项付讫。以后，执行该装修业务的 B 公司亦未继续来讨账①。

请问：假定以后 B 公司也聘请王某审核他们的财务报表，王某能否利用他掌握的 A 公司的审计资料，建议 B 公司去同 A 公司催讨这一差额款？

（六）良好职业行为

职业行为原则要求注册会计师应当遵守相关法律、法规，避免发生任何损害职业声誉的行为。如果一个理性且掌握充分信息的第三方，在权衡注册会计师当时所获得的所有具体事实和情况后，有可能认定某一行为将对职业声誉产生负面影响，注册会计师应当避免这种行为。

在向公众传递信息以及推介自身和工作时，注册会计师不应损害职业形象。注册会计师应当诚实、实事求是，不应存在下列行为：

（1）夸大宣传提供的服务、拥有的资质或获得的经验。

（2）贬低或无根据地比较其他注册会计师的工作。

二、职业道德概念框架

（一）职业道德概念框架的内涵

中国注册会计师协会注册会计师职业道德守则提出职业道德概念框架，以帮助注册会计师遵循职业道德基本原则，履行维护公众利益的职责。那么，什么是职业道德概念框架呢？职业道德概念框架旨在为注册会计师提供解决职业道德问题的思路和方法，要求注册会计师：①识别对职业道德基本原则的不利影响；②评价不利影响的严重程度；③必要时采取防范措施消除不利影响或将其降低至可接受的水平。

在运用职业道德概念框架时，注册会计师应当运用职业判断。如果发现存在可能违反职业道德基本原则的情形，注册会计师应当评价其对职业道德基本原则的不利影响。在评价不利影响的严重程度时，注册会计师应当从性质和数量两个方面予以考虑。如果认为对职业道德基本原则的不利影响超出可接受的水平，注册会计师应当确定是否能够采取防范措施消除不利影响或将其降低至可接受的水平。

（二）对遵循职业道德基本原则产生不利影响的因素

注册会计师对职业道德基本原则的遵循可能受到多种因素的不利影响。不利影响的性质和严重程度因注册会计师提供服务类型的不同而不同。可能对遵循职业道德基本原则产

3-2 职业道德概念框架的内涵

---

① 孙伟龙.审计学——教程与案例[M].杭州:浙江大学出版社,2012.

生不利影响的因素包括自身利益、自我评价、过度推介、密切关系和外在压力。

（1）自身利益。如果经济利益或其他利益对注册会计师的职业判断或行为产生不当影响，将产生自身利益导致的不利影响。

（2）自我评价。如果注册会计师对其以前的判断或服务结果作出不恰当的评价，并且将据此形成的判断作为当前服务的组成部分，将产生自我评价导致的不利影响。

（3）过度推介。如果注册会计师过度推介客户或工作单位的某种立场或意见，使其客观性受到损害，将产生过度推介导致的不利影响。

（4）密切关系。如果注册会计师与客户或工作单位存在长期或亲密的关系，而过于倾向他们的利益，或认可他们的工作，将产生密切关系导致的不利影响。

（5）外在压力。如果注册会计师受到实际的压力或感受到压力而无法客观行事，将产生外在压力导致的不利影响。

3-3 对职业道德基本原则产生不利影响的因素

（三）应对不利影响的防范措施

注册会计师应当运用判断，确定如何应对超出可接受水平的不利影响，包括采取防范措施消除不利影响或将其降低至可接受的水平，或者终止业务约定或拒绝接受业务委托。

应对不利影响的防范措施包括以下两类。

1. 法律、法规和职业规范规定的防范措施

法律、法规和职业规范规定的防范措施主要包括：

（1）取得注册会计师资格必需的教育、培训和经验要求。

（2）持续的职业发展要求。

（3）公司治理方面的规定。

（4）执业准则和职业道德规范的要求。

（5）监管机构或注册会计师协会的监控和惩戒程序。

（6）由依法授权的第三方对注册会计师编制的业务报告、申报资料或其他信息进行外部复核。

2. 在具体工作中采取的防范措施

在具体工作中，应对不利影响的防范措施包括会计师事务所层面的防范措施和具体业务层面的防范措施。

？ 相关思考3-2

A注册会计师的妻子拥有鉴证客户的少量股票，在A注册会计师成为鉴证小组成员之前未进行处置，会计师事务所认为该经济利益由于金额较小，不会影响注册会计师的独立性，故未将A注册会计师调离鉴证小组。请问：这种做法是正确的吗？

（四）对职业道德基本原则产生不利影响的情形

注册会计师在提供专业服务的过程中，可能存在许多对职业道德基本原则产生不利影响的情形，包括专业服务委托、利益冲突、应客户要求提供第二次意见、收费、专业服务营销、利益诱惑、保管客户资产、对客观和公正原则的要求。注册会计师应当对此保持警觉，并按照守则的规定办理。当遇到守则未列举的情形时，注册会计师应当运用职业道德概念框架予以解决。注册会计师不得在明知的情况下从事任何损害或可能损害诚信原则、客观和公正原则以及职业声誉的业务或活动。

1. 专业服务委托

1）接受客户关系

在接受客户关系前,注册会计师应当确定接受客户关系是否对职业道德基本原则产生不利影响。注册会计师应当考虑客户的主要股东、关键管理人员和治理层是否诚信,以及客户是否涉足非法活动(如洗钱)或存在可疑的财务报告问题等。

客户存在的问题可能对注册会计师遵循诚信原则或良好职业行为原则产生不利影响,注册会计师应当评价不利影响的严重程度,并在必要时采取防范措施消除不利影响或将其降低至可接受的水平。防范措施主要包括:

（1）对客户及其主要股东、关键管理人员、治理层和负责经营活动的人员进行了解。

（2）要求客户对完善公司治理结构或内部控制作出承诺。

如果不能将客户存在的问题产生的不利影响降低至可接受的水平,注册会计师应当拒绝接受客户关系。如果向同一客户连续提供专业服务,注册会计师应当定期评价继续保持客户关系是否适当。

2）承接业务

注册会计师应当遵循专业胜任能力和应有的关注原则,仅向客户提供能够胜任的专业服务。在承接某一客户业务前,注册会计师应当确定承接该业务是否对职业道德基本原则产生不利影响。

如果项目组不具备或不能获得执行业务所必需的胜任能力,将对专业胜任能力和应有的关注原则产生不利影响。注册会计师应当评价不利影响的严重程度,并在必要时采取防范措施消除不利影响或将其降低至可接受的水平。防范措施主要包括:

（1）了解客户的业务性质、经营的复杂程度,以及所在行业的情况。

（2）了解专业服务的具体要求和业务对象,以及注册会计师拟执行工作的目的、性质和范围。

（3）了解相关监管要求或报告要求。

（4）分派足够的具有胜任能力的员工。

（5）必要时利用专家的工作。

（6）就执行业务的时间安排与客户达成一致意见。

（7）遵守质量控制政策和程序,以合理保证仅承接能够胜任的业务。

当利用专家的工作时,注册会计师应当考虑专家的声望、专长及其可获得的资源,以及适用的执业准则和职业道德规范等因素,以确定专家的工作结果是否值得依赖。注册会计师可以通过以前与专家的交往或向他人咨询获得相关信息。

3）客户变更委托

如果应客户要求或考虑以投标方式接替前任注册会计师,注册会计师应当从专业角度或其他方面确定应否承接该业务。如果注册会计师在了解所有相关情况前就承接该业务,可能对专业胜任能力和应有的关注原则产生不利影响。注册会计师应当评价不利影响的严重程度。

由于客户变更委托的表面理由可能并未完全反映事实真相,根据业务性质,注册会计师可能需要与前任注册会计师直接沟通,核实与变更委托相关的事实和情况,以确定是否适宜承接该业务。

注册会计师应当在必要时采取防范措施,消除因客户变更委托产生的不利影响或将其降低至可接受的水平。防范措施主要包括:

(1)当应邀投标时,在投标书中说明,在承接业务前需要与前任注册会计师沟通,以了解是否存在不应接受委托的理由。

(2)要求前任注册会计师提供已知悉的相关事实或情况,即前任会计师认为,后任注册会计师在作出承接业务的决定前,需要了解的事实或情况。

(3)从其他渠道获取必要的信息。

如果采取的防范措施不能消除不利影响或将其降低至可接受的水平,注册会计师不得承接该业务。

注册会计师可能应客户要求在前任注册会计师工作的基础上提供进一步的服务。如果缺乏完整的信息,可能对专业胜任能力和应有的关注原则产生不利影响。注册会计师应当评价不利影响的严重程度,并在必要时采取防范措施消除不利影响或将其降低至可接受的水平。

采取的防范措施主要包括将拟承担的工作告知前任注册会计师,提请其提供相关信息,以便恰当地完成该项工作。

前任注册会计师应当遵循保密原则。前任注册会计师是否可以或必须与后任注册会计师讨论客户的相关事务,取决于业务的性质、是否征得客户同意,以及法律、法规或职业道德规范的有关要求。

注册会计师在与前任注册会计师沟通前,应当征得客户的同意,最好征得客户的书面同意。前任注册会计师在提供信息时,应当实事求是、清晰明了。如果不能与前任注册会计师沟通,注册会计师应当采取适当措施,通过询问第三方或调查客户的高级管理人员、治理层的背景等方式,获取有关对职业道德基本原则产生不利影响的信息。

2. 利益冲突

注册会计师应当采取适当措施,识别可能产生利益冲突的情形。这些情形可能对职业道德基本原则产生不利影响。注册会计师与客户存在直接竞争关系,或与客户的主要竞争者存在合资或类似关系,可能对客观和公正原则产生不利影响。注册会计师为两个以上客户提供服务,而这些客户之间存在利益冲突或者对某一事项或交易存在争议,可能对客观和公正原则或保密原则产生不利影响。

注册会计师应当评价利益冲突产生不利影响的严重程度,并在必要时采取防范措施消除不利影响或将其降低至可接受的水平。在接受或保持客户关系和具体业务之前,如果与客户或第三方存在商业利益或关系,注册会计师应当评价其所产生不利影响的严重程度。

注册会计师应当根据可能产生利益冲突的具体情形,采取下列防范措施:

(1)如果会计师事务所的商业利益或业务活动可能与客户存在利益冲突,注册会计师应当告知客户,并在征得其同意的情况下执行业务。

(2)如果为存在利益冲突的两个以上客户服务,注册会计师应当告知所有已知相关方,并在征得他们同意的情况下执行业务。

(3)如果为某一特定行业或领域中的两个以上客户提供服务,注册会计师应当告知客户,并在征得他们同意的情况下执行业务。

如果客户不同意注册会计师为存在利益冲突的其他客户提供服务,注册会计师应当终止为其中一方或多方提供服务。

除了采取上述防范措施,注册会计师还应当采取下列一种或多种防范措施:

(1) 分派不同的项目组为相关客户提供服务。

(2) 实施必要的保密程序,防止未经授权接触信息。例如,对不同的项目组实施严格的隔离程序,做好数据文档的安全保密工作。

(3) 向项目组成员提供有关安全和保密问题的指引。

(4) 要求会计师事务所的合伙人和员工签订保密协议。

(5) 由未参与执行相关业务的高级职员定期复核防范措施的执行情况。

如果利益冲突对职业道德基本原则产生不利影响,并且采取防范措施无法消除不利影响或将其降低至可接受的水平,注册会计师应当拒绝承接某一特定业务,或解除一个或多个存在冲突的业务约定。

3. 应客户要求提供第二次意见

在某客户运用会计准则对特定交易和事项进行处理,且已由前任注册会计师发表意见的情况下,如果注册会计师应客户的要求提供第二次意见,可能对职业道德基本原则产生不利影响。

如果第二次意见不是以前任注册会计师所获得的相同事实为基础,或依据的证据不充分,可能对专业胜任能力和应有的关注原则产生不利影响。不利影响存在与否及其严重程度,取决于业务的具体情况,以及为提供第二次意见所能获得的所有相关事实及证据要求。

如果被要求提供第二次意见,注册会计师应当评价不利影响的严重程度,并在必要时采取防范措施消除不利影响或将其降低至可接受的水平。

防范措施主要包括:

(1) 征得客户同意与前任注册会计师沟通。

(2) 在与客户沟通中说明注册会计师发表专业意见的局限性。

(3) 向前任注册会计师提供第二次意见的副本。

如果客户不允许与前任注册会计师沟通,注册会计师应当在考虑所有情况后决定是否适宜提供第二次意见。

4. 收费

会计师事务所在确定收费时应当主要考虑专业服务所需的知识和技能,所需专业人员的水平和经验,各级别专业人员提供服务所需的时间,提供专业服务所需承担的责任。在专业服务得到良好的计划、监督及管理的前提下,收费通常以每一专业人员适当的小时收费标准或日收费标准为基础计算。

收费是否对职业道德基本原则产生不利影响,取决于收费报价水平和所提供的相应服务。注册会计师应当评价不利影响的严重程度,并在必要时采取防范措施消除不利影响或将其降低至可接受的水平。防范措施主要包括:

(1) 让客户了解业务约定条款,特别是确定收费的基础及在收费报价内所能提供的服务。

(2) 安排恰当的时间和具有胜任能力的员工执行任务。

在承接业务时,如果收费报价过低,可能导致难以按照执业准则和职业道德规范的要求执行业务,从而对专业胜任能力和应有的关注原则产生不利影响。如果收费报价明显低于前任注册会计师或其他会计师事务所的相应报价。会计师事务所应当确保在提供专业服务时,遵守执业准则和职业道德规范的要求,使工作质量不受损害;使客户了解专业服务的范围和收费基础。

 **延伸阅读3-2** ....

审计收费的确定依据示例:烟台万华

公司与山东乾聚有限责任会计师事务所协定的审计收费标准是根据国际惯例,按照其合伙人和项目组其他成员的实际工作时间以及应用的技术水平与经验确定。2019年度审计参加人员、工作时间和收费确定如表3-1所示。

表3-1   **审计收费计算表**

项目	级　别	人员（人）	工作日（天）	总工作量（人·天）	计费标准元/（人·天）	总计费额（元）
年度审计	高级合伙人	2	3.5	7	3 000	21 000
	高级经理	2	5	10	2 300	23 000
	经理	2	25	50	1 800	90 000
	审计员	9	20	180	700	126 000
	合计					260 000
其他	验资及关联交易独立财务顾问报告					40 000
合计						300 000

或有收费可能对职业道德基本原则产生不利影响。不利影响存在与否及其严重程度取决于下列因素:

（1）业务的性质。

（2）可能的收费金额区间。

（3）确定收费的基础。

（4）是否由独立第三方复核交易和提供服务的结果。

除了法律、法规允许,注册会计师不得以或有收费方式提供鉴证服务,收费与否或收费多少不得以鉴证工作结果或实现特定目的为条件。注册会计师应当评价或有收费产生不利影响的严重程度,并在必要时采取防范措施消除不利影响或将其降低至可接受的水平。防范措施主要包括:

（1）预先就收费的基础与客户达成书面协议。

（2）向预期的报告使用者披露注册会计师所执行的工作及收费的基础。

（3）实施质量控制政策和程序。

（4）由独立的第三方复核注册会计师已执行的工作。

注册会计师收取与客户相关的介绍费或佣金,可能对客观和公正原则以及专业胜任能力和应有的关注原则产生非常严重的不利影响,导致没有防范措施能够消除不利影响或将其降低至可接受的水平。注册会计师不得收取与客户相关的介绍费或佣金。注册会计师为获得客户而支付业务介绍费,可能对客观和公正原则以及专业胜任能力和应有的关注原则产生非常严重的不利影响,导致没有防范措施能够消除不利影响或将其降低至可接受的水平。注册会计师不得向客户或其他方支付业务介绍费。

5. 专业服务营销

注册会计师通过广告或其他营销方式招揽业务,可能对职业道德基本原则产生不利影响。在向公众传递信息时,注册会计师应当维护职业声誉,做到客观、真实、得体。

注册会计师在营销专业服务时,不得有下列行为:

(1) 夸大宣传提供的服务、拥有的资质或获得的经验。

(2) 贬低或无根据地比较其他注册会计师的工作。

(3) 暗示有能力影响有关主管部门、监管机构或类似机构。

(4) 作出其他欺骗性的或可能导致误解的声明。

注册会计师不得采用强迫、欺诈、利诱或骚扰等方式招揽业务。注册会计师不得对其能力进行广告宣传以招揽业务,但可以利用媒体刊登设立、合并、分立、解散、迁址、名称变更和招聘员工等信息。

6. 利益诱惑

利益诱惑是指影响其他人员行为的物质、事件或行为,但利益诱惑并不一定具有不当影响该人员行为的意图。利益诱惑范围广泛,小到正常礼节性的交往,大到可能违反法律法规的行为。利益诱惑可能采取多种形式,主要包括:①礼品;②款待;③娱乐活动;④捐助;⑤意图建立友好关系;⑥工作岗位或其他商业机会;⑦特殊待遇、权利或优先权。

注册会计师提供或接受利益诱惑,可能因自身利益、密切关系或外在压力对职业道德基本原则产生不利影响,尤其可能对诚信、客观公正、良好职业行为原则产生不利影响。注册会计师应当运用职业道德概念框架识别、评价和应对此类不利影响。

注册会计师不得提供或接受,或者授意他人提供或接受任何意图不当影响接受方或其他人员行为的利益诱惑,无论这种利益诱惑是存在不当影响行为的意图,还是注册会计师认为理性且掌握充分信息的第三方很可能会视为存在不当影响行为的意图。

7. 保管客户资产

除非法律、法规允许或要求,注册会计师不得提供保管客户资金或其他资产的服务。如果注册会计师保管客户资金或其他资产,应当履行相应的法定义务。保管客户资金或其他资产可能对职业道德基本原则产生不利影响,尤其可能对客观和公正原则以及良好职业行为原则产生不利影响。

注册会计师如果保管客户资金或其他资产,应当符合下列要求:

(1) 将客户资金或其他资产与其个人或会计师事务所的资产分开。

(2) 仅按照预定用途使用客户资金或其他资产。

(3) 随时准备向相关人员报告资产状况及产生的收入、红利或利得。

(4) 遵守所有与保管资产和履行报告义务相关的法律、法规。

如果某项业务涉及保管客户资金或其他资产,注册会计师应当根据有关接受与保持客户关系和具体业务政策的要求,适当询问资产的来源,并考虑应当履行的法定义务。如果客户资金或其他资产来源于非法活动(如洗钱),注册会计师不得提供保管资产服务,并应当向法律顾问征询进一步的意见。

8. 对客观和公正原则的要求

在提供专业服务时,注册会计师如果在客户中拥有经济利益,或者与客户董事、高级管理人员或员工存在家庭和私人关系或商业关系,应当确定是否对客观和公正原则产生不利影响。

在提供专业服务时,对客观和公正原则的不利影响及其严重程度,取决于业务的具体情形和注册会计师所执行工作的性质。注册会计师应当评价不利影响的严重程度,并在必要时采取防范措施消除不利影响或将其降低至可接受的水平。防范措施主要包括:

(1)退出项目组。

(2)实施督导程序。

(3)终止产生不利影响的经济利益或商业关系。

(4)与会计师事务所内部高级别的管理人员讨论有关事项。

(5)与客户治理层讨论有关事项。

如果防范措施不能消除不利影响或将其降低至可接受的水平,注册会计师应当拒绝接受业务委托或终止业务。

在提供鉴证服务时,注册会计师应当从实质上和形式上独立于鉴证客户,客观公正地提出结论,并且从外界看来没有偏见、无利益冲突、不受他人的不当影响。在执行审计和审阅业务以及其他鉴证业务时,为了达到保持独立性的要求,注册会计师应当分别遵守《中国注册会计师职业道德守则第 4 号——审计和审阅业务对独立性的要求》和《中国注册会计师职业道德守则第 5 号——其他鉴证业务对独立性的要求》的规定。

(五)道德冲突问题的解决

在遵循职业道德基本原则时,注册会计师应当解决遇到的道德冲突问题。在解决道德冲突问题时,注册会计师应当考虑下列因素:

(1)与道德冲突问题有关的事实。

(2)涉及的道德问题。

(3)道德冲突问题涉及的职业道德基本原则。

(4)会计师事务所制定的解决道德冲突问题的程序。

(5)可供选择的措施。

在考虑上述因素并权衡可供选择措施的后果后,注册会计师应当确定适当的措施。如果道德冲突问题仍无法解决,注册会计师应当考虑向会计师事务所内部的适当人员咨询。

如果与所在会计师事务所或外部单位存在道德冲突,注册会计师应当确定是否与会计师事务所领导层或外部单位治理层讨论。注册会计师应当考虑记录涉及的道德冲突问题、解决问题的过程,以及作出的相关决策。如果某项重大道德冲突问题未能解决,注册会计师可以考虑向注册会计师协会或法律顾问咨询。如果所有可能采取的措施都无法解决道德冲突问题,注册会计师不得再与产生道德冲突问题的事项发生牵连。在这种情况下,注册会计师应当确定是否退出项目组或不再承担相关任务,或者向会计师事务所提出辞职。

本 章 小 结

本章主要阐述了注册会计师执业道德规范。注册会计师职业道德基本原则包括诚信、独立性、客观公正、专业胜任能力和勤勉尽责、保密、良好职业行为。对注册会计师执业道德基本原则产生不利影响的因素有自身利益、自我评价、密切关系、过度推介和外在压力。可能损害独立性的因素包括经济利益、贷款和担保、商业关系等。防范措施主要包括：职业、法律或规章产生的防范措施；会计师事务所层面的防范措施和具体业务层面的防范措施。当防范措施不足以消除不利影响或将其降至可接受的低水平,会计师事务所应拒绝接受业务委托或解除业务约定。

本章重要概念

独立性　外在压力　可接受水平　经济利益　直接经济利益　审计项目组　近亲属专业服务

本章练习

一、思考题

1. 什么是审计职业道德？注册会计师为什么要遵守职业道德？
2. 职业道德基本准则有哪些？
3. 对遵循职业道德基本原则产生不利影响的因素有哪些？
4. 对职业道德基本原则产生不利影响的情形包括哪些？

3-4　扫一扫
练一练

二、案例讨论题

上市公司甲公司是 ABC 会计师事务所的常年审计客户。XYZ 公司和 ABC 会计师事务所处于同一网络。审计项目组在甲公司 2×22 年度财务报表审计中遇到下列事项：

3-5　扫一扫
看答案

(1) 2×22 年 8 月,甲公司收购了乙公司 100% 的股权。2×22 年 9 月,项目合伙人 A 注册会计师发现其母亲持有乙公司发行的债券,面值人民币 1 万元,要求其母亲立即处置了这些债券。该投资对 A 注册会计师的母亲而言不重要。

(2) 项目质量复核合伙人 B 注册会计师曾担任甲公司 2×17 年度至 2×20 年度财务报表审计项目合伙人,未参与 2×20 年度财务报表审计。

(3) XYZ 公司 2×21 年 11 月新入职的高级经理 C 没有参与甲公司审计项目。C 自 2×21 年 1 月 1 日起担任甲公司独立董事,任期两年,到期后未再续任。

3-6　扫一扫
看课件

(4) 甲公司是丙公司的重要联营企业。2×21 年 10 月,XYZ 公司接受委托为丙公司及其子公司的财务共享服务中心提供系统设计服务。丙公司不是 ABC 会计师事务所的审计客户。

(5) 甲公司的重要子公司丁公司从事游戏运营业务。2×21 年 8 月,丁公司聘请XYZ公司提供信息安全管理咨询服务,包括信息技术一般控制中的程序变更、程序和数据访问等安全政策的重新设计和优化。

(6) 2×21 年 7 月,甲公司某独立董事的妻子与 XYZ 公司的合伙人 D 合资开办了一家餐厅。D 不是甲公司审计团队成员。

要求:针对上述第(1)至第(6)项,逐项指出是否可能存在违反中国注册会计师职业道德守则有关独立性规定的情况,并简要说明理由。

第四章 审计目标与审计流程

内容提要

本章主要讲述了注册会计师的审计目标与审计责任、审计的具体目标、审计过程与审计目标的实现。

重点难点

本章重点内容为审计目标的演进、财务报表审计责任、管理层认定、具体审计目标、审计过程;难点为财务报表审计责任、管理层认定、具体审计目标。

学习目标

通过本章学习,学生应了解审计总目标的演进过程,熟悉我国注册会计师审计的总目标,理解被审计单位和注册会计师在财务报表审计中的责任划分;掌握被审计单位管理层对财务报表认定的内容,理解被审计单位管理层对财务报表认定与审计具体目标的关系;熟悉审计的基本过程。

知识框架

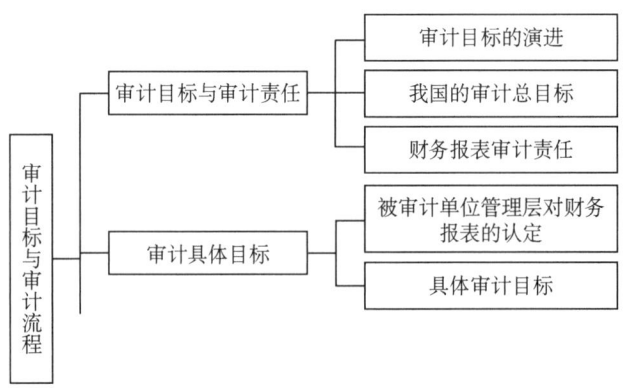

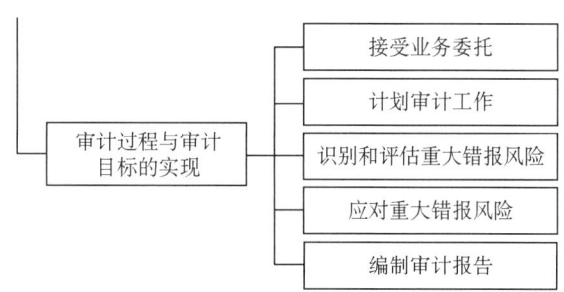

思政育人　　　　深化研究型审计　聚焦过程规范

　　研究不是在审计工作之外另起炉灶，而是始终融入贯穿于审计立项、实施、报告的全过程各方面。安徽省合肥市庐阳区审计局把这个过程细分成18步。

　　审前六步：系统研判，统筹谋划；科学立项，精准计划；深研对象，细致勾勒；审前调查，胸有成竹；调配资源，凝聚合力；制定方案，明晰路径。

　　坚持围绕中心、服务大局，注重深研对象，做到有的放矢，聚焦经营性资产管理不规范等突出问题，促进国有资产保值增值。合理配置审计资源，打破科室界限，用好专家、内审队伍，在预算执行、专项审计调查、经济责任等审计中配备专业人员，关注政府投资项目建设情况，确保重点项目审计全覆盖。加强跨审计组沟通协调，将部门预算执行审计中发现的重大建设项目未及时开展绩效评价等问题及时与财政同级审计组沟通反馈，提出推进全面实施预算绩效管理、完善绩效考核体系、加强预算绩效评价管理等有针对性的审计建议。

　　审中六步：望闻问切，分析研判；做实现场，提质增效；科技强审，数据赋能；边审边研，拾遗补漏；收集证据，准确适当；撰写报告，斟酌纠偏。

　　以打造优秀审计项目为牵引，进一步规范审计业务流程，修订完善审计现场管理办法、审计项目业务审定制度等制度，拧紧现场实施、项目审理、审计报告等关键环节质量控制责任链条。坚持1～2周一次调度会，做到审计小组现场研究，分管领导定期研究，局审理会集中研究，坚持边审边研，采用实地走访、谈话询问、数据分析等方式，重点就疑点挖掘、问题核查、定性定责、成因分析、对策建议开展研究讨论，确保事实清楚、证据充分、定性准确、处理恰当。

　　审后六步：审计整改，事不贰过；研究成果，有效利用；复盘评估，总结提升；春风化雨，撑腰鼓劲；项目统筹，协同开发；注重宣传，以文促研。

　　注重研究成果转化，对审计发现的普遍性、倾向性和体制机制性问题进行分析提炼，针对问题成因，提出可批示、能落实的审计建议，为区委区政府决策提供参考依据。突出"协同配合"和"结果互用"，《庐阳区关于进一步加强和规范纪检监察、巡察与审计监督协作配合的实施意见（试行）》出台，切实做好与区纪委、巡察、组织部门充分沟通、共议共商。

　　我们不难发现，在国家"以研促审"的号召下，审计人员不仅仅承担着审计任务，更要不断推进研究型审计的转型，而审计目标制定与审计过程规范，从始至终都是审计人员必须聚焦与严抓的重中之重。那么，什么是审计目标？它有着怎样的演进历程和哪些种类？审计人员如何把握审计过程推进审计目标的实现？本章将系统介绍。

　　资料来源：安徽省合肥市庐阳区审计局. 区级审计机关如何"以研促审"［EB/OL］. (2022-09-30)［2022-11-30］. https://www.audit.gov.cn/n4/n20/n524/c10285333/content.html.

第一节 | 审计目标与审计责任

一、审计目标的演进

审计目标既反映了社会环境对审计的要求,也反映了审计作用于审计环境的实质内容。审计目标受到审计环境的影响并随着审计环境的变化而变化,经历了一个不断演进的过程。对于审计目标的发展演变,许多专家学者根据不同的目的要求作出了不同的划分。一般认为,审计目标的演进大致可以分为以下3个阶段。

(一) 以查错揭弊为主的审计目标阶段(审计产生之初至20世纪30年代)

在此阶段,企业主要通过审计来了解管理层履行其职责的情况。因此,查错揭弊被公认为是审计的首要目标,即审计的总目标是通过对被审计单位一定时期内会计记录的逐笔审查或一定程度的抽查,判定有无技术错误和舞弊行为。由于这一阶段的经济业务较为简单,注册会计师通过对账项的详细审查,基本上可以满足审计目标的需求。

随着经济的发展,人们逐渐认识到,注册会计师不可能也无法承担起揭露所有的欺诈舞弊和差错的责任,公司管理部门也有责任采取措施预防欺诈、舞弊和差错的发生,当时的法官认为注册会计师仅是门卫而不是侦探,但对重大的舞弊和差错仍然有责任予以揭露,否则就没有履行其职责,没有达到审计目标。

(二) 以验证财务报表的真实公允为主的审计目标阶段(20世纪30年代至80年代)

首先,促使这一阶段审计目标转换的原因是社会环境的变化。随着以美国为代表的资本主义经济的迅速发展,特别是股份公司的大量涌现,使经济生活出现了两个新变化:一是管理人员的责任范围由原来的只对股东和债权人负责扩大到要向利害关系人提供财务信息,财务信息也就显得日益重要;二是企业的筹资逐渐由银行转向证券市场,使企业风险承担者由银行变为广大的股东,而股东对会计信息的关注转向反映企业盈利能力的信息。上述两个变化形成了强化审计责任的氛围。其次,是审计能力的有限性。对注册会计师来说,由于企业规模的扩大和经济业务的日益复杂,要进行像以前那样的查错揭弊所需的详细审计已极为困难,社会也支付不起详细审计所需的审计费用,受审计能力限制,审计职业界为了避免审计风险,也极力把揭弊查错的责任推向企业管理部门,强调审计仅仅是对财务报表发表一个意见,不可能去揭露贪污盗窃和其他舞弊。同时,由于内部控制理论的发展,使审计职业界开始认为,欺诈舞弊可通过建立完善的内部控制制度来予以控制,注册会计师可以在抽查的基础上,对财务报表的公允性发表一个意见,这不仅可以提高审计效率,而且可保证审计质量。因此,审计不再以查错揭弊为主要目标,而是着重对财务报表的真实性和公允性发表意见,以帮助报表使用者作出相应的决策。

(三) 验证财务报表的真实公允与查错揭弊并重的审计目标阶段(20世纪80年代至今)

这一阶段的开始是以美国注册会计师协会的第53号、第54号《审计准则说明书》(SAS)的发布为标志的。促使揭弊查错成为与验证财务报表的真实公允并重的审计目标的原因之一是 20 世纪 60 年代以后,企业管理人员欺诈舞弊案的增加及针对注册会计师的诉讼爆炸。以前,社会公众倾向认为防止雇员舞弊是企业管理部门的职责,但现在管理人员也参与舞弊,这对社会造成的危害是巨大的。因此,社会对独立的注册会计师应承担揭弊查错的责任的呼声就越来越强烈。而审计职业界由于受到审计能力的限制,尚找不出一种能把所有重大舞弊和差错都揭露出来的方法,出于审计风险的考虑,要求尽量降低其揭弊查错的责任。尽管如此,社会环境的强烈要求和审计自身生存的需要,使得审计职业界不得不对此重新考虑,与其被动接受,不如积极寻求降低审计风险的方法。明确查错揭弊是审计目标,会使注册会计师意识到这种责任的存在,从而在审计过程中设法降低审计风险。原因之二是法院判决几乎一直倾向于社会公众的需求。例如,英国 PW 事务所 1991 年秋涉嫌 BCCI 舞弊案,受到了 BCCI 的股东、存款户及职工的财务索赔。也就是说,不管审计职业界愿意不愿意承受,社会都要求审计职业界实际承担起揭弊查错的责任,审计职业界为了维护其生存和发展,也应顺应这个要求。原因之三是审计职业界认为,虽然无法揭露所有的差错和舞弊,但通过设计适当的程序可以合理地保证财务报表不受重大欺诈的影响。1985 年,美国成立了由前任证券交易委员会的 James C. Tradeway 任主席的委员会,这个委员会于 1987 年提交的最终研究报告对注册会计师提出了两项建议:一是关于揭露编制欺诈性财务报表的责任;二是有关提高注册会计师的揭露欺诈行为的能力。这份报告还要求注册会计师:①在每项审计中采取积极的步骤评价这种欺诈性报告的潜在可能性;②设计测试程序,对这种揭露提供合理的保证。根据 Tradeway 报告建议以及审计职业界对审计风险的认识,AICPA 审计准则委员会于 1988 年发布了 9 个新的审计准则公告,其中第 53 号、第 54 号分别取代了以前的第 16 号、第 17 号审计准则公告,分别阐述了注册会计师揭露客户舞弊和查错的责任及揭露非法行为的责任,将揭露舞弊和非法行为作为审计的主要目标。因此,SAS 第 53 号至第 61 号的发布,表明审计职业界充分认识到了社会公众的需求以及由此引起的审计责任,注册会计师开始承担在常规审计程序中发现、揭露可能对财务报表信息有重大影响的舞弊和非法行为。

SAS 第 53 号尽管有上述进步,但仍无法有效缩小审计期望差。1993 年 3 月 POB 在题为"站在公众利益的立场上"的报告中,明确指出社会公众最关注和期望的是注册会计师能够揭露管理舞弊并承担审计责任,而注册会计师却不能满足要求且存在较大差距。美国于 1995 年通过的《私人有价证券诉讼改革法案》,明确规定了注册会计师应承担识别和揭露某些舞弊行为的责任。这促使 AICPA 在 1997 年 2 月颁布了 SAS 第 82 号"财务报表审计中对舞弊的关注",以取代第 53 号。在之后第 82 号施行的 5 年多时间里,又不断发生一些世界著名公司特大财务欺诈及审计失败案件,令美国政府及公众极度不满,强烈要求审计行业自我检讨,切实改进审计舞弊的效果。在此恶劣环境和紧急情况下,AICPA 及时认真作了大量调研和征求意见工作,对舞弊审计准则又进行进一步修订,于 2002 年 10 月发布其标题未作丝毫改动的新准则 SAS 第 99 号"财务报表审计中对舞弊的关注",以取代第 82 号。与第 82 号相比,第 99 号针对切实提高审计舞弊的效果,作出了一系列富有成效的改进。

二、我国的审计总目标

关于财务报表审计的总目标,各国的表述略有不同。例如,美国注册会计师协会颁发的《审计准则说明书》第 1 号指出,独立注册会计师对财务报表的审计目标,是对财务报表是否按照公认会计原则公允地反映财务状况、经营成果和现金流量发表意见。英国 1985 年《公司法》要求,审计目标是在审计报告中,对被审计单位的财务报表是否如实和公允反映实际情况和按照公司法的规定保有了恰当的账簿记录发表意见。国际审计与鉴证准则理事会在国际审计准则中指出,财务报表审计的目标是能够使注册会计师对财务报表在所有重大方面是否按照确定的财务报告框架编制发表意见,发表意见的用词即可以是"如实和公允反映实际情况",也可以是"在所有重大方面,公允反映",这两个术语等效。

《中国注册会计师审计准则第 1101 号——注册会计师的总体目标和审计工作的基本要求》规定,在执行财务报表审计工作时,注册会计师的总体目标是:

（1）对财务报表整体是否不存在由于舞弊或错误导致的重大错报获取合理保证,使得注册会计师能够对财务报表是否在所有重大方面按照适用的财务报告框架编制发表审计意见。

（2）按照审计准则的规定,根据审计结果对财务报表出具审计报告,并与管理层和治理层沟通。

三、财务报表审计责任

4-2 财务报表审计责任

在财务报表审计中,被审计单位管理层和治理层与注册会计师承担着不同的责任,不能相互混淆和替代。明确划分责任,不仅有助于被审计单位管理层和治理层与注册会计师认真履行各自的职责,为财务报表及其审计报告的使用者提供有用的经济决策信息,还有利于保护相关各方的正当权益。

（一）被审计单位管理层和治理层的责任

企业的所有权与经营权分离后,经营者负责企业的日常经营管理并承担受托责任。管理层通过编制财务报表反映受托责任的履行情况。为了借助公司内部之间的权力平衡和制约关系保证财务信息的质量,现代公司治理结构往往要求治理层对管理层编制财务报表的过程实施有效的监督。

治理层是指对被审计单位战略方向以及管理层履行经营管理责任负有监督责任的人员或组织。治理层的责任包括对财务报告过程的监督。在治理层的监督下,管理层作为会计工作的行为人,对编制财务报表负有直接责任。因此,在被审计单位治理层的监督下,按照适用的会计准则和相关会计制度的规定编制财务报表是被审计单位管理层的责任。管理层对编制财务报表的责任具体包括:①选择适用的会计准则和相关会计制度;②选择和运用恰当的会计政策;③根据企业的具体情况,作出合理的会计估计。为了履行编制财务报表的职责,管理层通常设计、实施和维护与财务报表编制相关的内部控制,以保证财务报表不存在由于舞弊或错误而导致的重大错报。管理层和治理层认可与财务报表相关的责任,是注册会计师执行审计工作的前提,构成注册会计师按照审计准则的规定执行审计工作的基础。财务报表审计并不减轻管理层或治理层的责任。

为了表明被审计单位的责任,美国的许多上市公司在年度报告中都包括一份关于管理部门责任及其与会计师事务所关系的报告书。

 延伸阅读4-1

可口可乐装瓶公司管理部门报告书①

可口可乐瓶装公司管理部门对本公司的合并财务报表的编制及其完整性负责。本公司是按照公认会计原则编制财务报表和有关附注的。管理部门的意见是,这些财务报表和附注公允地反映了公司的财务状况和经营成果。年度报告中的其他信息与财务报表中的信息是一致的。年度报告中的财务报表和企业财务信息所包含的金额是以管理部门的最佳估计和判断为基础的,并对重要性给予了合理的考虑。

公司保持内部会计控制制度,以便使资产得到合理的保护。业务依照管理部门的授权执行并进行了适当的记录,从而使公司可以按照公认会计原则编制财务报表。

公司内部审计部门负责对管理部门和会计控制进行检查、评价和监督并提出建议。内部审计部门是内部控制制度的关键,并且是独立部门。

公司聘用独立审计师对合并会计报表实施审计。这项审计是对管理部门经营责任报告的外部客观检查。通过与公司内部审计师的联合审计,独立审计师对财务报表中的数据进行了检查并执行了适当的测试。

董事会主要通过其下属的审计委员会来履行其对公司财务报表的责任。审计委员会定期与独立审计师、内部审计师和管理部门会面。独立审计师和内部审计师均可以直接与审计委员会接触,讨论其工作范围、工作结果、内部会计控制充分性和财务报告质量等事项。

小詹姆斯·L·摩尔

总经理兼首席经营主管

戴维斯·V·辛格

副总经理兼财务总监

(二) 注册会计师的责任

审计的目的是提高财务报表预期使用者对财务报表的信赖程度,可以通过注册会计师对财务报表是否在所有重大方面按照适用的财务报告框架编制发表审计意见得以实现。就大多数通用目的财务报告框架而言,注册会计师针对财务报表是否在所有重大方面按照财务报告框架编制并实现公允反映发表审计意见。注册会计师按照审计准则和相关职业道德要求执行审计工作,能够形成这样的意见。

按照中国注册会计师审计准则的规定,对财务报表发表审计意见是注册会计师的责任。注册会计师作为独立的第三方,对财务报表发表审计意见,有利于提高财务报表的可信赖程度。为履行这一职责,注册会计师应当遵守职业道德规范,按照审计准则的规定计划和实施审计工作,获取充分、适当的审计证据,并根据获取的审计证据得出合理的审计结论、发表恰当的审计意见。注册会计师通过签署审计报告确认其责任。按照审计准则和相关法律法规的规定,注册会计师还可能就审计中出现的事项,负有与管理层、治理层和其他财务报表使用者进行沟通和向其报告的责任。

为恰当履行对财务报表发表审计意见的责任,充分发挥财务报表审计的作用,注册会计师需要在整个审计过程中遵守职业道德规范;遵守质量控制准则;遵守审计准则;合理运用职业判断和保持职业怀疑态度。

需要强调的是,由于受审计证据的性质和舞弊事项的特性的影响,注册会计师只能为查

---

① 阿伦斯,洛布贝克.审计学(第1卷)[M].北京:中国审计出版社,2001.

出主要错报取得合理保证,而不是绝对的保证。注册会计师没有责任计划和实施审计,以便为查出因错误或舞弊事项而引起的对财务报表来说不重要的错报取得合理保证。因此,要理解审计责任,必须明确以下几个基本概念。

1. 重要错报与非重要错报

如果财务报表中尚未更正的错误或舞弊事项合并起来会改变或影响一个正常报告使用者的决策,这样的错报通常就被认为是重要的。尽管将重要性予以量化极其困难,在此会计师仍然有责任合理地保证这一重要性水平已得到满足。注册会计师要负责找出所有不重要的错误和舞弊事项的成本是极其高昂的,恐怕也是不可能的。

2. 合理保证

合理保证是指注册会计师在财务报表审计中,提供的一种高水平但并非绝对的保证。合理保证而非绝对保证这一概念表明,注册会计师不是财务报表正确性的保证人或保险人。注册会计师应该对审计工作作出合理安排,以便有合理地把握去发现被审计单位财务报表中存在的重大错弊。如果注册会计师要负责保证报表中的所有认定都正确,那么所要求的证据和由此引起的审计成本将大幅度增加,从而使审计在经济上成为不可能。如果审计过程中未能发现重要错报,注册会计师最好的辩护理由就是说明审计是按照公认审计准则执行的。

就我国审计总目标中的公允性而言,注册会计师应注意运用正确的判断,通过对被审计单位的报表、账簿、凭证以及一切相关资料进行审查予以确定;就合法性而言,尽管注册会计师不可能发现财务报表中的全部错误、舞弊和违反法规行为,但有责任合理制订计划和实施必要程序,以合理保证发现财务报表的重要错误、舞弊和对财务报表有直接影响的重大违反法规行为。

3. 错误与舞弊

这两种错报均有重要和不重要之分。错误是指财务报表中存在的无意错报或漏报,如销售发票中单价和数量的乘积有误,在确定存货的成本与市价孰低时忽略了原有的原材料,就是错误的两个例子。舞弊则是指财务报表中存在不实反映的故意行为。例如,雇员在销货时截留货款,就属于舞弊中的侵吞资产;为了高估报告收益而蓄意高估接近报告日的销售额,就属于舞弊中的欺诈性财务报告。

4. 职业怀疑态度

如上所述,注册会计师应计划审计工作,为查出财务报表中的重要错误和舞弊事项提供合理保证。为实现这一目标,注册会计师必须持有职业怀疑态度来计划和实施审计。职业怀疑态度是指注册会计师执行审计业务的一种态度,包括采取质疑的思维方式,对可能表明由于错误或舞弊导致错报的迹象保持警觉,以及对审计证据进行审慎评价。注册会计师不能假定管理部门是不诚实的,但必须考虑他们不诚实的可能性。

(三)两种责任不能相互取代

注册会计师的审计责任是按照审计准则的要求出具审计报告,并对出具的审计报告的真实性、合法性负责。其中,审计报告的真实性是指审计报告应当如实反映注册会计师的审计范围、审计依据、已实施的审计程序和应表示的审计意见;审计报告的合法性是指审计报告的编制和出具必须符合《中华人民共和国注册会计师法》和《中国注册会计师审计准则》的规定。注册会计师的审计责任不能替代、减轻或者免除被审计单位管理层和治理层的责任。

财务报表编制和财务报表审计是财务信息生成链条上的不同环节,两者各司其职。法律法规要求管理层和治理层对编制财务报表承担责任,有利于从源头上保证财务信息质量。同时,在某些方面,注册会计师与管理层和治理层之间可能存在信息不对称。管理层和治理层作为内部人员,对企业的情况更为了解,更能作出适合企业特点的会计处理决策和判断,因此管理层和治理层理应对编制财务报表承担完全责任。尽管在审计过程中,注册会计师可能向管理层和治理层提出调整建议,甚至在不违反独立性的前提下为管理层编制财务报表提供协助,但管理层仍然对编制财务报表承担责任,并通过签署财务报表确认这一责任。

第二节 | 审计具体目标

审计的具体目标是审计总目标的进一步具体化,审计具体目标的确定,有助于注册会计师按照注册会计师审计准则的要求收集充分、适当的审计证据,并根据项目的实际情况确定应收集的证据。一般地说,审计具体目标必须根据被审计单位管理层的认定和审计总目标来确定。

审计是由客户准备的财务报告以及客户对财务报告上的数字的声明开始的,这些由管理层作出的声明称为"认定"。管理层的责任是编制财务报告,注册会计师的责任是确认财务报告是否真实公允。也就是说,注册会计师的工作是确定被审计单位管理层对其财务报表的认定是否恰当。所以,注册会计师要设定的审计目标和管理层的认定相匹配。注册会计师将就销售的存在性、费用的完整性、表达和披露、存货的估价、权利和义务等方面设定审计目标。在对审计证据进行测试的过程中,注册会计师将进一步设定具体的目标。

在确认交易的记录与分类、管理层的相关认定和审计目标后,注册会计师要决定将实施的审计程序的性质、时间和范围,要对每一个审计目标进行风险分析。例如,决定对账户余额和交易的错报进行敏感性分析。注册会计师从管理层对财务报表的认定出发制定审计目标,针对每一个科目制订一个审计计划,然后在审计过程中对每一个科目的审计目标进行修正,制定审计程序,完成每一个具体的审计目标。

一、被审计单位管理层对财务报表的认定

认定与具体审计目标密切相关,注册会计师的基本职责就是确定被审计单位管理层对财务报表的认定是否恰当。注册会计师了解认定,就是要确定每个项目的具体审计目标。

认定,是指管理层在财务报表中作出的明确或隐含的表达,注册会计师将其用于考虑可能发生的不同类型的潜在错报。通过考虑可能发生的不同类型的潜在错报,注册会计师运用认定评估风险,并据此设计审计程序以应对评估的风险。

当管理层声明财务报表已按照适用的财务报告编制基础编制,在所有重大方面作出公允反映时,就意味着管理层对各类交易和事项、账户余额以及披露的确认、计量和列报作出了认定。管理层在财务报表上的认定有些是明确表达的,有些则是隐含表达的。例如,管理层在资产负债表中列报存货及其金额,意味着作出下列明确的认定:

（1）记录的存货是存在的。

（2）存货以恰当的金额包括在财务报表中,与之相关的计价或分摊调整已恰当记录。

同时,管理层也作出下列隐含的认定:

（1）所有应当记录的存货均已记录。

（2）记录的存货都由被审计单位所有。对于管理层对财务报表各组成要素作出的认定，注册会计师的审计工作就是要确定管理层的认定是否恰当。

（一）关于所审计期间各类交易、事项及相关披露的认定

关于所审计期间各类交易、事项及相关披露的认定通常分为下列类别：

（1）发生：记录或披露的交易和事项已发生，且这些交易和事项与被审计单位有关。

（2）完整性：所有应当记录的交易和事项均已记录，所有应当包括在财务报表中的相关披露均已包括。

（3）准确性：与交易和事项有关的金额及其他数据已恰当记录，相关披露已得到恰当计量和描述。

（4）截止：交易和事项已记录于正确的会计期间。

（5）分类：交易和事项已记录于恰当的账户。

（6）列报：交易和事项已被恰当地汇总或分解且表述清楚，相关披露在适用的财务报告编制基础下是相关的、可理解的。

（二）关于期末账户余额及相关披露的认定

关于期末账户余额及相关披露的认定通常分为下列类别：

（1）存在：记录的资产、负债和所有者权益是存在的。

（2）权利和义务：记录的资产由被审计单位拥有或控制，记录的负债是被审计单位应当履行的偿还义务。

（3）完整性：所有应当记录的资产、负债和所有者权益均已记录，所有应当包括在财务报表中的相关披露均已包括。

（4）准确性、计价和分摊：资产、负债和所有者权益以恰当的金额包括在财务报表中，与之相关的计价或分摊调整已恰当记录，相关披露已得到恰当计量和描述。

（5）分类：资产、负债和所有者权益已记录于恰当的账户。

（6）列报：资产、负债和所有者权益已被恰当地汇总或分解且表述清楚，相关披露在适用的财务报告编制基础下是相关的、可理解的。

注册会计师可以按照上述分类运用认定，也可按其他方式表述认定，但应涵盖上述所有方面。例如，注册会计师可以选择将关于各类交易、事项及相关披露的认定与关于账户余额及相关披露的认定综合运用。又如，当发生和完整性认定包含了对交易是否记录于正确会计期间的恰当考虑时，就可能不存在与交易和事项截止相关的单独认定。

二、具体审计目标

在注册会计师按照业务循环法实施审计时，既要对构成期末余额的各类业务实施审计测试，也要对账户余额本身执行审计测试。图4-1列示了影响应收账款余额的账户余额和业务，以此说明上述重要概念。假如应收账款期初余额为 9 600 万元，该余额为上年审定数，因而可视为是可靠的。如果注册会计师能够完全确认这四类业务中的每一类都是正确反映的，那么他就能够确认应收账款期末余额 16 600 万元是正确的。但是，注册会计师对每一类业务的正确性都取得完全的保证是不现实的，因而也就无法对应收账款的期末余额取得完全的保证。在这种情况下，可以通过对应收账款的期末余额进行审计来提高总体保证水平。因此,注册会计师已经发现,通常实施审计最有效的方法是对各类业务和相关账户的期末余额两个方面取得一些综合性的保证。

应 收 账 款			（单位:百万元）
期初余额	96		
销售收入	660	590	现金收入
		0	销售退回和折让
		0	坏账准备
期末余额	166		

图 4-1 影响应收账款余额的账户余额和业务

任何一类业务都必须在满足几项审计目标以后,注册会计师才能认为这类业务的总体是公允反映的,这些审计目标称为"与所审计期间各类交易、事项及相关披露相关的审计目标"。例如,销售业务有具体的销售业务审计目标,销售退回和折让业务则有销售退回和折让业务审计目标。同样,每一类账户余额也必须满足几项审计目标,这些审计目标称为"与期末账户余额及相关披露相关的审计目标"。例如,应收账款账户有具体的应收账款余额审计目标,应付账款账户有具体的应付账款余额审计目标。

财务报表认定是一种专业化的表述方式,注册会计师通常将这些认定转化成能够通过审计程序予以实现的审计目标。针对财务报表中每一项目所体现出的各项认定,注册会计师相应地确立了一项或多项审计目标,然后通过执行一系列的审计程序,来获取支持或者反对各项认定的足够证据,从而实现相关审计目标或据此揭示财务报表的不足。

(一) 与所审计期间各类交易、事项及相关披露相关的审计目标

(1) 发生。由发生认定推导的审计目标是确认已记录的交易是真实的。例如,如果没有发生销售交易,但在销售日记账中记录了一笔销售,则违反了该目标。

发生认定所要解决的问题是管理层是否把那些不曾发生的项目列入财务报表,它主要与财务报表组成要素的高估有关。

(2) 完整性。由完整性认定推导的审计目标是确认已发生的交易确实已经记录,所有应包括在财务报表中的相关披露均已包括。例如,如果发生了销售交易,但没有在销售明细账和总账中记录,则违反了该目标。

发生和完整性两者强调的是不同的关注点。发生目标针对多记、虚构交易(高估),而完整性目标则针对漏记交易(低估)。

(3) 准确性。由准确性认定推导的审计目标是确认已记录的交易是按正确金额反映的,相关披露已得到恰当计量和描述。例如,如果在销售交易中,发出商品的数量与账单上的数量不符,或是开账单时使用了错误的销售价格,或是账单中的乘积或加总有误,或是在销售明细账中记录了错误的金额,则违反了该目标。

准确性与发生、完整性之间存在区别。例如,若已记录的销售交易是不应当记录的(如发出的商品是寄销商品),则即使发票金额是准确计算的,仍违反了发生目标。又如,若已入账的销售交易是对正确发出商品的记录,但金额计算错误,则违反了准确性目标,而没有违反发生目标。在完整性与准确性之间也存在同样的关系。

（4）截止。由截止认定推导的审计目标是确认接近于资产负债表日的交易记录于恰当的期间。例如，如果本期交易推到下期，或下期交易提到本期，均违反了截止目标。

（5）分类。由分类认定推导的审计目标是确认被审计单位记录的交易经过适当分类。例如，如果将出售经营性固定资产所得的收入记录为营业收入，则导致交易分类的错误，违反了分类的目标。

（6）列报。由列报认定推导的审计目标是确认被审计单位的交易和事项已被恰当地汇总或分解且表述清楚，相关披露在适用的财务报告编制基础下是相关的、可理解的。

（二）与期末账户余额及相关披露相关的审计目标

（1）存在。由存在认定推导的审计目标是确认记录的金额确实存在。例如，如果不存在某顾客的应收账款，在应收账款明细表中却列入了对该顾客的应收账款，则违反了存在目标。

（2）权利和义务。由权利和义务认定推导的审计目标是确认资产归属于被审计单位，负债属于被审计单位的义务。例如，将他人寄售商品列入被审计单位的存货中，违反了权利目标；将不属于被审计单位的债务记入账内，违反了义务目标。

（3）完整性。由完整性认定推导的审计目标是确认已存在的金额均已记录，所有应包括在财务报表中的相关披露均已包括。例如，如果存在某顾客的应收账款，而应收账款明细表中却没有列入，则违反了完整性目标。

（4）准确性、计价和分摊。资产、负债和所有者权益以恰当的金额包括在财务报表中，与之相关的计价或分摊调整已恰当记录，相关披露已得到恰当计量和描述。

（5）分类。资产、负债和所有者权益已记录于恰当的账户。

（6）列报。资产、负债和所有者权益已被恰当地汇总或分解且表述清楚，相关披露在适用的财务报告编制基础下是相关的、可理解的。

表 4-1 举例说明了注册会计师在确定审计目标以及设计用以获取证据的审计程序时，

4-3 管理层认定和具体审计目标归纳

是如何考虑上述认定的。在表 4-1 中，每项审计程序与一个特定的审计目标相对应。在实际审计工作中，经常有这种情况：为了完成一个审计目标，需要执行多种审计程序，而一些审计程序又与一个或多个审计目标相关。例如，对存货进行监盘，不仅可以获取资产负债表中存货真实存在的证据，而且还可以验证存放在公用仓库或在公司之外保管的存货的存在性以及其数量是否正确。此外，对存货盘点过程进行观察，还为存货数量是否包含了现有所有产品、原料和易耗品提供了证据（完整性目标）。最后，它也提供了与其他账户和目标（如机器设备的存在性）以及与公司内部控制（如管理层如何经营公司、如何限制接近仓库，以及职员的胜任能力）有关的证据。

表 4-1　　　　　　　　　　　　　　　认定、审计目标和审计程序之间的关系示例

管理层认定	审计目标示例	审计程序示例
存在	资产负债表中所列存货存在	实施存货监盘程序
完整性	销售收入包括了所有已发货的交易	根据发货单和销售发票编号以及销售明细账
准确性	应收账款反映的销售业务是否基于正确的价格和数量，计算是否准确	比较价格清单与发票上的价格、发货单与销售订单上的数量是否一致，重新计算发票上的金额
截止	销售业务记录在恰当的期间	比较上一年度最后几天和下一年度最初几天的发货单日期与记账日期

（续表）

管理层认定	审计目标示例	审计程序示例
权利和义务	资产负债表中的固定资产确实为公司所有	查阅所有权证书、购货合同、结算单和保险单
计价和分摊	以净值记录应收账款	检查应收账款账龄分析表,评估计提的坏账准备是否充足

　　将审计证据和审计目标相联系的过程,就是注册会计师根据自己的预期、以往与企业管理层合作的经验、企业会计准则、优良的管理实践以及一般的常识,收集、分析和解释信息的反复过程。一般来说,针对某个账户的某个审计目标而执行的审计程序,通常只能生成一些不完整的信息,注册会计师需要采取进一步的行动,才能实现这一特定的审计目标或者是与某一特定账户相关的其他审计目标。有些证据则可能会引发出其他的问题。例如,有关已确认收入的证据可能会引发存货变现损失准备是否被充分计提的问题,这可能需要注册会计师收集和分析额外的审计证据。

第三节 | 审计过程与审计目标的实现

　　注册会计师必须取得充分、适当的审计证据来证明财务报表中的管理层认定。如前所述,这一工作是通过收集审计证据同时满足业务审计目标、余额审计目标以及列报审计目标来完成的。审计证据的收集是在审计过程中实现的。因此,审计目标的实现与审计过程密切相关。所谓审计过程,也称审计步骤,是指审计工作从开始到结束的整个过程。从历史来看,审计方法已从早期的账项基础审计演变到今天的风险导向审计。风险导向审计模式要求注册会计师在审计过程中,以重大错报风险的识别、评估和应对作为工作主线。相应地,审计过程大致可分为以下几个阶段,如图4-2所示。

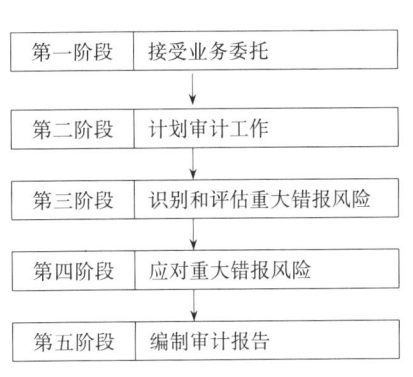

图4-2 审计过程

一、接受业务委托

　　会计师事务所应当按照执业准则的规定,谨慎决策是否接受或保持某客户关系和具体审计业务。在接受新客户的业务前,或决定是否保持现有业务或考虑接受现有客户的新业务时,会计师事务所应当执行一些客户接受与保持的程序,以获取如下信息:①考虑客户的诚信,没有信息表明客户缺乏诚信;②具有执行业务必要的素质、专业胜任能力、时间和资源;③能够遵守职业道德规范。

　　会计师事务所执行客户接受与保持的程序的目的,旨在识别和评估会计师事务所面临的风险。例如,如果注册会计师发现潜在客户正面临财务困难,或者发现现有客户在之前的业务中作出虚假陈述,那么可以认为接受或保持该客户的风险非常高,甚至是不可接受的。会计师事务所除了考虑客户施加的风险,还需要复核执行业务的能力,如当工作需要时能否获得合适的具有相应资格的员工,能否获得专业化协助;是否存在任何利益冲突;能否对客

4-4 审计过程

户保持独立性等。

　　注册会计师需要作出的最重要的决策之一就是接受和保持客户。一项低质量的决策会导致不能准确确定计酬的时间或未被支付的费用,增加项目负责人和员工的额外压力,使会计师事务所声誉遭受损失,或者涉及潜在的诉讼。

　　一旦决定接受业务委托,注册会计师应当与客户就审计约定条款达成一致意见。对于连续审计,注册会计师应当确定是否需要根据具体情况修改业务约定条款,以及是否需要提醒客户注意现有的条款。审计业务约定书的详细内容,将在本教材第五章介绍。

 延伸阅读4-2

影响接受未来客户的因素①

　　1. 审计人员可控因素

　　(1)专业知识和人员配备:事务所的员工是否具备或能够获取必要的专业知识,可以按照执业准则及时完成审计业务。

　　(2)独立性:事务所是否独立于客户,能够提供无偏见的结论。

　　2. 审计人员必须加以评估的因素

　　(1)诚信:公司管理层的诚信情况是否足以让事务所有理由相信他们不会有意进行重大欺诈或作出违法行为。

　　(2)声誉和形象:公司的声誉是否良好,事务所接受这一客户是否会给事务所带来损失或麻烦。

　　(3)会计实务:公司是否积极遵守职业会计准则,其财务报表是否能全面、准确地反映公司的财务状况以及经营业绩。

　　(4)财务状况:公司是否存在极糟的业绩或其他负面因素导致其近期内面临停业的危险。

　　(5)盈利情况:接受并完成这项审计业务约定是否能给事务所带来合理的利润。

二、计划审计工作

　　计划审计工作十分重要,计划不周不仅会导致盲目实施审计程序,无法获取充分、适当的审计证据以将审计风险降至可接受的低水平,影响审计目标的实现,而且还会浪费有限的审计资源,增加不必要的审计成本,影响审计工作的效率。因此,对于任何一项审计业务,注册会计师在执行具体审计程序之前,都必须根据具体情况制定科学、合理的计划,使审计业务以有效的方式得以执行。

　　一般来说,计划审计工作主要包括:

　　(1)在本期审计业务开始时开展的初步业务活动。

　　(2)制定总体审计策略。

　　(3)制订具体审计计划等。

　　需要指出的是,计划审计工作不是审计业务的一个孤立阶段,而是一个持续的、不断修正的过程,贯穿于整个审计过程的始终。

　　计划审计工作的详细内容,将在本教材第五章介绍。

三、识别和评估重大错报风险

　　审计准则规定,注册会计师必须实施风险评估程序,以此作为评估财务报表层次和认定

---

　　①　W·罗伯特·克涅科. 审计——增信服务与风险[M]. 北京:中信出版社,2007.

层次重大错报风险的基础。所谓风险评估程序,是指注册会计师为了解被审计单位及其环境(包括内部控制),以识别和评估财务报表层次和认定层次的重大错报风险(无论该风险由于舞弊或错误导致)而实施的审计程序。风险评估程序是必要程序,了解被审计单位及其环境特别是为注册会计师在许多关键环节作出职业判断提供了重要基础。了解被审计单位及其环境是一个连续和动态地收集、更新与分析信息的过程,贯穿于整个审计过程的始终。注册会计师应当运用职业判断确定需要了解被审计单位及其环境的程度。一般来说,实施风险评估程序的主要工作包括:了解被审计单位及其环境;识别和评估财务报表层次以及各类交易、账户余额和披露认定层次的重大错报风险,包括确定需要特别考虑的重大错报风险(即特别风险)以及仅通过实施实质性程序无法应对的重大错报风险等。

风险评估程序的详细内容,将在本教材第八章介绍。

四、应对重大错报风险

注册会计师实施风险评估程序本身并不足以为发表审计意见提供充分、适当的审计证据,注册会计师还应当实施进一步审计程序,包括实施控制测试和实质性程序。因此,注册会计师评估财务报表重大错报风险后,应当运用职业判断,针对评估的财务报表层次重大错报风险确定总体应对措施,并针对评估的认定层次重大错报风险设计和实施进一步审计程序,以将审计风险降至可接受的低水平。

如果审计师通过识别控制点,认为降低估计控制风险水平时,就可以减少用以证实与这些控制直接相关的财务报表信息的正确性的证据收集范围。但是,审计师要为降低计划的估计控制风险水平提出正当理由,就必须对这些控制点的有效性进行测试。这种测试所使用的手续通常称为"控制点测试"(也称控制测试)。例如,假设客户的内部控制规定,应当由一名独立的工作人员验证所有发票上的销售单价之后,才能将销售发票寄给顾客。这个控制点与销售业务审计目标中记账金额正确性目标直接相关。要测试这一控制点的有效性,审计师可以采用的方法之一就是从销售发票副本中选取样本,检查该工作人员在验证完销售发票上的销售单价后,是否按规定在每一份销售发票副本上签字。

实质性程序是指注册会计师针对评估的重大错报风险实施的直接用以发现认定层次重大错报的审计程序。因此,注册会计师应当针对评估的重大错报风险设计和实施实质性程序,以发现认定层次的重大错报。实质性程序包括细节测试和实质性分析程序。

细节测试是对各类交易、账户余额及其列报的具体细节进行测试,目的在于直接识别财务报表认定是否存在错报。例如,审计师将销售发票副本上的销售单价与经核准的价目表进行核对,来测试销售业务的记账金额正确性目标,就是交易的实质性测试的例子。账户余额的细节测试是用来测试财务报表余额中的金额错报的一种特定手续。例如,直接向客户的顾客寄发书面函证,就是一种详细的余额测试。它与应收账款的记账金额正确性目标(余额审计目标)直接相关。详细的余额测试对审计的实施至关重要,由此取得的大多数证据都有独立于客户的来源,因而质量很高。

实质性分析程序从技术特征上仍然是分析程序,主要是通过研究数据间关系评价信息,只是将该技术方法用作实质性程序,即用以识别各类交易、账户余额、列报及相关认定是否存在错报。

有关控制测试和实质性程序的内容,将在本教材第九章介绍。同时,将在本教材第十章对控制测试和实质性程序的范围展开讨论。

五、编制审计报告

注册会计师在完成财务报表所有循环的进一步审计程序后,还应当按照有关审计准则的规定做好审计完成阶段的工作,并根据所获取的各种证据,合理运用专业判断,形成适当的审计意见。本阶段主要工作有:审计期初余额、比较数据、期后事项和或有事项;考虑持续经营问题和获取管理层声明;汇总审计差异,并提请被审计单位调整或披露;复核审计工作底稿和财务报表;与管理层和治理层沟通;评价所有审计证据,形成审计意见;编制审计报告等。

有关完成审计工作和编制审计报告的详细内容,将在本教材第十二章、第十三章中介绍。

本 章 小 结

审计目标是在一定的历史环境下,审计主体通过审计实践活动所期望达到的境地或最终结果,分为审计总目标与具体审计目标两个层次。财务报表审计的总目标是注册会计师通过执行审计工作,对财务报表的合法性和公允性发表审计意见。考虑审计总目标和管理层的认定确定审计的具体目标。审计的具体目标分为与各类交易事项及其披露有关的审计目标和与期末账户余额及其披露有关的审计目标。在财务报表审计中,被审计单位管理层和注册会计师承担着不同的责任,不能相互混淆和替代。

审计过程包括接受业务委托、计划审计工作、识别和评估重大错报风险、应对重大错报风险、编制审计报告。

本章重要概念

审计目标　管理层认定　审计计划　风险评估程序　控制测试　实质性程序

本 章 练 习

一、思考题

1. 什么是审计的总目标?它与审计的具体目标有何关系?
2. 审计总目标是如何演变的?如何确定我国目前财务报表审计的总目标?
3. 如何区分被审计单位和注册会计师在报表审计中的责任?区分两者有何重要意义?
4. 被审计单位管理层对财务报表的认定有哪几类?其具体内容是什么?
5. 存在或发生认定与完整性认定的区别在哪里?
6. 财务报表审计的基本过程分成哪几步?

二、案例讨论题

假设 A 注册会计师在执行 ABC 公司财务报表审计时分别发现如表 4-2 中的事项,请分别针对每一事项指明被审计单位违反了哪一项认定。

要求:先写出认定的大类,再写出认定的名称。例如,与所审期间各类交易事项及其披露相关的认定:发生。

表4-2　　　　　　　　　　　**财务报表审计时发现的事项**

财务报表审计时分别发现的事项	被审计单位违反的认定
本期交易推迟至下期记账,或者将下期应当记录的交易提前到本期记录	
期末计提累计折旧错误	
在销售明细账中记录了并没有发生的一笔销售业务	
不存在某顾客,在应收账款明细表中却列入了对该顾客的应收账款	
财务报表附注没有分别对原材料、在产品和产成品等存货成本核算方法做恰当的说明	
将不属于被审计单位的债务记入账内	
将出售某经营性固定资产(并非企业的日常交易事项)所得的收入记录为主营业务收入	
没有将1年内到期的长期负债列为1年内到期的非流动负债	
发生了一项销售交易,但没有在销售明细账和总账中记录	
在销售交易中有如下情况:①发出商品的数量与账单上的数量不符;②开具账单时运用了错误的销售价格;③账单中的乘积或加总有误;④在销售明细账中记录了错误的金额	
存在对某客户的应收账款,在应收账款明细表中却没有列入对该客户的应收账款	
关联交易类型、金额没有在财务报表附注中作恰当披露	
关联方和关联交易,没有在财务报表中充分披露	
将现销记录为赊销	

第五章　审　计　计　划

内容提要

本章主要介绍了初步业务活动、总体审计策略和具体审计计划。

重点难点

本章重点为总体审计策略的内容、具体审计计划的核心;难点为总体审计策略的内容以及总体审计策略与具体审计计划的关系。

学习目标

通过本章学习,学生应掌握总体审计策略的具体内容,了解制定总体审计策略时应考虑的主要事项,掌握编制总体审计策略时常用表格的填制方法;理解总体审计策略和具体审计计划的关系;了解审计计划的含义和作用,熟悉审计计划的过程,了解编制具体审计计划时常用表格的填制方法。

知识框架

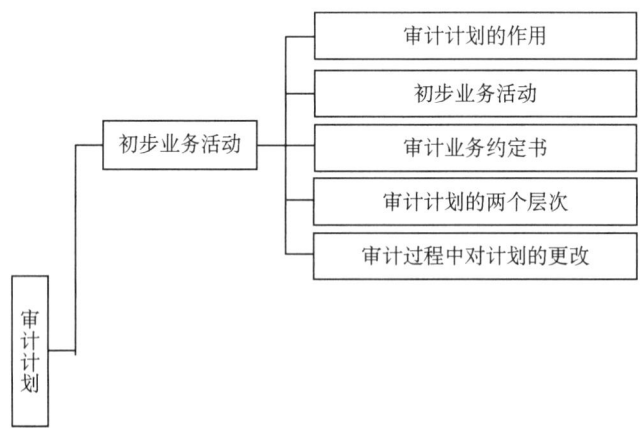

审计计划 —— 初步业务活动 ——
- 审计计划的作用
- 初步业务活动
- 审计业务约定书
- 审计计划的两个层次
- 审计过程中对计划的更改

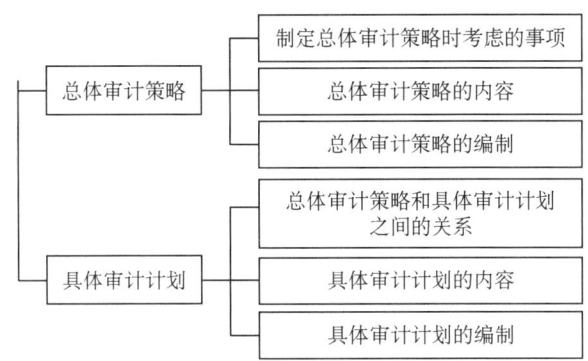

凡事预则立,不预则废
——前 IIA 的总裁兼首席执行官 Richard Chambers
谈审计计划

在担任 IIA 的总裁兼首席执行官期间,我曾与世界各地的内部审计师交流。我很欣慰听到了很多成功的案例,但是,了解内部审计工作中的挑战同样重要。一般而言,内部审计工作失败多数时候源于单一的根本原因:未充分展开审计计划。当我们利用上次审计的成果来减少本次审计内容时,可能会导致审计不全面、计划不充分,用本杰明富兰克林的话来说,"由于没准备好,你准备失败了"。

内部审计师本应该预防低效、无效的审计。但是,在某些情况下,我们可能没有意识到糟糕的审计计划在很大程度上损害了审计师的声誉和增值的能力。

IIA 质量服务部门的一名高级工作人员回顾了其内部审计职能:内部审计员多年来通常使用相同的工作计划,基本上不需要与客户互动,仅一遍又一遍地重复相同的审计。内部审计员擅长保持按计划审计,但由于他们的审计报告总是千篇一律,大多数调查结果涉及相对较小的错误或疏忽,导致审计工作无法解决客户的具体问题。结果是客户不认可内部审计的职能,并认为内部审计不会增加价值。

审计计划是一项投资,这项投资会在提高审计工作可信度、改善与利益相关者的关系方面带来巨大的回报。这也是提高审计效率的最佳机会。对于我们每一名大学生,做好计划也是我们学习、工作与生活中的重要一环,从计划入手,提升效率,事半功倍。

资料来源:审计之家.审计计划不充分是审计工作的"杀手"[EB/OL].(2018-10-26)[2022-11-30].
https://mp.weixin.qq.com/s/RU59YKEOc0oVzoDg-WKIKA.

第一节 初步业务活动

任何一项工作,有计划则成,无计划则败,审计工作也是如此。计划审计工作对于注册会计师顺利完成审计工作和控制审计风险具有非常重要的意义。在计划审计工作时,注册会计师需要进行初步业务活动、制订总体审计策略和具体审计计划。在此过程中,注册会计师需要作出很多关键决策,包括确定可接受的审计风险水平和重要性、配置项目人员等。

一、审计计划的作用

审计计划是指注册会计师为了完成各项审计业务,达到预期的审计目标,在具体执行审计程序之前编制的工作计划,包括制定总体审计策略和具体审计计划。

注册会计师在整个审计过程中,应当按照审计计划执行审计业务。但审计计划仅是对审计工作的一种预先规划,在计划的执行过程中,情况会不断发生变化,常常会产生预期计划与实际不一致的情况。例如,在审计过程中通过检查,发现被审计单位某些内部控制执行效果不佳,导致原来制定的审计程序需要改变,这时,就应及时对审计计划进行修订和补充。对审计计划的补充、修订贯穿于整个审计过程。

通过制订和实施审计计划,可以实现以下几方面的作用:

第一,有助于注册会计师适当关注重要的审计领域。

第二,有助于注册会计师及时发现和解决潜在的问题。

第三,有助于注册会计师恰当地组织和管理审计业务,以有效率和效果的方式执行审计业务。

第四,有助于选择具备必要的专业素质和胜任能力的项目组成员应对预期的风险,并有助于向项目组成员分派适当的工作。

第五,有助于指导和监督项目组成员并复核其工作。

第六,在适用的情况下,有助于协调组成部分注册会计师和专家的工作。

二、初步业务活动

根据《中国注册会计师审计准则第 1201 号——计划审计工作》的规定,注册会计师需要在本期审计业务开始时开展下列初步业务活动:

(1) 按照《质量管理准则第 5101 号——会计师事务所对执行财务报表审计和审阅、其他鉴证和相关服务业务实施的质量管理》的规定,针对保持客户关系和具体审计业务,实施相应的质量控制程序。

(2) 按照《中国注册会计师审计准则第 1121 号——对财务报表审计实施的质量管理》的规定,评价遵守相关职业道德要求的情况,包括评价遵守独立性要求的情况。

(3) 按照《中国注册会计师审计准则第 1111 号——就审计业务约定条款达成一致意见》的规定,就业务约定条款与被审计单位达成一致意见。

初步业务活动的目的主要有:①具备执行业务所需的独立性和能力;②不存在因管理层诚信问题而可能影响注册会计师保持该项业务的意愿的事项;③与被审计单位之间不存在对业务约定条款的误解。

5-1 审计业务约定书

三、审计业务约定书

(1) 审计业务约定书的作用。审计业务约定书是会计师事务所和客户之间就审计和相关服务达成的协议。签订审计业务约定书的目的是保护会计师事务所及委托人双方的利益,明确审计的性质,促进双方共同遵守商定事项和加强协作。在注册会计师审计实际工作中,审计业务约定书具有十分重要的作用,主要体现在以下三个方面:①审计业务约定书可以增进会计师事务所与委托人之间的了解,尤其是使委托人了解被审计单位的会计责任及需要提供的合作。②审计业务约定书可以作为两方面的鉴定依据。其一,委托人可以据此鉴定注册会计师、会计师事务所审计业务的完成情况;其二,会计师事务所可以据此鉴定委托人约定义务的履行情况。③审计业务约定书是判定约定双方责任承负的重要依据。当会计师事务所承接的审计业务出现法律诉讼时,可以据此确定注册会计师及其所在会计师事务所审计责任的承负、减轻以至免除。

　　会计师事务所就上述事项与被审计单位协商一致后,即可指派人员起草审计业务约定书。起草完毕的审计业务约定书一式两份,应由双方法人代表或授权代表签署,并加盖双方单位印章。任何方如需修改、补充约定书,均应以适当方式获得对方的确认。

　　（2）审计业务约定书的基本内容。审计业务约定书应由会计师事务所和委托人双方的法定代表人,或其授权代表签订,并加盖委托人和会计师事务所的印章。审计业务约定书经双方签章后,一份送交客户,一份作为审计工作底稿文件归档。审计业务约定书的具体内容可视每一审计项目的不同而不同,但应当包括以下主要内容:①财务报表审计的目标与范围;②注册会计师的责任;③管理层的责任;④指出用于编制财务报表所适用的财务报告编制基础;⑤提及注册会计师拟出具的审计报告的预期形式和内容,以及在特定情况下对出具的审计报告可能不同于预期形式和内容的说明。

5-2　审计业务约定书范例

　　表5-1是初步业务活动程序表。

四、审计计划的两个层次

　　计划过程的最后一个步骤就是编制审计计划备忘录和审计计划。审计计划分为总体审计策略和具体审计计划两个层次。制定总体审计策略和具体审计计划的过程紧密联系,并且两者的内容也紧密相关。

表5-1　　　　　　　　　　　　**初步业务活动程序表**

被审计单位:＿＿＿＿＿＿＿＿＿＿　　　　索引号:＿＿＿＿＿＿＿＿＿＿

项目:＿＿＿＿初步业务活动＿＿＿＿　　　　财务报表截止日/期间:＿＿＿＿＿

编制人:＿＿＿＿＿＿＿＿＿＿　　　　　　复核人:＿＿＿＿＿＿＿＿＿＿

日期:＿＿＿＿＿＿＿＿＿＿　　　　　　　日期:＿＿＿＿＿＿＿＿＿＿

　　初步业务活动目标:确定是否接受业务委托;如接受业务委托,确保在计划审计工作时达到下列要求:①注册会计师已具备执行业务所需要的独立性和专业胜任能力;②不存在因管理层诚信问题而影响注册会计师承接或保持该项业务意愿的情况;③与被审单位不存在对业务约定条款的误解。

初步业务活动程序	索引号	执行人
1. 如果首次接受审计委托,实施下列程序: （1）与被审单位面谈,讨论下列事项: 　　① 审计的目标 　　② 审计报告的用途 　　③ 管理层对财务报表的责任 　　④ 审计范围 　　⑤ 执行审计工作的安排,包括出具审计报告的时间要求 　　⑥ 审计报告格式和对审计结果的其他沟通形式 　　⑦ 管理层提供必要的工作条件和协助 　　⑧ 注册会计师不受限制地接触任何与审计有关的记录、文件和所需要的其他信息 　　⑨ 利用被审单位专家或内部注册会计师的程度（必要时） 　　⑩ 审计收费 （2）初步了解被审单位及其环境,并予以记录 （3）征得被审单位书面同意后,与前任注册会计师沟通		
2. 如果是连续审计,实施下列程序: （1）了解审计的目标、审计报告的用途、审计范围和时间安排等 （2）查阅以前年度审计工作底稿,重点关注非标准审计报告涉及的说明事项,管理建议书的具体内容,重大事项概要等 （3）初步了解被审单位及其环境发生的重大变化,并予以记录 （4）考虑是否需要修改业务约定条款,以及是否需要提醒被审单位注意现有的业务约定条款		

（续表）

初步业务活动程序	索引号	执行人
3. 评价是否具备执行该项审计业务所需要的独立性和专业胜任能力		
4. 完成业务承接评价表或业务保持评价表		
5. 签订审计业务约定书(适用于首次接受业务委托,以及连续审计中修改长期审计业务约定书条款的情况)		

注册会计师计划和执行审计以将审计风险降低到低水平,总体审计策略用以确定审计范围、时间和方向,并指导制定具体审计计划。总体审计策略的目的是对重要风险作出有效反应。注册会计师考虑在最初计划活动中发现的如业务承接、审计客户的职业道德和对客户及环境包括内部控制的了解,制定对评估风险适当反应的有效的整体审计策略。

具体审计计划是依据总体审计策略制定的,对实施总体审计策略所需要的审计程序的性质、时间和范围所作的详细规划与说明。需要说明的是,在理解总体审计策略和具体审计计划的概念和内容时要注意,总体审计策略虽然称之为"总体",但不是"粗线条,精计划",而应当能有操作性,同时其准确形式和内容是随着被审计单位的规划、审计复杂性和注册会计师所采用的具体方法和技术的不同而改变的。具体审计计划是给所有参加审计工作的人员一套指令,使控制、记录审计工作正确执行的手段,包括每一审计项目的审计目标及程序。

五、审计过程中对计划的更改

计划审计工作并非审计业务的一个孤立阶段,而是一个持续的、不断修正的过程,贯穿于整个审计业务的始终。由于未预期事项、条件的变化或在实施审计程序中获取的审计证据等原因,注册会计师应当在审计过程中对总体审计策略和具体审计计划作出必要的更新和修改,以确定哪些领域需要较多的审计工作,哪些领域可以执行较少的审计工作。

审计过程可以分为不同阶段,通常前一阶段的工作结果会对后一阶段的工作计划产生影响,而后一阶段的工作过程中又可能发现需要对已制定的相关计划进行相应的更新和修改。通常来讲,这些更新和修改涉及比较重要的事项。例如,对重要性水平的修改,对某类交易、账户余额和列报的重大错报风险的评估和进一步审计程序(包括总体方案和拟实施的具体审计程序)的更新和修改等。一旦计划被更新和修改,审计工作也就应当进行相应修正。

注册会计师应该记录总体审计策略和具体审计计划,包括审计业务重点改变的原因。注册会计师记录总体审计策略和具体审计计划重大变化的原因,包括注册会计师对引起变化的事件、情况或审计程序结果的反应。注册会计师依靠职业判断决定这些事项的记录方式。

第二节 | 总体审计策略

5-3 总体审计策略

总体审计策略是注册会计师对审计业务的范围、审计工作的时间安排和方向所作的规划,也是注册会计师从接受审计委托到出具审计报告整个过程的基本工作的综合计划,可以说是整个审计工作的蓝图,也是指导制订更为详细的具体审计计划的依据。

一、制定总体审计策略时考虑的事项

总体审计策略用以确定审计范围、时间安排和方向,并指导制订具体审计计划。在制定总体审计策略时,注册会计师应当考虑以下主要事项。

(一)审计范围

为了界定审计范围,注册会计师应当确定审计业务的特征,包括采用的会计准则和相关会计制度、特定行业的报告要求以及被审计单位组成部分的分布等。具体来说,注册会计师在确定审计范围时,需要考虑下列具体事项:

(1)编制财务报表适用的会计准则和相关会计制度。

(2)特定行业的报告要求,如某些行业监管部门要求提交的报告。

(3)预期的审计工作涵盖范围,包括审计的集团内部组成部分的数量及所在地点。

(4)母公司和集团内其他组成部分之间存在的控制关系的性质,以确定如何编制合并会计报表。

(5)其他注册会计师参与审计集团内组成部分的范围。

(6)需审计的业务分部性质,包括是否需要具有专门知识。

(7)外币业务的核算方法及外币财务报表折算和合并方法。

(8)除了对合并财务报表审计,是否需要对组成部分的财务报表单独进行法定审计。

(9)内部审计工作的可利用性及对内部审计工作的拟依赖程度。

(10)被审计单位使用服务机构的情况,及注册会计师如何取得有关服务机构内部控制设计、执行和运行有效性的证据。

(11)预期利用在以前期间审计工作中获取的审计证据的程度,如获得的与风险评估程序和控制测试相关的审计证据。

(12)信息技术对审计程序的影响,包括数据的可获得性和预期使用计算机辅助审计技术的情况。

(13)根据中期财务信息审阅及在审阅中所获信息对审计的影响,相应调整审计涵盖的范围和时间安排。

(14)与为被审计单位提供其他服务的会计师事务所人员讨论可能影响审计的事项。

(15)被审计单位的人员和相关数据的可利用性。

(二)报告目标、时间安排及所需沟通

为计划报告目标、时间安排和所需沟通,需要考虑下列事项:

(1)被审计单位的财务报告时间表。

(2)与管理层和治理层就审计工作的性质、范围和时间所举行会议的组织工作。

(3)与管理层和治理层讨论预期签发报告和其他沟通文件的类型及提交时间。报告和其他沟通文件,既包括书面的,也包括口头的,如审计报告、管理建议书和与治理层沟通函等。

(4)就组成部分的报告及其他沟通文件的类型及提交时间与组成部分的注册会计师沟通。

(5)项目组成员之间预期沟通的性质和时间安排,包括项目组会议的性质和时间安排及复核工作的时间安排。

（6）是否需要跟第三方沟通，包括与审计相关的法律法规规定和业务约定书约定的报告责任。

（7）与管理层讨论在整个审计过程中通报审计工作进展及审计结果的预期方式。

（三）审计方向

总体审计策略的制定应当包括考虑影响审计业务的重要因素，以确定项目组工作方向，包括确定适当的重要性水平，初步识别可能存在较高重大错报风险的领域，初步识别重要的组成部分和账户余额，评价是否需要针对内部控制的有效性获取审计证据，识别被审计单位、所处行业、财务报告要求及其他相关方面最近发生的重大变化等。

在确定审计方向时，注册会计师需要考虑下列事项：

（1）重要性方面。具体包括：①为计划目的确定重要性；②为组成部分确定重要性且与组成部分的注册会计师沟通；③在审计过程中重新考虑重要性；④识别重要的组成部分和账户余额。

（2）重大错报风险较高的审计领域。

（3）评估的报表层次的重大错报风险对指导、监督及复核的影响。

（4）项目组人员的选择（在必要时包括项目质量控制复核人员）和工作分工，包括向重大错报风险可能较高的审计领域分派具备适当经验的人员。

（5）项目预算，包括考虑为重大错报风险可能较高的审计领域分配适当的工作时间。

（6）向项目组成员强调在收集和评价审计证据过程中保持职业怀疑必要性的方式。

（7）以往审计中对内部控制运行有效性评价的结果，包括所识别的控制缺陷的性质及应对措施。

（8）管理层重视设计和实施健全的内部控制的相关证据，包括这些内部控制得以适当记录的证据。

（9）业务交易量规模，以基于审计效率的考虑确定是否依赖内部控制。

（10）对内部控制重要性的重视程度。

（11）影响被审计单位经营的重大发展变化，包括信息技术和业务流程的变化，关键管理人员的变化，以及收购、兼并和分立。

（12）重大的行业发展情况，如行业法规变化和新的报告规定。

（13）会计准则及会计制度的变化。

（14）其他重大变化，如影响被审计单位法律环境的变化。

在制定总体审计策略时，注册会计师还应考虑初步业务活动的结果，以及为被审计单位提供其他服务时所获得的经验。

（四）审计资源

注册会计师应当在总体审计策略中清楚地说明审计资源的规划和调配，包括确定执行审计业务所必需的审计资源的性质、时间和范围。

（1）向具体审计领域调配的资源，包括向高风险领域分派有适当经验的项目组成员，就复杂的问题利用专家工作等。

（2）向具体审计领域分配资源的数量，包括安排到重要存货存放地观察存货盘点的项目组成员的数量，对其他注册会计师工作的复核范围，对高风险领域安排的审计时间预算。

（3）何时调配这些资源，包括是在期中审计阶段还是在关键的截止日期调配资源等。

（4）如何管理、指导、监督这些资源的利用，包括预期何时召开项目组预备会和总结会，预期项目负责人和经理如何进行复核，是否需要实施项目质量控制复核等。

二、总体审计策略的内容

注册会计师应当制定总体审计策略，用以确定审计工作的范围、时间安排和方向，以及指导具体审计计划的制订。根据《中国注册会计师审计准则第 1201 号——计划审计工作》规定，在制定总体审计策略时，注册会计师应当：

（1）确定审计业务的特征，以界定审计范围。

（2）明确审计业务的报告目标，以计划审计的时间安排和所需沟通的性质。

（3）根据职业判断，考虑用以指导项目组工作方向的重要因素。

（4）考虑初步业务活动的结果，并考虑项目合伙人对被审计单位执行其他业务时获得的经验是否与审计业务相关（如适用）。

（5）确定执行业务所需资源的性质、时间安排和范围。

三、总体审计策略的编制

审计计划（包括总体审计策略和具体审计计划）一般由审计项目负责人编制，并以书面的形式将其记录于审计工作底稿之中。审计计划的记录不仅限于审计计划本身，还包括支持审计计划的有关书面证据和审计过程作出的任何重大变动。注册会计师对总体审计策略的记录，应当包括为恰当计划审计工作和向项目组传达重要事项而作出的关键决策。在总体审计策略中，风险评估以及重点审计领域的确定是一个重要的内容，注册会计师的评估过程必须以书面的形式记录下来。时间预算也是总体审计策略编制中的一项十分重要的内容。

实务中，注册会计师通常通过填制总体审计策略表格的形式来记录总体审计策略。总体审计策略表格格式参见表 5-2。

表 5-2   **总体审计策略参考范例**

被审计单位：＿＿＿＿＿＿＿＿＿＿   索引号：＿＿＿＿＿＿＿＿＿＿＿＿＿＿

项目：＿＿＿＿＿总体审计策略＿＿＿＿＿   财务报表截止日/期间：＿＿＿＿＿＿＿＿＿＿

编制：＿＿＿＿＿＿＿＿＿＿＿＿＿＿＿   复核：＿＿＿＿＿＿＿＿＿＿＿＿＿＿＿＿

日期：＿＿＿＿＿＿＿＿＿＿＿＿＿＿＿   日期：＿＿＿＿＿＿＿＿＿＿＿＿＿＿＿＿

一、审计范围

报告要求	
适用的会计准则或制度	
适用的审计准则	
与财务报表相关的行业特别规定	例如，监管机构发布的有关信息披露法规，特定行业主管部门发布的与财务报告相关的法规等
需审计的集团内部组成部分的数量及所在地点	
需要阅读的含有已审财务报表的文件中的其他信息	例如，上市公司年报
制定审计策略需考虑的其他事项	例如，单独出具报告的子公司范围等

二、审计业务时间安排

（一）对外报告时间安排：_____

（二）执行审计时间安排

执行审计时间安排	时　　间
1.期中审计	
（1）制定总体审计策略	
（2）制订具体审计计划	
……	
2.期末审计	
（1）存货监盘	
……	

（三）沟通的时间安排

所　需　沟　通	时　　间
与管理层及治理层的会议	
项目组会议（包括预备会和总结会）	
与专家或有关人士的沟通	
与其他注册会计师的沟通	
与前任注册会计师的沟通	
……	

三、影响审计业务的重要因素

（一）重要性

确定的重要性水平	索引号

（二）可能存在较高重大错报风险的领域

可能存在较高重大错报风险的领域	索引号

（三）重要的组成部分和账户余额

编写说明：

1.记录所审计的集团内重要的组成部门。

2.记录重要的账户余额,包括本身具有重要性的账户余额（如存货）,以及评估出存在重大错报风险的账户余额。

重要的组成部分和账户余额	索引号
1.重要的组成部分	
……	

（续表）

重要的组成部分和账户余额	索引号
2. 重要的账户余额	
……	

四、人员安排
（一）项目组主要成员的责任

职　位	姓　名	主要职责

注：在分配职责时可以根据被审计单位的不同情况按会计科目划分，或按交易类别划分。

（二）与项目质量复核人员的沟通（如适用）
复核的范围：_____

沟通内容	负责沟通的项目组成员	计划沟通时间
风险评估、对审计计划的讨论		
对财务报表的复核		
……		

五、对专家或有关人士工作的利用（如适用）
注：如果项目组计划利用专家或有关人士的工作，需要记录其工作的范围和涉及的主要会计科目等。另外，项目组还应按照相关审计准则的要求对专家或有关人士的能力、客观性及其工作等进行考虑和评估。

（续表）

（一）对内部审计工作的利用

主要报表项目	拟利用的内部审计工作	索引号
存货	内部审计部门对各仓库的存货每半年至少盘点一次。在中期审计时,项目组已经对内部审计部门的盘点步骤进行观察,对其结果满意,因此,项目组将审阅其年底的盘点结果,并缩小存货监盘的范围	
……		

（二）对其他注册会计师工作的利用

其他注册会计师名称	利用其工作范围及程度	索引号
……	……	……

（三）对专家工作的利用

主要报表项目	专家名称	主要职责及工作范围	利用专家工作的原因	索引号

（四）对被审计单位使用服务机构的考虑

主要报表项目	服务机构名称	服务机构提供的相关服务及其注册会计师出具的审计报告意见及日期	索引号

第三节 ｜ 具体审计计划

5-4 具体审计计划

　　具体审计计划是依据总体审计策略制定的,是对实施总体审计策略所需要的审计程序的性质、时间安排和范围所作的详细规划与说明。具体审计计划又称审计方案或审计程序表。

一、总体审计策略和具体审计计划之间的关系

　　制定总体审计策略和制订具体审计计划的过程紧密联系,并且两者的内容也紧密相关。注册会计师应当针对总体审计策略中所识别的不同事项,制订具体审计计划,并考虑通过有效利用审计资源以实现审计目标。值得注意的是,虽然制定总体审计策略的过程通常在制订具体审计计划之前,但是两项计划活动并不是孤立、不连续的过程,而是内在

紧密联系的,对其中一项的决定可能会影响甚至改变对另一项的决定。例如,注册会计师在了解被审计单位及其环境的过程中,注意到被审计单位对主要业务的处理依赖复杂的自动化信息系统,因此计算机信息系统的可靠性及有效性对其经营、管理、决策以及编制可靠的财务报告具有重大影响。对此,注册会计师可能会在具体审计计划中制定相应的审计程序,并相应调整总体审计策略的内容,作出利用信息风险管理专家的工作的决定。

因此,注册会计师应当根据实施风险评估程序的结果,对总体审计策略的内容予以调整。在实务中,注册会计师将制定总体审计策略和制订具体审计计划相结合,可能会使计划审计工作更有效率及效果,并且注册会计师也可以采用将总体审计策略和具体审计计划合并为一份审计计划文件的方式,以提高编制及复核工作的效率,增强其效果。

二、具体审计计划的内容

具体审计计划比总体审计策略更加详细,其内容包括为获取充分、适当的审计证据以将审计风险降至可接受的低水平,项目组成员拟实施的审计程序的性质、时间安排和范围。可以说,为获取充分、适当的审计证据,确定审计程序的性质、时间安排和范围的决策是具体审计计划的核心。具体审计计划应当包括风险评估程序、计划实施的进一步审计程序和其他审计程序。

(一)风险评估程序

具体审计计划应当包括按照《中国注册会计师审计准则第 1211 号——通过了解被审计单位及其环境识别和评估重大错报风险》的规定,为了足够识别和评估财务报表重大错报风险,注册会计师计划实施的风险评估程序的性质、时间安排、范围。

(二)计划实施的进一步审计程序

具体审计计划应当包括按照《中国注册会计师审计准则第 1231 号——针对评估的重大错报风险采取的应对措施》的规定,针对评估的认定层次的重大错报风险,注册会计师计划实施的进一步审计程序的性质、时间安排和范围。进一步审计程序包括控制测试和实质性程序。

需要强调的是,随着审计工作的推进,对审计程序的计划会一步步深入,并贯穿于整个审计过程。例如,计划风险评估程序通常在审计开始阶段进行,计划进一步审计程序则需要根据风险评估程序的结果进行。因此,为达到制定具体审计计划的要求,注册会计师需要完成风险评估程序,识别和评估重大错报风险,并针对评估的认定层次的重大错报风险,计划实施进一步审计程序的性质、时间和范围。

通常,注册会计师计划的进一步审计程序可以分为进一步审计程序的总体方案和拟实施的具体审计程序(包括进一步审计程序的具体性质、时间和范围)两个层次。进一步审计程序的总体方案主要是指注册会计师针对各类交易、账户余额和列报决定采用的总体方案(包括实质性方案或综合性方案)。具体审计程序则是对进一步审计程序的总体方案的延伸和细化,它通常包括控制测试和实质性程序的性质、时间安排和范围。在实务中,注册会计师通常单独编制一套包括这些具体程序的"进一步审计程序表",待具体实施审计程序时,注册会计师将基于所计划的具体审计程序,进一步记录所实施的审计程序及结果,并最终形成有关进一步审计程序的审计工作底稿。

另外,完整、详细的进一步审计程序的计划包括对各类交易、账户余额和列报余额的具体审计程序的性质、时间安排和范围,包括抽取的样本量等。在实务中,注册会计师可以统筹安排进一步审计程序的先后顺序如果对某类交易、账户余额及其列报已经作出计划,则可以安排先行开展工作,与此同时再制定其他交易、账户余额及其列报的进一步审计程序。

(三) 计划其他审计程序

根据审计准则的规定,计划应当实施的其他审计程序可以包括上述进一步审计程序的计划中没有涵盖的、根据其他审计准则的要求注册会计师应当执行的既定程序。在审计计划阶段,除了按照《中国注册会计师审计准则第 1211 号——通过了解被审计单位及其环境识别和评估重大错报风险》进行计划工作,注册会计师还需要兼顾其他准则中规定的、针对特定项目在审计计划阶段应执行的程序及记录要求。例如,《中国注册会计师审计准则第 1141 号——财务报表审计中与舞弊相关的责任》《中国注册会计师审计准则第 1324 号——持续经营》《中国注册会计师审计准则第 1323 号——关联方》等准则中对注册会计师针对这些特定项目在审计计划阶段应当执行的程序及其记录作出了规定。当然,由于被审计单位所处行业、环境各不相同,特别项目可能也有所不同。例如,有些企业可能涉及环境事项等,在实务中注册会计师应根据被审计单位的具体情况确定特定项目并执行相应的审计程序。

 延伸阅读5-1

美国联区金融集团租赁公司审计计划案例

美国联区金融集团是一家从事金融服务的企业,公司有可公开交易的债券上市,美国证券交易委员会要求它定期提供财务报表。经过 7 年的发展,美国联区金融集团租赁公司的雇员已超过 4 万名,在全国各地设有 10 个分支机构,未收回的应收租赁款接近 4 亿美元,占合并总资产的 35%。

1981 年年底,美国联区金融集团租赁公司进攻型市场策略的弊端开始显现出来,债务拖欠率日渐升高,该公司不得不采用多种非法手段,来掩饰其财务状况已经恶化的事实。美国证券交易委员会指控美国联区金融集团租赁公司在其定期报送的财务报表中,始终没有对应收租赁款计提充足的坏账准备金。1981 年以前,坏账准备率为 1.5%,1981 年调增至 2%,1982 年调增至 3%。尽管这种估计坏账损失的会计方法,美国证券交易委员会是认可的,但该联邦机构一再重申,美国联区金融集团租赁公司的管理层应该早就知晓,它们所选用的固定比率实在太小了。事实上,截至 1982 年 9 月,该公司应收账款中拖欠期超过 90 天的金额已高达 20% 以上。对坏账准备金缺乏应有的控制所引起的一个直接后果是,财务报表中该账户的金额被严重低估。

美国证券交易委员会对塔奇·罗丝会计师事务所在联区金融集团租赁公司 1981 年度审计中的表现极为不满。联邦机构指责该年度的审计“没有进行充分的计划和监督”。美国证券交易委员会宣称,塔奇·罗丝会计师事务所在编制美国联区金融集团租赁公司 1981 年度的审计计划及设计审计程序时,没有充分考虑存在于该公司的大量审计风险因素。事实上,美国证券交易委员会发现,1981 年度的审计计划“大部分是以前年度审计计划的延续”。该审计计划的缺陷如下:

(1) 塔奇·罗丝会计师事务所没有对超期应收租赁款账户的内部会计控制加以测试。由于审计计划没有测试公司的会计制度是否能准确地确定应收租赁款的超期时间,注册会计师无法判断从客户那里获取的账龄汇总表是否准确。

(2) 塔奇·罗丝会计师事务所的审计计划只要求测试一小部分(8%)未收回的应收租赁款。由于把大部分注意力集中在金额超过 5 万美元、拖欠期达 120 天的超期应收租赁款上,塔奇·罗丝会计师事务所忽略了相当部分无法收回的应收租赁款。

(3) 尽管审计计划要求对客户坏账核销政策进行复核,但并没有要求外勤注册会计师去确定该政策是否被实际执行。事实上,该公司并没有遵循其坏账核销政策。美国联区金融集团租赁公司实际采用的是一种核销坏账的预算方法,可以随时将大量无法收回的租赁款冲销坏账准备,而实际却根本没有对这些应收租赁款计提坏账准备金。据美国证券交易委员会称,某些无法收回的应收租赁款挂账多达几年。

(4) 塔奇·罗丝会计师事务所无视美国联区金融集团租赁公司审计的复杂性以及非同寻常的高风险性,在所分派的执行 1981 年度审计聘约的注册会计师中,大多数人对客户以及租赁行业的情况非常陌生。事实上,该公司的会计主管后来作证说,塔奇·罗丝会计师事务所第一次分派了一些对租赁行业少有涉猎,或缺乏经验甚至一无所知的注册会计师来执行审计。

最后,美国证券交易委员会决定对该会计师事务所进行惩罚,要其承担出具虚假会计报告带来的损失。

三、具体审计计划的编制

具体审计计划是依据总体审计策略而制定的,因此具体审计计划所采用的审计程序的性质、时间安排和范围取决于总体审计策略中的基本内容。具体审计计划的编制除了要考虑被审计单位及其环境,还应当考虑如下几个因素。

(一)总体审计策略中确定的重要会计问题及重点审计领域

这些重要会计问题及重点审计领域发生错误或舞弊的可能性往往较高,因而包含较高的审计风险。这就要求注册会计师对这些领域的审计必须格外仔细,即注册会计师必须在具体审计计划中考虑对这些问题和领域实施更加详尽的审计程序,扩大审计测试的范围,以降低审计风险。

(二)重要性水平

重要性是指被审计单位会计报表中错报或漏报的严重程度,这一程度在特定环境下可能影响会计报表使用者的判断或决策。重要性水平和审计风险存在反向变动关系,这种关系影响了具体审计计划采用的审计程序的性质、时间安排和范围。重要性水平越低,审计风险越高,应实施的审计程序就越详细;重要性水平越高,审计风险越低,应实施的审计程序就可以适当简化。

延伸阅读5-2

以下是一些被审计单位重要性水平的参考数值:

(1) 对以盈利为目的的企业,来自经常性业务的净利润的 5%～10%(净利润较小时用 10%,较大时用 5%)、总资产的 0.5%～1%(资产总额较小时用 1%,较大时用 0.5%)、净资产的 0.5%～1%(净资产较小时用 1%,较大时用 0.5%),或营业收入的 0.5%～1%(营业收入较小时用 1%,较大时用 0.5%)。

(2) 对非营利组织,费用总额或总收入的 0.5%。

(3) 对共同基金公司,净资产的 0.5%。

(三)时间安排和人员安排

对于一项特定的审计业务约定来说,会计师事务所的审计资源是有限的。审计资源的重要内容是时间和人员,不同审计程序花费的时间和人力成本是不同的。例如,在审计存货的存在性时,对于不是存放在经营场所的存货,会计师事务所有两个可供选择的方案:一是直接派出注册会计师进行实地检查;二是通过联系(如函证)这些存货的管理人员来证明。很显然,无论从时间还是从人力上,前者的成本都要高于后者。注册会计师在制定具体审计计划时,需要考虑这种成本效益原则,在给定两个或更多的审计组合的情况下,如果其中的每一个都可以满足特定的审计目标,注册会计师应该选取其中成本最低的审计程序。但需要强调的是,审计成本虽然是注册会计师在制定具体审计计划时应当考虑的因素,但审计成本不是一个可以省略某些重要审计程序的借口。

在实际工作中,具体审计计划的编制是通过进一步审计程序表的形式进行的。注册会计师可以根据审计风险和重要性来调整进一步审计程序表。对于这种调整,注册会计师必须给出合理而充分的解释,并将这些解释以书面的形式记录于审计工作底稿之中,以提供证据证明自己在调整审计程序时保持了应有的职业谨慎。例如,根据《中国注册会计师审计准则第 1312 号——函证》的规定,注册会计师应当对应收账款实施函证程序,除非有充分证据表明应收账款对财务报表不重要,或函证很可能无效。如果认为函证很可能无效,注册会计师应当实施替代审计程序,获取相关、可靠的审计证据。如果不对应收账款函证,注册会计师应当在工作底稿中说明理由。

进一步审计程序表可以看作是注册会计师所需执行的审计程序的概要。审计程序表通常要按照交易循环来分类。一个交易循环由企业经营活动过程中一组相关联的交易组成,这些交易基本上影响着同一组账户。如果进一步审计程序表按照单纯的财务报表项目来分类,就会忽视不同报表项目之间的联系。事实上,一笔交易必然会与两个或更多的账户发生联系,一笔交易可能既影响资产负债表项目,又影响利润表项目。所以,如果注册会计师事先将企业的经营活动分为几类,而后对每类交易涉及的一组账户一并进行审计,将使注册会计师更容易发现可能的错误或舞弊,从而能提高审计效率和效果。通常可以将企业的交易循环分为销售与收款循环、采购与付款循环、存货与仓储循环、筹资与投资循环等几类。

下面通过一个简化的销售与收款循环中应收账款的进一步审计程序表来说明进一步审计程序表的一般格式,如表 5-3 所示。

在审计实务中,计划的进一步审计程序表编制以后并不是固定不变的。随着审计的深入,注册会计师对被审计单位的了解也必然加深。此时,注册会计师可以不必执行里面的所有程序,或者额外添加注册会计师认为应该执行的程序,这一切都要视被审计单位的具体情况而定。但正如前文所述,注册会计师必须对这种计划中的审计程序的调整作出充分的解释并将这种解释记录于审计工作底稿之中。

表 5-3 进一步审计程序表

客户名称			财务报表期间						工作底稿索引号					
编制人及复核人员签字:														
编制人:(如项目经理)					日期:									
复核人:(如项目负责人)					日期:									
项目质量控制复核人(如适用):					日期:									

审计目标	重要账户或列报	完整性	存在/发生	准确性	截止	计价/分摊	权利/义务	分类/可理解性	涉及舞弊风险	总体方案	控制测试	实质性分析程序	细节测试	审计目标是否实现	控制缺陷错报(如有)
应收账款的存在、完整性及计价和分摊	应收账款	是	是			是			是	综合性方案	是	是	是		

（续表）

审计目标	重要账户或列报	完整性	存在/发生	准确性	截止	计价/分摊	权利/义务	分类/可理解性	涉及舞弊风险	总体方案	控制测试	实质性分析程序	细节测试	审计目标是否实现	控制缺陷错报（如有）
坏账准备的计价和分摊,资产减值损失——坏账的准确性	应收账款——坏账准备					是			是	实质性方案	否	是	是		
	资产减值损失——坏账准备			是											
应收账款、坏账准备、资产减值损失——坏账按照适用的会计准则及相关会计制度,或其他披露要求(如上市公司的特别披露要求)披露	应收账款、应收账款——坏账准备,资产减值损失——坏账准备	是	是	是		是			是	实质性方案	否	否	是		
……															

由于审计计划工作并非审计业务的一个孤立阶段,而是一个持续的、不断修正的过程,对审计计划的补充和修订将贯穿在整个审计过程中。注册会计师应当在审计过程中对总体审计策略和具体审计计划作出必要的调整。

本 章 小 结

在接受委托前,注册会计师应当初步了解审计业务环境,签订审计业务约定书,再制订审计计划。审计计划包括总体审计策略和具体审计计划。

本章重要概念

初步业务活动　审计业务约定书　审计计划　总体审计策略　具体审计计划

本 章 练 习

一、思考题

1. 什么是审计计划？它有何作用？
2. 审计计划过程需要做哪些工作？
3. 签订业务约定书的主要作用是什么？
4. 注册会计师制定总体审计策略时应考虑哪些主要事项？
5. 如何确定审计范围？审计范围如何影响总体审计策略？
6. 在制定审计总体策略时,应考虑重要性的哪些方面？
7. 如何在总体审计策略中考虑资源的规划和调配？

5-5　扫一扫
练一练

5-6　扫一扫
看答案

5-7　扫一扫
看课件

8．总体审计策略的基本内容有哪些？

9．总体审计策略和具体审计计划的关系如何？

10．具体审计计划的内容有哪些？

二、案例讨论题

ABC 会计师事务所在审计了甲公司 2020 年度和 2021 年度财务报表后，继续承接了甲公司 2022 年度财务报表审计业务，在审计中经历了接受业务委托、计划审计工作、实施风险评估程序和进一步审计程序，以及完成审计工作和编制审计报告这一过程，项目组成员对于这一过程中的事项有如下观点：

（1）A 注册会计师认为既然属于连续审计，就不需要与甲公司再次签订审计业务约定书。

（2）B 注册会计师认为计划审计工作包括了初步业务活动，制定总体审计策略和具体审计计划，这都属于审计初始阶段应做的工作，一旦确定，不能变更。

（3）C 注册会计师认为了解被审计单位及其环境实际上是一个连续和动态地收集、更新与分析信息的过程，风险评估贯穿于整个审计过程的始终。

（4）D 注册会计师认为应对重大错报风险实施的进一步审计程序包括控制测试和实质性程序。了解内部控制的设计和执行属于控制测试的任务，包含在进一步审计程序中。

（5）E 注册会计师认为在编制审计报告时，需要根据所获取的审计证据来形成审计意见，这一阶段不涉及职业判断。

要求：请分别判断项目组成员的上述观点是否正确，如果不正确，请说明理由。

第六章　审计证据和审计工作底稿

内容提要

本章主要介绍了审计证据决策、审计证据的获取及整理与评价以及审计工作底稿。

重点难点

本章重点为审计证据的含义、特征、分类,审计程序及分类,审计工作底稿的复核;本章难点为审计证据决策内容及审计程序分类。

学习目标

通过本章学习,学生应理解审计证据的含义和特征,掌握审计证据的分类,掌握审计证据决策的内容;掌握常用的审计程序及其分类;了解审计工作底稿的定义和作用,了解审计工作底稿的分类,熟悉审计工作底稿的基本要素,掌握审计工作底稿复核的要点、基本要求。

知识框架

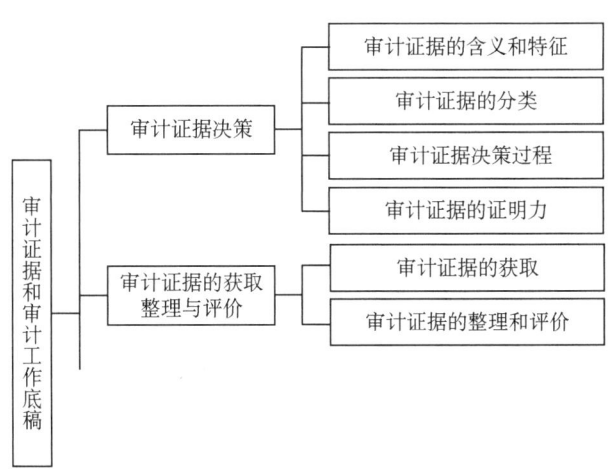

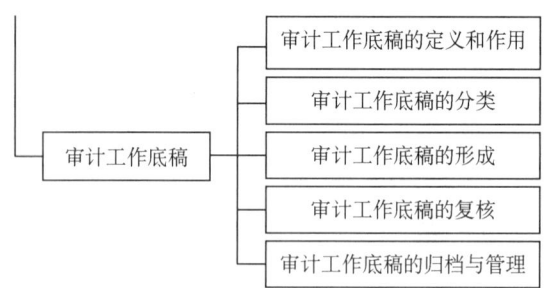

```
                                    ┌─ 审计工作底稿的定义和作用
                                    ├─ 审计工作底稿的分类
                    审计工作底稿 ────┼─ 审计工作底稿的形成
                                    ├─ 审计工作底稿的复核
                                    └─ 审计工作底稿的归档与管理
```

思政育人　　　　　　审计程序不到位导致审计失败

　　2020 年 2 月 13 日,中国证监会山西监管局对致同会计师事务所(特殊普通合伙)(以下简称"致同所")及其两名签字注册会计师王某才、王某民进行了行政处罚。原因是,他们在对太原化工股份有限公司(以下简称"太化股份")2014 年度财务报表审计时未勤勉尽责,对收入政策审计程序不到位、销售业务循环控制测试不恰当、贸易收入真实性审计程序不到位。

　　致同所和王某才不服,提起行政复议。2020 年 8 月、9 月,他们先后收到中国证监会的行政复议决定书,认定维持原行政处罚决定。

　　在本例中,审计工作底稿在中国证监会发现会计师事务所和注册会计师执行审计程序不到位、核心审计证据被忽略,进而导致审计失败。在审计工作中,会计师事务所和注册会计师应提高审计程序设计的合理性,执行的有效性。请大家思考,注册会计师上述行为是否合适呢?如果是你,你会这么做吗?请谈一谈你的观点。

　　资料来源:中国证监会山西监管局.致同会计师事务所违法违规案行政处罚决定书[EB/OL]. (2020-02-13)[2022-11-30]. http://www.csrc.gov.cn/csrc/c101927/c1664256/content.shtml.

第一节｜审计证据决策

一、审计证据的含义和特征

6-1　审计证据的含义

　　《中国注册会计师审计准则第 1301 号——审计证据》将审计证据定义为"注册会计师为了得出审计结论和形成审计意见而使用的信息。审计证据包括构成财务报表基础的会计记录所含有的信息和从其他来源获取的信息"。会计记录是指初始会计分录形成的记录和支持性记录。例如,支票、电子资金转账记录、发票和合同;总分类账、明细分类账、会计分录以及对财务报表予以调整但未在账簿中反映的其他分录;支持成本分配、计算、调节和披露的手工计算表和电子数据表。会计记录中含有的信息本身并不足以提供充分的审计证据作为对财务报表发表审计意见的基础,注册会计师还应当获取用作审计证据的其他信息。可用作审计证据的其他信息包括注册会计师从被审计单位内部或外部获取的会计记录以外的信息;通过询问、观察和检查等审计程序获取的信息;以及自身编制或获取的可以通过合理推断得出结论的信息。

　　不仅注册会计师使用证据,科学家、律师、科研人员、历史学家也都广泛使用证据。法律证据用于判决被指控有抢劫等罪行的人是否有罪的法律案件中。在法律案件中,法官要实施明确的证据规则,以保护无罪之人。例如,在法庭上,法官可以某项证据不相关、存有偏见或纯属道听途说为由而判定该项证据无效。同样,在科学实验中,科学家也要取得证据来形成对某一项理论的结论。例如,假设医学家要鉴定某种新型药物是否可以缓解哮喘病患者的症状,那么他就要从一定期间内在大量受控条件下的实验中去取得证据,以确定这种药物的效用。相似地,收集证据也是审计师的大部分工作。虽然这些职业都依赖不同类型的证据,运用证据的环境和方式也是不同的,但是律师、科学家和审计师都要使用证据来帮助他们得出结论。

表6-1对比了测试药物的科学实验、指控被告盗窃的法律案件和财务报表审计中所使用的证据的关键特征。注意它们在三种职业中的异同点。

表6-1　　　　**科学试验、法律案件、财务报表审计中证据的特征**①

比较内容	测试药物的科学实验	指控被告盗窃的法律案件	财务报表审计
证据用途	确定药物是否有效	确定被告是否有罪	确定报表是否公允反映
证据性质	重复实验的结果	证人及有关各方的证词	各类审计证据
证据使用者	科研人员	陪审团和法官	注册会计师
根据证据得出结论的肯定程度	介于不确定和接近肯定之间	不能以合理怀疑定罪	高水平的保证
根据证据得出结论的性质	建议或不建议使用该药物	当事人有罪或无罪	出具某种类型的审计报告
根据证据得出错误结论的典型结果	社会公众使用无效甚至有害的药物	罪犯没有受到应有惩罚或无辜者被定罪	财务报表使用者据以作出错误的决策

二、审计证据的分类

(一) 按照外形特征分类

1. 实物证据

实物证据是指注册会计师通过观察、实地盘点等方法获取的确定实物资产存在性的证据。这里实物资产包括库存现金、有价证券、存货、在建工程和固定资产。实物证据大多是注册会计师通过实地监盘和观察的方式获取的。例如,库存现金和有价证券可以通过盘点数额的方式加以验证;存货的存在性可以用盘点及观察的方式加以验证;在建工程和固定资产的存在性可以运用实际观察的方式加以验证。因此,注册会计师获取的典型的实物证据是各类实物盘点表,如库存现金盘点报告表、存货盘点报告表等。

一般认为,由于实物证据是注册会计师通过一定手段亲自或在其监督下获取的,实物证据具有较强的证明力。但实物证据也有其不可避免的局限性,如难以证明实物的所有权、难以判定实物的确切质量和价值。也就是说,实物证据只能证明实物的存在性,而对于实物的所有权和价值则需要通过其他审计程序获取的其他审计证据加以证明。

2. 书面证据

书面证据是指以书面形式存在的,并以其记载内容证明审计事项的证据。该类证据主要包括与审计有关的各种原始凭证、记账凭证、会计账簿等会计记录,以及各种会议记录、合

6-2 审计证据的分类

---

① 阿尔文·A·阿伦斯,兰德尔·J·埃尔德,马克·S·比斯利.审计学——一种整合方法[M].谢盛纹,张龙平,译.北京:中国人民大学出版社,2009.

同、报告、往来函件、声明书、通知书等非会计记录。书面证据数量较多,来源比较广泛,是审计证据的主要组成部分。注册会计师使用书面证据时,要注意是否有涂改和伪造现象。此外,一般从外部获取的比被审计单位内部自行编制的书面证据更加可靠。

需要注意的是,上述会计记录和非会计记录可能是纸质资料,也可能是磁盘等电子资料,它们只是记录的载体不同,均属于书面证据。

3. 口头证据

口头证据是指注册会计师从被审计单位员工或其他有关人员那里得到的口头答复所形成的证据。例如,询问被审计单位有关人员材料保管情况、职责分工情况、内部控制设计和执行情况等;就被审计单位所涉法律事项询问相关律师。口头证据的载体可以是纸、光盘、磁盘、录音带、录像带等,但这并不改变口头证据的性质。

一般,口头证据易受被询问者的经历、情绪等因素的影响,主观性较强,所以证明力较弱。但口头证据能够帮助注册会计师发现一些重要线索以进一步调查,或为注册会计师的判断提供佐证。例如,通过询问应收账款负责人收回逾期应收账款的可能性,来验证注册会计师对被审计单位坏账损失计提情况的判断。

4. 环境证据

环境证据是指对审计事项产生影响的各种环境事实。环境证据包括:被审计单位面临的外部环境情况,如社会经济形势、被审计单位所在行业的发展状况、竞争对手综合实力发生的变化等;被审计单位的内部状况,包括被审计单位管理条件和管理水平、内部控制的运行情况、中高层管理人员的素质和水平等。环境证据一般不属于主要的审计证据,但它有助于注册会计师从整体上了解被审计单位所处的环境,以将各种孤立的审计事项联系起来进行考虑,同时为进一步审计提供线索。

(二)按照来源分类

1. 内部证据

内部证据是指被审计单位的相关部门和人员编制的审计证据,包括各种会计记录和非会计记录,如被审计单位的职工工时记录卡、工资结算单、销货发票、收料单、库存商品入库单、会议记录、询问被审计单位内部人员而获得的答复等。

2. 外部证据

外部证据是指被审计单位以外的机构或人员编制的审计证据,包括由外部机构或人员编制但从被审计单位内部获取的审计证据,如购货发票、银行对账单等;注册会计师从被审计单位以外的机构或人员直接获取的审计证据,如应收账款的函证回函、被审计单位所处行业的经济状况统计资料、证券公司的证明等。

3. 亲历证据

亲历证据是指注册会计师根据相关资料自行编制的审计证据,如注册会计师亲自盘点库存现金所编制的库存现金盘点报告表、观察被审计单位业务执行情况所编制的报告表、重新执行某项内部控制的记录等。

❓ **相关思考6-1** ....

注册会计师对审计证据的处理

某注册会计师在审计过程中所收集的书面证据:①销售发票;②明细账;③银行对账单;④应收票据;

⑤有限责任公司章程;⑥采购合同;⑦董事会会议记录;⑧应收账款函证回函;⑨管理当局声明;⑩货运提单复印件。

(1) 请将上述书面审计证据按其来源划分为外部证据和内部证据。

(2) 为什么说外部证据的可靠性要大于内部证据?

(3) 外部证据之间是否存在可靠性的差异?

三、审计证据决策过程

所谓审计证据决策,就是注册会计师为发表审计意见,而确定应收集的审计证据的数量和类型的决策过程。审计证据决策之所以重要,是因为如果对所有可取得的证据都进行检查和评价,其成本是难以承受的。例如,在大多数企业的财务报表审计中,注册会计师不可能检查所有的已核销支票、购货发票、顾客订单、工时卡和其他许多类型的凭证与记录。注册会计师收集审计证据的决策过程包括以下四项内容。

(一) 审计程序

审计程序是指在审计过程对所需的审计证据如何进行收集的详细指令。如存货实物盘点、已核销支票与现金支出日记账核对、发运凭证细目相核对的证据等,都是通过实施审计程序而获得的。在设计审计程序时,通常要使用充分的审计术语,以使审计师在审计过程中能够更好地遵循这些指令。例如,一个验证现金支出的审计程序可以表述为:取得现金日记账,并将已核销支票上的收款人名称、金额和日期与现金日记账相核对。

(二) 样本规模

样本规模是指从总体中选取样本项目的数量。一旦选取了一项审计程序,样本规模可以是所测总体中的一个项目或所有项目不等。但是,选取的样本规模如果过小,就不能反映出审计对象总体的特征,审计师就无法获取充分的审计证据,其审计结论的可靠性就会大打折扣;选取的样本规模如果过大,则会增加审计工作量,造成不必要的时间和人力上的浪费,加大审计成本,降低审计效率。

对于每项审计程序,审计师都必须作出应测试多少项目的决策。同一程序所需样本规模因具体审计对象而异。在上述验证现金支出的审计程序中,假设现金支出日记账共记录了6 000张支票,注册会计师可能选取其中的200张支票作为样本与现金支出日记账进行核对。

(三) 样本项目

确定了审计抽样规模后,注册会计师还必须确定应测试总体中的哪些项目。例如,注册会计师决定从总体6 000张已核销支票中选取200张作为样本与现金日记账进行核对时,他可以采用几种不同的方法来选取应检查的具体支票。他可以选取某一周的支票,并检查前200张;也可以选取金额最大的200张支票;也可以随机选取200张支票;还可以选取注册会计师认为最有可能发生错误的200张支票。实践中,注册会计师也可以将上述方法结合起来使用。

(四) 时间安排

财务报表审计通常要覆盖一定的期间,而审计通常要在期末之后的几个星期乃至几个月才能完成。所以实施具体审计程序的时间可以从期初一直延续到期末结束后的很长一段时间。在年度财务报表审计中,客户通常希望审计能在年度结束后的1～3个月内完成。因此,注册会计师必须确定执行审计程序的时间和被选取样本项目所处的期间。

对审计证据决策的描述,应当包括具体审计程序、抽样规模、样本项目和时间安排四个方面的表述。以下是对前述验证现金支出的审计证据决策的描述,包括了上述审计证据决策的四项内容:取得10月份的现金日记账,从已核销的6 000张支票中随机选取200张作为样本,将支票上的收款人名称、金额和日期与现金日记账相核对。

审计方案是某一审计领域或整个审计的审计程序清单。审计方案总是包括一系列的审计程序,它通常包括测试的样本规模、项目选择和时间安排。一般来说,每一部分审计都有一份审计方案,表6-2就是一份包含审计程序、样本规模、选取样本项目和时间安排的审计方案,这份审计方案的右侧还列示了每项程序所对应的与余额相关的审计目标。

表6-2 应收账款的余额细节测试审计方案

余额细节测试审计程序	样本规模	选取样本项目	时间安排	应收账款余额审计目标			
				存在	完整性	计价和分摊	权利
编制或取得应收账款账龄分析表,将各账户追查至相关原始凭证,加总表内数并追查至总账	追查20个项目,加总两页和全部小计数	随机选取	I	√	√	√	√
编制或取得坏账准备和坏账损失分析表,测试其正确性,并追查至总账	全部	全部	Y	×	×	√	×
函证应收账款,对未回函项目采用替代审计程序	50	最大的10项和随机选择的40项	I	√	×		√
审查应收账款明细账中大额或异常项目,检查其入账依据。调查大额或异常的业务以及没有正常凭证来源的业务的性质,并检查其依据。检查年末销售额的重大增减情况	NA	NA	Y	√	×	√	×
检查所有已出售或已抵押的应收账款	全部	全部	Y	×	×	×	√
调查应收账款的可收回性	NA	NA	Y	×	×	√	×

注:I=期中;Y=年末;NA=不适用

四、审计证据的证明力

审计证据证明财务报表是否按公认会计原则反映的证明力有很大不同。有些证据具有较强的证明力,如注册会计师亲自盘点有价证券的结果;也有些证据的证明力较弱,如客户对注册会计师的提问所作的答复。《中国注册会计师审计准则第1301号——审计证据》第九条规定:注册会计师的目标是,通过恰当的方式设计和实施审计程序,获取充分、适当的审计证据,以得出合理的结论,作为形成审计意见的基础。受审计证据的性质和审计成本因素的影响,注册会计师不可能肯定其审计结论是完全正确的。但是,注册会计师又必须确定其审计意见的正确性具有较高的保证水平。因此,注册会计师应当综合考虑在执行审计程序中所获得的所有证据,并判断这些证据是否有足够的证明力以作出恰当的审计意见。在一般情况下,充分、相关、可靠的审计证据还必须满足及时性的要求,因此决定审计证据证明力的因素有四个,即充分性、相关性、可靠性和及时性。

（一）充分性

充分性是指审计证据的数量能足以支持审计意见。它是对注册会计师为形成审计意见所需证据数量的最低要求。审计证据的充分性是对审计证据数量的衡量,主要与注册会计师确定的样本量有关。客观公正的审计意见必须建立在有足够数量的审计证据的基础之上。但这并不是说审计证据的数量越多越好,注册会计师在获取审计证据过程中,要考虑成本效益原则。为提高审计效率,注册会计师通常把需要足够数量审计证据的范围降到最低限度。注册会计师需要获取的审计证据的数量受其对错报风险评估结果的影响,错报风险越大,需要的审计证据可能越多。每一审计项目对审计证据的需要量,以及取得这些证据的途径和方法,应当根据该项目的具体情况来确定。在某些情况下,由于时间、空间和成本的限制而不能获取最为理想的审计证据时,可考虑通过其他的途径或利用其他的审计证据来替代。只有通过不同的渠道和方法取得足够的审计证据时,注册会计师才能据以发表审计意见。

在实务中,注册会计师判断审计证据的充分性一般应当考虑以下因素。

1. 重大错报风险

审计风险由固有风险、控制风险和检查风险三部分组成,其中固有风险和控制风险统称为重大错报风险。注册会计师判断审计证据充分性应当考虑其中重大错报风险。一般说来,如果注册会计师对会计报表层次和认定层次的重大错报风险估计得越严重,那么所需收集的证据的数量就越多;反之,所需收集的证据数量就少。

2. 具体审计项目的重要性

越是重要的审计项目,注册会计师就越需要获取充分的审计证据以支持其审计结论或意见;否则一旦出现判断失误,就会影响注册会计师对会计报表整体的判断。相对而言,对于不太重要的审计项目,即使注册会计师出现判断上的偏差,也不至于引发注册会计师的整体判断失误,注册会计师就可以减少审计证据的数量。

3. 注册会计师及其业务助理人员的审计经验

丰富的审计经验,可以使注册会计师及其助理人员从较少的审计证据中判断出被审事项是否存在错误或舞弊行为。相对来说,此时就可减少对审计证据数量的依赖程度;相反,当注册会计师及其助理人员缺乏审计经验时,少量的审计证据就不一定能使其发现被审事项是否存在错误或舞弊行为,因而应增加审计证据的数量。

4. 审计过程中是否发现错弊

一旦审计过程中发现了被审事项存在错误或舞弊的行为,被审计单位会计报表整体存在问题的可能性就增加,因此注册会计师需要增加审计证据的数量,以确保作出合理的审计结论,形成恰当的审计意见。

5. 审计证据的类型与获取途径

如果大多数审计证据都是从独立于被审计单位的第三者所获得的,而且这些证据本身不易伪造,则审计证据的质量就较高。相对而言,注册会计师所需获取的审计证据的数量就可减少;反之,审计证据的数量就应增加。

6. 总体规模与特征

在现代审计中,对很多会计报表项目采用抽样的方法来收集证据。通常,抽样总体规模越大,所需审计证据的数量就越多。这里的总体规模是指包括在总体中的项目数量,比如赊销交易数、应收账款明细账数量及账户余额的金额数量等。总体的特征是指总体中各组成项目的同质性或变异性。注册会计师对不同质的总体需要较大的样本量和更多的信息。

7. 成本问题

成本问题虽然不是影响证据充分性的重要因素，但却必须加以考虑。由于审计工作受到成本限制，注册会计师必须以合理的时间和合理的成本取得充分的证据，注册会计师常常面临一种决策，那就是增加时间和成本能否给审计证据的质量和数量带来相当的效益。如注册会计师增加时间和成本之后，并没有带来相应的效益，就应考虑采用更有效的审计程序来收集高质量的足够的审计证据。

(二)相关性

审计证据的相关性是指审计证据必须和审计目标保持相关性。这里的审计目标通常指具体审计目标。注册会计师只能利用与审计目标相关联的审计证据来证明或否定被审计单位所认定的事项。例如，假设注册会计师怀疑被审计单位已经发货却没有向顾客开票（即"完整性"目标），如果注册会计师从销售发票副本中选取样本，并追查每张发票相应的发货单，由此所获得的证据与"完整性"目标就不相关。与"完整性"目标相关的手续应当是从发货单中选取样本，并追查每张发货单相应的销售发票副本，以确定每张发货单是否均已开票。

相关性只能结合具体审计目标来考虑。在确定审计证据的相关性时，注册会计师应当考虑：

(1)特定的审计程序可能只为某些认定提供相关的审计证据，而与其他认定无关。同一证据与某一目标相关，但与另一目标可能就不相关。例如，存货盘点结果只能证明存货是否存在，是否有毁损和短缺，而不能证明存货的计价和所有权的情况。

(2)针对同一项认定可以从不同来源获取审计证据或获取不同性质的审计证据。例如，为了获取与坏账准备计价有关的审计证据，可以分析应收账款的账龄、债务人的财务状况、应收账款的期后收款情况。

(3)只与特定认定相关的审计证据并不能替代与其他认定相关的审计证据。例如，有关固定资产实物存在的审计证据并不能够替代与固定资产所有权相关的审计证据。

相关性是判断证据证明力的重要因素。收集的证据如果和审计目标不相关，即使证据再可靠、再充分、再及时，也是无济于事。注册会计师取得非相关性的审计证据，不仅花费不必要的时间和成本，而且还可能导致注册会计师发表错误的审计意见。也就是说，注册会计师取得的审计证据相关性越强，质量就越好，证明力就越强。

(三)可靠性

可靠性也称证明性，是指审计证据的可信程度或值得信任的程度。审计证据可靠性越强，质量就越好，就越能使注册会计师相信财务报表的反映是公允的。

审计证据的可靠性只与注册会计师所选用的具体审计程序有关。扩大样本规模或选用不同的样本项目并不能提高证据的可靠性。《中国注册会计师审计准则第1301号——审计证据》第三条规定：审计证据的可靠性受其来源和性质的影响，并取决于获取审计证据的具体环境。判断审计证据可靠性的一般原则包括：

(1)从被审计单位外部独立来源获取的审计证据比从其他来源获取的审计证据更可靠。

（2）相关控制有效时内部生成的审计证据比控制薄弱时内部生成的审计证据更可靠。

（3）直接获取的审计证据比间接获取或推论得出的审计证据更可靠。

（4）以文件记录形式（无论是纸质、电子或其他介质）存在的审计证据比口头形式的审计证据更可靠。

（5）从原件获取的审计证据比从复印、传真或通过拍摄、数字化或其他方式转化成电子形式的文件获取的审计证据更可靠。

在通常情况下，注册会计师以函证方式直接从被询证者获取的审计证据，比被审计单位内部生成的审计证据更可靠。通过函证等方式从独立来源获取的相互印证的信息，可以提高注册会计师从会计记录或管理层书面声明中获取的审计证据的保证水平。

按照上述原则评价审计证据的可靠性时，注册会计师应当注意可能出现的重大例外情况。例如，注册会计师不具备相应的专业胜任能力，即使其直接获取的审计证据，也可能不可靠。又如，曾遭受病毒攻击的电子文件，可靠性会大大降低，甚至不及可以信赖的相关人员的口头证据可靠。

此外，考虑审计证据的可靠性时还应当注意：

（1）证据提供者的资格。除非证据提供者具备应有的资格，否则，即使他是独立的，证据也不会可靠。正因为如此，律师声明书和银行函证回函通常要比来自不熟悉工商业的顾客的应收账款回函更加受到注册会计师的重视。同样，如果注册会计师不具备评价审计证据的资格，即使是他亲自获取的审计证据，也有可能不具有可靠性。例如，如果注册会计师不具备区分钻石和玻璃的相关知识，那么他对钻石存货的检查就不能形成有关钻石存货是否存在的可靠证据。

（2）证据客观性程度。客观的审计证据比需要经过大量主观判断的证据更可靠。客观证据的例子包括应收账款和银行函证回函，有价证券和库存现金的监盘，对应收账款明细表进行加总以确定其合计数是否与总账余额相符等。主观证据的例子有律师对受控客户未决诉讼的可能结果所做的陈述，监盘存货时观察其是否变质，向被审计单位的信用人员询问长期应收账款的可收回性等。评价主观证据的可靠性时，证据提供者的资格是关键的考虑因素。

审计工作通常不涉及鉴定文件记录的真伪，注册会计师也不是鉴定文件记录真伪的专家，但应当考虑用作审计证据的信息的可靠性，并考虑与这些信息生成与维护相关的控制的有效性。如果在审计过程中识别出的情况使其认为文件记录可能是伪造的或文件记录中的某些条款已发生变动，注册会计师应当作出进一步调查，包括直接向第三方询证，或考虑利用专家的工作以评价文件记录的真伪。如果针对某项认定从不同来源获取的审计证据或获取的不同性质的审计证据能够相互印证，与该项认定相关的审计证据则具有更强的说服力。如果从不同来源获取的审计证据或获取的不同性质的审计证据不一致，可能表明某项审计证据不可靠，注册会计师应当追加必要的审计程序。

❓ **相关思考6-2** ....

判别审计证据是否可靠的标准有哪些

一般来说，审计证据的可靠程度通常可参照下列标准进行判断：①书面证据比口头证据可靠。②外部证据比内部证据可靠，已获独立第三者确认的内部证据比未获独立第三者确认的内部证据可靠。③注册会计师自行获得的审计证据比由被审计单位提供的审计证据可靠。④内部控制较好时的内部证据比内部控制较差时的内部证据可靠。⑤不同来源或不同性质的审计证据互相印证时,审计证据较为可靠;反之,若通过某一来源所获取的证据与通过其他来源所获取的证据不相一致,或者不同性质的证据相互矛盾时,则注册会计师就需进一步审计。

(四) 及时性

审计证据的及时性是对审计证据收集的时间以及审计证据所涵盖的期间的要求。一般而言,越及时的审计证据越相关。对资产负债表审计来说,证据的取得越是接近结账日,其证明力就越强。例如,结账日盘点有价证券所获得的证据就比两个月前盘点更有证明力。对利润表审计来说,从被审计单位的整个会计期间内选取样本所获得的证据,比仅从一部分期间内选取样本所获得的证据更有证明力。例如,从全年销售业务中随机选取的样本,比仅从上半年销售业务中选取的样本更有证明力。

值得注意的是,审计证据的证明力只有在综合考虑了相关性、可靠性、充分性和及时性后才能加以评价。大量的有力证据除非与所测试的审计目标有关,否则不会具有证明力。大量的审计证据如果不具备可靠性和及时性,也会缺乏证明力。同理,样本规模较小,只有一两个具有相关性、可靠性和及时性的证据,同样缺乏证明力。因此,注册会计师在确定审计证据的证明力时,必须评价四项质量要求都得到满足的程度。

在四项证据决策和决定证据证明力的四项质量因素之间存在着直接的关系,如表6-3所示。

现以注册会计师验证会计报表中的存货这一个重要项目为例,来说明表6-3中的这种关系。注册会计师为了验证存货项目中是否存在重大错报,必须对存货项目取得足够数量的,具有相关性、可靠性和及时性的证据。这就意味着注册会计师要决定采用何种审计程序来审计存货项目,以满足相关性和可靠性的要求,并要确定恰当的样本规模和应从总体中选取的项目以满足充分性的要求。最后,注册会计师还必须决定实施这些审计程序的具体时间。这四项证据决策综合起来,必须能够产生具有充分证明力的证据,使注册会计师相信存货项目在重要方面是正确的,审计工作底稿的存货部分可以反映这些决策的内容。

表6-3 　　　　　　　　　　　　　　证据决策与证明力之间的关系

审计证据决策	审计证据证明力的质量因素
审计程序和时间安排	及时性 相关性 可靠性 　提供者的独立性 　内部控制的有效性 　注册会计师的直接了解 　提供者的资格 　证据的客观性及及时性 　程序执行的时机 　执行审计期间占整个期间的比例
抽样规模和样本项目	充分性 　足够的样本规模 　选择恰当的样本项目

第二节 | 审计证据的获取、整理与评价

6-3 审计证据的获取方法

一、审计证据的获取

（一）审计证据的获取方法

在开始学习审计证据的获取方法之前,先说明一下审计准则、审计程序和审计证据决策之间的关系,如图 6-1 所示。

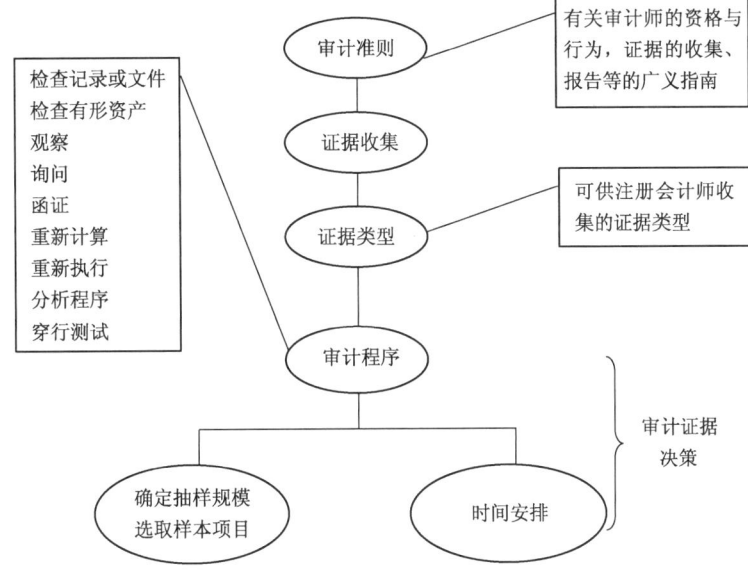

图 6-1 审计准则、审计程序和审计证据决策的关系

注册会计师可以采用下列审计程序获取审计证据:检查记录或文件、检查有形资产、观察、询问、函证、重新计算、重新执行、分析程序。在实务中,通常使用的审计程序还包括穿行测试。

1. 检查记录或文件

检查记录或文件是指注册会计师对被审计单位内部或外部生成的,以纸质、电子或其他介质形式存在的记录或文件进行审查。上述记录或文件包括会计和会计以外的其他记录或文件,它储存的载体不仅限于纸,还包括电子或其他介质形式。这里的"审查"包括审阅和复核两个方面。审阅和复核通常情况下是结合使用的。

审阅是指注册会计师通过对被审计单位有关记录或文件的阅读,以确定被审计单位账目是否真实、合法,是否符合国家有关的法规、制度等。主要包括:①审阅原始凭证,注意有无涂改或伪造现象,记载的经济业务是否合理合法,是否有业务负责人的签字等;②审阅会计账簿,注意原始凭证是否整齐完备,账簿记录与原始凭证内容是否一致,货币收支金额是否异常,成本核算是否符合有关规定,会计分录的编制或账户的运用是否恰当;③审阅财务报表,注意会计报表的编制是否符合会计准则与制度的规定,会计报表附

注是否对应予揭示的重大问题做了充分的披露。

复核是指注册会计师对被审计单位的相关记录或文件进行交叉核对,以验证内容是否一致、计算是否正确。主要包括:①原始凭证上记载的数量、单价、金额及其合计数是否正确;②日记账记录是否与相应原始凭证的记录一致;③会计凭证上的记录是否与总分类账及有关明细账相符;④明细分类账的账户余额合计是否与有关的总分类账余额相符;⑤总分类账各账户的借方余额合计与贷方余额合计是否相符;⑥总分类账(或明细账)各账户的余额或发生额合计是否与会计报表上的相应金额相等;⑦会计报表上各有关项目的数字计算是否正确,各报表之间的有关数字是否一致,如果涉及前期的数字,是否与前期的会计报表上的数字相符;⑧外来账单是否与本单位账簿有关记录相符。

上述检查程序根据其检查方向的不同可分为核证和追查。核证是为证实某一有记载的金额或交易而查阅相关文件的过程,查阅的方向是从会计记录到文件;追查是核证的反过程,查阅的方向是从文件到会计记录。

检查记录或文件可提供可靠程度不同的审计证据,审计证据的可靠性取决于记录或文件的来源和性质。外部记录或文件通常比内部记录或文件可靠。

延伸阅读 6-1

检查记录和文件的综合运用

首先,注册会计师进行表表核对、账表核对。若发现不平衡现象,再根据具体情况进一步扩大审查的范围。

其次,账账核对。先审阅总账记录,若没有问题,可将其作为标准账户与明细账(或日记账)核对。若相符,暂时认为是正确的;若不相符,相关的明细账或日记账应作为重点追查的对象。

最后,进一步对抽出的明细账(或日记账)中的每一笔业务进行账证核对、证证核对。

2. 检查有形资产

检查有形资产是指注册会计师对资产实物进行审查。检查有形资产主要适用于存货和现金,但也适用于有价证券、应收票据和固定资产等。一般,被审计单位的人员对有形资产进行盘点,由注册会计师对其盘点工作进行监督;而对于贵重的有形资产,注册会计师还可以进行抽查复点。

检查有形资产是验证资产确实存在的直接手段,取得的是最可靠、最有用的审计证据。一般说来,检查有形资产是认定资产数量和规格的客观手段。在某些情况下,它还是评价资产状况和质量的一种有用方法。但是,要验证存在的资产是否确实为被审计单位所有,仅仅依靠检查有形资产所取得的实物证据是不充分的;并且在许多情况下,注册会计师也没有胜任能力去判断诸如陈旧或真实性之类的质量因素,也就不能确定资产计价是否正确。

延伸阅读 6-2

当注册会计师对资产检查日与被查日不在一个时间点上,还须利用调节公式进行调节,以便账实核对。

(1)当检查日晚于被查日时:

$$\frac{被查日}{应存数} = \frac{检查日}{实有数} + \frac{被查日至检查}{日期间减少数} - \frac{被查日至检查}{日期间增加数}$$

（2）当检查日早于被查日时：

$$\frac{被查日}{应存数} = \frac{检查日}{实有数} + \frac{被查日至检查}{日期间增加数} - \frac{被查日至检查}{日期间减少数}$$

3. 观察

观察是指注册会计师察看相关人员正在从事的活动或执行的程序。观察是对被审计单位的经营场所、实物资产和有关业务活动及其内部控制的执行情况等所进行的实地查看。也可以说，观察就是注册会计师利用感官进行评价。在整个审计过程中，注册会计师有很多机会利用视觉、听觉、触觉以及嗅觉评价大量的事物。注册会计师需要深入被审计单位的车间、工地、科室、仓库等现场，对其生产经营活动的开展情况、内部控制执行情况、财产物资保管和利用情况等进行直接观察，从中发现异常现象、薄弱环节和存在的问题，为实施风险评估程序和进一步审计程序寻找线索。例如，注册会计师深入被审计单位的厂房，可以取得对设备的总体印象；通过观察设备是否生锈，可以评价设备是否陈旧；通过观察雇员实施会计工作的情况，可以确定会计人员是否履行其职责。

观察本身获得的证据并不充分。观察提供的审计证据仅限于观察发生的时点，并且在相关人员已知被观察时，相关人员从事活动或执行程序可能与日常的做法不同，从而影响注册会计师对真实情况的了解。因此，通过观察有了初步印象后，还有必要使用其他类型的确凿证据加以证实。尽管如此，对于大多数审计业务来说，通过观察取得的仍然是非常有用的证据。

4. 询问

询问是指注册会计师以书面或口头方式，向被审计单位内部或外部的知情人员获取财务信息和非财务信息，并对答复进行评价的过程。口头询问时，注册会计师应作书面记录，并要求被询问者签字。知情人员对询问的答复可能为注册会计师提供尚未获悉的信息或佐证证据，也可能提供与已获悉信息存在重大差异的信息；注册会计师应当根据询问结果考虑修改审计程序或实施追加的审计程序。例如，注册会计师在进行风险评估时，会询问被审计单位管理层和内部审计师、采购人员、生产人员、销售人员等，并考虑询问不同级别的员工，以获取对识别重大错报风险有用的审计证据，根据具体情况适当修改审计程序。

尽管通过询问可以从被审计单位获得大量的证据，但询问本身不足以发现认定层次存在的重大错报，也不足以测试内部控制运行的有效性，通常不能把询问结果作为结论。因为它不是来自独立的来源，可能偏向于被审计单位的意愿。通过询问取得审计证据后，注册会计师还应当实施其他审计程序获取充分、适当的审计证据。例如，注册会计师想了解有关被审计单位记录和控制会计业务的方法，他通常要实施审计测试，通过检查和观察来确定业务是否按被询问者所说的方法进行记录和授权。

 延伸阅读6-3

询问法的应用技巧

询问法的应用技巧如下：

（1）谈话应有计划性。最好拟出谈话提纲，事先规划好找什么人谈、谈什么问题、怎么谈等事项。

（2）注意谈话方式和语气。要想取得好的效果，最好采用单独交谈的方式，并以平等、和蔼、诚恳的语气进行交谈。

（3）及时记录。在询问时要认真做好记录，由询问人和被询问人签名后作为审计证据。

（4）注意保密。对员工会外单位人员的谈话记录必须保密，以免谈话人员受到伤害。

5．函证

函证（即外部函证）是指注册会计师直接从第三方（被询证者）获取书面答复作为审计证据的过程，书面答复可以采用纸质、电子或其他介质等形式。由于函证回函来自独立的第三方，具有较高的可靠性，是受到高度重视的一种证据类型。但是，取得回函要花费较高的成本，并可能会给被函证人带来一定的不便。因此，并不是每一种可利用函证的情况下都利用函证。

究竟是否应当进行函证，主要取决于在当时情况下所要求的可靠性以及是否有可替代的证据。从传统上说，函证很少用于固定资产增加的审计，因为固定资产增加可以通过文件检查和实物检查来验证。同样，函证一般也不用于验证单位之间的具体业务，如销售业务等，因为可经通过检查文件达到这一目的。当然也有例外。假设注册会计师发现，在期末的3天前记录了两笔金额异常大的销售业务，对其进行函证是恰当的。《审计准则说明书》第67号要求：一般注册会计师要对应收账款进行函证，对应收账款以外的其他账户一般不要求进行函证。《中国注册会计师审计准则第1312号——函证》规定，注册会计师应当对银行存款、借款（包括零余额账户和在本期内注销的账户）及与金融机构往来的其他重要信息实施函证；注册会计师应当对应收账款实施函证，除非有充分证据表明应收账款对财务报表不重要，或函证很可能无效；如果认为函证很可能无效，注册会计师应当实施替代审计程序，获取相关、可靠的审计证据。如果不对应收账款函证，注册会计师应当在工作底稿中说明理由。函证的内容通常还涉及下列账户余额或其他信息：短期投资、应收票据、其他应收款、预付账款、由其他单位代为保管、加工或销售的存货、长期投资、委托贷款、应付账款、预收账款、保证、抵押或质押、或有事项、重大或异常的交易。

函证可以用来验证多种类型的信息。一般经常进行函证的信息及其来源如表6-4所示。

表6-4　　　　　　　　　　　　　　经常函证的信息及其来源

信　　　　息	来　　源
资产：	
银行存款	银行
应收账款	客户
其他应收款	相关单位及人员
应收票据	出票人
短期投资	被投资单位
预付账款	客户
人寿保险的退保金额	保险公司
负债：	
应付账款	债权人
应付票据	贷款人
预收账款	顾客
应付抵押借款	抵押人
应付债券	债券持有人
所有者权益：	
流通在外的股份	股票登记机构和转让代理机构

（续表）

信　　　息	来　　源
其他信息： 　　保险总额 　　或有负债 　　债券发行契约 　　债权人持有的抵押品	保险公司 银行、贷款人等 债券持有人 债权人

在我国，函证有积极式函证和消极式函证两种类型。积极式询证函是指要求被询证者直接向注册会计师回复，表明是否同意询证函所列示的信息，或填列所要求的信息的一种询证函。消极式询证函是指要求被询证者只有在不同意询证函所列示的信息时才直接向注册会计师回复的一种询证函。

如果由被审计单位控制询证函的编制、寄发和收取，那么注册会计师就会因失去控制而丧失独立性，证据的证明力也就会随之削弱。出于对证据可靠性的考虑，当实施函证程序时，注册会计师应当对询证函保持控制，包括：

（1）确定需要确认或填列的信息。

（2）选择适当的被询证者。

（3）设计询证函，包括正确填列被询证者的姓名和地址，以及被询证者直接向注册会计师回函的地址。

（4）发出询证函并予以跟进，必要时再次向被询证者寄发询证函。

❓ 相关思考6-3

外高桥①

因 2005 年巨额证券保证金被挪用遭受损失并导致年度亏损，而担任年报审计的普华永道中天会计师事务所（以下简称"普华永道"）被认为负有不可推卸的责任。为此，外高桥于 2006 年 5 月 9 日向中国国际经济贸易仲裁委员会上海分会提起仲裁，要求普华永道退还全部审计服务费共计人民币 170 万元，赔偿外高桥的全部经济损失共计人民币 2 亿元，并承担全部仲裁费用和律师费。据悉，中国国际经济贸易仲裁委员会上海分会已经受理，并启动了仲裁程序。

外高桥于 2005 年 6 月发现公司存放在国海证券上海圆明园路营业部证券保证金账户中的 2.2 亿元资金被挪用，且绝大部分难以追回，外高桥为此已计提特殊坏账准备。但普华永道在对外高桥 2003 年度和 2004 年度的各项财务报表进行审计后，分别于 2004 年 4 月 8 日、2005 年 4 月 1 日出具了无保留意见的审计报告。

据外高桥方面介绍，普华永道在对前述保证金账户资金余额实施函证时，均未直接向证券公司发出询证函，相反却交给外高桥的相关人员处理。询证函的发出和收回均控制在外高桥的相关人员手中，为相关人员弄虚作假掩盖挪用资金行为创造了机会。普华永道未对询证函的发出和收回保持有效控制，已表明收回的询证函不可靠，但普华永道仍没有实施其他适当的审计程序予以证实或消除疑虑。外高桥管理层认为，普华永道未保持应有的职业谨慎、未实施有效的审计程序，即出具了无保留意见的审计报告，从而使外高桥蒙受了巨额经济损失。

请思考：注册会计师执行的函证程序存在问题吗？为什么？

---

① 葛荣根.2亿元足以让合作伙伴翻脸[N].上海证券报,2006-05-11.

6. 重新计算

重新计算是指注册会计师以人工方式或使用计算机辅助审计技术,对记录或文件中的数据计算准确性进行核对。它主要包括重新计算会计凭证、会计账簿、财务报表和其他会计资料中有关数据。例如,重复计算销售发票乘积和存货记录乘积,重复加总日记账记录与明细账,重复计算折旧费用和预付费用等。在审计实务中,需要重新计算的内容很多,注册会计师应当有选择、有重点地进行。在通常情况下,注册会计师会抽出一些凭证及会计记录,就其中的数据进行重新计算,验证凭证及会计记录计算的正确性。

7. 重新执行

重新执行是指注册会计师以人工方式或使用计算机辅助审计技术,重新独立执行作为被审计单位内部控制组成部分的程序或控制。例如,注册会计师利用被审计单位的银行存款日记账和银行对账单,重新编制银行存款余额调节表,并与被审计单位编制的银行存款余额调节表进行比较。又如,注册会计师为调查评价被审计单位销售收款循环内部控制设计的合理性和执行的有效性,选择一种商品沿着其销售到收款的整个过程执行一遍。可见,重新执行的目的是弄清被审计单位内部控制设计是否合理,执行是否有效。

8. 分析程序

分析程序是指注册会计师通过研究不同财务数据之间以及财务数据与非财务数据之间的内在关系,对财务信息作出评价。分析程序还包括调查识别出的、与其他相关信息不一致或与预期数据严重偏离的波动和关系。分析的内容主要包括:将本期与上期或前期的会计数据进行比较;将实际数与计划数或同行业平均数进行比较;对财务报表各重要项目间的关系进行分析等。分析的方法主要包括比较分析法、比率分析法、结构百分比法、趋势分析法等。

分析程序的应用范围较广,可以用作风险评估程序,调查了解被审计单位情况及其环境,评估财务报表重大错报风险;也可以直接用作实质性程序(称作实质性分析程序),获取与各交易、账户余额和列报认定有关的审计证据;还可以用于对财务报表的总体合理性进行复核,以评价财务报表是否依然存在重大错报风险,是否有必要追加审计程序。《中国注册会计师审计准则第 1313 号——分析程序》规定,注册会计师应当将分析程序用作风险评估程序,并在审计结束时运用分析程序对财务报表进行总体复核。注册会计师也可将分析程序用作实质性程序。

? 相关思考6-4 ....

2007 年,我国开始实施以现代风险导向为核心思想的审计准则,但仍爆发了震惊资本市场的 ST 康美造假案,损害了注册会计师审计的形象。根据审计风险模型,重大错报风险直接影响审计风险的大小,而分析程序是重大错报风险评估的常用手段。ST 康美的注册会计师发表了不恰当的审计意见,究其原因,是在重大错报风险评估中未重视分析程序的应用,对公司外部、内部环境多层次风险对财务报表的影响缺少恰当的职业判断,对异常数据缺乏应有的职业怀疑。表 6-5 为对 ST 康美与行业有关数据进行的指标分析,如果你是注册会计师,你能运用哪些分析方法发现哪些问题呢?

表 6-5   **2013—2018 年 ST 康美与行业指标分析**

	指标	2013 年	2014 年	2015 年	2016 年	2017 年	2018 年
盈利能力	公司销售毛利率	26.10%	26.21%	28.34%	29.90%	38.28%	29.22%
	行业销售毛利率	45.79%	46.27%	47.25%	32.21%	51.82%	31.15%
	公司净资产收益率	15.63%	13.67%	14.69%	11.47%	7.40%	4.03%
	行业净资产收益率	16.13%	11.68%	13.53%	10.98%	10.56%	6.89%
	公司总资产报酬率	12.74%	12.51%	11.11%	10.07%	3.57%	4.44%
	行业总资产报酬率	12.38%	11.97%	10.97%	9.04%	9.80%	7.19%
期间费用	公司销售费用占营业收入	2.87%	2.67%	2.76%	2.58%	7.04%	5.03%
	行业销售费用占营业收入	13.22%	13.39%	13.89%	14.69%	17.78%	21.67%
	公司财务费用占营业收入	2.66%	2.73%	2.49%	3.34%	6.81%	9.75%
	行业财务费用占营业收入	0.66%	0.75%	0.34%	0.26%	0.65%	0.23%
	公司管理费用占营业收入	3.80%	3.65%	3.94%	4.79%	6.78%	7.08%
	行业管理费用占营业收入	10.44%	10.65%	11.60%	11.77%	11.41%	11.73%
营运能力	公司总资产周转率/次	0.66	0.64	0.55	0.47	0.29	0.27
	行业总资产周转率/次	0.79	0.76	0.69	0.64	0.66	0.65
	公司固定资产周转率/次	4.14	3.91	3.97	4.04	2.92	2.57
	行业固定资产周转率/次	7.20	6.37	5.14	5.12	6.29	6.46
	公司存货周转率/次	2.69	2.21	1.51	1.35	0.73	0.54
	行业存货周转率/次	6.67	8.09	9.92	14.13	2.82	2.80
	公司应收账款周转率/次	8.80	8.11	7.56	7.67	4.35	3.63
	行业应收账款周转率/次	22.66	16.61	21.13	28.81	10.73	12.69
短期偿债能力	公司流动比率	2.05	2.50	2.12	2.22	2.03	2.08
	行业流动比率	3.63	3.39	3.28	3.38	3.43	3.03
	公司速动比率	1.47	1.51	1.36	1.54	0.66	0.67
	行业速动比率	2.69	2.39	2.24	2.19	2.20	2.02
	公司现金比率	1.19	1.21	1.14	1.36	0.16	0.07
	行业现金比率	1.82	1.56	1.46	1.38	1.36	1.20
长期偿债能力	公司资产负债率	45.93%	40.03%	50.56%	46.40%	56.33%	62.08%
	行业资产负债率	37.85%	37.16%	34.98%	32.54%	31.77%	32.87%
	公司产权比率	85.00%	67.00%	103.00%	87.00%	228.97%	164.00%
	行业产权比率	163.00%	104.00%	86.00%	83.00%	72.00%	75.00%
	公司息税折旧摊销前利润/利息费用	8.08	8.01	9.42	7.38	4.09	2.06
	行业息税折旧摊销前利润/利息费用	3.88	4.71	6.31	8.26	7.14	5.1

9. 穿行测试

穿行测试是通过追踪交易在财务报告系统中的处理过程,来证实和评价内部控制设计和执行状况的一种方法。穿行测试不是单独的一种审计程序,而是将多种审计程序按特定需要进行结合使用的方法。

(二)审计取证方法的分类

上述审计取证方法贯穿于财务报表审计的全过程。现代财务报表审计要求首先进行风险评估,再根据风险评估的结果决定如何进行控制测试和实质性程序。因此,上述审计取证方法按其运用目的可以分为以下三类。

1. 风险评估程序

风险评估程序是指注册会计师为了解被审计单位及其环境(包括内部控制),以识别和评估财务报表层次和认定层次的重大错报风险(无论该风险由于舞弊或错误导致)而实施的审计程序。注册会计师实施风险评估程序时可以使用上述询问、观察、检查和分析程序等具体审计程序。注册会计师应当利用风险评估程序所获取的信息,作为支持风险评估结果的审计证据。注册会计师应当实施风险评估程序,为识别和评估财务报表层次和认定层次的重大错报风险提供基础。但是,风险评估程序本身并不能为形成审计意见提供充分、适当的审计证据,注册会计师还需要实施进一步的审计程序,包括控制测试(如果需要)和实质性程序。

2. 控制测试

控制测试是指用于评价内部控制在防止或发现并纠正认定层次重大错报方面的运行有效性的审计程序。控制测试与了解内部控制所需要的审计证据是不同的。在设计和实施控制测试时,注册会计师应当:①将询问与其他审计程序结合使用,以获取有关控制运行有效性的审计证据;②确定拟测试的控制是否依赖其他控制(间接控制)。如果依赖其他控制,确定是否有必要获取支持这些间接控制有效运行的审计证据。比如,假定控制程序规定"现金应每天如数送存银行",那么,注册会计师就可以通过观察实际送存过程和检查有效的存款单据,以测试该项内部控制的有效性。值得注意的是,尽管大多数的财务报表审计都执行控制测试程序,但并不一定每次财务报表审计都必须执行这一程序。

3. 实质性程序

实质性程序是指用于发现认定层次重大错报的审计程序。实质性程序包括下列两类程序:①对各类交易、账户余额及其披露的细节测试;②实质性分析程序。实质性程序在每次报表审计中都必须执行。交易的细节测试和余额的细节测试是有区别的,前者是为了审定某类或某项交易认定的恰当性,而后者则是为了审定某账户余额认定的恰当性。例如,追查购货发票至分类账,以确定有关分录的正确性和完整性,就属于购货业务交易的细节测试。又如,注册会计师函证某债务人,以决定某项应收账款余额的正确性,则属于应收账款账户余额的细节测试。细节测试和实质性分析程序在审计中各有其独特的作用,不可相互替代。实质性分析程序的结果往往可以为细节测试提供一定的有益的方向性指导。

(三)各种审计证据的可靠性

利用第一节中考虑审计证据可靠性的原则,来确定将上述审计证据获取方法(具体审计程序)的可靠性,如表6-6所示。

6-4 审计程序的分类

表 6-6 各类审计证据的可靠性

证据获取方法	决定可靠性的原则					
	证据提供者的独立性	内部控制有效性	注册会计师的直接认识	证据的存在形式	证据提供者的资格	证据客观性
检查记录或文件	多样化	多样化	低	高	多样化	高
检查有形资产	高（注册会计师实施）	多样化	高	高	通常较高（注册会计师实施）	高
观察	高（注册会计师实施）	多样化	高	中	通常较高（注册会计师实施）	中
询问	低	不适用	低	低	多样化	多样化
函证	高	不适用	低	高	多样化	高
重新计算	高（注册会计师实施）	不适用	高	不适用	高（注册会计师实施）	高
重新执行	高（注册会计师实施）	多样化	高	不适用	高（注册会计师实施）	高
分析程序	高（注册会计师实施）	多样化	低	高	高（注册会计师实施）	一般较低
穿行测试	高（注册会计师实施）	多样化	高	不适用	高（注册会计师实施）	高

（四）各种审计证据的成本

检查有形资产和函证获取的审计证据成本最高。注册会计师通过检查有形资产获取证据成本高，是因为被审计单位盘点一般是在结账日，而且要求注册会计师在场，还可能导致多位注册会计师在相距较远的地区间奔波；通过函证获取审计证据的成本高是因为注册会计师在编制、寄发、收取函件或发生意外时，都要投入大量的精力和时间。

检查记录或文件和分析程序获取审计证据成本适中。如果被审计单位为注册会计师准备好凭证，并将它们组织好以便于使用，则检查取证方式的成本较低。如果注册会计师必须亲自寻找这些证据，那么检查取证方式的成本就较高。此外，即使在理想条件下，书面资料上的信息和数据也会很复杂，需要进行解释和分析。例如，审阅和评价客户的合同、租赁协议和董事会会议记录通常需要花费大量的时间。分析程序需要审计师决定采取哪些分析性程序，并要进行计算和评价结果，这样工作通常要花费大量的时间。

观察、询问、重新计算和重新执行获取审计证据成本最低。观察通常与其他审计程序同步实施。例如，注册会计师在监盘存货的同时，就很容易观察到被审计单位的雇员是否采用了恰当的存货盘点方法。询问在每一次审计业务中都广泛应用，并且通常成本较低。但某些询问的成本可能较高，比如从被审计单位那里取得记录整个审计过程中双方会谈内容的书面声明。重新计算和重新执行通常成本较低，因为它们只涉及注册会计师比较容易做的简单计算和追查，而且通常注册会计师可以用电脑软件来实施这些测试。

穿行测试的成本需要根据具体情况来确定，因为它是上述若干审计程序的组合。

（五）将各种审计证据应用于审计决策

表 6-7 以存货余额审计目标为例，说明了将各类证据应用于四项证据决策的过程。存货项目余额的审计总目标是以最低的成本取得具有充分证明力（相关性、可靠性、充分性和及时性）的证据，证明存货项目在重要方面是正确的。因此，注册会计师必须决定采用何种审计程序来满足每一个余额审计目标；对每一项审计程序应选取多大的样本规模；选取总体中的哪些项目作为样本；以及何时实施各项审计程序。以存货账存数量是否与实物结存数

量相符这一具体审计目标为例，可以使用一些方法获取审计证据来满足这一目标。表6-7列示了其中三种证据获取方法，并为每种方法获取的证据的四项证据决策给出了范例。

表6-7　　　　　　　　　　存货项目余额审计目标的各类证据和四项证据决策

获取方法	具体审计程序	抽样规模	样本项目	时间安排
观察	观察被审计单位雇员盘点存货以确定其是否正确地遵守了盘点指令	所有盘点小组	不适用	结账日
检查有形资产	盘点存货样本，将盘点数量与客户盘点的数量和说明相核对	120个项目	金额较大的40个项目，随机选取80个项目	结账日
检查记录或文件	将客户永续盘存记录中的数量与客户盘点的数量相核对	70个项目	金额较大的30个项目，随机选取40个项目	结账日

二、审计证据的整理和评价

（一）审计证据整理和评价的意义

注册会计师为了使所收集到的分散的、个别的审计证据，变成充分的、适当的、具有充分证明力的证据，以正确评价被审计单位财务报表等有关会计资料是否恰当地反映了其财务状况、经营成果及现金流量，就必须按照一定的方法对审计证据进行分类整理与评价，使之条理化、系统化。只有这样，注册会计师才能对各种审计证据合理地进行审计小结，并在此基础上恰当地形成整体的审计意见。

首先，通过检查记录或文件、检查有形资产、观察、询问、函证、重新计算、重新执行、分析程序等方法所获取的大部分审计证据，在注册会计师对其进行分析评价之前，都还是一种原始状态的证据。这些证据往往是初始的、零乱的、无序的和彼此孤立的，且证据的形式也复杂多样。因此，注册会计师只有按照一定的程序、目的和方法进行科学的加工整理，才能使其变成有序的、系统化的、彼此联系的审计证据。

其次，初始状态的审计证据必须与审计目标相联系，并就性质和重要程度以及同其他证据间的关系进行分析、计算和比较，以对被审计单位的各个方面作出评价，并形成正确的审计结论和意见。在整理过程中对发现证据不足的地方，还可进行补充收集，以便获取新的证据材料，把审计工作引向深入。

最后，在审计过程中，注册会计师通过评价和研究，还可以发现一些有价值的新的证据，从而对客户作出更为恰当的审计结论。

需要指出的是，审计证据的收集与整理、评价并非互不相关的独立环节，相反，它们经常是交叉进行的。

（二）审计证据整理和评价的方法

审计证据的整理、评价并没有一个固定的模式，审计的目的不同，审计证据的种类不同，其整理、评价的方法也不相同。一般而言，审计证据整理、评价的方法如下。

1. 分类和排序

分类和排序是指将审计证据按其证明力的强弱，或按与审计目标的关系是否直接等分门别类排列成序。它也可以按照审计事项分类、按照审计证据与审计事项相关程度排序，从而使审计方案确定的审计事项脉络清楚、重点突出。

2. 计算

计算是指按照一定的方法对数据方面的审计证据进行计算,并从计算中得出所需要的新的证据。

3. 比较

比较包括两方面的内容:一方面要将各种审计证据进行反复比较,从中分析出客户经济业务的变动趋势及其特征;另一方面还要与审计目标进行比较,判断其是否符合要求(如不符合要求,则需补充收集有关的审计证据)。

4. 小结

小结是指对审计证据在上述分类、计算的比较的基础上,注册会计师对审计证据进行归纳、总结,得出具有说服力的局部的审计结论。

5. 综合

综合是指注册会计师对各类审计证据及其所形成的局部的审计结论进行综合分析,最终形成整体的审计意见。

(三)审计证据整理和评价应注意的几个问题

1. 审计证据的取舍

注册会计师不必,也不可能把审计证据所反映的内容全部都包括在审计报告之中。在编写审计报告之前,注册会计师必须对反映不同内容的审计证据作适当的取舍,舍弃那些无关紧要的、不必在审计报告中反映的次要证据,只选择那些具有代表性的、典型的审计证据在审计报告中加以反映。审计证据取舍的标准有:

(1)金额大小。对于金额较大、足以对客户的财务状况或经营成果的反映产生重大影响的证据,应当作为重要的审计证据。

(2)问题性质的严重程度。有些审计证据本身所揭露的金额也许并不大,但这类问题的性质较为严重,它可能导致其他重要问题的产生或与其他可能存在的重要问题有关,则这类审计证据也应作为重要的证据。

2. 分清事实的现象与本质

某些审计证据所反映的可能只是一种假象,注册会计师必须对其加以认真地分析和研究,透过现象找出它所反映的事物的本质而不能被表面的假象所迷惑。

3. 排除伪证

伪证是被审计单位等审计证据的提供者出于某种动机而伪造的证据,或是有关方面基于主观或客观原因而提供的假证。这些证据或因精心炮制而貌似真实证据,或与被审计事实之间存在某些巧合,如不认真排除,往往就会鱼目混珠、以假乱真。

第三节 审计工作底稿

一、审计工作底稿的定义和作用

(一)审计工作底稿的定义

审计工作底稿是指注册会计师对制定的审计计划、实施的审计程序、获取的相关审计证

6-5 对审计证据的评价

据,以及得出的审计结论作出的记录。该定义具有以下两方面的含义。

1. 审计工作底稿形成于审计全过程

审计全过程一般是指从承接审计业务开始,到审计约定事项全部完成,发出审计报告为止的全过程,包括审计计划、审计实施和审计报告三个阶段。也就是说,注册会计师接受审计任务、确立审计对象、出具审计报告的全过程,实际上就是收集审计证据,编制审计工作底稿,进而作出审计结论的过程。

2. 审计工作底稿的形成方式

审计工作底稿既包括注册会计师对审计工作的记录,也包括注册会计师取得的各种相关资料。但注册会计师对于取得的有关资料,只有在经过亲自审核以后才能作为审计工作底稿。

注册会计师应当就下列事项形成审计工作底稿:

(1)总体审计策略。

(2)具体审计计划。

(3)在审计过程中对总体审计策略或具体审计计划作出的任何重大修改及其理由。

审计工作底稿可以以纸质、电子或其他介质形式存在。审计工作底稿通常包括总体审计策略、具体审计计划、分析表、问题备忘录、重大事项概要、询证函回函、管理层声明书、核对表、有关重大事项的往来信件(包括电子邮件),以及对被审计单位文件记录的摘要或复印件等。

(二)审计工作底稿的作用

审计工作底稿的作用主要表现在以下几方面。

1. 审计工作底稿是形成审计结论、发表审计意见的直接依据

因为审计结论和审计意见是注册会计师根据所搜集到的审计证据和专业判断形成的,而审计证据及注册会计师的专业判断都完整地记录于审计工作底稿中。

2. 审计工作底稿是评价、考核注册会计师专业胜任能力与工作业绩,并解脱其审计责任的重要依据

依照注册会计师审计准则,实施必要的审计程序,发表客观公正的审计意见是注册会计师的审计责任,而注册会计师是否执行审计准则、选择的审计程序是否必要、专业判断是否准确等都必须通过审计工作底稿来体现,因此评价考核注册会计师的专业能力与工作业绩,解脱其审计责任必须依赖审计工作底稿。

3. 审计工作底稿为审计质量的控制与监督提供了基础

会计师事务所进行审计质量控制,注册会计师协会进行审计质量监督,都必须借助于审计工作底稿来进行。离开了审计工作底稿,审计质量的控制与监督就无法落到实处。

4. 审计工作底稿对未来审计业务具有参考作用

同类型的审计业务具有一定的共同性,同一被审计单位的审计业务具有一定的连续性。因此,当年的审计工作底稿对以后年度的审计业务具有较大的参考价值。

5. 审计工作底稿是整个审计工作的连接纽带

审计项目组的工作分工、在规定的时间内执行规定的审计程序、形成系统的支持性证据并最终得出结论,这些环节都需要审计工作底稿建立连接纽带。审计项目负责人也可以通过对审计工作底稿的复核,来避免审计工作的重复及遗漏、对工作进度和人员分工进行有效的监督和控制。

二、审计工作底稿的分类

关于审计工作底稿的分类,目前还没有一个能为理论界和实务界都能接受的统一标准。通常按照审计工作底稿的性质和用途,将其分为综合类工作底稿、业务类工作底稿和备查类工作底稿。

6-6 审计工作底稿的分类

(一) 综合类工作底稿

综合类工作底稿是指注册会计师在审计计划和审计报告阶段,为规划、控制和总结整个审计工作,并发表审计意见所形成的审计工作底稿。其主要包括审计业务约定书、审计计划、审计总结、未审计会计报表、审计差异调整表、审计报告底稿、管理建议书、被审计单位声明书等。这类工作底稿反映注册会计师对整个审计工作的规划、管理和总结,并体现注册会计师的审计意见。一般来说,该类工作底稿较多地在注册会计师的办公地完成。

(二) 业务类工作底稿

业务类工作底稿是指注册会计师在审计实施阶段执行具体审计程序所形成的审计工作底稿。该类工作底稿的形成时间主要是在审计实施阶段,其作用是反映注册会计师执行具体审计程序的情况。其主要包括注册会计师编制的控制测试工作底稿、实质性程序工作底稿、注册会计师执行具体审计程序时从被审计单位或他人处取得的各种审计资料的重要摘录和复制件。例如,销售与收款业务循环控制测试表,应收账款汇总表等。这类工作底稿通常在审计外勤工作时完成。

业务类工作底稿按其性质和内容不同,又可分为审计日记、调查类工作底稿、查账类工作底稿、盘点类工作底稿和专项审计工作底稿。

1. 审计日记

审计日记是承担审计项目的每位注册会计师对每天工作所做的记录。它包括日期、审计种类、审计工作内容等。

2. 调查类工作底稿

调查类工作底稿是注册会计师为了了解被审计单位有关情况或被审计事项的实际情况,以及为了收集审计证据所作的各种审计记录。例如,内部控制调查表、被审计单位基本情况表等。

3. 查账类工作底稿

查账类工作底稿是注册会计师审查会计凭证、账簿和报表过程中所编写的各种工作记录。例如,在进行财务报表审计时常用的试算平衡表、汇总表、分析表、计算表、账项调整表等。表6-8列示了试算平衡表的一般格式和内容。

表6-8   **审计工作底稿——试算平衡表**

被审计单位名称: 编制人:

日期: 复核人: 底稿号码

会计账户	原试算表记录		注册会计师调整账户		调整后试算表	
	借方	贷方	借方	贷方	借方	贷方

4. 盘点类工作底稿

盘点类工作底稿是注册会计师对库存现金、有价证券、存货、固定资产等实物资产进行清查盘点后所做的记录。例如,库存现金清点表、有价证券清点表、库存材料抽查表、固定资产盘点表等。表6-9列示了库存现金清点表的一般格式和内容。

表6-9 审计工作底稿——库存现金清点表

被审计单位: 清点时间:

摘　　　要	金　　　额
一、库存现金实有额	
人民币100元券　　　××张	元
50元券　　　××张	元
10元券　　　××张	元
5元券　　　××张	元
1元券　　　××张	元
5角券　　　××张	元　　角
……　　　　　……	
二、已收款未入账的总计	
（1）	
（2）	
三、已付款未入账的总计	
（1）	
（2）	
四、白条	
五、其他	
库存现金实存额（大写）	现金账面结存额（大写）
出纳员或备额保管员:（签章）	清点人:（签章）
审计结论	
审计负责人签章	注册会计师签章

5. 专项审计工作底稿

专项审计工作底稿是除了上述四类工作底稿,注册会计师为了记录其他特殊事项所设计的工作底稿,这些特殊事项包括伪造凭证、贪污盗窃、行贿受贿等违法乱纪事件。针对这些特殊事项,注册会计师应当根据不同情况设计不同格式的工作底稿,详细说明审计过程、取得的审计证据、问题性质、金额、被审计人的态度和注册会计师的分析意见等。

（三）备查类工作底稿

备查类工作底稿是指注册会计师在审计过程中形成的、对审计工作仅仅具有备查作用的审计工作底稿。该类工作底稿的形成时间是审计全过程。主要包括与审计约定事项有关的重要法律性文件、重要会议记录与纪要、重要经济合同与协议、企业营业执照、公司章程等原始资料的副本或者复印件等。

注册会计师在将上述资料归档为备查类工作底稿的同时,还应根据具体需要,将其中与具体审计项目有关的内容复印、摘录或综合后归入业务类工作底稿的具体审计项目之后。备查类工作底稿常常是由被审计单位或第三者提供或代为编制,注册会计师应对所取得的有关文件资料标明其来源。

三、审计工作底稿的形成

(一) 审计工作底稿的基本要素

审计工作底稿的形成方式主要有两种：一种是注册会计师直接编制；另一种是取得。一般而言,注册会计师直接编制的审计工作底稿主要应包括以下基本要素。

1. 被审计单位名称

被审计单位名称用以明确审计客体,防止混淆。如果被审计单位有子公司,或业务单元等,则应同时注明子公司或业务部门的名称。

2. 审计项目名称

审计项目名称是某一会计报表项目名称或某一审计程序及实施对象名称。用以明确审计内容。例如,审查财务报表中的存货项目,对购货及付款循环进行控制测试等。

3. 审计项目时点或期间

审计项目时点或期间用以明确审计范围。

4. 审计过程及其结论的记录

注册会计师的审计过程包括实施的审计程序、获取的审计证据、形成的各种专业判断、得出的审计结论。应当注意的是,每张审计工作底稿都应该有经过注册会计师审计的轨迹或者专业判断的记录,这一点很重要。有的工作底稿只是抄录了被审计单位账簿上的一些记录,而没有审计过程记录,也没有注册会计师专业判断或者审计结论,这种不说明问题的工作底稿实际上是无用的底稿。

5. 审计标识及说明

审计标识是注册会计师为方便表达审计含义而采用的符号。为了便于他人理解,注册会计师应在审计工作底稿中说明各种审计标识所代表的含义,或者采用审计标识及其说明表的形式在整套审计工作底稿前统一说明。审计标识应前后一致。常用的审计标识如表6-10所示。

表 6-10 常用的审计标识

顺序号	标识	图　意	顺序号	标识	图　意
1	√	已核对	7	<	横加核对
2	?	疑问待查	8	B	与上年结转数核对一致
3	S	与明细账核对相符	9	T	与原始凭证核对一致
4	G	与总账核对相符	10	T/B	与试算平衡表核对一致
5	∧	纵加核对	11	?√	疑问已查清
6	C:	已发询证函	12	C\:	已收回询证函

6. 索引号及页次

为了便于整理和查阅,在每张审计工作底稿上都要注明索引号及页次。索引号也称编号,是注册会计师为整理利用审计工作底稿,将具有同一性质或反映同一具体审计事项的审计工作底稿分别归类所形成的相互联系、相互控制的特定编号。页次是在同一索引号下不同的审计工作底稿的顺序编号。例如,A1-2可以表示库存现金盘点核对表。其中,A代表资产类工作底稿,1代表货币资金工作底稿,2代表货币资金类的第2张底稿。会计师事务所可以通过制订审计工作底稿目录表,来规定各种工作底稿的索引号,以备查阅。

7. 编制者姓名及编制日期

编制者姓名及编制日期目的在于明确工作职责,以便检查者、使用者了解谁能提供审计资料。另外,可证明编写工作底稿的时间,便于追查审计步骤与顺序,为以后类似审计工作安排时间。

8. 复核者姓名及复核日期

复核者姓名及复核日期目的在于明确复核责任,便于查询。

9. 其他应说明的事项

由被审计单位、其他第三者提供的资料或代为编制的审计工作底稿,注册会计师应在上面注明其来源,实施必要的审计程序,并按照上述基本要素的要求记录在工作底稿上。

(二)审计工作底稿的编制要求

(1)《中国注册会计师审计准则第 1131 号——审计工作底稿》要求注册会计师应当及时编制审计工作底稿。编制审计工作底稿的文字应当使用中文。少数民族自治地区可以同时使用少数民族文字。中国境内的中外合作会计师事务所、国际会计公司成员所可以同时使用某种外国文字。会计师事务所执行涉外业务时可以同时使用某种外国文字。

(2)注册会计师编制的审计工作底稿,应当使未曾接触该项审计工作的有经验的专业人士清楚了解:①按照审计准则和相关法律法规的规定实施的审计程序的性质、时间安排和范围;②实施审计程序的结果和获取的审计证据;③审计中遇到的重大事项和由此得出的结论,以及在得出结论时作出的重大职业判断。

有经验的专业人士是指会计师事务所内部或外部的具有审计实务经验,并且对下列方面有合理了解的人士:①审计过程;②审计准则和相关法律法规的规定;③被审计单位所处的经营环境;④与被审计单位所处行业相关的会计和审计问题。

(3)在记录已实施审计程序的性质、时间安排和范围时,注册会计师应当记录:①测试的具体项目或事项的识别特征;②审计工作的执行人员及完成审计工作的日期;③审计工作的复核人员及复核的日期和范围。

(4)注册会计师应当记录与管理层、治理层和其他人员对重大事项的讨论,包括所讨论的重大事项的性质以及讨论的时间、地点和参加人员。如果识别出的信息与针对某重大事项得出的最终结论不一致,注册会计师应当记录如何处理该不一致的情况。在极其特殊的情况下,如果认为有必要偏离某项审计准则的相关要求,注册会计师应当记录实施的替代审计程序如何实现相关要求的目的以及偏离的原因。

(5)在某些例外情况下,如果在审计报告日后实施了新的或追加的审计程序,或者得出新的结论,注册会计师应当记录:①遇到的例外情况;②实施的新的或追加的审计程序,获取的审计证据,得出的结论,以及对审计报告的影响;③对审计工作底稿作出相应变动的时间和人员,以及复核的时间和人员。

除了上述三种情况,在完成最终审计档案归整工作后,如果注册会计师发现有必要修改现有审计工作底稿或增加新的审计工作底稿,无论修改或增加的性质如何,注册会计师均应当记录:①修改或增加审计工作底稿的具体理由;②修改或增加审计工作底稿的时间和人员,以及复核的时间和人员。

另外,由于审计工作底稿不仅是形成审计结论的依据,而且是评价注册会计师业绩,控制和监督审计质量的基础,对于审计工作底稿的编制应该认真对待。一般在编制审计工作底稿时应考虑以下几点要求。

1. 完整性

审计工作底稿的完整性要求主要表现在两个方面,一是资料的完整性,也就是注册会计师应将收集的资料全部编入审计工作底稿;二是要素的完整性,即注册会计师必须保证组成审计工作底稿的若干要素编写齐全,不重复或遗漏。

2. 重要性

审计工作底稿的重要性要求是指审计工作底稿应包括被审计单位所有重要的事项。例如能支持审计报告及审计结论的事项,能证明审计报告中某一项目的资料,能证明交易事项及会计记录的正确性、真实性的资料,对于下一步调查有用的资料等都是属于重要的资料,因此必须列入审计工作底稿。而有些不重要的,与应证明事项没有必然联系的资料尽量不列入审计工作底稿。

3. 真实性

审计工作底稿的真实性要求是指在编制审计工作底稿时,应注意以下事项:①整个审计工作底稿的资料来源应该是可靠的;②来自被审计单位的资料应该是对被审计单位有关情况的客观描述;③注册会计师自己编制的各种试算表、分析表等应该在时间、地点、事实、当事人、计量单位、计量方法等方面准确无误;④从被审计单位以外的其他单位取得的资料应通过一定的审计程序验证其真实性。

4. 结构性

审计工作底稿的结构性要求包括形式结构和内容结构两方面。形式结构主要指审计工作底稿的格式设计要实用、具体,使之易于了解,使用方便;书写上应留有充分的余地,以备增添新的内容;审计事实与审计意见分开排列,如有可能,应使用统一的标志符号表达审计证据。良好的形式结构,旨在节约审计时间,提高审计效率。内容结构主要指:从工作底稿间的关系看,各个工作底稿的内容应该有一个相互一致的结构,以防重复或者遗漏;各个工作底稿的主从关系要明确界定,以形成一个合理的结构。对审计工作底稿的内容结构进行控制,可以提高审计质量和效果。例如,审计工作底稿的审计标识要前后一致。

(三)审计工作底稿的勾稽关系

审计工作底稿的勾稽关系主要包括三方面内容。

1. 各会计报表项目审计工作底稿之间的勾稽关系

由于被审计单位的经济业务与财务状况是一个有机整体,对某一会计报表项目进行审计必然会涉及另一些会计报表项目,因此,每一张审计工作底稿反映的内容,必然与其他审计工作底稿之间存在密切关系。注册会计师必须通过交叉索引及备注说明等形式反映相关审计工作底稿之间的勾稽关系。

交叉索引是指注册会计师在某一审计工作底稿中引用其他审计工作底稿上的资料或数据时,在两张工作底稿上同时注明对方工作底稿索引号的一种方法。即在引用其他工作底稿数据的工作底稿上引用的数据前,注明被引用工作底稿的索引号(表示数据来源);被引用工作底稿上被引用数据后,注明引用工作底稿的索引号(表示数据去向)。交叉索引可以帮助注册会计师清晰地反映某些审计资料或数据的来源和去向,以方便对审计工作底稿的检查和复核,并且有利于简化审计工作底稿和节省审计工时,增强审计工作底稿的严谨性和可理解性。

2. 各会计报表项目审计工作底稿与试算平衡表之间的勾稽关系

当注册会计师按照审计计划完成审计业务约定书中约定的全部审计事项后,应将具体审计项目审计工作底稿中的相关数据和内容进行归类汇总,编制试算平衡表和审计差异调整表。上述审计工作底稿经复核无误后,才能编制审计报告。试算平衡表应控制审计差异调整表和各会计报表项目审计工作底稿,并通过交叉索引得以明确反映。

3. 各会计报表项目审计工作底稿与被审计单位未审会计报表之间的勾稽关系

按照有关会计报表项目、会计科目或具体审计项目编制的审计工作底稿所记载的内容和数据(未审数),应与被审计单位未审会计报表、账簿、凭证等直接对应,并通过交叉索引或备注说明予以反映。

以存货为例,图 6-2 列示了上述勾稽关系。图 6-2 仅以原材料为例进行了详细列示,其他存货与原材料所运用的审计工作底稿的格式和内容及与其他审计工作底稿的关系与原材料类似。

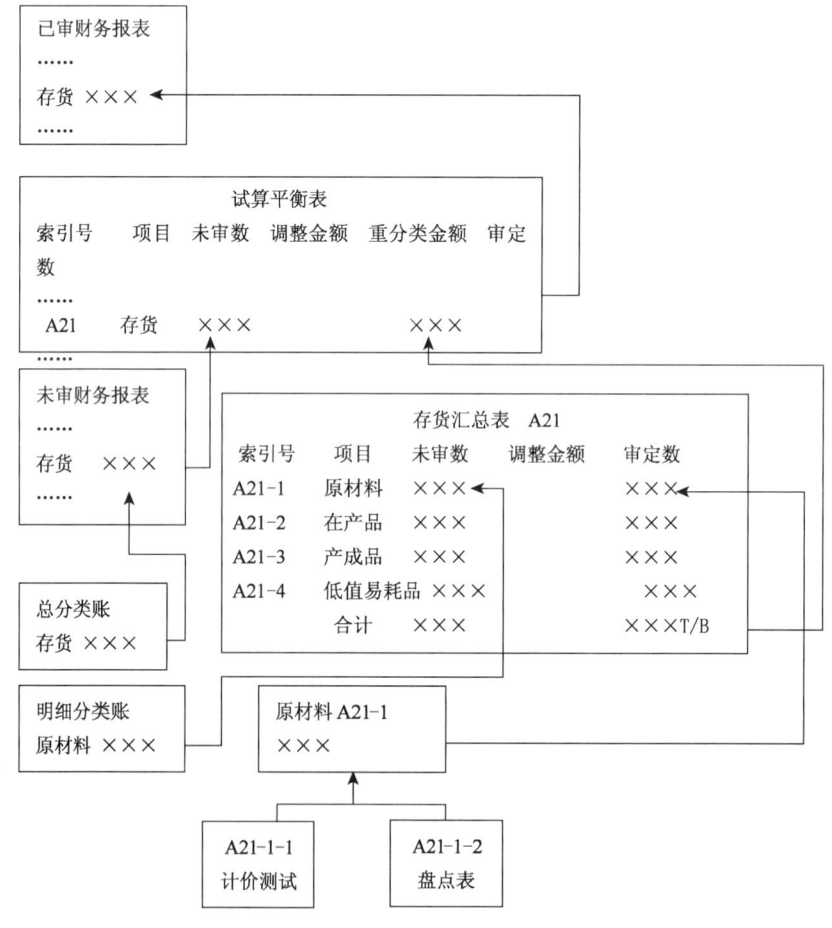

图 6-2 存货项目审计工作底稿勾稽关系①

---

① 蒋武,刘丽华. 审计学[M]. 北京:经济科学出版社,2001.

四、审计工作底稿的复核

(一) 审计工作底稿复核的作用

一张审计工作底稿往往由一名专业人员独立完成,编制者对有关资料的引用、对有关事项的判断、对会计数据的计算等都有可能出现误差,因此在审计工作底稿编制完成后,通过一定的程序,经过多层次的复核显得很有必要。审计工作底稿复核的作用主要表现在以下三个方面:

(1) 减少或消除人为的审计误差,以降低审计风险,提高审计质量。

(2) 及时发现和解决问题,保证审计计划顺利执行,并能够不断地协调审计工作进度,节约审计时间,提高审计效率。

(3) 便于上级管理人员对注册会计师进行审计质量监控和工作业绩考评。

(二) 审计工作底稿复核的要点

目前我国实行多层次的复核制度,而不同层次的复核其复核重点可能会不完全相同,但是就复核工作的基本要点来看,主要有以下几点:

(1) 所引用的资料是否翔实、可靠。

(2) 所获取的审计证据是否充分、适当。

(3) 审计判断是否有理有据。

(4) 审计结论是否恰当。

(三) 审计工作底稿复核的基本要求

复核是进行审计项目质量控制的一项重要程序,必须有严格和明确的规则。一般而言,复核时应做好以下四项工作:

(1) 做好复核记录。对审计工作底稿中存在的问题和疑点要明确指出,并以文字形式记录于审计工作底稿中。

(2) 复核人签名和签署日期。这样做有利于划清责任,也有利于上级复核人对下级复核人的监督。

(3) 书面表示复核意见。

(4) 督促编制人及时修改、完善审计工作底稿。

(四) 审计工作底稿三级复核制度

为了保证审计工作底稿复核工作的质量,大多数会计师事务所实行三级复核制度。所谓审计工作底稿三级复核制度,是指会计师事务所制定的以主任会计师、部门经理(或签字注册会计师)和项目经理为复核人,对审计工作底稿进行逐级复核的一种制度。三级复核制度的主要内容如表 6-11 所示。

表 6-11　　　　　　　　　　　审计工作底稿三级复核制度

复核级次	复核主体	复核性质	复 核 目 标
第一级复核	项目经理(或项目负责人)	详细复核	要求项目经理对下属审计助理人员形成的审计工作底稿逐张复核,发现问题,及时指出,并督促注册会计师及时修改完善
第二级复核	部门经理(或签字注册会计师)	一般复核	在项目经理完成了详细复核之后,再对审计工作底稿中重要会计账项的审计、重要审计程序的执行、以及审计调整事项等进行复核。这既是对项目经理复核的一种再监督,也是对重要审计事项的重点把关

（续表）

复核级次	复核主体	复核性质	复 核 目 标
第三级复核	主任会计师	重点复核	是对审计过程中的重大会计审计问题、重大审计调整事项及重要的审计工作底稿所进行的复核。主任会计师复核既是对前面两级复核的再监督，也是对整个审计工作的计划、进度和质量的重点把关

尚需指出的是，若部门经理作为某一审计项目的项目负责人，该项目又没有项目经理参加，则该部门经理的复核应视为项目经理复核，主任会计师应另行指定人员代为执行部门经理复核工作，以保证三级复核彻底执行。

五、审计工作底稿的归档与管理

审计工作底稿经过分类整理、汇集归档后，就形成了审计档案。注册会计师应当在审计报告日后及时将审计工作底稿归整为审计档案，并完成归整最终审计档案过程中的事务性工作。审计档案是会计师事务所审计工作的重要历史资料，是会计师事务所的宝贵财富，应当妥善管理。

（一）审计档案的分类

审计档案按其使用期限的长短和作用大小可分为永久性档案和当期档案。

永久性档案是指由那些记录内容相对稳定，具有长期使用价值，并对以后审计工作具有重要影响和直接作用的审计工作底稿所组成的审计档案。永久性档案主要由综合类工作底稿和备查类工作底稿组成。在这些工作底稿中，有些记录内容十分重要，如审计报告书副本等；有些记录内容则是可供以后年度直接使用，诸如重要的法律性文件、合同及协议等。因此，应把它们归入永久性档案进行管理。

当期档案又称一般档案，是由那些记录内容在各年度之间经常发生变化，只供当期审计使用和下期审计参考的审计工作底稿所组成的审计档案。一般档案主要由业务类工作底稿组成，诸如控制测试工作底稿、具体会计账项实质性程序的工作底稿等。这些工作底稿所记录的内容，在各年度之间是不同的，因此，主要供当期审计使用。

（二）审计档案的所有权与保管

1. 审计档案的所有权

审计工作底稿是注册会计师对其执行的审计工作所做的完整记录。从一般意义上讲，审计档案的所有权应属于执行该项业务的注册会计师。但是，我国注册会计师不能独立于会计师事务所之外承揽审计业务，审计业务必须以会计师事务所的名义承接。因此，审计档案的所有权属于承接该项业务的会计师事务所。

2. 审计工作底稿的归档

审计业务完成后，审计工作底稿要尽快归档，对历史财务信息的审计形成的工作底稿的归档期限为审计报告日后 60 天内。如果注册会计师未能完成审计业务，审计工作底稿的归档期限为审计业务中止后的 60 天内。在完成最终审计档案的归整工作后，注册会计师不应在规定的保存期限届满前删除或废弃任何性质的审计工作底稿。

3. 审计档案的保管期限

会计师事务所应当制定审计档案保管制度，对审计档案妥善管理，以保证审计档案的安全、完整。审计档案的保管期限可视不同档案类别而有所不同。对于永久性档案，应当长期保存。若会计师事务所中止了对被审计单位的后续审计服务,那么,其永久性档案的保管年限与最近一年当期档案的保管年限相同。对当期档案,会计师事务所应当自审计报告日起,至少保存 10 年。如果注册会计师未能完成审计业务,会计师事务所应当自审计业务中止日起,对审计工作底稿至少保存 10 年。即使会计师事务所中止了对被审计单位的后续审计服务,其当期档案的保存年限也不得任意缩减。

对于最低保存年限届满的审计档案,会计师事务所可以决定将其销毁。但在销毁之前,应当按规定履行必要的手续,对将要销毁的审计档案做最后一次检查,然后报主任会计师批准。销毁时,有关人员应进行现场监督或检查,以保证被销毁的审计档案彻底销毁干净。

(三) 审计档案的保密与调阅

会计师事务所应建立严格的审计工作底稿保密制度,并落实专人管理。除下列情况外,会计师事务所不得对外泄露审计档案中涉及的商业秘密及有关内容:

(1) 取得被审计单位的授权。

(2) 接受注册会计师协会和监管机构对执业情况的检查。

(3) 根据法律法规的要求,会计师事务所为法律诉讼准备文件或提供证据,以及向监管机构报告发现的违反法规行为。

(4) 法院、检察院及其他部门因工作需要,按规定办理手续依法查阅。

(5) 不同会计师事务所的注册会计师,因审计工作的需要,并经委托人同意,在下列情况下,办理了有关手续后,可以要求查阅审计档案:①被审计单位更换了会计师事务所,后任注册会计师可以调阅前任注册会计师的审计档案;②基于合并财务报表审计业务的需要,母公司所聘的注册会计师可以调阅子公司所聘注册会计师的审计档案;③联合审计;④会计师事务所认为合理的其他情况。

拥有审计工作底稿的会计师事务所应当对要求查阅者提供适当的协助,并根据有关审计工作底稿的性质和内容,决定是否允许要求查阅者阅览其底稿,及复印或摘录其中的有关内容。审计工作底稿中的内容被查阅者引用后,因为查阅者的误用而造成的后果,与拥有审计工作底稿的会计师事务所无关。

本 章 小 结

本章主要学习了审计证据和审计工作底稿。审计证据是审计人员在执行审计业务过程中,为形成审计意见所获取的证据。审计人员执行审计业务的过程,实质上就是收集审计证据,并将证据记录于审计工作底稿,形成审计意见的过程。收集、鉴定和综合审计证据是审计工作的核心。审计证据的特性包括审计证据的充分性和适当性。获取审计证据的审计程序包括检查记录或文件、检查有形资产、观察、询问、函证、重新计算、重新执行、分析程序。审计工作底稿则不仅是审计过程和结果的书面证明,还是审计证据的汇集和编写审计报告的依据。

本章重要概念

审计证据　相关性　可靠性　审计程序　观察　询问　函证　重新计算　重新执行
分析程序　风险评估程序　控制测试　实质性程序　穿行测试　审计工作底稿

本章练习

6-7　扫一扫
练一练

一、思考题

1. 什么是审计证据？审计证据与法律证据和科学证据相比有何区别与联系？

2. 审计证据应如何进行分类？

3. 如何将审计证据应用于审计决策？试举例说明。

4. 如何理解审计证据的证明力？

5. 审计证据获取方法同审计证据的可靠程度之间的关系是什么？

6. 如何理解审计准则、审计程序和审计证据决策之间的关系。

7. 审计证据的获取方法有哪几种？其成本有何区别？

8. 审计证据的整理和评价有何重要意义？其方法有哪些？应注意哪些问题？

9. 请解释为什么审计工作底稿中应当包括以下要素：被审计单位名称、审计项目时点
或期间、审计过程及其结论的记录、索引号、编制日期。

10. 为什么要进行审计工作底稿复核？

11. 审计档案的所有权归谁？何种情况下其他人可以调阅审计档案？

12. 审计工作底稿在归档期间的变动有哪些？

6-8　扫一扫
看答案

6-9　扫一扫
看课件

二、案例讨论题

"情况说明"与"说明情况"

在审计实践中，审计人员时常要求被审计单位有关人员对某一审计事项（或经济活
动）出具"情况说明"并签字盖章。有些审计人员如获珍宝，以被审计单位"情况说明"为依
据，认定完成对该事项的审计，并发表审计评价意见。但是，"情况说明"真的能够"说明情
况"吗？它是万能的吗？

"情况说明"一般可以使用在以下场景。

（一）获取被审计单位的书面承诺，厘清法律责任

当被审计单位提供历史资料不足，或提供易篡改的电子数据时，面对原始资料不真实、
不完整的可能性，为了区分法律责任、明确告知义务、规避审计风险，审计人员往往要求被审
计单位出具"情况说明"等书面承诺，保证其履行提供真实、完整资料的义务。

（二）固化通过询问获取的审计证据，补充证据链条

由于审计人员经常面临被审计单位财务业务资料缺失，证据链条中断，证据间无法相互
佐证；或是被审计单位负责人员更迭，无法追究审计事项的经济责任等情况。审计人员通过
"情况说明"固化当事人自述记录或第三方证言，帮助其还原历史情景，做出审计分析判断。

（三）为审前调查获取线索，通过询问辅证审计判断

审计人员通过询问，以书面或者口头方式向有关人员了解关于审计事项的信息，可以为审计追查提供线索。通过向与审计事项有关的第三方进行外部调查，核对"情况说明"与其他审计证据是否相符，验证审计判断。

要求：

（1）注册会计师获得审计证据的方法有哪些？审计证据有哪些类型？"情况说明"属于哪种类型呢？

（2）你认为"情况说明"可以直接当作审计证据使用吗？使用时需要注意哪些问题呢？

第七章　审计重要性与审计风险

内容提要

本章主要介绍了审计重要性和审计风险的内容。

重点难点

本章重点为审计重要性的定义及确定，审计风险的类型及审计风险模型；难点为审计重要性的应用以及审计风险、重要性及审计证据之间的关系。

学习目标

通过本章学习，学生应掌握重要性的定义、重要性的确定和应用、审计风险的类型及审计风险模型；理解审计风险、重要性、审计证据三者之间的关系。

知识框架

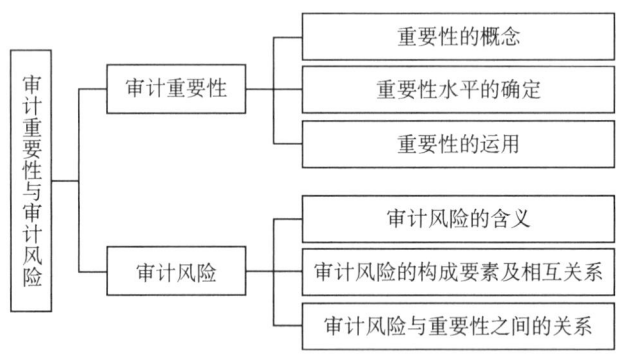

思政育人　　　证券市场"看门人"的勤勉尽责义务

2021年11月15日，证监会对亚太所科融环境年报审计执业未勤勉尽责行为举行了听证会，听取了亚太所及其代理人的陈述和申辩。

经查明，亚太所在科融环境2017年年度审计中以利润总额作为基准，确定财务报表整体的重要性金额和母公司重要性金额为2 700 000元，可容忍错报重要性金额为财务报告整体重要性金额的50%（即1 350 000元），错报临界值为财务报告整体重要性金额的5%（即135 000元），亚太所在审计过程中未恰当履行舞弊风险识别、评估及应对相关程序，销售与收款控制测试未有效执行，收入截止性测试未有效执行，未对关注到的多个高毛利项目异常情况进一步审计，未关注2017年12月收入异常增加的情况，致使其未发现科融环境将调试报告日期由以前年度涂改为 2017 年,并在 2017 年确认调试收入,虚增 2017 年利润 7 178 800.95 元,占科融环境 2017 年利润总额的 17.16%。

亚太所在其申辩材料及听证过程中提出:其一,科融环境 2017 年年报错报系会计分期差错,业务交易真实,错报金额占企业所有者权益总额、营业收入总额、归母公司净利润及归母公司综合收益总额等直接相关项目金额的比重较低;其二,审计测试依赖职业判断并具有抽样风险,亚太所执业无故意或重大过失,已合理关注企业舞弊和应对,已合理关注毛利高业务和年末销售;其三,证监会对亚太所的处罚过重。

证监会对申辩意见进行逐一反驳,最后作出处罚决定:一、对亚太(集团)会计师事务所(特殊普通合伙)责令改正,没收业务收入 60 万元,并处以 60 万元罚款;二、对吴平权、周铁华给予警告,并分别处以 5 万元罚款。

通过上述案例不难发现,作为证券市场的"看门人",注册会计师执业是有风险的,如何判定其是否履行勤勉尽责义务,未能发现的错报重大与否是追究会计师事务所和注册会计师法律责任的关键。具体多少为"重大"没有统一标准,需依据职业判断进行审慎评估。在你们的生活中会遇到很多风险,你是怎样衡量这些风险的影响的?请谈谈你的看法。

资料来源:中国证监会. 中国证监会行政处罚决定书(亚太所、吴平权、周铁华)[EB/OL]. (2021-12-06) [2022-11-30]. http://www.csrc.gov.cn/csrc/c101927/c1664256/content.shtml.

第一节 | 审计重要性

一、重要性的概念

(一) 重要性的定义

如果合理预期错报(包括漏报)单独或汇总起来可能影响财务报表使用者依据财务报表作出的经济决策,则通常认为错报是重大的。

错报是指某一财务报表项目的金额、分类、列报或披露,与按照适用的财务报告编制基础应当列示的金额、分类、列报或披露之间存在的差异;或根据注册会计师的判断,为了使财务报表在所有重大方面实现公允反映,需要对金额、分类、列报或披露作出的必要调整。错报可能是错误或舞弊导致的。这里的会计报表使用者是指具有一定的理解能力,并能够理性的作出判断和决策的使用者。

(二) 重要性概念的理解

通常而言,重要性概念可从下列方面进行理解。

1. 对重要性的判断是根据具体环境作出的

不同企业面临不同的环境,因而判断重要性的标准也不相同。例如,某一金额对某个企业的会计报表来说是重要的,而对另一个具有不同规模、不同性质的企业的会计报表来说,可能并不重要。10 万元的错报对一个小公司来说可能是重要的,而对另一个大公司来说则可能不重要。此外,对于某一特定企业而言,重要性也会因为时间的不同而不同。

2. 对重要性的判断受错报的数量或性质的影响,或受两者共同作用的影响

所谓数量方面是指错报的金额大小,性质方面则是指错报的性质。一般来说,金额大的错报比金额小的错报重要。但在某些情况下,有些从金额上看并不重要,但从性质上来看则是重要的,如涉及舞弊的金额通常被认为比相同金额的无意差错更重要;如果错报可能引发合同上的责任后果,那么这个错报可能是重要的;能够影响利润变化趋势的错报需要引起

7-1 重要性的概念及理解

关注。

3. 判断某事项对财务报表使用者是否重大,是在考虑财务报表使用者整体共同的财务信息需求的基础上作出的

不同财务报表使用者对财务信息的需求可能差异很大,因此不考虑错报对个别财务报表使用者可能产生的影响。

❓ 相关思考7-1 ···

会计重要性和审计重要性有什么异同点?

二、重要性水平的确定

(一)对重要性水平作出初步判断时应考虑的因素

注册会计师应当综合考虑以下主要因素,并结合其审计经验,对重要性水平作出初步判断。

1. 以往的审计经验

以往审计中所运用的重要性水平,如果较为恰当,可以作为本年度确定重要性水平的重要依据,注册会计师可以依据这一重要性水平,考虑被审计单位经营环境和经营业务的变化,对其加以修正。

2. 审计的目标,包括特定报告要求

信息使用者的要求等因素影响注册会计师对重要性水平的确定。例如,对特定报表项目进行审计的业务,其重要性水平可能需要以该项目金额,而不是以财务报表的一些汇总性财务数据为基础加以确定。

3. 有关法规对财务会计的要求

一般来说,注册会计师执行年度财务报表审计时,应当谨慎判断重要性水平,因为有关法规对企业财务报表的编制可能存在特别的要求。如果企业存在由管理层自主决定处理的会计事项,注册会计师应从严确定重要性水平。

4. 被审计单位的经营规模及业务性质

规模大的企业,其重要性水平的绝对值一般比规模小的企业要大,但相对值一般要比规模小的企业小;不同行业的企业,其会计核算的工作组织以及所遵循的会计规范均存在较大的差异,因此企业所处行业的性质对重要性水平的确定有较大影响。

5. 内部控制与审计风险的评估结果

如果内部控制较为健全,可信赖程度高,可以将重要性水平定得高一些;反之则低一些。由于重要性水平与审计风险之间成反向关系,若审计风险较高,则重要性水平应确定的相对较低;反之则应较高。

6. 财务报表各项目的性质及其相互关系

财务报表项目的重要程度是存在差别的,财务报表使用者对某些报表项目要比另外的一些报表项目更为关心。一般而言,对流动性较高的项目应从严制定重要性水平。另外,由于财务报表各项之间是相互联系的,注册会计师在确定重要性水平时,必须考虑这种相互关系。

7. 财务报表各项目的金额及其波动幅度

财务报表项目的金额及其波动幅度可能成为财务报表使用者作出反应的信号,因此注册会计师在确定重要性水平时,应当深入研究这些金额及其波动幅度。

因为重要性是从财务报表使用者决策的角度来考虑的,所以,只要是影响财务报表使用者决策的因素,都可能对重要性产生影响。注册会计师应当在计划阶段充分考虑这些因素,并采用合理方法确定重要性水平。

(二) 重要性水平的定性考虑和定量考虑

1. 从性质方面考虑重要性

在某些情况下,对于从金额上看不重要的错报,如果从性质上看可能是重要的。因此注册会计师在确定重要性水平时要考虑以下可能构成重要性的因素。

(1) 错报对遵守法律法规要求的影响程度。

(2) 错报对遵守债务契约或其他合同要求的影响程度。

(3) 错报掩盖收益或其他趋势变化的程度(尤其在联系宏观经济背景和行业状况进行考虑时)。

(4) 错报对用于评价被审计单位财务状况、经营成果或现金流量的有关比率的影响程度。

(5) 错报对财务报表中列报的分部信息的影响程度。例如,错报事项对分部或被审计单位其他经营部分的重要程度,而这些分部或经营部分对被审计单位的经营或盈利有重大影响。

(6) 错报对增加管理层报酬的影响程度。例如,管理层通过错报来达到有关奖金或其他激励政策规定的要求,从而增加其报酬。

(7) 错报对某些账户余额之间错误分类的影响程度,这些错误分类影响到财务报表中应单独披露的项目。例如,经营收益和非经营收益之间的错误分类,非盈利单位的受到限制资源和非限制资源的错误分类。

(8) 相对于注册会计师所了解的以前向报表使用者传达的信息(如盈利预测)而言,错报的重大程度。

(9) 错报是否与涉及特定方的项目相关。例如,与被审计单位发生交易的外部单位是否与被审计单位管理层的成员有关联。

(10) 错报对信息漏报的影响程度。在有些情况下,适用的会计准则和相关会计制度并未对该信息作出具体要求,但是注册会计师运用职业判断,认为该信息对财务报表使用者了解被审计单位的财务状况、经营成果或现金流量很重要。

(11) 错报对与已审计财务报表一同披露的其他信息的影响程度,该影响程度能被合理预期将对财务报表使用者作出经济决策产生影响。

需要指出的是,这些因素只是举例,不可能包括所有情况,也并非所有审计都会出现上述全部因素。注册会计师不能以存在这些因素为由而必然认为错报是重大的。这些因素仅供注册会计师参考。

2. 从数量方面考虑重要性

(1) 财务报表层次的重要性水平。财务报表审计的目标是注册会计师通过执行审计工作对财务报表发表审计意见,因此,注册会计师应当考虑财务报表层次的重要性。只有这样,才能得出财务报表是否公允反映的结论。注册会计师在制定总体审计策略时,应当确定财务报表层次的重要性水平。

确定重要性需要运用职业判断。通常先选定一个基准,再乘以某一百分比作为财务报表整体的重要性。用公式表示如下:

$$\text{财务报表层次的计划} \atop \text{重要性水平} = \text{判断基础} \atop \text{(关于被审计单位的函数)} \times \text{百分比} \atop \text{(关于审计风险的经验数据)}$$

在选择基准时,需要考虑的因素包括:①财务报表的要素(如资产、负债、所有者权益、收入和费用等)。②是否存在特定会计主体的财务报表使用者特别关注的项目。例如,为了评价财务业绩,财务报表使用者可能更关注利润、收入或净资产。③被审计单位的性质、所处的生命周期以及所处行业和经济环境。④被审计单位的所有权结构和融资方式。例如,如果被审计单位仅通过债务而非权益进行融资,财务报表使用者可能更关注资产及资产的求索权,而非被审计单位的收益。⑤基准的相对波动性。

审计人员经常采用资产总额、净资产、营业收入、净利润等财务指标,但是适当基准取决于被审计单位的具体情况。例如,对以盈利为目的的被审计单位,来自经常性业务的税前利润或税后净利润可能是一个适当的基准;而对收益不稳定的被审计单位或非盈利组织来说,选择税前利润或税后净利润作为判断重要性水平的基准就不合适。

为选定的基准确定百分比需要运用职业判断。实务界常用的判断重要性水平的百分比有:税前净利润的 $5\% \sim 10\%$,资产总额的 $0.5\% \sim 1\%$、营业收入的 $0.5\% \sim 1\%$ 等。

(2)各类交易、账户余额及其披露认定层次的重要性水平。财务报表提供的信息由各类交易、账户余额及其披露认定层次的信息汇集加工而成,注册会计师只有通过对各类交易、账户余额、披露认定层次实施审计,才能得出财务报表是否公允反映的结论。因此,注册会计师还应当考虑各类交易、账户余额及其披露认定层次的重要性。

各类交易、账户余额及其披露认定层次的重要性水平称为“可容忍错报”。可容忍错报的确定以注册会计师对财务报表层次重要性水平的初步评估为基础。它是在不导致财务报表存在重大错报的情况下,注册会计师对各类交易、账户余额确定的可接受的最大错报。例如,如果注册会计师决定将总额为 20 万美元的重要性初步判断金额中的 10 万美元分配给应收账款,则应收账款的可容忍错报额就是 10 万美元。这就意味着,只要应收账款中的错报不超过 10 万美元,注册会计师就可认为应收账款是公允反映的。

注册会计师确定各类交易、账户余额及其披露认定层次的重要性水平时,应当考虑以下主要因素:第一,各类交易、账户余额、列报的性质及错报的可能性;第二,各类交易、账户余额、列报的重要性水平与财务报表层次重要性水平的关系。由于为各类交易、账户余额、列报确定的重要性水平即可容忍错报,对审计证据数量有直接的影响,因此,注册会计师应当合理确定可容忍错报。在实务中,注册会计师还应考虑账户或交易的审计成本因素。

需要强调的是,在制定总体审计策略时,注册会计师应当对那些金额本身就低于所确定的财务报表层次重要性水平的特定项目作额外的考虑。注册会计师应当根据被审计单位的具体情况,运用职业判断,考虑是否能够合理地预计这些项目的错报将影响使用者依据财务报表作出的经济决策(如有这种情况的话)。注册会计师在作出这一判断时,应当考虑的因素包括:

第一,会计准则、法律法规是否影响财务报表使用者对特定项目计量和披露的预期(如关联方交易、管理层及治理层的报酬)。

第二,与被审计单位所处行业及其环境相关的关键性披露(如制药业的研究与开发成本)。

第三,财务报表使用者是否特别关注财务报表中单独披露的特定业务分部(如新近购买的业务)的财务业绩。

了解治理层和管理层对上述问题的看法和预期,可能有助于注册会计师根据被审计单位的具体情况作出这一判断。

大多数从业人员都把重要性的初步判断金额分配于资产负债表账户,而不是利润表账户。这是因为,由于采用复式簿记系统,利润表中的许多错报同样也影响资产负债表。因此,注册会计师既可以将重要性分配于利润表账户,也可将其分配于资产负债表账户。由于大多数审计业务中,资产负债表账户要少于利润表账户,同时大多数审计程序关注的也是资产负债表账户,将重要性的初步判断金额分配于资产负债表账户是最恰当的做法。

将重要性金额分配于资产负债表账户(各单元)主要有三个困难:第一,注册会计师期望某些账户更多;第二,既要考虑高估的可能性,也要考虑低估的可能性;第三,分配要受审计成本的影响。

无论是采用分配的方法,还是不采用分配的方法,注册会计师均应考虑上述因素。对于重要的账户或交易,注册会计师应当从严制定重要性水平;对于出现错报或漏报可能性较大的账户或交易,因其审计成本可能较大,可以将重要性水平确定得高一些,以节省审计成本。在采用分配方法时,各账户或交易层次的重要性水平之和,应当等于财务报表层次的重要性水平。

下面举例说明确定账户或交易层次的重要性水平的确定方法。

首先,分配的方法。

采用分配方法时,分配的对象一般是资产负债表账户。假设某公司的总资产构成如表7-1所示,注册会计师初步判断的财务报表层次的重要性水平是资产总额的1%,为140万元,即资产账户可容忍的错报或漏报为140万元。现注册会计师按这一重要性水平分配给各资产账户,如表7-1所示。

表7-1　　　　　　　　　　　　重要性水平的分配　　　　　　　　　　单位:万元

项　　目	金额	甲方案	乙方案
现金	700	7	2.8
应收账款	2 100	21	25.2
存货	4 200	42	70.0
固定资产	7 000	70	42.0
总计	14 000	140	140.0

表7-1中,甲方案是按1%进行同比例分配。一般来说,这并不可行,注册会计师必须对其进行修正。由于应收账款和存货错报或漏报的可能性较大,故分配较高的重要性水平,以节省审计成本,如乙方案。假定审计存货后,仅发现错报和漏报40万元,且注册会计师认为所执行的审计程序已经足够,则可将剩下的30万元再分配给应收账款。

其次,不分配的方法。

这里我们简单介绍两种不分配的方法。

一种方法是某著名国际会计公司所采用的方法。假设财务报表层次的重要性水平为100万元,则可根据各账户的性质及错报或漏报的可能性,将各账户或交易的重要性水平确定为财务报表层次重要性水平的20%～50%。审计时,只要发现该账户的错报或漏报超过这一水平,就建议被审计单位调整。编制未调整事项汇总表,若未调整的错报或漏报超过100万元,就应建议被审计单位调整。

另一种方法是境外某会计师事务所采用的方法。该会计师事务所规定,各账户或交易的重要性水平为财务报表层次重要性水平的1/6～1/3。假设财务报表层次的重要性水平为90万元,应收账款的重要性水平为这一金额的1/4,存货为1/5,应付账款为1/5,则其重要性水平的金额分别为22.5万元、18万元和18万元。

在实际工作中,通常很难事先预测哪些账户最有可能发生错报,以及这种错报是高估还是低估。同样,审计不同账户的相对成本通常也难以确定。因此,确定账户或交易层次的重要性水平是一个非常困难的职业判断。为此,国外许多会计师事务所都制定严格的指南和采用复杂的统计方法来进行这项工作。

7-2 实际执行的重要性

（三）实际执行的重要性水平

1. 实际执行的重要性的定义

实际执行的重要性是指注册会计师确定的低于财务报表整体的重要性的一个或多个金额,旨在将未更正和未发现错报的汇总数超过财务报表整体的重要性的可能性降至适当的低水平。如果适用,实际执行的重要性还指注册会计师确定的低于特定类别的交易、账户余额或披露的重要性水平的一个或多个金额。

2. 实际执行的重要性的确定

确定实际执行的重要性需要注册会计师运用职业判断,并考虑下列因素的影响:①对被审计单位的了解;②前期审计工作中识别出的错报的性质和范围;③根据前期识别出的错报对本期错报作出的预期。

通常而言,实际执行的重要性为财务报表整体重要性的50%～75%。接近财务报表整体重要性50%的情况:①非经常性审计;②以前年度审计调整较多,项目总体风险较高(如处于高风险行业,经常面临较大市场压力)。接近财务报表整体重要性75%的情况:①经常性审计,以前年度审计调整较少;②项目总体风险较低(如处于低风险行业,面临市场压力较小)。

（四）审计过程中修改重要性水平

由于下列原因,注册会计师可能需要修改财务报表整体的重要性和特定类别的交易、账户余额或披露的重要性水平:①审计过程中情况发生重大变化,如决定处置被审计单位的一个重要组成部分;②获取新信息;③通过实施进一步审计程序,注册会计师对被审计单位及其经营的了解发生变化。例如,注册会计师在审计过程中发现实际的财务结果与最初确定财务报表整体的重要性时使用的预期财务结果相比存在着很大的差异,则需要修改重要性。

三、重要性的运用

《中国注册会计师审计准则第1221号——计划和执行审计工作时的重要性》规定,注册会计师在计划和执行审计工作,评价识别出的错报对审计的影响,以及未更正错报对财务报表和审计意见的影响时需要恰当地运用重要性概念。

（一）计划和执行审计工作时

在编制审计计划时，注册会计师应当对重要性水平作出初步判断。重要性的初步判断是审计师认为报表中可能存在错报，而又不至于影响理性使用者决策的最大金额。作出的判断为确定风险评估程序的性质、时间安排和范围；识别和评估重大错报风险；确定进一步审计程序的性质、时间安排和范围等方面提供了基础。

（二）评价审计结果时

注册会计师在评价审计结果时，应当汇总已发现但尚未更正的错报或漏报，以考虑尚未更正错报的汇总数是否对财务报表的反映产生重大影响。在作出这种判断时，就需要利用重要性水平。但是需要注意的是，注册会计师在确定重要性水平时是根据对被审计单位财务结果的估计，可能尚不知道实际的财务结果。因此，在评价未更正错报的影响前，注册会计师可能有必要依据实际的财务结果对重要性作出修改。

1. 累计识别出的错报

注册会计师应当累计审计过程中识别出的错报，除非错报明显微小。为了帮助注册会计师评价审计过程中累积的错报的影响以及与管理层和治理层沟通错报事项，将错报区分为事实错报、判断错报和推断错报。

（1）事实错报。事实错报是毋庸置疑的错报。这类错报产生于被审计单位收集和处理数据的错报，对事实的忽略或误解，或故意舞弊行为。例如，注册会计师在审计测试中发现最近购入存货的实际价值为 30 000 元，但账面记录的金额却为 50 000 元。因此，存货和应付账款分别被高估了 20 000 元，这里被高估的 20 000 元就是已识别的对事实的具体错报。

（2）判断错报。由于注册会计师认为管理层对会计估计作出不合理的判断或不恰当地选择和运用会计政策而导致的差异。这类错报产生于两种情况：一是管理层和注册会计师对会计估计值的判断差异；二是管理层和注册会计师对选择和运用会计政策的判断差异。

（3）推断错报。它也称"可能的误差"，是注册会计师对不能明确、具体识别的其他错报的最佳估计数。推断误差通常包括两种，一是通过测试样本估计出的总体错报减去在测试中发现的已经识别的事实错报。例如，应收账款年末余额为 2 000 万元，注册会计师抽查 10％样本发现金额有 100 万元的高估，高估部分为账面金额的 20％，据此注册会计师推断总体的错报金额为 400 万元（2 000×20％），那么上述 100 万元就是已识别的事实错报，其余 300 万元即推断错报。二是通过实质性分析程序推断出的估计错报。例如，注册会计师根据客户的预算资料及行业趋势等要素，对客户年度销售费用独立作出估计，并与客户账面金额比较，发现两者之间有 50％的差异；考虑到估计的精确性有限，注册会计师根据经验认为 10％的差异通常是可接受的，而剩余的差异需要有合理解释并取得佐证性证据；假定注册会计师对其中的 10％的差异无法得到合理解释或不能取得佐证，则该部分差异金额即为推断错报。

必须指出，注册会计师在汇总时，也可能包括前期尚未调整的错报或漏报。一般而言，如果前期尚未调整的错报或漏报尚未消除，且导致本期财务报表严重失实，注册会计师在汇总时就应将其包括进来。此外，在汇总时，注册会计师还应考虑期后事项和或有事项是否已进行适当处理。

2. 评价未更正错报的影响

未更正错报是指注册会计师在审计过程中累积的且被审计单位未更正的错报。尚未更正错报与财务报表层次重要性水平相比,可能出现以下三种情况:

(1)尚未更正错报的汇总数低于重要性水平(并且特定项目的尚未更正错报也低于考虑其性质所设定的更低的重要性水平,下同)。如果尚未更正错报汇总数低于重要性水平,对财务报表的影响不重大,注册会计师可以发表无保留意见的审计报告。

(2)尚未更正错报的汇总数超过重要性水平。如果尚未更正错报或漏报汇总数超过重要性水平,对财务报表的影响可能是重大的,注册会计师应当考虑通过审计程序的范围或提请被审计单位调整财务报表,以降低审计风险。即当汇总数超过重要性水平时,为降低审计风险,注册会计师应当考虑采用两种措施:一是扩大实质性程序的范围,以进一步确认汇总数是否重要;二是提请被审计单位调整财务报表,以使汇总数低于重要性水平。如果被审计单位拒绝调整财务报表,或扩大实质性程序的范围后,尚未调整的错报或漏报汇总数仍超过重要性水平,注册会计师应当发表保留意见或否定意见。一般来说,如果尚未调整的错报或漏报的汇总数可能影响到某个财务报表使用者的决策,但财务报表的反映就其整体而言是公允的,注册会计师应当发表保留意见。如果尚未调整的错报或漏报非常重要,可能影响到大多数甚至全部财务报表使用者的决策时,注册会计师应当发表否定意见。

(3)尚未更正错报的汇总数接近重要性水平。如果尚未调整的错报或漏报汇总数接近于重要性水平,由于该汇总数连同尚未发现的错报或漏报可能超过重要性水平,注册会计师应当实施追加审计程序,或提请被审计单位进一步调整已发现的错报或漏报,以降低审计风险。被审计单位财务报表的错报或漏报,除了已发现的错报或漏报及推断的错报或漏报,还可能存在其他的错报或漏报。当汇总数接近重要性水平时,如考虑该种错报或漏报汇总数可能超过重要水平,审计风险就会增加,为降低审计风险,注册会计师应当实施追加审计程序,或提请被审计单位进一步调整财务报表。

具体尚未更正错报与财务报表层次重要性水平对审计报告的影响如表7-2所示。

表7-2　　　　尚未更正错报与财务报表层次重要性水平对审计报告的影响举例[①]

情　　形	尚未更正错报的汇总数	重要性水平	影　　响
低于(并且特定项目的尚未更正错报也低于考虑其性质所设定的更低的重要性水平,下同)	60万元	100万元	对财务报表的影响不重大,注册会计师可以发表无保留意见的审计报告
超过	150万元	100万元	对财务报表的影响可能是重大的,注册会计师应当考虑通过扩大审计程序的范围或要求管理层调整财务报表降低审计风险; 在任何情况下,注册会计师都应当要求管理层就已识别的错报调整财务报表; 如果管理层拒绝调整财务报表,并且扩大审计程序范围的结果不能使注册会计师认为尚未更正错报的汇总数不重大,注册会计师应当考虑出具非无保留意见的审计报告

---

① 王生根.审计实务——基于风险导向审计理念[M].北京:清华大学出版社,2009.

（续表）

情　　形	尚未更正错报的汇总数	重要性水平	影　　响
接近	99万元	100万元	注册会计师应当考虑该汇总数连同尚未发现的错报是否可能超过重要性水平并考虑实施追加的审计程序；或要求管理层调整财务报表降低审计风险

审计工作底稿——重要性水平确定表的参考格式如表7-3所示。

表7-3　　　　　　　　**审计工作底稿——重要性水平确定表的参考格式**

被审计单位：		索引号：		页次：	
项目：重要性确定表		编制人：		日期：	
财务报表截止日/期间：		复核人：		日期：	
一、重要性水平计量基础的考虑					
基础项目(注1)		采用该基础确定整体重要性时考虑因素	金额		
其他					
二、财务报表整体重要性的确定					
1. 确定基准					
基础金额		基本理由	适用比率	计算数值	
				—	
2. 定性因素对整体重要性的影响					
定性因素		影响说明			
3. 最终确定的整体重要性金额(取整数)					
三、特定类别的交易、账户余额或披露的重要性的确定(如适用)					
特定类别的交易、账户余额或披露		确定的重要性	考虑因素		
四、实际执行的重要性的确定					
考虑因素		确定的整体重要性金额	参考比率	适用比率	计算数值
如整体审计风险为低			75%		—
如整体审计风险为高			50%		—
最终确定的实际执行的重要性金额(取整数)					
五、实际执行的特定类别的交易、账户余额或披露的重要性的确定(如适用)					

（续表）

特定类别的交易、账户余额或披露	确定的实际执行的重要性	考虑因素		

六、未更正错报名义金额的确定

考虑因素	确定的整体重要性金额	参考比率	适用比率	计算数值
当实际执行的重要性水平设为财务报表整体重要性水平的50%		5%		—
当实际执行的重要性水平设为财务报表整体重要性水平的75%		3%		—
最终确定的未更正错报水平金额(取整数)				

七、审计过程中对重要性的修改(如适用)

1. 审计过程中获知的可能导致修改重要性的信息				
2. 修改后的整体重要性				
3. 修改后实际执行的整体重要性				
4. 修改后的特定类别的交易、账户余额或披露的重要性水平(如适用)				

特定类别的交易、账户余额或披露	修改后重要性水平	考虑因素		

5. 修改后实际执行的特定类别的交易、账户余额或披露的重要性水平(如适用)				

特定类别的交易、账户余额或披露	修改后实际执行的重要性水平	修改依据		
6. 修改后的未更正错报水平				

第二节 审计风险

一、审计风险的含义

审计风险是审计学中的一个重要概念,它是指财务报表存在重大错报时,注册会计师发表不恰当审计意见的可能性。审计风险是一个与审计过程相关的技术术语,并不是指注册会计师执行业务的法律后果,如因诉讼、负面宣传或其他与财务报表审计相关的事项而导致损失的可能性。

？ 相关思考 7-2 ....

审计风险的成因有哪些？

二、审计风险的构成要素及相互关系

审计风险取决于重大错报风险和检查风险。

（一）重大错报风险

重大错报风险是指财务报表在审计前存在重大错报的可能性。重大错报风险与被审计单位的风险相关，且独立于财务报表审计而存在。在设计审计程序以确定财务报表整体是否存在重大错报时，注册会计师应当从财务报表层次和各类交易、账户余额、披露认定层次考虑重大错报风险。

7-3 重大错报风险和检查风险

1. 财务报表层次的重大错报风险

财务报表层次重大错报风险与财务报表整体存在广泛联系，它可能影响多项认定。此类风险通常与控制环境有关，如管理层缺乏诚信、治理层形同虚设而不能对管理层进行有效监督等；但也可能与其他因素有关，如经济萧条、企业所处行业处于衰退期。此类风险难以被界定于某类交易、账户余额、列报的具体认定，相反，此类风险增大了一个或多个不同认定发生重大错报的可能性。此类风险对注册会计师考虑由舞弊引起的风险特别相关。

在审计过程中，注册会计师应当评估财务报表层次的重大错报风险，并根据评估结果确定总体应对措施。

2. 认定层次的重大错报风险

注册会计师还应同时考虑各类交易、账户余额、披露认定层次的重大错报风险，并根据既定的审计风险水平和评估的认定层次重大错报风险确定可接受的检查风险水平，从而直接有利于确定认定层次上实施的进一步审计程序的性质、时间和范围。

认定层次的重大错报风险又可进一步细分为固有风险和控制风险。

固有风险是指在考虑相关的内部控制之前，某一认定易于发生错报（该错报单独或连同其他错报可能是重大的）的可能性。这样的可能性既可从该错报单独考虑，也可能是连同其他错报构成的重大错报。某些类别的交易、账户余额、列报及其认定，固有风险很高。例如，复杂的计算比简单的计算更可能出错；受重大计量不确定性影响的会计估计发生错报的可能性更大等。

控制风险是指某项认定发生错报，该错报单独或连同其他错报是重大的，但没有被内部控制及时防止、发现和纠正的可能性。控制风险取决于与财务报表编制有关的内部控制设计和运行的有效性。由于控制的固有局限性，某种程序的控制风险始终存在。

7-4 牛刀小试

需要特别说明的是，由于固有风险和控制风险不可分割地交织在一起，有时无法单独进行评估，审计准则通常也不再单独提到固有风险和控制风险，而只是将这两者合并称为"重大错报风险"。但这并不意味着注册会计师不可以单独对固有风险和控制风险进行评估。相反，注册会计师既可以单独对两者进行评估，也可以对两者进行合并评估。具体采用的评估方法取决于会计师事务所偏好的审计技术和方法及实务上的考虑。

（二）检查风险

检查风险是指某一认定存在错报，该错报单独或连同其他错报可能是重大的，但注册会

7-5 牛刀小试答案

计师为将审计风险降至可接受的低水平而实施程序后没有发现这种错报的风险。检查风险是由现代审计方法本身的性质造成的,同时也受审计程序的性质、时间和范围的影响,取决于审计程序设计的合理性和执行的有效性。审计人员应该合理设计审计程序的性质、时间和范围,并有效执行审计程序,以控制检查风险。但是由于注册会计师通常并不对所有的交易、账户余额和列报进行检查,以及存在其他原因[①],检查风险不可能降低为零。

(三) 两者关系

重大错报风险和检查风险两者之间的关系可以从定量和定性两个方面加以考虑。

1. 从定量角度看

在既定的审计风险水平下,可接受的检查风险水平与认定层次重大错报风险的评估结果成反向关系。评估的重大错报风险越高,可接受的检查风险越低;评估的重大错报风险越低,可接受的检查风险越高。这种反向关系可以用数学模型表示为:

$$审计风险 = 重大错报风险 \times 检查风险$$

由于认定层次的重大错报风险由固有风险和控制风险构成,该模型可以进一步表示为:

$$审计风险 = 重大错报风险 \times 检查风险 = 固有风险 \times 控制风险 \times 检查风险$$

需要注意的是,式中审计风险是指既定的审计风险,也就是审计人员可接受的审计风险,检查风险是指可接受的检查风险,它不同于实际的检查风险,审计人员将依据其可接受的检查风险实施进一步审计程序。

这个模型也就是审计风险模型。假设针对某一认定,注册会计师将可接受的审计风险水平设定为 5%,实施风险评估程序后将重大错报风险评估为 25%,则根据这一模型,可接受的检查风险为 20%。当然,在实务工作中,注册会计师也可以用"高""中""低"等字眼对风险水平进行定性描述。

2. 从定性角度看

审计风险的两个构成要素不是孤立存在的,而是相互联系、相互作用的。这主要体现在:检查风险与重大错报风险之间存在着反比例关系。评估的重大错报风险越高,可接受的检查风险越低;反之亦然。换言之,当重大错报风险水平较高时,审计人员必须扩大审计范围,将检查风险尽量降低,以便使整个审计风险降低至可接受的水平。

三、审计风险与重要性之间的关系

(一) 重要性与审计风险呈反向关系

审计风险与重要性之间存在反向关系。重要性水平越高,审计风险越低;重要性水平越低,审计风险越高。这种反向关系对注册会计师将要执行的审计程序的性质、时间和范围有直接影响,应当引起注册会计师的注意。

这里所说的重要性水平高低指的是金额的大小。通常,5 000 元的重要性水平比 2 000 元的重要性水平高。在理解两者之间的关系时必须注意,重要性水平是注册会计师从

---

① 其他原因包括:注册会计师可能选择了不恰当的审计程序、审计程序执行不当,或者错误解读了审计结论等。这些其他因素可以通过适当计划、在项目组成员之间进行恰当的职责分配、保持职业怀疑态度以及监督、指导和复核助理人员所执行的审计工作得以解决。

财务报表使用者的角度进行判断的结果。如果重要性水平是 5 000 元,则意味着低于 5 000 元的错报不会影响到财务报表使用者的决策,此时注册会计师需要通过执行有关审计程序合理保证能发现高于 5 000 元的错报。如果重要性水平是 2 000 元,则金额在 2 000 元以上的错报就会影响财务报表使用者的决策,此时注册会计师需要通过执行有关审计程序合理保证能发现金额在 2 000 元以上的错报。显然,重要性水平为 2 000 元时,审计不出这样的重大错报的可能性,即此时审计风险要比重要性水平为 5 000 元时的审计风险高。审计风险越高,越要求注册会计师收集更多更有效的审计证据,以将审计风险降至可接受的低水平。因此,重要性和需要获取的审计证据之间也是反向变动关系。

值得注意的是,注册会计师不能通过不合理地人为调高重要性水平,降低审计风险。因为重要性是依据重要性概念中所述的判断标准确定的,而不是由主观期望的审计风险水平决定。可容忍错报、审计风险与计划所需证据之间的关系如图 7-1 所示。

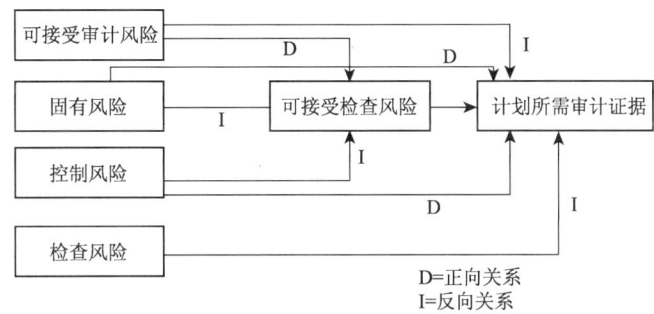

图 7-1 可容忍错报、审计风险与计划所需证据之间的关系

(二)考虑重要性与审计风险的关系对审计程序的影响

注册会计师对重要性及其与审计风险的关系的考虑贯穿于注册会计师审计工作的全过程。在不同的审计阶段,重要性与审计风险的关系都会对审计程序产生影响。

1. 在审计计划阶段

在审计计划阶段,注册会计师在确定审计程序的性质、时间和范围时,需要考虑计划的重要性水平。在计划审计工作时,注册会计师应该考虑导致财务报表发生重大错报的原因,并应当在了解被审计单位及其环境的基础上,确定一个可接受的重要性水平,即首先为财务报表层次确定重要性水平,同时还应该评估各交易、账户余额及列报认定层次的重要性,以便确定进一步审计程序的性质、时间和范围,将审计风险降至可接受的低水平。注册会计师在确定审计程序的性质、时间和范围时应当考虑重要性与审计风险之间的反向关系。

2. 在审计执行阶段

在审计执行阶段,随着审计过程的推进,注册会计师应当及时评价计划阶段确定的重要性水平是否仍然合理,并根据具体环境的变化或审计过程中进一步获取的信息,修正计划的重要性水平,进而修改进一步审计程序的性质、时间和范围。例如,随着审计证据的累积,注册会计师可能认为初始选用的重要性基准不恰当,需要选用其他的基准来计算重要性水平。在确定审计程序后,如果注册会计师决定接受更低的重要性水平,审计风险将会增加。为将审计风险降低到可接受的低水平,注册会计师应选用的方法有:第一,如有可能,通过扩大控制测试范围或实施追加的控制测试,降低评估的重大错报风险,并支持降低后的重大错报风险。第二,通过修改计划实施的实质性程序的性质、时间和范围,降低检查风险。

3. 在评价审计程序结果阶段

在评价审计程序结果时,注册会计师确定的重要性和审计风险,可能与计划审计工作时评估的重要性和审计风险存在差异。在这种情况下,注册会计师应当重新确定重要性和审计风险,并考虑实施的审计程序是否充分。

本 章 小 结

本章主要学习了重要性和审计风险。其中,重要性是指如果一项错报单独或连同其他错报可能影响财务报表使用者依据财务报表做出的经济决策,则该项错报是重大的。审计风险是指财务报表存在重大错报而注册会计师发表不恰当审计意见的可能性。审计风险取决于重大错报风险和检查风险。重大错报风险是指财务报表在审计前存在重大错报的可能性,包括财务报表层次和各类交易、账户余额认定层次重大错报风险。重要性与审计风险之间存在反向关系。重要性水平越高,审计风险越低;重要性水平越低,审计风险越高。

本 章 重 要 概 念

重要性　错报　实际执行的重要性　审计风险　检查风险　重大错报风险　固有风险
控制风险

7-6 扫一扫
练一练

本 章 练 习

一、思考题

1. 什么是重要性?重要性的特征是什么?

2. 什么是实际执行的重要性?在确定实际执行的重要性时应考虑的因素有哪些?

3. 在评价审计结果时如何运用重要性?

4. 什么是审计风险?审计风险包括哪两个组成部分?

5. 审计风险与重要性之间存在怎样的关系?

7-7 扫一扫
看答案

7-8 扫一扫
看课件

二、案例讨论题

注册会计师 A 和 B 对 XYZ 股份有限公司 2022 年度财务报表进行审计,其未经审计的有关财务报表项目金额如下(单位:人民币万元)。

财务报表项目名称	金额
资产总计	180 000
股东权益合计	88 000
主营业务收入	240 000
净利润	24 120

要求:

（1）如果以资产总额、净资产（股东权益）、主营业务收入和净利润作为判断基础，采用固定比率法，并假定资产总额、净资产、主营业务收入和净利润的固定百分比数值分别为0.5%、1%、0.5%和5%，请代注册会计师A和B计算确定XYZ股份有限公司2016年度财务报表层次的重要性水平。

（2）简要说明重要性水平与审计风险之间的关系。

第八章 风险评估

内容提要

本章主要介绍了如何了解被审计单位及其环境、被审计单位内部控制,通过执行风险评估程序识别和评估财务报表层次和认定层次的重大错报风险,从而为设计和实施针对评估的重大错报风险采取的应对措施提供基础。

重点难点

本章重点为风险评估程序、了解被审计单位及其环境;难点为了解被审计单位的内部控制、重大错报风险的评估。

学习目标

通过本章学习,学生应掌握风险评估程序、了解被审计单位及其环境(包括内部控制)的内容;理解重大错报风险评估程序。

知识框架

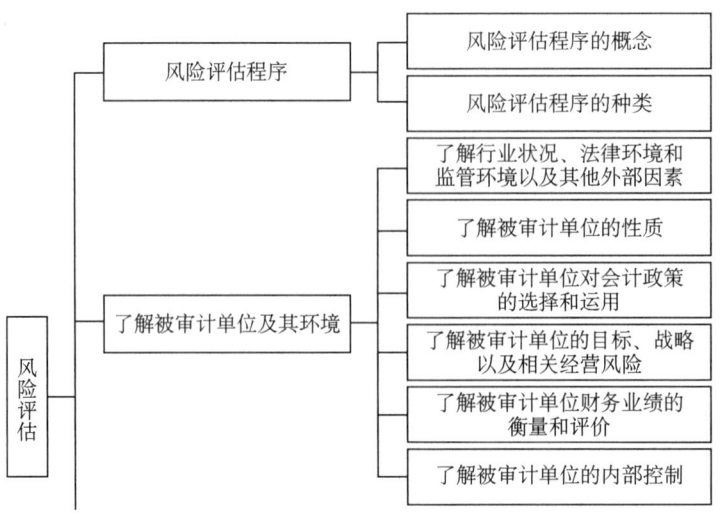

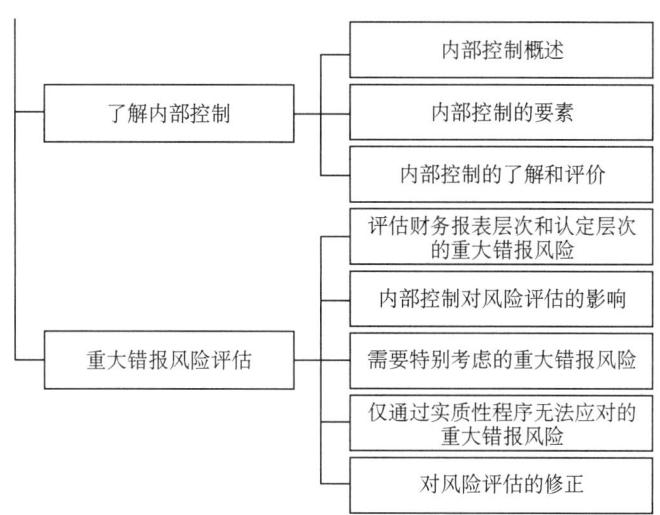

　　　　　　重大错报风险识别与审计失败

2021年4月21日,中国证监会山东监管局披露对瑞华会计师事务所(特殊普通合伙)(以下简称"瑞华所")及注册会计师习云涛、李瑞红采取出具警示函行政监管措施的决定。经查,瑞华所及注册会计师习云涛、李瑞红在执行对山东天业恒基股份有限公司(以下简称"天业股份")2016年、2017年年报审计项目过程中,对重大风险的识别和评估工作不到位,未勤勉尽责。具体违规事项包括:

其一,未充分了解和分析被审计单位及其环境信息的异常信息,未识别和评估出财务报表层次和认定层次的重大错报风险;其二,未能识别出舞弊风险因素;其三,未识别和评估出天业股份存在的特别风险。

上述案例充分说明了注册会计师对被审计单位的重大错报风险进行充分审慎评估的重要性。注册会计师要给出恰当的审计意见,需要对被审计单位进行足够的了解,评估重大错报风险。

在学习及生活当中,我们也会面临诸多风险,我们应该从哪些方面进行识别,并如何评估呢?请联系实际,谈谈你的看法。

资料来源:中国证券监督管理委员会山东监管局.关于对瑞华会计师事务所(特殊普通合伙)及注册会计师习云涛、李瑞红采取出具警示函行政监管措施的决定[EB/OL]. (2021-04-21)[2022-11-30]. http://www.csrc. gov. cn/shandong/c104191/c1238ba0cb10f4d6daa896c1121f22837/content. shtml.

第一节 ┃ 风险评估程序

现代审计是以风险为导向的审计,即审计的实施以评估风险为切入点,将对审计风险的识别、评估和应对贯穿于整个审计过程,以使审计风险降至可接受的水平。

一、风险评估程序的概念

为了解被审计单位及其环境而实施的程序称为"风险评估程序"。注册会计师了解被审计单位及其环境,依据实施这些程序所获取的信息,评估重大错报风险。

二、风险评估程序的种类

注册会计师为了识别和评估财务报表重大错报风险,需要实施一定的程序来了解被审

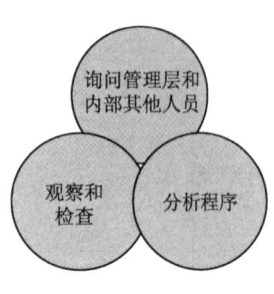

图 8-1 风险评估程序

计单位及其环境,这些程序通常包括询问管理层和内部其他人员、分析程序、观察和检查(图 8-1)。

(一)询问管理层和内部其他人员

询问管理层和内部其他相关人员是注册会计师了解被审计单位及其环境的一个重要信息来源。注册会计师可以考虑向管理层和财务负责人询问的事项包括:管理层所关注的主要问题;被审计单位最近的财务状况、经营成果和现金流量;可能影响财务报告的交易和事项,或者目前发生的重大会计处理问题;被审计单位发生的其他重要变化等。

除了询问管理层和对财务报告负有责任的人员,注册会计师还应当考虑询问内部审计师、采购人员、生产人员、销售人员等其他人员,并考虑询问不同级别的员工,以获取对识别重大错报风险有用的信息。

(二)分析程序

分析程序是指注册会计师通过研究不同财务数据之间以及财务数据与非财务数据之间的内在关系,对财务信息进行评价。分析程序还包括调查识别出的、与其他相关信息不一致或与预期数据严重偏离的波动和关系。

注册会计师实施分析程序有助于识别异常的交易或事项,以及对财务报表和审计产生影响的金额、比率和趋势。

在实施分析程序时,注册会计师应当预期可能存在的合理关系,并与被审计单位记录的金额、依据记录金额计算的比率或趋势相比较。如果发现异常或未预期到的关系,注册会计师应当在识别重大错报风险时考虑这些比较结果。

如果使用了高度汇总的数据,实施分析程序的结果仅可能初步显示财务报表存在重大错报风险,注册会计师应当将分析结果连同识别重大错报风险时获取的其他信息一并考虑。例如,被审计单位存在很多产品系列,各个产品系列的毛利率存在一定差异。对总体毛利率实施分析程序的结果仅可能初步显示销售成本存在重大错报风险,这时注册会计师需要实施更为详细的分析程序,如对每一产品系列进行毛利率分析,或者将总体毛利率分析的结果连同其他信息一并考虑。

(三)观察和检查

观察和检查程序可以印证对管理层和其他相关人员的询问结果,并可提供有关被审计单位及其环境的信息,注册会计师应当实施下列观察和检查程序。

1. 观察被审计单位的经营活动

例如,观察被审计单位人员正在从事的生产活动和内部控制活动,增加注册会计师对被审计单位人员如何进行生产经营活动及实施内部控制的了解。

2. 检查文件、记录和内部控制手册

例如,检查被审计单位的经营计划、策略、章程,与其他单位签订的合同、协议,各业务流程操作指引和内部控制手册等,了解被审计单位组织结构和内部控制制度的建立健全情况。

3. 阅读由管理层和治理层编制的报告

例如,阅读被审计单位年度和中期财务报告,股东大会、董事会会议、高级管理层会议的会议记录或纪要,管理层的讨论和分析资料,对重要经营环节和外部因素的评价,被审计单位内部管理报告以及其他特殊目的的报告(如新投资项目的可行性分析报告)等,了解自上一期审计结束至本期审计期间被审计单位发生的重大事项。

4. 实地察看被审计单位的生产经营场所和厂房设备

通过现场访问和实地察看被审计单位的生产经营场所和厂房设备,可以帮助注册会计师了解被审计单位的性质及其经营活动。在实地察看被审计单位的厂房和办公场所的过程中,注册会计师有机会与被审计单位管理层和担任不同职责的员工进行交流,可以增强注册会计师对被审计单位的经营活动及其重大影响因素的了解。

5. 追踪交易在财务报告信息系统中处理过程(穿行测试)

这是注册会计师了解被审计单位业务流程及其相关控制时经常使用的审计程序。通过追踪某笔或某几笔交易在业务流程中如何生成、记录、处理和报告,以及相关控制如何执行,注册会计师可以确定被审计单位的交易流程和相关控制是否与之前通过其他程序所获得的了解一致,并确定相关控制是否得到执行。

(四) 其他审计程序和其他信息来源

1. 其他审计程序

除了采用上述程序从被审计单位内部获取信息,如果根据职业判断认为从被审计单位外部获取的信息有助于识别重大错报风险,注册会计师应当实施其他审计程序以获取这些信息。例如,询问被审计单位聘请的外部法律顾问、专业评估师、投资顾问和财务顾问等。

阅读外部信息也可能有助于注册会计师了解被审计单位及其环境。外部信息包括证券分析师、银行、评级机构出具的有关被审计单位及其所处行业的经济或市场环境等状况的报告,贸易与经济方面的报纸期刊,法规或金融出版物,以及政府部门或民间组织发布的行业报告和统计数据等。

2. 其他信息来源

注册会计师应当考虑在客户接受或保持过程中获取的信息是否与识别重大错报风险相关。通常,对新的审计业务,注册会计师应在业务承接阶段对被审计单位及其环境有一个初步的了解,以确定是否承接该业务。而对连续审计业务,也应在每年的续约过程中对上年审计作总体评价,并更新对被审计单位的了解和风险评估结果,以确定是否续约。注册会计师还应当考虑向被审计单位提供其他服务(如执行中期财务报表审阅业务)所获得的经验是否有助于识别重大错报风险。

此外,注册会计师还应当考虑在承接客户或续约过程中获取的信息,以及向被审计单位提供其他服务所获得的经验是否有助于识别重大错报风险。对于连续审计业务,如果拟利用在以前期间获取的信息,注册会计师应当确定被审计单位及其环境是否已发生变化,以及该变化是否可能影响以前期间获取的信息在本期审计中的相关性。

根据审计准则的要求,注册会计师应当从六个方面了解被审计单位及其环境。需要说明的是,注册会计师无须在了解每个方面时都实施以上所有的审计程序。例如,在了解内部控制时通常不用分析程序。但是,对被审计单位及其环境获取了解的整个过程中,注册会计师通常会实施上述所有的审计程序。

? 相关思考8-1 ....

注册会计师实施的询问、分析程序、观察和检查、重新执行的审计程序中,哪些属于风险评估程序?结

8-1 风险评估程序

合第九章的控制测试一节,讨论穿行测试和重新执行的区别?(注:重新执行是注册会计师执行进一步审计程序时实施的一项控制测试程序。)

第二节 | 了解被审计单位及其环境

审计过程的起点就是获得对被审计单位及其环境的了解,包括对其内部控制的了解。了解被审计单位及其环境是必要程序。对被审计单位及其环境的了解需单独或者综合运用风险评估程序,是一个连续动态收集、更新、分析信息的过程,贯穿于整个审计过程的始终。

通过对被审计单位及其环境的了解,为识别和评估财务报表重大错报风险、设计和实施进一步审计程序,以将审计风险降至可接受的低水平提供了重要的判断基础。如果了解被审计单位及其环境获得的信息足以识别和评估财务报表重大错报风险,设计和实施进一步审计程序,那么了解的程度就是恰当的。

注册会计师对被审计单位及其环境的了解应包括以下几个方面:①相关行业状况、法律环境和监管环境以及其他外部因素;②被审计单位的性质;③被审计单位对会计政策的选择和运用;④被审计单位的目标、战略以及可能导致重大错报风险的相关经营风险;⑤被审计单位财务业绩的衡量和评价;⑥被审计单位的内部控制。此外,根据《中国注册会计师审计准则第1324号——持续经营》的规定,注册会计师在实施风险评估程序时,还应当考虑是否存在可能导致被审计单位持续经营能力产生重大疑虑的事项或情况。在进行考虑时,注册会计师应当确定管理层是否已对被审计单位持续经营能力作出初步评估。

一、了解行业状况、法律环境和监管环境以及其他外部因素

(一) 行业状况

多数企业的行业状况,都会与本行业总体发展趋势密切相关,行业整体的繁荣发展,会给企业的发展带来更多的机遇;相反,则会给企业经营带来更多的困难和风险。因此,了解行业状况有助于注册会计师识别与客户所处行业有关的重大错报风险。

注册会计师一般从以下五个方面了解客户的行业状况:所在行业的市场供应与竞争;生产经营的季节性和周期性;产品生产技术的变化;能源供应与成本;行业的关键指标和统计数据。

(二) 法律环境与监管环境

任何一个企业都必须依法经营,如果违反了法律就要承担一定的法律责任,很多法律要求可能对客户的经营活动产生重大影响,甚至会影响到企业能否持续经营。通过对被审计单位法律与监管环境的了解有助于注册会计师识别与客户相关的法律与监管环境方面的重大错报风险。

一般应了解以下六个方面:会计原则和行业特定惯例;受管制行业的法规框架;对经营活动产生重大影响的法律、法规及监管活动;税收政策;对开展业务产生重大影响的政府政策,包括货币、财政、税收和贸易政策;与客户所处行业和所从事经营活动相关的环保要求。例如,被审计单位是高能耗企业,那么就应更多地了解政府政策或环保要求对开展业务产生重大的影响。

(三) 其他外部因素

除此之外,注册会计师还应当了解总体经济情况、利率、融资的可获得性、通货膨胀水平

及币值变动等。

二、了解被审计单位的性质

了解被审计单位的性质有助于注册会计师理解预期在财务报表中反映的各类交易、账户余额和披露。注册会计师应当主要从下列方面了解被审计单位的性质。

(一)所有权结构

现代企业复杂的所有权关系为企业之间进行非公平基础的关联方交易提供了基础,关联方交易往往成为企业提供虚假信息、粉饰财务状况的工具。因此,注册会计师应对了解被审计单位的所有权结构以及所有者与其他人员或单位之间的关系,考虑关联方关系是否已经得到了识别。

(二)治理结构

公司的治理结构是这样一套必需的制衡机制——它是一套明确公司内部不同权利主体,包括股东、董事、经理之间权力和利益、责任关系的制度安排。良好的治理结构可以对客户的经营活动实施有效的监督,从而降低财务报表发生重大错报的风险。

注册会计师应当了解客户的治理机构。例如,董事会的构成、是否设有独立董事、是否设有审计委员会及监事会,它们是否正常、有效地运作;注册会计师应当考虑治理层是否独立于管理层,管理层有无直接或间接地干涉或影响治理层的判断决策。

(三)组织结构

复杂的组织结构有可能导致某些特定的重大错报风险。注册会计师应当了解客户的组织结构,考虑复杂组织机构可能导致的重大错报风险,包括财务报表合并、商誉摊销和减值、长期股权投资核算以及特殊目的实体核算等问题。

(四)经营活动

企业财务报表是对企业经营活动的综合财务反映,很多审计失败案例是由于注册会计师对客户经营活动的不熟悉所致,了解客户经营活动有助于注册会计师识别预期会在财务报表中反映的主要交易类别、重要账户余额和列报。

注册会计师要了解的客户经营活动包括:主营业务的性质;业务的开展情况,联营、合营与外包情况;从事电子商务的情况;地区与行业分布;生产设施、仓库的地理位置及办公地点;关键客户;重要供应商;劳动用工情况;研究与开发活动及其支出。

(五)投资活动

投资活动主要包括企业构建长期资产、股权投资、债券投资及其处置活动,多数投资活动涉及的金额大,对企业影响周期长。

注册会计师应当了解客户的投资活动,主要包括:近期拟实施或已实施的并购活动与资产处置情况;证券投资、委托贷款的发生与处置;资本性投资活动,包括固定资产和无形资产投资;不纳入合并范围的投资,如联营、合营或其他投资包括近期计划的投资项目。

(六)筹资活动

筹资活动是指导致企业资本及债务规模和构成发生变化的活动。了解客户的筹资活动有助于注册会计师评估客户在融资方面的压力,并进一步考虑客户在可预见未来的持续经营能力。

注册会计师应该了解客户的筹资活动主要包括:债务结构和相关条款,即资产负债表表外融资和租赁安排;主要子公司和联营企业的重要融资安排;实际受益方及关联方;衍生金融工具的运用。

三、了解被审计单位对会计政策的选择和运用

注册会计师应当了解被审计单位对会计政策的选择和运用,是否符合适用的会计准则和相关会计制度,是否符合被审计单位的具体情况。在进行了解时,注册会计师重点关注的事项主要包括:重要项目的会计政策和行业惯例、重大和异常交易的会计处理方法、在新领域和缺乏权威性标准或共识的领域采用重要会计政策产生的影响、会计政策的变更、被审计单位何时采用以及如何采用新颁布的会计准则和相关会计制度,等等。

在了解被审计单位对会计政策的选择和运用时,注册会计师可以实施的风险评估程序包括:查阅以前年度的审计工作底稿,询问被审计单位管理层和员工,查阅被审计单位的财务资料和内部报告(如会计工作手册和操作指引)等。注册会计师还可结合对被审计单位及其环境其他方面的了解,考虑被审计单位选用的会计政策是否符合其具体情况。

需要强调的是,注册会计师应当关注被审计单位本期会计政策的选用与前期相比发生的重大变化,包括对本期新发生的交易或事项选用的会计政策,对前期不重大而本期重大的交易或事项选用的会计政策,重要会计政策的变更以及新会计准则发布施行的影响等。

四、了解被审计单位的目标、战略以及相关经营风险

目标是企业经营活动的指针。企业管理层或治理层一般会根据企业经营面临的外部环境和内部各种因素,制定合理可行的经营目标。战略是管理层为了实现经营目标采用的方法,为了实现某一既定的经营目标,企业可能有多个可行战略。随着外部环境的变化,企业应对目标和战略作出相应的调整。相关经营风险是指可能对被审计单位实现目标和战略产生不利影响的重大状况、事项、情况、行为(或不作为)所导致的风险,或由于制定不恰当的目标和战略而导致的风险。

经营风险与财务报表重大错报风险是既有联系又相互区别的两个概念。前者比后者范围更广。注册会计师了解被审计单位的经营风险有助于其识别财务报表重大错报风险。多数经营风险最终都会产生财务后果,从而影响财务报表。因此,注册会计师应对了解客户的目标和战略,以及可能导致财务报表发生重大错报。当然,并非对所有的经营风险都要考虑,注册会计师没有责任识别或评估对财务报表没有影响的经营风险。注册会计师应当根据被审计单位的实际情况考虑经营风险是否可能导致财务报表发生重大错报。

此外,注册会计师还应当考虑被审计单位的目标和战略是否与其各项内部和外部因素相适应。例如,被审计单位的外部因素发生变化,对目标和战略是否作了相应调整;目标和战略是否与企业利益相关者,包括股东、客户、债权人、管理层、员工以及政府相关部门等的要求和预期相符合;是否与被审计单位的经营和财务运作系统相适应。如果不是的话,可能显示被审计单位存在经营风险和潜在的财务报表重大错报风险。

目标、战略、经营风险和重大错报风险之间的相互联系可举例予以说明。例如,企业当前的目标是在某一特定期间内进入某一新的海外市场,企业选择的战略是在当地成立合资企业。从该战略本身来看,是可以实现这一目标的。但是,成立合资企业可能会带来很多的经营风险,如企业如何与当地合资方在经营活动、企业文化等各方面协调等。这些经营风险

反映到财务报表中,可能会因涉及对合资企业是属于子公司、合营企业或联营企业的判断问题,投资换算问题包括是否存在减值问题、对当地税收规定的理解是否充分问题以及外币折算等问题,而导致财务报表出现重大错报风险。

五、了解被审计单位财务业绩的衡量和评价

注册会计师了解被审计单位财务业绩的衡量与评价,是为了考虑管理层是否面临实现某些关键财务业绩指标的压力。这些压力既可能源于需要达到市场分析师或股东的预期,也可能产生于达到获得股票期权或管理层和员工奖金的目标。受压力影响的人员可能是高级管理人员(包括董事会),也可能是可以操纵财务报表的其他经理人员,如子公司或分支机构管理层可能为达到奖金目标操纵财务报表。

六、了解被审计单位的内部控制

注册会计师应当了解与审计相关的内部控制以识别潜在错报的类型,考虑导致重大错报风险的因素,这部分内容将在第三节予以详细介绍。

被审计单位及其环境的各个方面可能会互相影响。例如,被审计单位的行业状况、法律环境与监管环境以及其他外部因素可能影响到被审计单位的目标、战略以及相关经营风险,而被审计单位的性质、目标、战略以及相关经营风险可能影响到被审计单位对会计政策的选择和运用,以及内部控制的设计和执行。因此,注册会计师在对被审计单位及其环境的各个方面进行了解和评估时,应当考虑各因素之间的相互关系。

注册会计师针对上述六个方面,实施的审计程序(也就是风险评估程序)的性质、时间和范围取决于审计业务的具体情况,如被审计单位的规模和复杂程度,以及注册会计师的相关审计经验,包括以前对被审计单位提供审计和相关服务的经验和对类似行业、类似企业的审计经验。此外,识别被审计单位及其环境在上述各方面与以前期间相比发生的重大变化,对于充分了解被审计单位及其环境、识别和评估重大错报风险尤为重要。

延伸阅读8-1

安然事件的反思

安然公司——全美最大的能源公司的破产,是美国历史上最大的公司破产案件。尽管不久前它还以750亿美元的市值在《财富》500强中名列第7,但它却很快倒下了。其陨落始于2001年10月,当时安然公司宣布了一项令人震惊的消息,其季度亏损达到6.18亿美元,据说与神秘、隐蔽的内部人关联方关系有关。随后,2001年11月初,公司高层被迫承认他们曾于1997年虚报近6亿美元的利润,为此,他们必须重编过去4年的已审财务报表。2001年年底,安然公司破产。

在安然公司倒塌以后,许多人都想知道为什么如此严重的财务丑闻在这样漫长的时间里没有被发现。很多人指出了安然公司难以置信的复杂的业务结构和它们相互关联、模糊不清的财务状况。一些人甚至声称,即使是掌管该公司的人也从来不了解他们的业务框架,因为它太复杂了。

安然公司业务和财务报表的复杂性以及不确定性也明显地愚弄了他们的审计师。安然公司的审计师正面临一场猛烈攻击和集体诉讼。在2001年12月国会听证会上,为安然公司进行审计的会计师事务所CEO承认,会计师事务所的职业判断被证明出现了差错,当关联实体应该合并时,他们错误地允许了安然公司使它们保持独立。

从安然事件中,我们可能需要吸取一些沉痛的教训。审计师必须加强的工作之一就是深入了解客户的

业务和行业状况。否则的话,就几乎不可能识别影响客户财务报表的重大经营风险。

? 相关思考 8-2 ···

注册会计师是否有义务识别所有的经营风险?

第三节 | 了解内部控制

一、内部控制概述

(一) 内部控制思想的演进和概念的发展

内部控制思想在世界各国都有悠久的历史,其演进经历了一个渐进的过程。总的来说,大致上可以将其发展演变分为以下几个阶段。

1. 内部牵制(18 世纪产业革命前)

内部控制的萌芽即内部牵制。当人类社会活动发展到需要管理的时候,控制和监督的因素便应运而生。

根据史料记载,在我国,内部牵制制度到西周时期已基本形成,其思想最早见于《周礼》一书[①]。除此之外,西汉的上计制度,宋太祖时期的"职差分离""主库吏三年一易"制度,都是内部牵制的表现。在国外,远在公元前 3600 年前的美索不达米亚文化时代,就存在着极简单的内部牵制的会计实践。古埃及在法老统治时期,就设有监督官负责对全国各级机构和官吏是否忠实地履行受托事项以及财政收支记录是否准确无误加以间接管理和监督。在公元 600 年左右,古埃及在记录官、出纳官和监督官之间就建立了比较完善的内部牵制制度。古罗马帝国宫廷库房采取"双人记账制""对账制度"。15 世纪末,借贷复式记账法在意大利出现。自此,对管理钱、财、物的不同岗位进行分离,并利用其勾稽关系进行交互核对,直到 19 世纪末期,一直被认为是保证所有钱物和账目准确无误的理想牵制方法。

2. 内部牵制制度(18 世纪产业革命后至 20 世纪 40 年代)

随着资本主义经济的发展,公司等经济组织步入经济舞台,尤其是在 19 世纪中叶至 20 世纪初叶,产业革命相继在英美等国家完成,企业间竞争的加剧,导致急需加强企业内部管理。同时,为了保护投资者和债权人的利益,各级管理人员开始进行全面企业管理的探索。

"科学管理之父"泰罗在其代表著作《科学管理原理》(1911 年)中,率先提出科学管理的基本原则,其中包括把管理的计划职能同执行职能分开,变原来的经验工作方法为科学工作方法,在管理控制上实行例外原则等原理。"管理理论之父"法约尔也在其著作《工业管理与一般管理》(1916 年)中,提出了工作分工、职权、纪律、统一指挥、统一领导、等级链、秩序、公平等 14 条管理原则。在泰罗等管理理论的指导下,以职务分离、账户核对为主要内容的内部牵制,逐渐演变成由组织结构、职务分离、业务程序、处理手续等因素构成的控制系统,即

---

① 朱熹在评述《周礼·理其财之所出》一文中指出:"虑夫掌财用财之吏,渗漏乾没,或者容奸而肆欺……于是一毫财务之出入,数人之耳目通焉。"意为考虑到掌握和使用财务的官吏可能进行贪污盗窃,弄虚作假,因而规定每笔财赋的出入要经几个人的耳目,达到互相牵制的目的。对此,M·查特菲尔德教授曾给予高度评价,在内务管理、财政预算以及审计程序方面,古代世界几乎没有别的国家可以和中国周代相比。

"内部牵制制度"。至此,内部牵制走向成熟。

"内部控制"一词最早是作为审计术语出现在审计文献中。1936年,美国注册会计师协会在其发布的《注册会计师对财务报表的审查》中,首次正式使用"内部控制"这一专门术语,并对其进行了如下定义:内部稽核与控制制度是指为保证公司现金和其他资产的安全,检查账簿记录的准确性而采取的各种措施和方法;并指出,注册会计师在制定审计程序时,应考虑的一个重要因素是审查企业的内部牵制和控制,企业的会计制度和内部控制越好,财务报表需要测试的范围则越小。

1938年,美国发生了著名的麦克森-罗宾斯案件,尽管Price & Water house会计公司已按一般公认审计程序对麦克森-罗宾斯公司进行了审计,但仍未能发现其欺诈行为。事后检讨时,注册会计师发现,原有的审计程序缺少了对内部控制和会计处理程序的审查步骤。于是,从开展审计业务的实际需要出发,注册会计师开始把内部控制从企业管理活动中抽象出来,进行专门的研究与评价。它促成了1939年10月美国会计师协会审计程序委员会在其发布的《审计程序公告第一号》中,首次增加了对内部控制审查的内容。1940年10月,美国证券交易委员会正式要求注册会计师在签署的审计报告中增加以上类似的内容。

3. 内部控制制度(20世纪40年代至70年代)

以20世纪40年代为分水岭,内部控制经历了实践塑造和理论完善两大历程。第二次世界大战以后,资本主义经济发展中出现了许多新的变化,如科学技术和生产自动化迅速发展,企业规模继续扩大,巨型公司不断出现,市场竞争异常激烈,许多复杂产品和大型工程需要大量高素质人员在分工协作、检查验收和评价督促等良好的环境下才能完成,所有这些都促使内部控制从对单项经济活动进行独立控制为主向对全部经济活动进行系统控制为主发展,进而形成包括组织结构、岗位责任、人员条件、业务程序、处理手续、检查标准和内部审计在内的严密的控制系统。至此,内部控制完成了其主体内容的塑造过程,但其各项构成要素和控制措施只是散见于企业各项管理制度、惯例和实务中,尚未得到很好的理论总结。

值得注意的是,虽然内部控制作为企业管理活动中不可分割的组成部分,理应属于管理范畴,但内部控制理论是在审计理论中提出并得到深化的。1947年,美国会计师协会的审计程序委员会颁发了《审计准则暂行公告》。在"现场工作准则"第二条中规定,有必要研究和评价现行内部控制,以作为信赖内部控制和确定其后审计测试范围的基础。这促使注册会计师更加注重内部控制,并使内部控制的审查成为一项法定的审计步骤,同时使社会各界广泛认识到企业内部控制的重要性。

1949年,美国会计师协会的审计程序委员会发表了一份题为《内部控制、协调系统诸要素及其对管理部门和注册会计师的必要性》的专题报告,对内部控制作出了如下权威定义:内部控制是企业所制定的旨在保护资产、保证会计资料可靠性和准确性,提高经营效率,推动管理部门所制定的各项政策得以贯彻执行的组织计划和相互配套的各种方法及措施。此定义中不仅包括与会计和财务部门直接有关的控制,还包括预算控制、成本控制、定期报告、统计分析、人员培训及内部审计等,以及其他领域的一些活动。上述内部控制定义及其解释的发布,是对内部控制概念的重大贡献。虽然从判断委托人的会计和经营是否良好的角度考虑,该定义非常合适,但该报告所定义的内部控制内容如此广泛,以致注册会计师认为包括了他们不可能承担的职责。为了摆脱这种两难境地,该委员会于1958年10月对内部控制定义重新进行表述,将内部控制划分为会计控制和管理控制,并在其1963年发布的《审计程序说明第 33 号》中指出,注册会计师应主要检查会计控制,会计控制一般对财务记录产生直接的重要的影响,注册会计师必须对它作出评价,管理控制通常只是对财务记录产生间接的影响,因此注册会计师可以不对其作出评价,从而大大缩小了注册会计师的责任范围。

《反国外贿赂法》(FCPA)被认为是内部控制发展史的又一个里程碑。20 世纪 70 年代,随着水门事件的调查,越来越多的贿赂案件被曝光。在美国证监会(SEC)的自愿披露程序下,200 多家公司揭示了不道德交易,发现有问题的国外付款在几年间竟达到 2 亿美元。国会对此作出反应,于 1977 年以全票通过了《反国外贿赂法》,旨在制止美国公司与外国交易的不道德行为;另外,国会调查发现许多不道德的交易被公司高层所隐瞒,记录被篡改,一些既定的程序被回避,这些都说明公司的内部控制有缺陷。因此,该法案的另一个目的在于促使企业保持充分的内部会计控制。

4. 内部控制结构(20 世纪 80 年代)

20 世纪 80 年代,许多金融机构破产,其中有许多原因,如宽松的管制环境、波动的利率、过度的投机、不良的管理以及舞弊。在随后的调查中发现,在大多数案例中注册会计师不能发现公司舞弊的情况。1985 年 6 月,美国正式成立"虚假财务报告研究全国委员会"(由于该委员会的首任主席是 J. S. Treadway,故又称 Treadway 委员会),这个委员会旨在考察财务报告舞弊在多大程度上削弱了财务报告的完整性,注册会计师在发现舞弊中的责任,并确定可能导致舞弊行为发生的公司结构,以防止和揭露虚假财务报告,研究出现虚假财务报告的原因。在这一背景下,内部控制的研究更加受到重视。Treadway 委员会在 1987 年发表了一个报告,它不仅考虑了注册会计师的责任,还考虑了其他方面,如公司高层的作风、内部会计制度和内部审计的作用、审计委员会、监管机构等。对于内部控制,该委员会发现,在所调查的舞弊财务报告中,50% 是由于内部控制的失效,报告中还提到现有发表的公告以及研究关于内部控制的解释和概念有许多不同,其结果是导致管理层、内部注册会计师和注册会计师对内部控制充分性的不同看法。因此,该委员会督促各职业团体一起合作发展关于内部控制的统一概念。

1988 年 4 月,美国注册会计师协会(AICPA)发布了《审计准则公告》第 55 号,该公告首次以"内部控制结构"代替"内部控制",指出:企业的内部控制结构包括为合理保证企业特定目标的实现而建立的各种政策和程序。内部控制结构具体包括三个要素,它们是控制环境、会计制度、控制程序。与以前的内部控制定义相比,内部控制结构将内部控制环境纳入内部控制的范畴,而且不再区分会计控制和管理控制。

5. 内部控制整体框架(20 世纪 90 年代)

1992 年,美国"虚假财务报告研究全国委员会"下属的由美国会计学会、注册会计师协会、国际内部审计师协会、财务经理协会和管理会计学会等组织参与的发起组织委员会(Committee of Sponsoring Organization,简称 COSO)发布了报告《内部控制——整体框架》,并于 1994 年对其进行了增补,将内部控制定义为:内部控制是由企业董事会、管理层和其他员工实施的,为经营的效率效果、财务报告的可靠性、法律法规的遵循性等目标的达成而提供合理保证的过程。该报告还指出,内部控制包括五个相互联系的要素,即控制环境、风险评估、控制活动、信息与沟通、监控。1995 年 12 月,美国注册会计师协会发布《审计准则公告》第 78 号,全面接受 COSO 报告的内容,并从 1997 年 1 月起取代 1988 年发布的《审计准则公告》第 55 号。

COSO 报告发布后,在全球范围产生了广泛的影响,许多国家予以回应或予以承认。当今世界另外几个主流内部控制报告,如加拿大的 COCO 报告、英国的 Cadbury 报告、国际内部审计师协会(IIA)的 SAC、信息系统审计与控制协会的(ISACA)的 COBIT,以及巴塞尔银行监督委员会 1998 年发布的《银行组织内部控制系统框架》都与 COSO 框架紧密相关。我国有关部门制定的内部控制标准,包括证监会发布的《证券公司内部控制指引(2003)》、中国人民银行发布的《商业银行内部控制指引(2002)》、中国内部审计协会发布的《内部审计准则——内部控制(2003)》等,其核心内容也与 COSO 报告一脉相承。

6. 企业风险管理框架(21 世纪开始至今)

2001 年年底以来,美国安然、世通、施乐、默克制药等一批大公司会计丑闻接连曝光,诚信危机震撼着美国及国际社会,使人们对美国式自由市场经济制度产生质疑,也暴露了美国现行法律的诸多不足。为了提高民众对美国金融市场、政府经济政策的信心,2002 年 7 月 30 日,美国时任总统布什签署了《萨班斯-奥克斯利法案》(以下简称《法案》)。这是一项旨在加强会计监督、强化信息披露、完善公司治理、防止内幕交易的法案。它规定对违反本法案和渎职以及做假账的企业主管将实行严厉的制裁,对上市公司实行更为严厉的监督,是自 20 世纪 30 年代美国企业法规基本框架建立以来最大的一次改革,使美国的公司治理迈入新里程。

2002 年,Treadway 委员会下属的发起组织委员会在内部控制框架概念的基础上,提出了企业风险管理(Enterprise Risk Management,ERM)的概念,使内部控制的研究发展到一个新的阶段。2003 年 7 月,COSO 颁布了企业风险管理框架的讨论稿,并于 2004 年 4 月颁布了正式稿。新的企业风险管理框架是在 1992 年的研究成果——《内部控制——整体框架》的基础上,结合《萨班斯-奥克斯利法案》在报告方面的要求,进行扩展研究得到的。

该报告称,企业风险管理是一个由企业的董事会、管理层和其他员工共同参与的,应用于企业战略制定和企业内部各个层次与部门的,用于识别可能对企业造成潜在影响的事项并在其风险偏好范围内管理风险的,为企业目标的实现提供合理保证的过程,这是一个广义的风险管理定义,适用于各种类型的组织、行业和部门。企业风险管理包括内部环境、目标设定、事项识别、风险评估、风险应对、控制活动、信息与沟通、监控等八个相互关联的构成要素,它们来源于管理层经营企业的方式,并与管理过程整合在一起。

2013 年 5 月 14 日,COSO 发布《2013 年内部控制——整体框架》,对 1992 年的《内部控制——整体框架》进行了修订。

从上面的介绍可以看出,内部控制理论和实践的发展经历了一个漫长的历程,并逐步趋于成熟。在我国,财政部、审计署、证监会、银监会以及保监会(银监会、保监会现已合并)等五部委坚持立足我国国情、借鉴国际惯例,确立了我国企业建立和实施内部控制的基础框架,并取得了重大突破。《企业内部控制基本规范》已于 2011 年起先在境内外同时上市的上市公司范围内施行,鼓励非上市的其他大中型企业执行,相关的应用指引、评价指引和审计指引等也已发布。《企业内部控制基本规范》中指出,内部控制是由企业董事会、监事会、经理层和全体员工实施的、旨在实现控制目标的过程。内部控制的目标是合理保证企业经营管理合法合规、资产安全、财务报告及相关信息真实完整,提高经营效率和效果,促进企业实现发展战略。本章随后的介绍主要依据《企业内部控制基本规范》及相关配套指引来展开。

（二）管理层和注册会计师对内部控制的不同关注

内部控制由一系列政策和程序组成。一方面，这些政策和程序为被审计单位管理层实现企业目标提供了合理保证；另一方面，对内部控制的了解，尤其是对与财务报告可靠性相关的内部控制的了解，对注册会计师开展审计工作至关重要。因此，内部控制受到了来自上述两方面的共同关注。但管理层和注册会计师各自扮演的角色不同，因此，他们对内部控制的关注重点也有所不同。

1. 管理层的关注

设计和实施内部控制是被审计单位的责任。管理层在设计有效的内部控制时，通常考虑以下三个目标。

（1）经营的效率和效果。内部控制的存在，应当促进企业内部资源的优化配置和有效利用。一方面，企业采用的控制措施应该为内部的经济决策提供准确信息，例如，财务会计信息系统提供的成本资料，可以用于生产经营控制，并帮助企业制定恰当的产品销售价格。另一方面，企业的内部控制应该保证资产的安全和记录的完整。实物资产如果没有完善的控制加以保护，就可能被盗窃、滥用或意外损坏；非实物资产（如应收账款）、重要文件（如购销合同）、会计记录（如总账、明细账）等也是如此。另外，在信息时代，计算机在企业的经营管理中得到了广泛的应用，大量的信息存储在电子媒质上，其中有的信息可能涉及商业机密（如投资计划），有的在企业的日常管理中不可或缺（如会计资料），有的涉及资金的管理（如资金的调拨），在这种环境下，保护资产和记录的安全完整显得更加重要。

（2）财务报告的可靠性。管理层有责任向政府主管部门、税务机关、投资者、债权人和其他利益相关者提供财务报告，因此，企业的内部控制应当确保所有的交易和事项以正确的金额、在恰当的会计期间及时记录于适当的账户，并保证财务报告的编制遵循企业会计准则和其他信息披露要求，公允地表达企业的财务状况和经营成果。

（3）遵守现行法律和法规。企业经营活动的开展不能逾越法律法规的界限。内部控制的存在应当规范企业的经营行为，促使企业遵循相关法律、法规，从而避免承担违规损失或遭受其他不利后果。

2. 注册会计师的关注

审计的目标是对财务报表是否不存在重大错报发表审计意见。为了实现这一目标，注册会计师需要了解和评价的内部控制只是与财务报表审计相关的内部控制，并非被审计单位所有的内部控制。具体包括：

（1）为实现财务报告可靠性目标设计和实施的控制。与审计相关的控制包括被审计单位为实现财务报告可靠性目标设计和实施的控制。注册会计师应当运用职业判断，考虑一项控制单独或连同其他控制是否与评估重大错报风险以及针对评估的风险设计和实施进一步审计程序有关。

（2）其他与审计相关的控制。如果在设计和实施进一步审计程序时拟利用被审计单位内部生成的信息，注册会计师应当考虑用以保证该信息完整性和准确性的控制可能与审计相关。注册会计师以前的经验以及在了解被审计单位及其环境过程中获得的信息，可以帮助其识别与审计相关的控制。

如果用以保证经营效率、效果的控制以及对法律法规遵守的控制与实施审计程序时评价或使用的数据相关,注册会计师应当考虑这些控制可能与审计相关。例如,对于某些非财务数据(如生产统计数据)的控制,如果注册会计师在实施分析程序时使用这些数据,这些控制就可能与审计相关。又如,某些法规(如税法)对财务报表存在直接和重大的影响(影响应交税金和所得税费用),为了遵守这些法规,被审计单位可能设计和执行相应的控制,这些控制也与审计相关。

被审计单位通常有一些与审计无关的控制,注册会计师无需对其加以考虑。例如,被审计单位可能依靠某一复杂的自动控制系统提高经营活动的效率和效果(如航空公司用于维护航班时间表的自动控制系统),但这些控制通常与审计无关。

(三)内部控制的人工和自动化成分

1. 内部控制的人工和自动化特征及其影响

大多数被审计单位出于编制财务报告和实现经营目标的需要使用信息技术。然而,即使信息技术得到广泛使用,人工因素仍然会存于这些系统之中。不同的被审计单位采用的控制系统中人工控制和自动化控制的比例是不同的。在一些小型的生产经营不太复杂的被审计单位,可能以人工控制为主;而在另外一些被审计单位,可能以自动化控制为主。也就是说,内部控制可能既包括人工成分又包括自动化成分,在风险评估以及设计和实施进一步审计程序时,注册会计师应当考虑内部控制的人工和自动化特征及其影响。

内部控制采用人工系统还是自动化系统,将影响交易生成、记录、处理和报告的方式。在以人工为主的系统中,内部控制一般包括批准和复核业务活动,编制调节表并对调节项目进行跟踪。当采用信息技术系统生成、记录、处理和报告交易时,交易的记录形式(如订购单、发票、装运单及相关的会计记录)可能是电子文档而不是纸质文件。信息技术系统中的控制可能既有自动控制(如嵌入计算机程序的控制)又有人工控制。人工控制可能独立于信息技术系统,利用信息技术系统生成的信息,也可能用于监督信息技术系统和自动控制的有效运行或者处理例外事项。被审计单位的性质和经营的复杂程度会对采用人工控制和自动控制的成分产生影响。

2. 信息技术的适用范围及相关内部控制风险

信息技术通常在下列方面提高被审计单位内部控制的效率和效果:①在处理大量的交易或数据时,一贯运用事先确定的业务规则,并进行复杂运算;②提高信息的及时性、可获得性及准确性;③有助于对信息的深入分析;④加强对被审计单位政策和程序执行情况的监督;⑤降低控制被规避的风险;⑥通过对操作系统、应用程序系统和数据库系统实施安全控制,提高不相容职务分离的有效性。

但是,信息技术也可能对内部控制产生特定风险。注册会计师应当从下列方面了解信息技术对内部控制产生的特定风险:①系统或程序未能正确处理数据,或处理了不正确的数据,或两种情况同时并存;②在未得到授权情况下访问数据,可能导致数据的毁损或对数据不恰当的修改,包括记录未经授权或不存在的交易,或不正确地记录了交易;③信息技术人员可能获得超越其履行职责以外的数据访问权限,破坏了系统应有的职责分工;④未经授权改变主文档的数据;⑤未经授权改变系统或程序;⑥未能对系统或程序作出必要的修改;⑦不恰当的人为干预;⑧数据丢失的风险或不能访问所需要的数据。

3. 人工控制的适用范围及相关内部控制风险

内部控制的人工成分在处理下列需要主观判断或酌情处理的情形时可能更为适当:

①存在大额、异常或偶发的交易;②存在难以定义、防范或预见的错误;③为应对情况的变化,需要对现有的自动化控制进行调整;④监督自动化控制的有效性。

但是,由于人工控制由人执行,受人为因素的影响,也产生了特定风险,注册会计师应当从下列方面了解人工控制产生的特定风险:①人工控制可能更容易被规避、忽视或凌驾;②人工控制可能不具有一贯性;③人工控制可能更容易产生简单错误或失误。相对于自动控制,人工控制的可靠性较差。为此,注册会计师应当考虑人工控制在下列情形中可能是不适当的:一是存在大量或重复发生的交易;二是事先可预见的错误能够通过自动化控制得以防范或发现;三是控制活动可得到适当设计和自动化处理。

内部控制风险的程度和性质受被审计单位信息系统的性质和特征的影响。因此,在了解内部控制时,注册会计师应当考虑被审计单位是否通过建立有效的控制,以恰当应对由于使用信息技术系统或人工系统而产生的风险。

(四)内部控制的局限性

任何事物都不可能尽善尽美,内部控制也一样,它存在着固有的、不可避免的局限,主要表现在以下五个方面。

1. 受成本效益原则的约束

内部控制是依据一定的程序进行的,而这些控制程序需要付出一定的成本,如设计控制环节、设置岗位、配备人员、保证各控制环节的运行等都必须付出代价,发生成本。控制的环节越多,设置的岗位就会增加,需要配备更多的人员,内部控制的运行成本必然升高。但是,控制过于简单又不能收到应有的效果,经营管理过程中出现漏洞、发生舞弊的可能性就会增大,会给企业带来较大的损失。因此,在设计内部控制时,企业必然会比较控制的相关成本与效益。如果实施某项控制的成本超过没有此项控制企业可能遭受的损失,就没有必要设置该项控制。但在实践中内部控制的成本与效益却难以估计,需要个人主观判断。主观判断的失误可能会使必要的控制未能实施而造成更大的损失,也可能会使某些控制成本超过预期收益而导致控制程序得不偿失。

2. 受人为错误的影响

内部控制是由人来执行的,执行人员的实际操作水平直接关系到内部控制的作用能否有效发挥。我们不能期望这些执行人员在行使控制职能时始终准确无误。现实情况可能是执行人员的素质不适应岗位要求,粗心大意、精力分散,对内部控制的程序或措施发生误解、误判。在这些人为因素的影响下,即使是设计完美的内部控制也可能失效。

3. 受串通舞弊的限制

不相容职务的分离是内部控制的一条重要原则,它可以避免一个人单独从事和隐瞒不合规的行为,但两个或两个以上的人员或部门合伙就可以避开此类控制,如出纳与会计串谋、财产保管人员与财产核对人员合伙造假、审计部门与会计部门联合舞弊等。

4. 受管理越权的限制

内部控制作为经营管理的一个组成部分,理所当然地要按照管理人员的意图运行。任何控制程序都不能发现和防止负责监督控制的管理人员滥用职权或不正当地使用权力。特别是高层管理人员,他们处于企业的核心管理层和决策层,权力较大,如果他们滥用职权必然会导致一些控制程序失效。许多重大舞弊和财务信息失真案件就是由于高层管理人员的越权干预而发生的。

5. 受制度滞后的限制

内部控制一般都是针对常规事项来设置的,具有相对的稳定性,因此可能会对不经常发生的或未能预料的例外事项不具有控制力。企业处在经常变化的环境之中,为了生存和发展势必要不断地调整经营战略,或并购其他企业,或增设分部、生产线等,这就可能导致原有的控制程序对新增的经济业务失去作用。企业内部控制系统发生变化也会导致同样的问题,如企业实现会计电算化后,会计核算的方法和手段都发生了根本性的变化,这就对内部控制的岗位、环节、程序等都提出了不同于手工核算的要求。

总之,内部控制不是万能的"保险"系统,其作用只能是"合理保证"。正如 COSO 报告中所指出的:不论设计及执行多么完善,内部控制都只能为管理层及董事会提供达成企业目标的合理保证,而目标达成的可能性还受到内部控制的先天条件的限制。

二、内部控制的要素[①]

《企业内部控制基本规范》中指出,企业建立与实施有效的内部控制,应当包括下列要素:①内部环境;②风险评估;③控制活动;④信息与沟通;⑤内部监督。从图 8-2 可以看出,内部环境是其他四个要素的保护伞,如果没有一个有效的内部环境,其他四个要素不论其质量如何,都不可能形成有效的内部控制。另外,上述每一类要素中又包括许多控制。本节以下部分重点讨论这些内容。

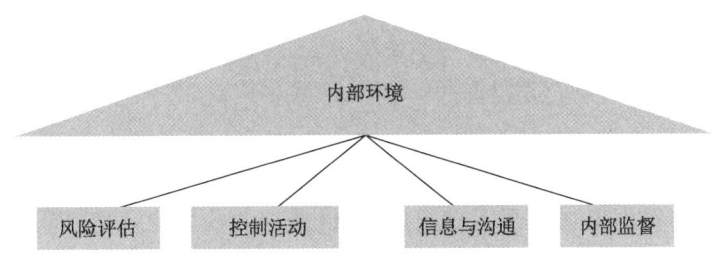

图 8-2　内部控制的五项构成要素

(一)内部环境

内部环境是企业实施内部控制的基础,一般包括组织架构、人力资源、发展战略、社会责任和企业文化等。内部环境设定了被审计单位的内部控制基调,影响员工对内部控制的认识和态度。良好的内部环境是实施有效内部控制的基础。内部环境的构成要素包括以下几点。

8-3　内部控制要素

1. 组织架构

组织架构是指企业按照国家有关法律法规、股东(大)会决议、企业章程,结合本企业实际,明确董事会、监事会、经理层和企业内部各层级机构设置、职责权限、人员编制、工作程序和相关要求的制度安排。对于任何一个现代企业,建立和完善组织架构都具有十分重要的现实和长远意义。首先,建立和完善组织架构可以促进企业建立现代企业制度。其次,建立和完善组织架构可以有效防范和化解各种舞弊风险。最后,建立和完善组织架构可以为强化企业内部控制建设提供重要支撑。关于组织架构的本质,可从治理结构和内部机构两个层面理解。

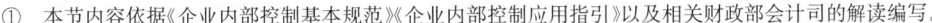

① 本节内容依据《企业内部控制基本规范》《企业内部控制应用指引》以及相关财政部会计司的解读编写。

（1）治理结构。治理结构即企业治理层面的组织架构。它是企业成为可以与外部主体发生各项经济关系的法人所必备的组织基础，具体是指企业根据相关的法律法规，设置不同层次、不同功能的法律实体及其相关的法人治理结构，从而使得企业能够在法律许可的框架下拥有特定权利、履行相应义务，以保障各利益相关方的基本权益。治理结构涉及股东（大）会、董事会、监事会和经理层。企业应当根据国家有关法律法规的规定，按照决策机构、执行机构和监督机构相互独立、权责明确、相互制衡的原则，明确董事会、监事会和经理层的职责权限、任职条件、议事规则和工作程序等。

具体到内部控制的运行，董事会负责内部控制的建立健全和有效实施；监事会对董事会建立与实施内部控制进行监督；经理层负责组织领导企业内部控制的日常运行。企业还应当成立专门机构或者指定适当的机构具体负责组织协调内部控制的建立实施及日常工作。企业应当在董事会下设立审计委员会。审计委员会负责审查企业内部控制，监督内部控制的有效实施和内部控制自我评价情况，协调内部控制审计及其他相关事宜等。

（2）内部机构。内部机构则是企业内部机构层面的组织架构。它是指企业根据业务发展需要，分别设置不同层次的管理人员及其由各专业人员组成的管理团队，针对各项业务功能行使决策、计划、执行、监督、评价的权力并承担相应的义务，从而为业务顺利开展进而实现企业发展战略提供组织机构的支撑平台。

只有切合企业经营业务特点和内部控制要求的内部机构，才能为实现企业发展目标发挥积极促进作用。具体而言：一是企业应当按照科学、精简、高效、透明、制衡的原则，综合考虑企业性质、发展战略、文化理念和管理要求等因素，合理设置内部职能机构，明确各机构的职责权限，避免职能交叉、缺失或权责过于集中，形成各司其职、各负其责、相互制约、相互协调的工作机制。二是企业应当对各机构的职能进行科学合理的分解，确定具体岗位的名称、职责和工作要求等，明确各个岗位的权限和相互关系。内部机构设计过程中，应当体现不相容岗位相分离原则，努力识别出不相容职务，并根据相关的风险评估结果设立内部牵制机制，特别是在涉及重大或高风险业务处理程序时，必须考虑建立各层级、各部门、各岗位之间的分离和牵制，对因机构人员较少且业务简单而无法分离处理某些不相容职务时，企业应当制定切实可行的替代控制措施。三是企业应当制定组织结构图、业务流程图、岗（职）位说明书和权限指引等内部管理制度或相关文件，使员工了解和掌握组织架构设计及权责分配情况，正确履行职责。

2. 发展战略

发展战略是企业在对现实状况和未来趋势进行综合分析和科学预测的基础上，制定并实施的中长期发展目标与战略规划。企业制定和实施发展战略，具有十分重要的意义：第一，发展战略可以为企业找准市场定位；第二，发展战略是企业执行层行动的指南；第三，发展战略为内部控制设定了最高目标。

发展战略可以分为发展目标和战略规划两个层次。其中，发展目标是企业发展战略的核心和基本内容，是在最重要的经营领域对企业使命的具体化，表明企业在未来一段时期内所要努力的方向和所要达到的水平。战略规划是为了实现发展目标而制定的具体规划，表明企业在每个发展阶段的具体目标、工作任务和实施路径。

3. 人力资源

人力资源对企业发展的重要作用，至少有以下三个方面：第一，良好的人力资源管理制度和机制是增强企业活力的源泉。第二,良好的人力资源管理制度和机制是提升企业核心竞争力的重要基础。第三,良好的人力资源管理制度和机制是实现发展战略的根本动力。要保证内部控制的有效运行,人的作用同样至关重要,因此,建立和实施良好的人力资源制度和运行机制有助于形成良好的内部环境。

企业人力资源政策与实务的核心是建立一套科学的人力资源制度和机制,不断优化人力资源结构,实现人力资源的合理配置和布局,切实做到人尽其才,充分发挥人力资源的作用,强化激励机制,增强人才活力,合理引进和开发人才,用好和盘活现有人才,强化人力资源风险管理,全面提升管理团队、专业技术人才和全体员工的创造力,切实做到使每位员工都投身于企业可持续发展之中。企业应当制定和实施有利于企业可持续发展的人力资源政策。人力资源政策应当包括下列内容:

(1)员工的聘用、培训、辞退与辞职。

(2)员工的薪酬、考核、晋升与奖惩。

(3)关键岗位员工的强制休假制度和定期岗位轮换制度。

(4)掌握国家秘密或重要商业秘密的员工离岗的限制性规定。

(5)有关人力资源管理的其他政策。

此外,企业还应当注重将职业道德修养和专业胜任能力作为选拔和聘用员工的重要标准,切实加强员工培训和继续教育,不断提升员工素质。

4. 社会责任

社会责任是指企业在经营发展过程中应当履行的社会职责和义务。企业积极履行社会责任具有十分重要的意义:第一,企业创造利润或财富与履行社会责任是统一的有机整体;第二,企业履行社会责任是提升发展质量的重要标志,也是实现可持续长远发展的根本所在;第三,企业履行社会责任,是打造和提升企业形象的重要举措。

企业履行的社会责任及主要采取的措施包括:

(1)安全生产。企业应当着重从以下方面履行安全生产的社会责任:一是建章建制,建立健全安全生产管理机构;二是不断加大安全生产投入和经常性维护管理;三是开展员工安全生产教育,实行特殊岗位资格认证制度;四是建立安全生产事故应急预警和报告机制。

(2)产品质量。企业应当着重从以下方面履行产品质量的社会责任:一是建立健全产品质量标准体系;二是严格质量控制和检验制度;三是加强产品售后服务。

(3)环境保护与资源节约。企业应当着重从以下方面履行环境保护与资源节约的社会责任:一是转变发展方式,实现清洁生产和循环经济;二是依靠科技进步和技术创新,着力开发利用可再生资源;三是建立完善监测考核体系,强化日常监控。

(4)促进就业。企业应结合实际需要,转变陈旧或功利的用人观念,在满足自身发展的情况下,公开招聘、公平竞争、公正录用,为社会提供尽可能多的就业岗位,特别是劳动密集型企业,应当成为吸纳农民工就业的主体。企业在录用员工时,不能因民族、种类、性别、宗教信仰不同而进行歧视,要保证劳动者依法享有平等就业和自主择业的权利。

(5)保护员工合法权益。企业应当着重从以下方面履行保护员工合法权益的社会责任:一是建立完善科学的员工培训和晋升机制;二是建立科学合理的员工薪酬增长机制;三是维护员工的身心健康。

(6)重视产学研用结合。企业应当重视产学研用结合,牢固确立企业技术创新主体地位这个核心,把产学研用结合的基点放在人才培养方面。要充分运用市场机制和手段,积极开展与高校和科研院所的战略合作,联合创建国家重点实验室、工程中心等研发和产业化基地,实行优势互补,激发科研机构的创新活力。要重视和加强与高校和科研院所人才培养和交流,加速科技成果的转化和产业化,引导技术创新要素聚集到企业创造社会财富过程中来,使企业获得持续创新的能力。同时促进应用型人才的培养,确保企业发展中亟需人才不断得到补充。

(7)支持慈善事业。企业在关注公司自身发展的同时,应当勇于承担社会责任,积极支持慈善事业,奉献爱心和善举,扶助社会弱势群体,把参与慈善活动作为创新产品和服务的潜在市场,将慈善行为与企业发展目标有机地联系起来,不断增强自身参与社会慈善事业发展的积极性和可持续性,以实际行动践行企业公民的责任和义务。

5. 企业文化

企业文化是指企业在生产经营实践中逐步形成的、为整体团队所认同并遵守的价值观、经营理念和企业精神,以及在此基础上形成的行为规范的总称。著名经济学家于光远先生站在战略高度精辟指出,"国家富强在于经济,经济繁荣在于企业,企业兴旺在于管理,管理优劣在于文化"。可见,企业文化对于企业发展壮大的关键作用。正是由于企业文化在促进企业发展战略实现过程中的灵魂和支柱作用,企业尤其应当加强企业文化建设,为内部控制的建立和完善奠定重要的基础。

《企业内部控制基本规范》明确指出,企业应当加强文化建设,培育积极向上的价值观和社会责任感,倡导诚实守信、爱岗敬业、开拓创新和团队协作情神,树立现代管理理念,强化风险意识。董事、监事、经理及其他高级管理人员应当在企业文化建设中发挥主导作用。企业员工应当遵守员工行为守则,认真履行岗位职责。在打造优秀的企业文化的过程中,应当着力关注的几点包括:

第一,要注重塑造企业核心价值观。核心价值观是企业在经营过程中坚持不懈、努力使全体员工都必须信奉的信条,体现了企业核心团队的精神,往往也是企业家身体力行并坚守的理念。这种价值观和理念是一个企业的文化核心,凝聚着董事、监事、高级管理人员和全体员工的思想观念,从而使大家的行为朝着一个方向去努力,反映出一个企业的行为和价值取向。

第二,要重点打造以主业为核心的品牌。品牌通常是指能够给企业带来溢价、产生增值的一种无形的资产,其载体是用以和其他竞争者的产品或劳务相区分的名称、术语、象征、记号或者设计及其组合。在市场竞争中,企业无不重视其产品或劳务品牌的建设。打造以主业为核心的品牌,是企业文化建设的重要内容。

第三,要充分体现以人为本的理念。"以人为本"是企业文化建设应当信守的重要原则。企业要在企业文化建设过程中牢固树立以人为本的思想,坚持全心全意依靠全体员工办企业的方针,尊重劳动、尊重知识、尊重人才、尊重创造,用美好的愿景鼓舞人,用宏伟的事业凝聚人,用科学的机制激励人,用优美的环境熏陶人。

第四,要强化企业文化建设中的领导责任。要建设好企业文化,领导必须高度重视,认真规划、狠抓落实,这样才能取得实效。企业主要负责人应当站在促进企业长远发展的战略高度重视企业文化建设,切实履行第一责任人的职责,对企业文化建设进行系统思考,出思想、谋思路、定对策,确定本企业文化建设的目标和内容,提出正确的经营管理理念。

延伸阅读8-2

对"亚细亚"内控失败的分析之———关于内部环境①

郑州亚细亚集团(以下简称"亚细亚")曾取得过几个"全国第一",以其在经营和管理上的创新创造的一个平凡而奇特的"亚细亚现象"。然而,1998年8月15日,亚细亚悄然关门。面对这残酷的事实,人们众说纷纭。有关专家认为,导致亚细亚倒闭的原因是多方面的,而其内部控制的极端薄弱是促成其倒闭的主要原因之一。

首先,我们来了解一下亚细亚的内部环境:

(1)经营者品行、操守、价值观。有一些例子很能说明问题:南阳亚细亚商场借到贷款2 000万元,股东高××却要了600万元,调拨到成都给其一位朋友做房地产生意,结果全亏,以两栋楼房抵债。抵债手续尚未办妥,高××却对欠债人说,"你不要向南阳还债了,你把两栋楼房给我,南阳的钱由我还"。最终,南阳亚细亚分文未得。

上述事实只是亚细亚暴露出来的冰山一角,但已能说明亚细亚经营者的品行与操守状况。

(2)董事会。亚细亚的注册日期是1993年10月,但直到1995年6月才最后确立。在近两年的时间里,集团公司决策层一直处于不断演变的状态之中,没有按章程规范化运作,董事会从未召集董事们就重大决策进行过表决,凡事都由总经理王××一人拍板。1995年年初,亚细亚的主要股东中原不动产公司董事长易人,新任董事长认为前任批准的股权转让造成公司资产流失,不予承认,表示股权纠纷问题不解决就不参加董事会。从此,亚细亚最高决策机构、监督机构陷于瘫痪。比如,冠名权属于无形资产,其转让照理应该经董事会讨论通过,但实际上是王××一个人说了算,只要他签字同意,别人就可建个"亚细亚",如许昌、安阳、洛阳、商丘的亚细亚都是他签字同意的。在亚细亚,总经理成了国王,董事会如同虚设。

(3)人事政策与员工素质。亚细亚实际表现出来的人事政策可以归纳为四条:以貌取人、随意用人、任人唯亲、排斥异己。在这样的人事政策下,员工素质状况可想而知。

(4)企业产权关系及组织结构。亚细亚是由河南省建行租赁公司和中原不动产公司共同出资200万元设立的股份制企业,其中,租赁公司102万元,占51%的股份,中原不动产公司98万元,占49%的股份。由于亚细亚计划在1992年改组成股份有限公司,面向社会公众发行股票。按照有关规定,上市公司的股东必须在5家以上才具备上市资格。由于种种原因,改建的郑州亚细亚股份有限公司上市未获成功。1993年9月,经河南省体改委批准,仅仅有过渡意义的郑州亚细亚股份有限公司正式更名为郑州亚细亚集团股份有限公司。于是,亚细亚上市未能做成,但虚拟的股权转让已被河南省体改委等政府职能部门认定,即河南建行租赁公司51%的股权转让给海南大昌实业发展公司18%,转让给广西北海巨龙房地产公司10%;中原不动产公司49%的股权转让给海南三联企业发展公司18%,转让给海南汇通信托投资公司18%。由于股权受让方未按协议及时把购股资金兑付,从此埋下了一个巨大的资金隐患。特别是后来中原不动产公司新任董事长认为前任批准的股权转让造成公司资产流失,不予承认。亚细亚产权关系混乱局面就此形成。

上述四个方面较清楚地说明了亚细亚的内部环境情况。其内部环境若此,其最终结局亦在意料之内。

(二)风险评估

任何经济组织在经营活动中都会面临各种各样的风险,风险对其生存和竞争能力产生影响。很多风险并不为经济组织所控制,但管理层应当确定可以承受的风险水平,识别、评估这些风险并采取一定的应对措施。具体来说,企业风险评估过程大致包括风险识别、风险分析和风险应对等三个步骤。此外,还应当理解管理层的风险评估与注册会计师的风险评

---

① 吴水澎、陈汉文、邵贤弟.论改进我国企业内部控制——由"亚细亚"失败引发的思考[J].会计研究,2000(09):43-48.

估的区别与联系。

1. 风险识别

企业开展风险评估,应当准确识别与实现控制目标相关的内部风险和外部风险,确定相应的风险承受度。风险承受度是企业能够承担的风险限度,包括整体风险承受能力和业务层面的可接受风险水平。

企业识别内部风险,应当关注下列因素:董事、监事、经理及其他高级管理人员的职业操守、员工专业胜任能力等人力资源因素;组织机构、经营方式、资产管理、业务流程等管理因素;研究开发、技术投入、信息技术运用等自主创新因素;财务状况、经营成果、现金流量等财务因素;营运安全、员工健康、环境保护等安全环保因素;其他有关内部风险因素。

企业识别外部风险,应当关注下列因素:经济形势、产业政策、融资环境、市场竞争、资源供给等经济因素;法律法规、监管要求等法律因素;安全稳定、文化传统、社会信用、教育水平、消费者行为等社会因素;技术进步、工艺改进等科学技术因素;自然灾害,环境状况等自然环境因素;其他有关外部风险因素。

2. 风险分析

企业应当采用定性与定量相结合的方法,按照风险发生的可能性及其影响程度等,对识别的风险进行分析和排序,确定关注重点和优先控制的风险。企业进行风险分析,应当充分吸收专业人员,组成风险分析团队,按照严格规范的程序开展工作,确保风险分析结果的准确性。

3. 风险应对

企业应当根据风险分析的结果,结合风险承受度、权衡风险与收益,确定风险应对策略。企业应当合理分析、准确掌握董事、经理及其他高级管理人员、关键岗位员工的风险偏好,采取适当的控制措施,避免因个人风险偏好给企业经营带来重大损失。

企业应当综合运用风险规避、风险降低、风险分担和风险承受等风险应对策略,实现对风险的有效控制。风险规避是企业对超出风险承受度的风险,通过放弃或者停止与该风险相关的业务活动以避免和减轻损失的策略。风险降低是企业在权衡成本效益之后,准备采取适当的控制措施降低风险或者减轻损失,将风险控制在风险承受度之内的策略。风险分担是企业准备借助他人力量,采取业务分包、购买保险等方式和适当的控制措施,将风险控制在风险承受度之内的策略。风险承受是企业对风险承受度之内的风险,在权衡成本效益之后,不准备采取控制措施降低风险或者减轻损失的策略。

4. 管理层的风险评估与注册会计师的风险评估的区别与联系

管理层的风险评价与注册会计师的风险评价有所不同,但又紧密相关。管理层的风险评价是作为制定和执行内部控制的组成部分,旨在减少错误和舞弊。注册会计师评价风险的目的则在于确定审计所需的证据。如果管理层能有效地评价风险并采取相应措施,则注册会计师应搜集的审计证据一般要比管理层没有识别和应对重要风险时所搜集的证据少。

注册会计师一般通过调查管理层如何识别与财务报告相关的风险、评价风险的重要性及发生的可能性,以及为规避风险而采取的措施等方面了解其风险评估过程。

 延伸阅读8-3 ....

对"亚细亚"内控失败的分析之二——关于风险意识

亚细亚如何进行环境控制和风险评估呢？原亚细亚总经理王某,对以往的经营失误总结了六大教训,其中有四条涉及对风险的认识和把握问题。

第一是"对市场认识不足,对形势认识不足"。"在我们前进的过程中,不但遇到了国内商业同行的压力,而且国外零售业的大举进入也给我们造成了很大的冲击,导致我们认为较先进的经营模式一下子就被冲得体无完肤。"

第二是"过于自信、乐观、想当然,其结果是骄兵必败"。

第三是"面对零售业艰难的状况,我们的应变能力差,整个经营进入死胡同,最后到了山穷水尽的地步。"

第四是"抗风险能力差,一遇事阵脚就乱了。"

这几个教训说明,在亚细亚管理层的思想中缺乏风险概念,没有设置风险管理机制,因此抗险能力极低。

(三) 控制活动

控制活动是指有助于确保管理层的指令得以执行的政策和程序。企业应当结合风险评估结果,通过手工控制与自动控制、预防性控制与发现性控制相结合的方法,运用相应的控制措施,将风险控制在可承受度之内。控制措施一般包括不相容职务分离控制、授权审批制、会计系统控制、财产保护控制、预算控制、运营分析控制和绩效考评控制等。

(1) 不相容职务分离控制。不相容职务分离控制要求企业全面系统地分析、梳理业务流程中所涉及的不相容职务,实施相应的分离措施,形成各司其职、各负其责、相互制约的工作机制。

(2) 授权审批控制。授权审批控制要求企业根据常规授权和特别授权的规定,明确各岗位办理业务和事项的权限范围、审批程序和相应责任。企业应当编制常规授权的权限指引,规范特别授权的范围、权限、程序和责任,严格控制特别授权。常规授权是指企业在日常经营管理活动中按照既定的职责和程序进行的授权。特别授权是指企业在特殊情况、特定条件下进行的授权。企业各级管理人员应当在授权范围内行使职权和承担责任。企业对于重大的业务和事项,应当实行集体决策审批或者联签制度,任何个人不得单独进行决策或者擅自改变集体决策。

(3) 会计系统控制。会计系统控制要求企业严格执行国家统一的会计准则制度,加强会计基础工作,明确会计凭证、会计账簿和财务会计报告的处理程序,保证会计资料真实完整。企业应当依法设置会计机构,配备会计从业人员。从事会计工作的人员,必须取得会计从业资格证书。会计机构负责人应当具备会计师以上专业技术职务资格。

(4) 财产保护控制。财产保护控制要求企业建立财产日常管理制度和定期清查制度,采取财产记录、实物保管、定期盘点、账实核对等措施,确保财产安全。企业应当严格限制未经授权的人员接触和处置财产。

(5) 预算控制。预算控制要求企业实施全面预算管理制度,明确各责任单位在预算管理中的职责权限,规范预算的编制、审定、下达和执行程序,强化预算约束。

(6) 运营分析控制。运营分析控制要求企业建立运营情况分析制度,经理层应当综合运用生产、购销、投资、筹资、财务等方面的信息,通过因素分析、对比分析、趋势分析等方法,定期开展运营情况分析,发现存在的问题,及时查明原因并加以改进。

(7) 绩效考评控制。绩效考评控制要求企业建立和实施绩效考评制度,科学设置考核指标体系,对企业内部各责任单位和全体员工的业绩进行定期考核和客观评价,将考评结果作为确定员工薪酬以及职务晋升、评优、降级、调岗、辞退等的依据。

企业应当根据内部控制目标,结合风险应对策略,综合运用控制措施,对各种业务和事项实施有效控制。此外,企业应当建立重大风险预警机制和突发事件应急处理机制,明确风险预警标准,对可能发生的重大风险或突发事件,制定应急预案、明确责任人员、规范处置程序,确保突发事件得到及时妥善处理。

 延伸阅读8-4

对"亚细亚"内控失败的分析之三——关于控制活动

根据了解,亚细亚运作中几乎不存在控制活动,或者即使存在所谓的政策和程序,也是名存实亡,未实际发生作用。

且看一组数据:亚细亚一年一度的场庆花费都超过70万元;集团某股东从郑亚商场借出800万元,连借条也没有,后来归还300万元,剩余500万元商场账面和收据显示是"工程款";集团另一个股东1993年借走商场57万元,也无人催要;1997年,郑亚商场管理费用就高达18.6亿元。

亚细亚的控制活动若如此,何以确保管理层的指令得以实现?

(四) 信息与沟通

相关信息必须以某种形式和在一定时限内被识别、获得和传达沟通,以促使员工采取一定的措施或行动履行自己的职责。信息与沟通连接了内部控制体系整体框架的其他要素,是有效实施内部控制的保障,直接影响着企业内部控制的贯彻执行、企业经营目标及整体战略目标的实现。信息与沟通要素具体应当包括内、外部信息的获取,有效的沟通,信息技术的应用以及反舞弊机制等内容。

1. 内、外部信息的获取

信息系统生成含有与经营、财务和合规性有关信息的报告,从而使管理运作和控制企业成为可能。信息系统不仅处理内部生成的数据,也处理有关外部事件、活动和条件状况的信息,这些信息对有资料依据的企业的决策和外部报告都是必需的。

企业可以通过财务会计资料、经营管理资料、调研报告、专项信息、内部刊物、办公网络等渠道,获取内部信息。

企业可以通过行业协会组织、社会中介机构、业务往来单位、市场调查、来信来访、网络媒体以及有关监管部门等渠道,获取外部信息。

2. 有效的沟通

有效的沟通也必须广泛地进行,自上而下、自下而上地贯穿整个企业。所有人员都要从高级管理层获得明确的信息:必须认真对待控制责任。他们必须了解各自在内部控制体系中担任的角色,以及个人参与的控制活动与他人工作是如何相互关联的。他们必须有自下而上传递重要信息的渠道和方法。同时,他们也需要与外部各方建立有效的沟通。

企业应当将内部控制相关信息在企业内部各管理级次、责任单位、业务环节之间,以及企业与外部投资者、债权人、客户、供应商、中介机构和监管部门等有关方面之间进行沟通和反馈,信息沟通过程中发现的问题,应当及时报告并加以解决。重要信息应当及时传递给董事会、监事会和经理层。

3. 信息技术的应用

企业应当利用信息技术促进信息的集成与共享,充分发挥信息技术在信息与沟通中的作用。企业应当加强对信息系统开发与维护、访问与变更、数据输入与输出、文件储存与保管、网络安全等方面的控制,保证信息系统安全稳定运行。

4. 反舞弊机制

企业应当建立反舞弊机制,坚持惩防并举、重在预防的原则,明确反舞弊工作的重点领域、关键环节和有关机构在反舞弊工作中的职责权限,规范舞弊案件的举报、调查、处理、报告和补救程序。

企业至少应当将下列情形作为反舞弊工作的重点:未经授权或者采取其他不法方式侵占、挪用企业资产,牟取不当利益;在财务会计报告和信息披露等方面存在的虚假记载、误导性陈述或者重大遗漏等;董事、监事、经理及其他高级管理人员滥用职权;相关机构或人员串通舞弊。

 **延伸阅读8-5**

对"亚细亚"内控失败的分析之四——关于信息与沟通

在亚细亚内部,信息沟通系统几乎不存在。据称,集团内部一不需要成本信息,二不计算投资回收期及投资回报率,三不收集市场方面的信息。会计信息系统由管理层随意控制(如亚细亚初期的年利润最高不到1 200万元,却虚报为1 500万元甚至更多),资金被大量挪用,却不知去向何方。

在亚细亚,信息系统已经不再是一个管理和控制的工具,而是上层管理人员的话筒,信息随其意愿而变。

(五)内部监督

管理层的重要职责之一就是建立和维护控制并保证其持续有效运行,内部监督可以实现这一目标。它是指被审计单位评价内部控制在一段时间内运行有效性的过程,该过程包括及时评价控制的设计和运行,以及根据情况的变化采取必要的纠正措施。例如,管理层对是否定期编制银行存款余额调节表进行复核,内部审计师评价销售人员是否遵守公司关于销售合同条款的政策,法律部门定期监控公司的道德规范和商务行为准则是否得以遵循等。内部监督对控制的持续有效运行十分重要。例如,假如没有对银行存款余额调节表是否得到及时和准确的编制进行监督,该项控制可能无法得到持续的执行。

1. 内部控制缺陷认定

企业应当制定内部控制缺陷认定标准,对监督过程中发现的内部控制缺陷,应当分析缺陷的性质和产生的原因,提出整改方案,采取适当的形式及时向董事会、监事会或者经理层报告。内部控制缺陷包括设计缺陷和运行缺陷。企业应当跟踪内部控制缺陷整改情况,并就内部监督中发现的重大缺陷,追究相关责任单位或者责任人的责任。

2. 内部监督的形式

内部监督分为日常监督和专项监督。日常监督是指企业对建立与实施内部控制的情况进行常规、持续的监督检查;专项监督是指在企业发展战略、组织结构、经营活动、业务流程、关键岗位员工等发生较大调整或变化的情况下,对内部控制的某一或者某些方面进行有针对性的监督检查。例如,管理层在履行其日常管理活动时,取得内部控制持续发挥功能的信息。当业务报告、财务报告与他们获取的信息有较大差异时,企业会对有重大差异的报告提出疑问,并作必要的追踪调查和处理。

企业应当结合内部监督情况,定期对内部控制的有效性进行自我评价,出具内部控制自我评价报告。内部控制自我评价的方式、范围、程序和频率,由企业根据经营业务调整、经营环境变化、业务发展状况、实际风险水平等自行确定。

3. 内部监督的信息来源

被审计单位可能使用内部审计师或具有类似职能的人员对内部控制的设计和执行进行专门的评价,以找出内部控制的优点和不足,并提出改进建议。被审计单位也可能利用与外部有关各方沟通或交流所获取的信息监督相关的控制活动。在某些情况下,外部信息可能显示内部控制存在的问题和需要改进之处。例如,客户通过付款来表示其同意发票金额,或者认为发票金额有误而不付款。监管机构(如银行监管机构)可能会对影响内部控制运行的问题与被审计单位沟通。管理层可能也会考虑与外部注册会计师就内部控制问题进行沟通,通过与外部信息的沟通,可以发现内部控制存在的问题,以便采取纠正措施。

值得注意的是,上述用于监督活动的很多信息都由被审计单位的信息系统产生,这些信息可能会存在错报,从而导致管理层从监督活动中得出错误的结论。因此,注册会计师应当了解与被审计单位监督活动相关的信息来源,以及管理层认为信息具有可靠性的依据。如果拟利用被审计单位监督活动使用的信息(包括内部审计报告),注册会计师应当考虑该信息是否具有可靠的基础,是否足以实现审计目标。

 延伸阅读8-6

对"亚细亚"内控失败的分析之五——关于内部监督

亚细亚自开业以来,没有进行过一次全面彻底的审计。偶尔局部的内部审计中曾发现几笔几百万元资金被转移出去的事,后来也不了了之。

任何事情都是总经理说了算,属下当然包括内部审计师在内,全无发言权,可见内部监督极度缺乏是既成事实。

三、内部控制的了解和评价

注册会计师应当了解与审计相关的内部控制以识别潜在错报的类型,考虑导致重大错报风险的因素,以及设计和实施进一步审计程序的性质、时间和范围。需要注意的是,除非存在某些可以使控制得到一贯运行的自动化控制,注册会计师对控制的了解并不能够代替对控制运行有效性的测试(即控制测试)。

注册会计师在了解内部控制时,应当评价控制的设计,并确定其是否得到执行。评价控制的设计是指考虑一项控制单独或连同其他控制是否能够有效防止或发现并纠正重大错报。控制得到执行是指某项控制存在且被审计单位正在使用。设计不当的控制可能表明内部控制存在重大缺陷,注册会计师在确定是否考虑控制得到执行时,应当首先考虑控制的设计。如果控制设计不当,不需要再考虑控制是否得到执行。

(一)在被审计单位整体层面了解和评价内部控制

内部控制对被审计单位的影响可能体现在普遍的整体层面,也可能体现在具体的业务流程层面,因此,注册会计师对内部控制的了解和评价也相应地分为两个层次:在被审计单

8-4 整体层面了解被审计单位内部控制

位整体层面的了解和评价以及在业务流程层面的了解和评价。

在实际工作中,注册会计师应当根据被审计单位的具体情况和职业判断,在整体层面了解和评价对被审计单位有普遍影响的内部控制,并评估财务报表重大错报风险。

1. 了解和评价内部环境时的考虑

在了解和评价内部环境时,注册会计师需要考虑与内部环境有关的各个要素及其相互联系,尤其是要注意,内部环境任一构成要素存在重大缺陷,都会影响其他要素的有效性。下面对各个要素分别进行说明。

(1) 组织架构。组织架构包括治理结构和内部结构两个重要的组成部分,因此,注册会计师在对被审计单位的组织架构进行了解和评价时,应当分别从治理结构和内部结构两个方面加以开展。

注册会计师在了解和评价被审计单位的治理结构时,考虑的主要因素可能包括:①股东大会是否规范而有效地召开,股东是否可以通过股东大会行使自己的权利;②企业与控股股东是否在资产、财务、人员方面实现相互独立,企业与控股股东的关联交易是否贯彻平等、公开、自愿的原则;③对与控股股东相关的信息是否根据规定及时完整地披露;④企业是否对中小股东权益采取了必要的保护措施,使中小股东能够和大股东同等条件参加股东大会,获得与大股东一致的信息,并行使相应的权利;⑤董事会是否独立于经理层和大股东,董事会及其审计委员会中是否有适当数量的独立董事存在且能有效发挥作用;⑥董事对于自身的权利和责任是否有明确的认知,并且有足够的知识、经验和时间来勤勉、诚信、尽责地履行职责;⑦董事会是否能够保证企业建立并实施有效的内部控制,审批企业发展战略和重大决策并定期检查、评价其执行情况,明确设立企业可接受的风险承受度,并督促经理层对内部控制有效性进行监督和评价;⑧监事会的构成是否能够保证其独立性,监事能力是否与相关领域相匹配;⑨监事会是否能够规范而有效地运行,监督董事会、经理层正确履行职责并纠正损害企业利益的行为;⑩对经理层的权力是否存在必要的监督和约束机制。

注册会计师在了解和评价被审计单位的组织结构时,考虑的主要因素可能包括:①企业内部组织机构是否考虑经营业务的性质,按照适当集中或分散的管理方式设置;②企业是否对内部组织机构设置、各职能部门的职责权限、组织的运行流程等有明确的书面说明和规定,是否存在关键职能缺位或职能交叉的现象;③企业内部组织机构是否支持发展战略的实施,并根据环境变化及时作出调整;④企业内部组织机构的设计与运行是否适应信息沟通的要求,有利于信息的上传、下达和在各层级、各业务活动间的传递,有利于为员工提供履行职权所需的信息;⑤关键岗位员工是否对自身权责有明确的认识,有足够的胜任能力去履行权责,是否建立了关键岗位员工轮换制度和强制休假制度;⑥企业是否对董事、监事、高级管理人员及全体员工的权限有明确的制度规定,对授权情况是否有正式的记录;⑦企业是否对岗位职责进行了恰当的描述和说明,是否存在不相容职务未分离的情况;⑧企业是否对权限的设置和履行情况进行了审核和监督,对于越权或权限缺位的行为是否及时予以纠正和处理。

(2) 发展战略。注册会计师在了解和评价被审计单位的发展战略时,考虑的主要因素可能包括:①企业是否设立了战略委员会或其他相关机构负责发展战略管理工作,履行相应职责;②战略委员会委员是否具有较强的综合素质和实践经验,任职资格和选任程序是否符合有关法律法规和企业章程的规定;③企业是否在内部机构中设置了专门的部门或指定相关部门,承担战略委员会有关具体工作;④企业在编制发展战略时是否综合分析了企业面临的外部环境以及企业拥有的内部资源；⑤企业在制定发展目标时是否注意突出主业，避免过于激进和过于保守；⑥企业是否制定了战略规划，明确企业发展的阶段性和发展程度，制定每个发展阶段的具体目标和工作任务，以及达到发展目标必经的实施路径；⑦企业的发展战略是否经过了严格的审议及批准程序；⑧企业在实施发展战略的过程中是否注意发展战略的组织领导、宣传培训、组织保障以及分解落实等工作；⑨企业是否具有针对发展战略的监控以及持续优化程序；⑩企业在面临重大变化时，是否及时有效地进行了战略转型。

（3）人力资源。注册会计师在了解和评价被审计单位的人力资源时，考虑的主要因素可能包括：①企业是否具有明确的人力资源制度和机制，对企业人力资源的开发利用等加以规范；②企业人力资源政策是否全面涵盖以下内容：员工的聘用、培训、辞退与辞职；员工的薪酬、考核、晋升与奖惩；关键岗位员工的强制休假制度和定期岗位轮换制度；掌握国家秘密或重要商业秘密的员工离岗的限制性规定；有关人力资源管理的其他政策等；③企业是否通过建立和完善良好的人力资源制度和机制，促进企业决策层处于优化状态，不断提高对国内、国际形势和宏观政策的分析判断能力，增强对同行业、本企业的优势的认知度；④企业是否通过建立和完善良好的人力资源制度和机制，引进优秀的管理团队，不断提高执行层的执行力；⑤企业是否制定了年度人力资源需求计划，并据此进行人力资源的引进；人力资源的引进是否符合相关能力框架、知识结构和综合素质；人力资源的引进是否注意区分高级管理人员、专业技术人员和一般员工；人力资源的开发是否依据相应的管理要求；⑥企业是否设置了科学的业绩考核指标体系，对各级管理人员和全体员工进行严格考核与评价，以此作为确定员工薪酬、职级调整和解除劳动合同等的重要依据；⑦企业是否建立了规范的人力资源退出机制，人力资源的退出是否符合法律法规的规定。

（4）社会责任。注册会计师在了解和评价被审计单位的社会责任时，考虑的主要因素可能包括：①企业负责人是否具有高度重视履行企业社会责任的意识和态度；②企业是否全面履行了其应当承担的社会责任；③企业是否具有促进履行社会责任的体制和运行机制，是否融入企业发展战略，落实到生产经营的各个环节；④企业对于相应的社会责任的履行是否明确了归口管理部门；⑤企业是否建立健全与履行社会责任相关的预算安排；⑥企业是否已经建立或逐步建立和完善企业社会责任指标统计和考核体系；⑦企业是否定期发布企业社会责任报告，报告披露是否规范、全面并经过鉴证。

（5）企业文化。注册会计师在了解和评价被审计单位的企业文化时，考虑的主要因素可能包括：①企业是否切实加强文化建设，培育积极向上的价值观和社会责任感，倡导诚实守信、爱岗敬业、开拓创新和团队协作精神，树立现代管理理念，强化风险意识；②企业的董事、监事、经理及其他高级管理人员是否在企业文化建设中发挥了主导作用；③企业员工是否遵守员工行为守则，认真履行岗位职责；④企业是否具有明确的对核心价值观的表述；是否注重对核心价值观的塑造和维护；⑤企业是否具有以主业为核心的品牌；是否注重品牌建设和维护；⑥企业是否具有规范的企业文化评估体系，是否持续地对企业文化进行评估和创新。

综上所述，注册会计师应当对内部环境的构成要素获取足够的了解，并考虑内部控制的实质及其综合效果，以了解管理层和治理层对内部控制及其重要性的态度、认识以及所采取的措施。

2. 了解和评价被审计单位风险评估过程时的考虑

注册会计师在对被审计单位整体层面的风险评估过程进行了解和评估时，考虑的主要

因素可能包括:

(1)被审计单位是否已建立并沟通其整体目标,并辅以具体策略和业务流程层面的计划。

(2)被审计单位是否已建立风险评估过程,包括识别风险,估计风险的重大性,评估风险发生的可能性以及确定需要采取的应对措施。

(3)被审计单位是否已建立某种机制,识别和应对可能对被审计单位产生重大且普遍影响的变化,如在金融机构中建立资产负债管理委员会,在制造型企业中建立期货交易风险管理组等。

(4)会计部门是否建立了某种流程,以识别会计准则的重大变化。

(5)当被审计单位业务操作发生变化并影响交易记录的流程时,是否存在沟通渠道以通知会计部门。

(6)风险管理部门是否建立了某种流程,以识别经营环境包括监管环境发生的重大变化。

注册会计师可以通过了解被审计单位及其环境的其他方面信息,评价被审计单位风险评估过程的有效性。例如,在了解被审计单位的业务情况时,发现了某些经营风险,注册会计师应当了解管理层是否也意识到这些风险以及如何应对。在对业务流程的了解中,注册会计师还可能进一步地获得被审计单位有关业务流程的风险评估过程的信息。例如,在采购循环中,如果发现了采购的截止性错报的风险,注册会计师应当考虑管理层是否也识别了该错报风险以及如何应对该风险。

3. 了解和评价被审计单位控制活动时的考虑

注册会计师对被审计单位整体层面的控制活动进行的了解和评估,主要是针对被审计单位的一般控制活动,特别是信息技术的一般控制。在了解和评估一般控制活动时考虑的主要因素可能包括:

(1)对被审计单位的主要经营活动是否都有必要的控制政策和程序。

(2)管理层对预算、利润和其他财务和经营业绩方面是否都有清晰的目标,在被审计单位内部,是否对这些目标加以清晰的记录和沟通,并且积极地对其进行监控。

(3)是否存在计划和报告系统,以识别与目标业绩的差异,并向适当层次的管理层报告该差异。

(4)是否由适当层次的管理层对差异进行调查,并及时采取适当的纠正措施。

(5)不同人员的职责应在何种程度上相分离,以降低舞弊和不当行为发生的风险。

(6)会计系统中的数据是否与实物资产定期核对。

(7)是否建立了适当的保护措施,以防止未经授权接触文件、记录和资产。

(8)是否存在信息安全职能部门负责监控信息安全政策和程序。

(9)企业是否建立了重大风险预警机制和突发事件应急处理机制,明确风险预警标准,对可能发生的重大风险或突发事件,制订应急预案、明确责任人员、规范处置程序,确保突发事件得到及时妥善处理。

4. 了解和评价被审计单位与财务报告相关的信息与沟通时的考虑

注册会计师在对被审计单位整体层面的信息与沟通进行了解和评估时,考虑的主要因素可能包括:

（1）信息系统是否能够向管理层提供有关被审计单位业绩的报告，包括相关的外部和内部信息。

（2）向适当人员提供的信息是否充分、具体和及时，使其能够有效地履行职责。

（3）信息系统的开发及变更在多大程度上与被审计单位的战略计划相适应，以及如何与被审计单位整体层面和业务流程层面的目标相适应。

（4）管理层是否提供适当的人力和财力，以开发必需的信息系统。

（5）管理层是如何监督程序开发、变更和测试工作的。

（6）对于主要的数据中心，是否建立了重大灾难数据恢复计划。

（7）管理层就员工的职责和控制责任是否进行了有效沟通。

（8）组织内部沟通的充分性是否能够使人员有效地履行职责。

（9）对于与客户、供应商、监管者和其他外部人士的沟通，管理层是否及时采取适当的进一步行动。

（10）被审计单位是否受到某些监管机构发布的监管要求的约束。

（11）外部人士如客户和供应商在多大程度上获知被审计单位的行为守则。

（12）企业是否建立了恰当的反舞弊机制，是否针对可疑的不恰当事项和行为建立了沟通渠道。

（13）企业是否恰当地利用信息技术促进信息的集成与共享，充分发挥信息技术在信息与沟通中的作用。

需要指出的是，与财务报告相关的信息系统应当与业务流程相适应，其职能更多地体现在业务流程层面，因此，注册会计师应当更进一步地在业务流程层面了解业务流程和相关信息系统。

5. 了解和评价被审计单位的内部监督时的考虑

注册会计师在对被审计单位整体层面的内部监督进行了解和评估时，考虑的主要因素可能包括：

（1）被审计单位是否建立了对内部控制缺陷的认定标准。

（2）被审计单位是否定期评价内部控制的有效性，是否已出具内部控制自我评价报告。

（3）被审计单位人员在履行正常职责时，能够在多大程度上获得内部控制是否有效运行的证据。

（4）与外部的沟通能够在多大程度上证实内部产生的信息或者指出存在的问题。

（5）管理层是否采纳内部注册会计师和外部注册会计师有关内部控制的建议。

（6）管理层是否及时纠正控制运行中偏差。

（7）管理层根据监管机构的报告及建议是否及时采取纠正措施。

（8）是否存在协助管理层监督内部控制的职能部门（如内部审计部门）。如存在，对内部审计职能需进一步考虑的因素包括：独立性和权威性；向谁报告，如直接向董事会、审计委员会或类似机构报告，对接触董事会、审计委员会或类似机构是否有限制；是否有足够的人员、培训和特殊技能，如对于复杂的高度自动化的环境应使用有经验的信息系统注册会计师；是否坚持适用的专业准则；活动的范围，例如，财务审计和经营审计工作的平衡，在分散经营情况下，内部审计的覆盖程度和轮换程度；计划、风险评估和执行工作的记录和形成结论的适当性；是否不承担经营管理责任。

总的来说,注册会计师应当将对被审计单位整体层面的内部控制各要素的了解要点和实施的风险评估程序及其结果等形成审计工作记录,并对影响注册会计师对整体层面内部控制有效性进行判断的因素加以详细记录。另外,财务报表层次的重大错报风险很可能源于薄弱的控制环境,因此,注册会计师在评估财务报表层次的重大错报风险时,应当将被审计单位整体层面的内部控制状况和了解到的被审计单位及其环境其他方面的情况结合起来考虑。

在整体层面对被审计单位内部控制的了解和评价,通常由项目组中对被审计单位情况比较了解且较有经验的成员负责,同时需要项目组其他成员的参与和配合。对于连续审计,注册会计师可以重点关注整体层面的内部控制的变化情况,包括由于被审计单位及其环境的变化而导致内部控制发生的变化以及采取的对策。注册会计师还需要特别考虑因舞弊而导致重大错报的可能性及其影响。

被审计单位整体层面的内部控制是否有效将直接影响重要业务流程层面控制的有效性,进而影响注册会计师拟实施的进一步审计程序的性质、时间和范围。接下来就详细说明在重要业务流程层面对内部控制的了解和评价。

(二)在业务流程层面了解和评价内部控制

由于内部控制的各个要素,尤其是信息系统和控制活动更多地体现在业务流程层面,因此,注册会计师应当从被审计单位重要业务流程层面了解内部控制,并据此评估认定层次的重大错报风险,进而针对评估的风险设计和实施进一步审计程序。

1. 在业务流程层面了解和评估内部控制的一般步骤

注册会计师在业务流程层面了解和评估内部控制的一般步骤包括:

(1)确定重要业务流程和重要交易类别。为了使注册会计师更有效地了解和评估重要业务流程及相关控制,在实务中可以将被审计单位的整个经营活动划分为几个重要的业务循环。例如,通常对制造业企业可以划分为销售与收款循环、采购与付款循环、存货与仓储循环、筹资与投资循环等。当然,被审计单位经营活动的性质不同,所划分的业务循环也不同。例如,对于银行,就没有存货与仓储循环,而有发放贷款循环、吸收存款循环。

重要交易类别是指可能对被审计单位财务报表产生重大影响的各类交易。重要交易类别应与相关账户及其认定相联系,例如,对于一般制造业企业,销售收入和应收账款通常是重大账户,销售和收款都是重要交易类别。除了一般所理解的交易以外,对财务报表具有重大影响的事项和情况也应包括在内,例如,计提资产减值准备等。

(2)了解重要交易流程,并记录获得的了解。在确定重要的业务流程和交易类别后,注册会计师便可着手了解每一类重要交易在信息技术或人工系统中生成、记录、处理及在财务报表中报告的程序,即重要交易流程。这是确定在哪个环节或哪些环节可能发生错报的基础。下面以销售和收款业务流程为例加以说明。

 延伸阅读8-7

销售和收款循环中的重要交易流程

销售和收款循环在制造企业通常属于重要业务流程,销售收入、应收账款等一般也被确定为存在较高重大错报风险的重大账户,销售和收款通常都是重要交易类别。对某些企业来说,销售退回的处理可能也是重要的交易类别。

销售的交易流程通常可能包括下列主要步骤:①客户下订单及将订单输入系统;②核准信用状况及赊销条款;③填写订单并准备发货;④编制货运单据;⑤订单运送/递送至客户处或由客户提货;⑥开具销售发票;⑦复核发票的准确性并邮寄/送至客户处;⑧生成销售日记账;⑨汇总销售日记账,并过账至总账和应收账款明细账。

收款的交易流程通常可能包括下列主要步骤:①对方以现金、支票或银行转账方式结算;②记录所收款项;③将收款存入银行;④更新应收账款账户。

销售退回的交易流程通常可能包括下列主要步骤:①处理销售退回的请求;②批准请求;③收到退货;④编制贷项通知单,即销售方同意贷记购买方应收账款的凭证;⑤记录销售退回;⑥更新应收账款账户。

注册会计师应当对上述销售、收款和销售退回的交易流程进行了解。例如,注册会计师可能询问销售部门的人员,了解订单处理和开票的流程;也可能询问仓库人员,了解发货的流程;还可能询问会计部门的人员,了解有关账务处理的流程。询问对象包括具体业务人员和主管人员。注册会计师可能考虑流程在各部门之间如何衔接,如单据的流转和核对,以及各部门人员的职责分工等。在了解的过程中,注册会计师可以通过文字叙述、流程图等方式记录上述交易流程。

(3)确定可能发生错报的环节。注册会计师需要确认和了解被审计单位应在哪些环节设置控制,以防止或发现并纠正各重要业务流程可能发生的错报。注册会计师所关注的控制,是那些能通过防止错报的发生,或者通过发现和纠正已有错报,从而确保每个流程中业务活动具体过程(从交易的发生到记录于账目)能够顺利运转的人工或自动化控制程序。

尽管不同的被审计单位为确保会计信息的可靠性而对业务流程设计和实施不同的控制,但设计控制的目的都是实现完整性、存在或发生、计价和分摊、截止、分类等控制目标,而这些控制目标又与财务报表重大账户的相关认定相联系。对于每个重要交易流程,注册会计师都会考虑这些控制目标,并通过设计一系列关于控制目标是否实现的问题,来确认某项业务流程中需要加以控制的环节。仍然以上面提到的销售与收款循环为例,注册会计师应当结合对上述销售、收款和销售退回的交易流程的了解,确定错报可能在什么环节发生。表8-1列示的是销售、收款以及销售退回的交易流程中针对"错报在什么环节发生"所设计的部分问题。

表8-1   "错报在什么环节发生"的问题示例表

"错报在什么环节发生"的问题示例	有关重大账户的认定 (账户:应收账款/销售收入)
怎样确保所有的销售均已入账?	完整性
怎样确保贷项通知单为销售退回开具/记录?	完整性
怎样确保发货在正确的期间予以记录?	完整性/截止
怎样确保发票和发货单据在发货时开具?	完整性
怎样确保销售(包括销售折扣)正确过入销售账簿和客户往来账?	完整性
怎样避免记录虚假或重复的销售?	存在/发生
怎样确保将货物发运给正确的客户?	存在/发生
怎样确保不在发货前开具和记录发票?	存在/发生
怎样确保发货单据只在发货时开具?	存在/发生
怎样确保发票正确反映发货数量?	计价/准确性

（续表）

"错报在什么环节发生"的问题示例	有关重大账户的认定 （账户：应收账款/销售收入）
怎样确保发票反映正确的价格、折扣和税款？	计价/准确性
怎样确保在销售货物或提供服务时及时开具发票？	完整性/截止
怎样确保收款来自与产品销售对应的客户？	存在/发生
怎样确保款项在收到时予以记录？	完整性、存在/发生
怎样确保现金收款/转账在正确的期间入账？	完整性/截止
怎样确保收款的编码正确？	完整性
怎样确保现金收款不重复入账？	存在/发生
怎样确保外币收款正确计价？	计价/准确性
怎样确保不记录没有实际收到的现金收入？	存在/发生
怎样确保将客户往来账的累计发生数正确过入总账？	完整性
怎样确保将所有的贷记通知单均记录于贷记通知单登记簿和客户往来账？	完整性
怎样确保贷记通知单上销售退回数量的正确性？	计价/准确性
怎样确保贷记通知单上销售退回价格的正确性？	计价/准确性

注：当然，上述问题不一定适用于所有被审计单位，某些被审计单位的业务流程可能存在其他容易发生错报的环节。注册会计师应根据被审计单位有关交易流程的具体情况设计这些问题。

（4）识别和了解相关控制。注册会计师通过对被审计单位的了解，包括在被审计单位整体层面对内部控制各要素的了解，以及在上述程序中对重要业务流程的了解，可以确定是否有必要进一步了解在业务流程层面的控制。在某些情况下，注册会计师之前的了解可能表明被审计单位在业务流程层面针对某些重要交易流程所设计的控制是无效的，或者注册会计师并不打算依赖控制，这时注册会计师没有必要进一步了解在业务流程层面的控制。需要注意的是，如果认为仅通过实质性程序无法将认定层次的检查风险降至可接受的水平，或者针对特别风险，注册会计师应当了解和评估相关的控制活动。

如果注册会计师计划对业务流程层面的有关控制进行进一步的了解和评价，那么针对业务流程中容易发生错报的环节，注册会计师应当确定：①被审计单位是否建立了有效的控制，防止或发现并纠正这些错报；②被审计单位是否遗漏了必要的控制；③是否识别了可以最有效测试的控制。

控制包括被审计单位使用并依赖的、用以在交易流程中防止错报的发生或在发生错报后发现与纠正错报的所有政策和程序。有效的控制应与错报发生的环节相关，并能降低错报风险。通常将业务流程中的控制划分为预防性控制和检查性控制。预防性控制通常用于正常业务流程的每一项交易中，以防止错报的发生。它可能是人工的，也可能是自动化的。建立检查性控制的目的则是发现流程中可能发生的错报（尽管有预防性控制还是会发生的错报）。它可以由人工执行也可以由信息系统自动执行。检查性控制通常并不适用于业务流程中的所有交易，而适用于一般业务流程以外的已经处理或部分处理的某类交易，可能一年只运行几次，如每月将应收账款明细账与总账比较；也可能每周运行，其至一天运行几次。

值得注意的是,表8-1中列示的某些"错报在什么环节发生"的问题可能涉及几项控制。例如,"怎样确保所有的销售均已入账"这一控制目标可能涉及"总账和明细账根据发货自动更新""每月将销售货物的开票数和发运数调节一致""分不同产品/服务和客户对销售进行复核"等多项控制。其中,第一项为预防性控制,后两项为检查性控制。注册会计师应重点考虑某项控制活动单独或连同其他控制活动,是否能够以及如何防止或发现并纠正各类交易、账户余额及其列报存在的重大错报。例如,"分不同产品/服务和客户对销售进行复核"这一控制的主要目的可能并不是查出未开票的发货,注册会计师应将该项控制与"每月将销售货物的开票数和发运数调节一致"等控制结合起来考虑。

此外,某些控制可能涉及多项控制目标。例如,"每月与客户对账"这一控制能够涉及"怎样确保销售(包括销售折扣)正确过入销售账簿和客户往来账""怎样避免记录虚假或重复的销售""怎样确保将货物发运给正确的客户"以及"怎样确保收款来自与产品销售对应的客户"等多项控制目标。因此,在实务中,为提高审计效率,注册会计师应当考虑了解和识别能针对多项控制目标的控制。

类似地,注册会计师还可以通过询问、观察等审计程序,了解和识别涉及"错报在什么环节发生"的相关控制,并对其结果形成审计工作记录,包括记录控制由谁执行以及如何执行。

(5)执行穿行测试,证实对交易流程和相关控制的了解。注册会计师通常会每年执行穿行测试,以了解各类重要交易在业务流程中发生、处理和记录的过程。执行穿行测试可以使注册会计师确认对业务流程的了解;确认对重要交易的了解是完整的,即在交易流程中所有与财务报表认定相关的可能发生错报的环节都已识别;确认所获取的有关流程中的预防性控制和检查性控制信息的准确性;评估控制设计的有效性;确认控制是否得到执行;确认之前所作的书面记录的准确性。即使不打算信赖控制,注册会计师仍需要执行穿行测试以确认以前对业务流程及可能发生错报环节的了解的准确性和完整性。

对于重要的业务流程,不管是人工控制还是自动化控制,注册会计师都要对整个流程执行穿行测试,涵盖交易从发生到记账的过程。当某重要业务流程有显著变化时,注册会计师应当根据变化的性质,及其对相关账户发生重大错报的影响程度,考虑是否需要对变化前后的业务都执行穿行测试。

例如,注册会计师针对销售交易,追踪从订单处理→核准信用状况及赊销条款→填写订单并准备发货→编制货运单据→订单运送/递送至客户或由客户提货→开具销售发票→复核发票的准确性并邮寄/送至客户→生成销售日记账→汇总销售日记账,并过账至总账和应收账款明细账等交易的整个流程,考虑之前对相关控制的了解是否正确和完整,并确定相关控制是否得到执行。

在执行穿行测试时,注册会计师应当询问执行交易流程和控制的相关人员,并根据需要检查有关单据和文件,询问其对已发现的错报的处理。

(6)进行初步评价和风险评估。注册会计师在识别和了解控制后,根据执行上述程序和获取的审计证据,需要评价控制设计的合理性并确定其是否得到执行。由于对控制的了解和评价是在穿行测试完成后,但又在测试控制运行有效性之前进行的,因此,上述评价结论只是初步结论,仍可能随控制测试后实施实质性程序的结果而发生变化。

在对控制进行初步评价及风险评估后,注册会计师需要利用实施上述程序获得的信息,回答以下问题:

第一,控制本身的设计是否合理。注册会计师需要根据上述的考虑因素判断,如果识别的控制设计合理,该控制在重要业务流程中单独或连同其他控制能否有效地实现特定控制目标。

第二,控制是否得到执行。如果设计合理的控制没有得到执行,该控制也不会发挥应有的作用。因此,注册会计师需要获取审计证据,评价这类控制是否确实存在,且正在被使用。

第三,是否更多地信赖控制并拟实施控制测试。如果认为被审计单位控制设计合理并得到执行,能够有效防止或发现并纠正重大错报,那么,注册会计师可以进行控制测试,进一步获取控制运行有效性的证据,从而减少拟实施的实质性程序。有关对控制运行有效性实施的测试(即控制测试),以及如何针对认定层次评估的重大错报风险确定进一步审计程序的性质、时间和范围,可参见第九章中的相关内容。

(7)对财务报告流程的了解和评估。在实务工作中,注册会计师除了需要在重要业务流程层面了解重大交易生成、处理和记录的流程,并评估在可能发生错报的环节控制的设计和是否得到执行,还需要进一步了解有关信息从具体交易的业务流程过入总账、财务报表以及相关列报的流程,即财务报告流程及其控制。

财务报告流程包括:①将业务数据汇总记入总账的程序,即如何将重要业务流程的信息与总账和财务报告系统相连接;②在总账中生成、记录和处理会计分录的程序;③记录对财务报表常规和非常规调整的程序,如合并调整、重分类等;④草拟财务报表和相关披露的程序。因此,财务报告流程可能包括若干个子流程。例如,编制试算平衡表,汇总、编制、复核和过入会计分录;草拟财务报表和相关披露;编制管理层对财务报表的内部分析等。被审计单位的财务报告流程也应包括相关的控制程序,以确保按照适用的会计准则和相关会计制度的规定收集、记录、处理、汇总所需要的信息,并在财务报告中予以充分披露。例如,关联方交易、分部报告等。

了解和评估财务报告流程的控制采取的步骤与重要业务流程类似,也包括了解流程(包括上述的子流程,并考虑各个子流程之间如何链接),确定可能发生错报的环节,识别和了解用于防止或发现并纠正错报的控制,执行穿行测试,对控制的设计及是否得到执行进行评估等,这里不再赘述。

第四节 | 重大错报风险评估

重大错报风险评估是风险评估阶段的最后一个步骤。在了解被审计单位及其环境的过程中,通过各种风险评估程序获取的风险因素和抵消控制风险的信息,将全部用于对财务报表层次和认定层次的重大错报风险评估。

一、评估财务报表层次和认定层次的重大错报风险

(一)评估重大错报风险时考虑的因素
风险评估时考虑的部分风险因素如表8-2所示。

表 8-2	风险评估时考虑的部分风险因素
1. 已识别的风险	
财务报表层次	(1) 源于薄弱的被审计单位整体层面内部控制或信息技术一般控制 (2) 与财务报表整体广泛相关的特别风险 (3) 与管理层凌驾和舞弊相关的风险因素 (4) 管理层愿意接受的风险,如小企业因缺乏职责分离导致的风险
认定层次	与完整性、准确性、存在或计价相关的特定风险: (1) 收入、费用和其他交易 (2) 账户余额 (3) 财务报表披露 可能产生多重错报的风险
相关内部控制程序	(1) 特别风险 (2) 用于预防、发现或减轻已识别风险的恰当设计并执行的内部控制程序 (3) 仅通过执行控制测试应对的风险
2. 错报(金额影响)可能发生的规模大小	
财务报表层次	什么事项可能导致财务报表重大错报? 考虑管理层凌驾、舞弊、未预期事件和以往经验
认定层次	考虑: (1) 交易、账户余额或披露的固有性质 (2) 日常和例外事件 (3) 以往经验
3. 事件(风险)发生的可能性	
财务报表层次	考虑: (1) 来自高层的基调 (2) 管理层风险管理的方法 (3) 采用的政策和程序设计 (4) 以往经验
认定层次	考虑: (1) 相关的内部控制活动 (2) 以往经验
相关内部控制程序	识别对于降低事件发生可能性非常关键的管理层风险应对要素

(二) 评估重大错报风险的审计程序

在识别和评估重大错报风险时,注册会计师应当实施下列审计程序。

1. 识别风险并考虑其对认定层次的影响

注册会计师应当运用各项程序,在了解被审计单位及其环境的整个过程中识别风险,并将识别的风险与各类交易、账户余额及其披露相联系。例如,被审计单位因相关环境法规的实施需要更新设备,可能面临原有设备闲置或贬值的风险;宏观经济的低迷可能预示应收账款的回收存在问题;竞争者开发的新产品上市,可能导致被审计单位的主要产品在短期内过时,预示将出现存货跌价和长期资产的减值。

2. 识别风险并考虑其对认定层次可能发生错报领域的影响

注册会计师应当结合对拟测试的相关控制的考虑,将识别的风险与认定层次可能发生错报的领域相联系。例如,销售困难使产品的市场价格下降,可能会导致年末存货成本高于其可变现净值而需要计提存货跌价准备,这显示存货的计价认定可能会发生错报。

3. 识别风险并评价其是否与财务报表整体广泛相关

注册会计师应当确定,识别的重大错报风险是与特定的某类交易、账户余额及其列报的认定相关,还是与财务报表整体广泛相关,进而影响多项认定。某些重大错报风险可能与特定的各类交易、账户余额及其列报的认定相关。

4. 考虑发生错报的可能性(包括发生多项错报的可能性)以及潜在错报的重大程度是否足以导致重大错报

风险是否重大是指风险造成后果的严重程度。例如,除了考虑产品市场价格下降因素,注册会计师还应当考虑产品市场价格下降的幅度、该产品在被审计单位产品中的比重等,以确定识别的风险对财务报表的影响是否重大。

注册会计师还需要考虑上述识别的风险是否会导致财务报表发生重大错报。在某些情况下,尽管识别的风险重大,但仍不至于导致财务报表发生重大错报。例如,期末财务报表中存货的余额较低,尽管识别的风险重大,但不至于导致存货的计价认定发生重大错报风险。

注册会计师应当利用实施风险评估程序获取的信息,包括在评价内部控制设计和确定其是否得到执行时获取的审计证据,作为支持风险评估结果的审计证据。注册会计师应当根据风险评估结果,确定实施进一步审计程序的性质、时间安排和范围。

(三)识别两个层次的重大错报风险

在对重大错报风险进行识别和评估后,注册会计师应当确定,识别的重大错报风险是与特定的某类交易、账户余额及其披露的认定相关,还是与财务报表整体广泛相关,进而影响多项认定。例如,被审计单位存在复杂的联营或合资,这一事项表明长期股权投资账户的认定可能存在重大错报风险。某些重大错报风险则可能与财务报表整体广泛相关,进而影响多项认定。例如,在经济不稳定的国家和地区开展业务、资产的流动性出现问题、重要客户流失、融资能力受到限制等,可能导致注册会计师对被审计单位的持续经营能力产生重大疑虑。

二、内部控制对风险评估的影响

(一)控制环境对评估财务报表层次重大错报风险的影响

财务报表层次的重大错报风险很可能源于薄弱的控制环境。薄弱的控制环境带来的风险可能对财务报表产生广泛影响,难以限于某类交易、账户余额和披露认定,注册会计师应当采取总体应对措施。薄弱的控制环境可能表现为:被审计单位治理层、管理层对内部控制的重要性缺乏认识,没有建立必要的制度和程序;或管理层经营理念偏于激进,又缺乏实现激进目标的人力资源等。

(二)控制对评估认定层次重大错报风险的影响

在评估重大错报风险时,注册会计师应当将所了解的控制与特定认定相联系。

这是由于内部控制有助于防止或发现并纠正认定层次的重大错报。在评估重大错报发生的可能性时,除了考虑可能的风险,还要考虑控制对风险的抵销和遏制作用。有效的控制会减少错报发生的可能性,而控制不当或缺乏控制,错报就会由可能变成现实。

注册会计师可能识别出有助于防止或发现并纠正特定认定发生重大错报的控制。在确定这些控制是否能够实现上述目标时,注册会计师应当将控制活动和其他要素综合考虑。

如将销售和收款的控制置于其所在的流程和系统中考虑,以确定其能否实现控制目标。因为单个的控制活动(如将发货单与销售发票相核对)本身并不足以控制重大错报风险,只有多种控制活动和内部控制的其他要素综合作用才足以控制重大错报风险。

控制可能与某一认定直接相关,也可能与某一认定间接相关。关系越间接,控制在防止或发现并纠正认定中错报的作用越小。例如,销售经理对分地区的销售网点的销售情况进行复核,与销售收入完整性的认定只是间接相关。相应地,该项控制在降低销售收入完整性认定中的错报风险方面的效果,要比与该认定直接相关的控制(例如,将发货单与开具的销售发票相核对)的效果差。当然,也有某些控制活动可能专门针对某类交易或账户余额的个别认定。例如,被审计单位建立的、以确保盘点工作人员能够正确地盘点和记录存货的控制活动,直接与存货账户余额的存在性和完整性认定相关。注册会计师只需要对盘点过程和程序进行了解,就可以确定控制是否能够实现目标。

注册会计师应当考虑对识别的各类交易、账户余额及其披露认定层次的重大错报风险予以汇总和评估,以确定进一步审计程序的性质、时间安排和范围。表8-3给出了评估认定层次重大错报风险汇总示例。

表8-3   评估认定层次的重大错报风险汇总表

重大账户	认定	识别的重大错报风险	风险评估结果
列示重大账户。例如,应收账款	列示相关的认定。例如,存在、完整性、计价或分摊等	汇总实施审计程序识别出的与该重大账户的某项认定相关的重大的错报风险	评估该项认定的重大错报风险水平(应考虑控制设计是否合理、是否得到执行)

注:注册会计师也可以在该表中记录针对评估的认定层次重大错报风险而制定的审计方案。

三、需要特别考虑的重大错报风险

(一)特别风险的含义
特别风险是指注册会计师识别和评估的、根据判断认为需要特别考虑的重大错报风险。

(二)确定特别风险时应考虑的事项
在确定哪些风险是特别风险时,注册会计师应当在考虑识别出的控制对相关风险的抵消效果前,根据风险的性质、潜在错报的重要程度(包括该风险是否可能导致多项错报)和发生的可能性,判断风险是否属于特别风险。

在确定风险的性质时,注册会计师应当考虑下列事项:

(1)风险是否属于舞弊风险。

(2)风险是否与近期经济环境、会计处理方法和其他方面的重大变化有关。

(3)交易的复杂程度。

(4)风险是否涉及重大的关联方交易。

(5)财务信息计量的主观程度,特别是计量结果涉及广泛的计量不确定性。

(6)风险是否涉及异常或超出正常经营过程的重大交易。

（三）非常规交易和判断事项导致的特别风险

一般来说,日常的、不复杂的、经正规处理的交易不太可能产生特别风险。特别风险通常与重大的非常规交易和判断事项有关。

非常规交易是指由于金额或性质异常而不经常发生的交易。例如,企业购并、债务重组、重大或有事项等。由于在非常规交易中,管理层通常更多地介入会计处理,数据收集和处理涉及更多的人工成分,并且通常涉及复杂的计算或会计处理方法,而且,非常规交易的性质可能使被审计单位难以对由此产生的特别风险实施有效控制,因此,与重大非常规交易相关的特别风险可能导致更高的重大错报风险。

判断事项通常包括作出的会计估计,如资产减值准备金额的估计、需要运用复杂估值技术确定的公允价值计量等。由于对涉及会计估计、收入确认等方面的会计原则存在不同的理解,并且判断事项所要求的判断可能是主观和复杂的,或需要对未来事项作出假设,因此,与重大判断事项相关的特别风险也可能导致更高的重大错报风险。

（四）考虑与特别风险相关的控制

了解与特别风险相关的控制,有助于注册会计师制定有效的审计方案予以应对。对特别风险,注册会计师应当评价相关控制的设计情况,并确定其是否已经得到执行。由于与重大非常规交易或判断事项相关的风险很少受到日常控制的约束,注册会计师应当了解被审计单位是否针对该特别风险设计和实施了控制。例如,作出会计估计所依据的假设是否由管理层或专家进行复核,是否建立作出会计估计的正规程序,重大会计估计结果是否由治理层批准等。

如果管理层未能实施控制以恰当应对特别风险,注册会计师应当认为内部控制存在重大缺陷,并考虑其对风险评估的影响。在此情况下,注册会计师应当考虑就此类事项与治理层沟通。

此外,如果计划测试旨在减轻特别风险的控制运行的有效性,注册会计师不应依赖以前审计获取的关于内部控制运行有效性的审计证据。注册会计师应当专门针对识别的风险实施实质性程序,由于实质性分析程序单独并不足以应对特别风险,注册会计师应当实施细节测试,或将实质性分析程序与细节测试结合运用。

四、仅通过实质性程序无法应对的重大错报风险

如果认为仅通过实质性程序获取的审计证据无法将认定层次的重大错报风险降至可接受的低水平,注册会计师应当评价被审计单位针对这些风险设计的控制,并确定其执行情况。

在被审计单位对日常交易采用高度自动化处理的情况下,审计证据可能仅以电子形式存在,其充分性和适当性通常取决于自动化信息系统相关控制的有效性,注册会计师应当考虑仅通过实施实质性程序不能获取充分、适当审计证据的可能性。例如,某企业通过高度自动化的系统确定采购品种和数量,生成采购订单,并通过系统中设定的收货确认和付款条件进行付款。除了系统中的相关信息以外,该企业没有其他有关订单和收货的记录。在这种情况下,如果认为仅通过实施实质性程序不能获取充分、适当的审计证据,注册会计师应当考虑依赖的相关控制的有效性,并对其进行了解、评估和测试。

在实务中,注册会计师可以用表8-4汇总识别的重大错报风险。

表 8-4 识别的重大错报风险汇总

识别的重大错报风险	对财务报表的影响	相关的交易类别、账户余额和列报认定	是否与财务报表整体广泛相关	是否属于特别风险	是否属于仅通过实质性程序无法应对的重大错报风险
记录识别的重大错报风险	描述对财务报表的影响和导致财务报表发生重大错报的可能性	列示相关的各类交易、账户余额及其认定	考虑是否属于财务报表层次的重大错报风险	考虑是否属于特别风险	考虑是否属于仅通过实质性程序无法应对的重大错报风险

五、对风险评估的修正

注册会计师对认定层次重大错报风险的评估应以获取的审计证据为基础,并可能随着不断获取审计证据而作出相应的变化。例如,在实施控制测试后,注册会计师可能发现预期运行有效的内部控制在被审计期间并未得到有效运行。又如,在实施实质性程序后,注册会计师可能发现错报的金额和频率比在风险评估时预计的金额和频率要高。因此,如果通过实施进一步审计程序获取的审计证据与初始评估获取的审计证据相矛盾,注册会计师应当修正风险评估结果,并相应修改原计划实施的进一步审计程序。因此,评估重大错报风险与了解被审计单位及其环境一样,也是一个连续和动态地收集、更新与分析信息的过程,贯穿于整个审计过程的始终。

延伸阅读8-8

上市公司甲公司是 ABC 会计师事务所的常年审计客户,主要从事医疗器械的生产和销售。A 注册会计师负责审计甲公司 2022 年度财务报表,确定财务报表整体的重要性为 1 000 万元。

资料一:A 注册会计师在审计工作底稿中记录了所了解的甲公司情况及其环境,部分内容摘录如下:

(1) 为占领市场,甲公司 2022 年对 a 设备采取新的销售模式:将设备售价减半为每台 50 万元,设备销售合同约定客户必须向甲公司购买 a 设备使用的试剂,试剂采购合同根据需求另行签订。甲公司预期试剂销售的利润可以弥补设备降价的损失。2022 年 a 设备销量增长 20%。

(2) 2022 年 6 月,甲公司受乙公司委托为其生产 1 000 台专用设备 b,每台售价 6 万元。乙公司指定了 b 设备主要部件的供应商,并与该供应商确定了主要部件的规格和价格。

(3) 甲公司采用经销模式销售 2022 年 10 月推出的新产品 c 设备,每台售价 50 万元。合同约定:经销商在实现终端销售后向甲公司支付设备款,在采购设备半年内未实现终端销售的可以退货。截至 2022 年年末,甲公司累计销售 c 设备 100 台,与经销商对账显示这些设备均未实现终端销售。

(4) 2022 年 5 月,甲公司与丁大学合作研发一项新技术,预付研发经费 3 000 万元。2022 年年末,该研发项目进入开发阶段。

(5) 2022年7月,甲公司收到当地政府支付的新冠肺炎疫情停工损失补助2 000万元。

资料二:

A注册会计师在审计工作底稿中记录了甲公司的财务数据,部分内容摘录如表8-5所示。

表8-5 甲公司财务数据

项 目	2022年	2021年
	未审数	已审数
营业收入——a设备	30 000	50 000
营业成本——a设备	36 500	30 000
营业收入——b设备	6 000	0
营业成本——b设备	5 500	0
营业收入——c设备	5 000	0
营业成本——c设备	2 800	0
其他收益——停工损失补助	2 000	0
预付款项——丁大学	3 000	0
存货——a设备	10 000	8 000
存货——a设备存货跌价准备	100	100
合同资产——c设备经销商	5 000	0

要求:针对资料一第(1)项至第(5)项,结合资料二,假定不考虑其他条件,逐项指出资料一所列事项是否可能表明存在重大错报风险。如果认为可能表明存在重大错报风险,简要说明理由,并说明该风险主要与哪些财务报表项目的哪些认定相关(不考虑税务影响),如表8-6所示。

表8-6 风险与哪些财务报表项目的认定

事项序号	是否可能表明存在重大错报风险(是/否)	理由	财务报表项目名称及认定
1	是	新业务模式导致设备销售毛利出现负数,未来试剂销售情况存在不确定性,可能存在少计存货跌价准备的风险。	资产减值损失(完整性/准确性)存货(准确性、计价和分摊)
2	是	b设备的毛利率较低,主要部件的供应商及其价格由乙公司指定,可能是受托加工业务/可能需要按净额确认收入,可能存在多计收入和成本的风险。	营业收入(准确性/发生)营业成本(准确性/发生)
3	是	经销商在未实现终端销售前没有付款义务,且可以退货,该业务可能是委托代销/c设备的控制权可能没有转移给经销商,可能存在多计收入,少计存货的风险。	营业收入(发生)合同资产(存在)营业成本(发生)
4	是	未确认研究阶段发生的费用/应根据研发进展情况确认已发生的研发费用,可能存在少计研发费用的风险。	存货(完整性)研发费用(完整性)预付款项(准确性、计价和分摊/存在)
5	是	疫情导致的停工损失为非常损失/收到的补助与日常活动无关,可能存在多计其他收益的风险。	其他收益(分类/发生)营业外收入(分类/完整性)

相关思考8-3

注册会计师识别出的重大错报风险是否均与特定的交易、账户余额及其列报的认定相对应?

本 章 小 结

本章主要介绍了风险评估相关内容;了解被审计单位及其环境包括了解行业状况、法律环境和监管环境以及其他外部因素;熟悉被审计单位的性质、被审计单位会计政策的选择和运用,以及被审计单位的目标、战略以及相关经营风险;了解被审计单位的业绩衡量和评价、被审计单位的内部控制。

本章重要概念

风险评估程序　分析程序　穿行测试　内部控制　特别风险

本 章 练 习

8-5　扫一扫
练一练

一、思考题

1. 注册会计师应当从哪些方面了解被审计单位及其环境?
2. 内部控制与控制测试的目的有什么区别?
3. 怎样初步评价内部控制?
4. 重大错报风险的评估分为哪几个层次?它分哪几个步骤?

8-6　扫一扫
看答案

二、案例讨论题

ABC会计师事务所正在准备接受甲公司的委托审计其2022年的财务报表。甲公司以前年度是由M会计师事务所审计的,并对2021年的财务报表出具了带强调事项段的保留意见。在接受委托之前,主管此项业务的ABC会计师事务所合伙人A注册会计师经甲公司的允许与M会计师事务所进行了沟通,了解到甲公司的一些信息。以下为A注册会计师了解的部分信息:

(1) 甲公司是一家广告公司,拥有多领域市场,在广告行业内属于佼佼者。

(2) 日益激烈的市场竞争与国际广告公司的加入使公司变现能力和盈利能力恶化。

8-7　扫一扫
看课件

(3) 公司的管理层最大限度地"挤压利润",竭尽全力使报告的收入和每股收益最大化。在2021年度,甲公司的收入被M会计师事务所的注册会计师调减了1 200万元,占原报告收入的30%。

(4) 甲公司管理层不愿意接受审计调整;董事会中无审计委员会,内部审计部门形同虚设。

(5) 甲公司大多数交易采用计算管理系统进行核算,核算系统内部控制政策和程序比较健全,但对资产的控制很差;最近实现的电算化系统中的固定资产记录并不是很准确。而且,该公司没有内部审计人员,银行账户也没有定期调整。

（6）甲公司 2021 年财务报表附注中提到了一起由该公司竞争对手所提起的诉讼,称甲公司某项广告存在侵权问题。M 会计师事务所在 2021 年度审计报告中增加了一个强调说明段,表示了对甲公司持续经营能力的怀疑。

（7）甲公司 2019—2021 年 3 年的总收益水平持续下降,但是 2022 年度未经审计的净收入比 2021 年有大幅上升。

要求:根据所了解的情况,你认为甲公司的重大错报风险水平是高、是中还是低? 为什么?

第九章　风险应对

内容提要

本章介绍了针对评估的财务报表层次重大错报风险应采取的总体应对策略,以及针对评估的认定层次重大错报风险的进一步审计程序,并重点介绍了控制测试和实质性程序。

重点难点

本章重点为针对评估的财务报表层次重大错报风险应采取的总体应对策略、进一步审计程序,控制测试和实质性程序;难点为风险评估程序、控制测试、实质性程序之间的关系,进一步审计程序的设计。

学习目标

通过本章学习,学生应理解风险评估程序、控制测试、实质性程序之间的关系;掌握针对评估的财务报表层次重大错报风险应采取的总体应对策略,以及针对评估的认定层次重大错报风险的进一步审计程序、控制测试和实质性程序。

知识框架

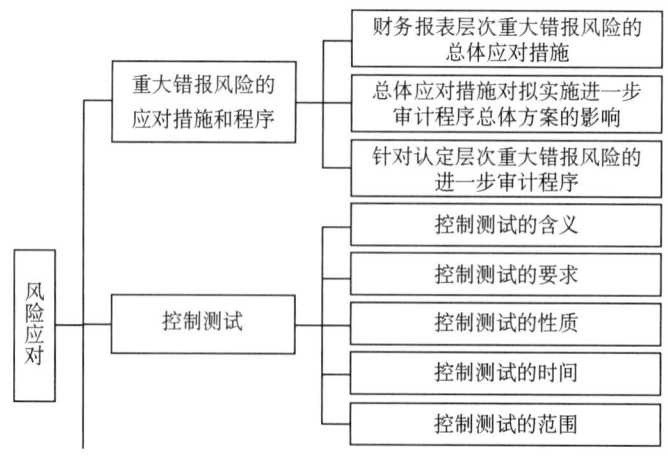

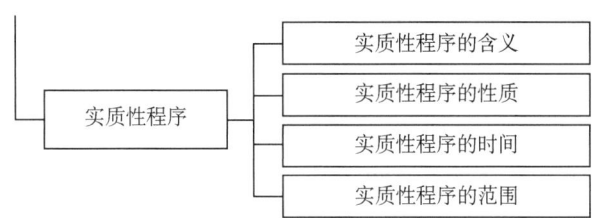

思政育人　　　　大学同学关于审计程序的网聊

申记思和艾大雪是大学同学。申记思现在是一家会计师事务所的合伙人,艾大雪现在是一所大学的审计学教授。他们时常在网上聊天,讨论的话题大都针对审计理论与实务,以下是他们的最近一次聊天记录。

艾大雪:现在有迹象表明你们以后需要将上市公司的财务报表审计和内部控制审计结合在一起。我担心你们可能会过于依赖控制测试而不愿意执行细节测试。假定存在巨大的压力要求完成控制测试以满足新的要求,你们将会选择成本最低的方法并减少实质性程序,从而对审计质量的关注不够,特别是对于财务报表审计而言。

申记思:无论这个规定有没有出台,我们在执行所有的审计业务时都必须了解被审计单位的内部控制。对于现行的财务报表审计来说,只要控制测试评估低于最大值,我们会执行控制测试。当然,我们也知道审计准则要求我们在每次审计中都必须执行实质性程序,关注较大的项目是适当的。对于高风险的被审计单位,我们则全力执行大量的细节测试。

艾大雪:听起来很好,但有些特定情况只能通过细节测试才能发现。我特别注意了一些员工舞弊的问题,我敢肯定被审计单位希望你们能查处问题,但实质性分析程序和年末对大项目的细节测试达不到这一目的,对吧?

申记思:的确是这样,被审计单位还经常告诉我们,希望可以尽可能低的成本让我们对财务报表发表意见。若我们在每一审计过程中都要查找员工舞弊问题,那么成本将会很高,所以被审计单位预防舞弊的最佳方法是采用良好的内部控制。除非我们必须审计被审计单位的内部控制,否则我们并不一定执行应对源自员工舞弊的重大错报风险的控制测试,已有迹象表明存在此类舞弊①。

基于上述案例,当注册会计师在了解被审计单位及环境后,针对评估的重大错报风险,应采取哪些程序以应对重大错报风险,以出具恰当的审计意见?

第一节 | 重大错报风险的应对措施和程序

注册会计师应当针对评估的财务报表层次重大错报风险确定总体应对措施,并针对评估的认定层次重大错报风险设计和实施进一步审计程序,以将审计风险降至可接受的低水平。图 9-1 为风险应对的基本措施和程序,两者存在对应关系。

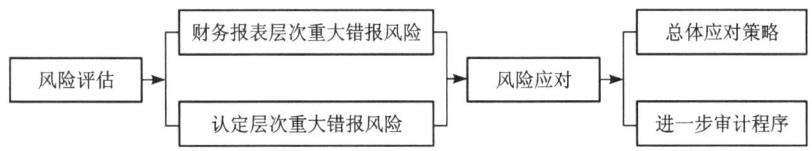

图 9-1　重大错误风险应对的基本措施和程序

① 张蕊.审计学[M].北京:科学出版社,2011.

一、财务报表层次重大错报风险的总体应对措施

（一）针对评估的财务报表层次重大错报风险确定下列总体应对措施

1. 职业怀疑态度

向项目组强调在收集和评价审计证据过程中保持职业怀疑态度的必要性。

2. 经验与专长

分派更有经验或具有特殊技能的注册会计师，或利用专家的工作。

3. 督导

对于财务报表层次重大错报风险较高的审计项目，审计项目组的高级别成员，如项目合伙人、项目经理等经验较丰富的人员，要对其他成员提供更详细、更经常、更及时的指导和监督并加强项目质量控制复核。

4. 审计程序的不可预见性

注册会计师要考虑使某些程序不被被审计单位管理层预见或事先了解。

5. 审计程序的弹性

对拟实施审计程序的性质、时间和范围作出总体修改。有效的控制环境可以使注册会计师增强对内部控制和被审计单位内部产生的证据的信赖程度。若控制环境存在缺陷，注册会计师在对拟实施审计程序的性质、时间安排和范围作出总体修改时应当考虑：

（1）修改审计程序的性质，获取更具说服力的审计证据。修改审计程序的性质主要是调整拟实施审计程序的类别和组合，比如原先可能主要限于检查某项资产的账目记录或相关文件，而调整审计程序的性质后可能意味着更加重视实地检查该项资产。

（2）主要依赖实质性程序获取更广泛的审计证据。良好的控制环境是其他控制要素发挥作用的基础。控制环境存在缺陷通常会削弱其他控制要素的作用，导致注册会计师可能无法信赖内部控制，而主要依赖实施实质性程序获取审计证据。

（3）在期末而非期中实施更多的审计程序。

（4）增加拟纳入审计范围的经营地点的数量。

（二）增加审计程序不可预见性的方法

1. 增加审计程序不可预见性的思路

注册会计师可以通过增加审计程序提高审计程序的不可预见性：

（1）对某些以前未测试的低于设定的重要性水平或风险较小的账户余额和认定实施实质性程序。注册会计师可以关注以前未曾关注过的审计领域，尽管这些领域可能重要程度比较低。如果这些领域有可能被用于掩盖舞弊行为，注册会计师就要针对这些领域实施一些具有不可预见性的测试。

（2）调整实施审计程序的时间，使其超出被审计单位的预期。比如说，如果注册会计师在以前年度的大多数审计工作都围绕着12月或在年底前后进行，那么被审计单位就会了解注册会计师这一审计习惯，因此可能会把一些不适当的会计调整放在年度的9月、10月或11月等，以避免引起注册会计师的注意。因此，注册会计师可以考虑调整实施审计程序时测试项目的时间，从测试12月的项目调整到测试9月、10月或11月的项目。

（3）采取不同的审计抽样方法，使当年抽取的测试样本与以前有所不同。

（4）选取不同的地点实施审计程序，或预先不告知被审计单位所选定的测试地点。例如,在存货监盘程序中,注册会计师可以到未事先通知被审计单位的盘点现场进行监盘,使被审计单位没有机会事先清理现场,隐藏一些不想让注册会计师知道的情况。

2. 增加审计程序不可预见性的示例

审计程序的不可预见性示例如表9-1所示。

表9-1 审计程序的不可预见性示例

审计领域	一些可能适用的具有不可预见性的审计程序
存货	向以前审计过程中接触不多的被审计单位员工询问,如采购、销售、生产人员等
	在不事先通知被审计单位的情况下,选择一些以前未曾到过的盘点地点进行存货监盘
销售和应收账款	向以前审计过程中接触不多或未曾接触过的被审计单位员工询问,如负责处理大客户账户的销售部人员
	改变实施实质性分析程序的对象,如对收入按细类进行分析
	针对销售和销售退回延长截止测试期间
	实施以前未曾考虑过的审计程序,具体如下: (1) 函证确认销售条款或者选定销售额较不重要、以前未曾关注的销售交易,如对出口销售实施实质性程序。 (2) 实施更细致的分析程序,如使用计算机辅助审计技术复核销售及客户账户。 (3) 测试以前未曾函证过的账户余额,如金额为负或是零的账户,或者余额低于以前设定的重要性水平的账户。 (4) 改变函证日期,即把所函证账户的截止日期提前或者推迟。 (5) 对关联公司销售和相关账户余额,除了进行函证外,再实施其他审计程序进行验证
采购和应付账款	如果以前未曾对应付账款余额普遍进行函证,可考虑直接向供应商函证确认余额。如果经常采用函证方式,可考虑改变函证的范围或者时间
	对以前由于低于设定的重要性水平而未曾测试过的采购项目,进行细节测试
	使用计算机辅助审计技术审阅采购和付款账户,以发现一些特殊项目,如是否有不同的供应商使用相同的银行账户
现金和银行存款	多选几个月的银行存款余额调节表进行测试
	对有大量银行账户的,考虑改变抽样方法
固定资产	对以前由于公共开支设定的重要性水平而未曾测试过的国有资产进行测试,如考虑实地盘查一些价值较低的固定资产,如汽车和其他设备等
集团审计项目	修改分支机构审计工作范围或者区域(如增加某些较次要分支机构的审计工作量,或实地去分支机构开展审计工作)

二、总体应对措施对拟实施进一步审计程序总体方案的影响

财务报表层次重大错报风险难以限于某类交易、账户余额和披露的特点,意味着此类风险可能对财务报表的多项认定产生广泛影响,并相应增加注册会计师对认定层次重大错报风险的评估难度。因此,注册会计师评估的财务报表层次重大错报风险以及采取的总体应对措施,对拟实施进一步审计程序的总体审计方案具有重大影响。

拟实施进一步审计程序的总体审计方案包括实质性方案和综合性方案。其中,实质性方案是指注册会计师实施的进一步审计程序以实质性程序为主;综合性方案是指注册会计师在实施进一步审计程序时,将控制测试与实质性程序结合使用。

当评估的财务报表层次重大错报风险属于高风险水平(并相应采取更强调审计程序不可预见性以及重视调整审计程序的性质、时间安排和范围等总体应对措施)时,拟实施进一

9-2 总体应对措施对拟实施进一步审计程序总体方案的影响

步审计程序的总体方案往往更倾向于实质性方案。

三、针对认定层次重大错报风险的进一步审计程序

9-3 进一步审计程序的内涵和要求

(一) 进一步审计程序的含义

进一步审计程序是指注册会计师针对评估的各类交易、账户余额及其披露认定层次重大错报风险实施的审计程序,包括控制测试和实质性程序。

注册会计师设计和实施的进一步审计程序的性质、时间安排和范围,应当与评估的认定层次重大错报风险具备明确的对应关系。注册会计师实施的审计程序应具有目的性和针对性,有的放矢地配置审计资源,有利于提高审计效率和效果。

注册会计师应当根据对认定层次重大错报风险的评估结果,恰当选用实质性方案或综合性方案。在通常情况下,注册会计师出于成本效益的考虑可以采用综合性方案设计进一步审计程序,即将测试控制运行的有效性与实质性程序结合使用。而在另一些情况下(如注册会计师的风险评估程序未能识别出与认定相关的任何控制,或注册会计师认为控制测试很可能不符合成本效益原则),注册会计师可能认为仅实施实质性程序就是适当的。

小型被审计单位可能不存在能够被注册会计师识别的控制活动,注册会计师实施的进一步审计程序可能主要是实质性程序。但是,注册会计师始终应当意识到在缺乏控制的情况下,仅通过实施实质性程序是否能够获取充分、适当的审计证据。

还需要特别说明的是,注册会计师对重大错报风险的评估毕竟是种主观判断,可能无法充分识别所有的重大错报风险,同时内部控制存在固有局限性(特别是存在管理层凌驾于内部控制之上的可能性),因此,无论选择何种方案,注册会计师都应当对所有重大的各类交易、账户余额、列报设计和实施实质性程序。

(二) 进一步审计程序的具体安排

9-4 进一步审计程序基本决策步骤

注册会计师需要针对评估的认定层次重大错报风险设计和实施进一步审计程序,包括审计程序的性质、时间和范围。进一步审计程序的性质、时间和范围应当与评估的认定层次重大错报风险具备明确的对应关系,这其中进一步审计程序的性质又是最重要的,因为不同的审计程序应对特定认定错报风险的效力不同,只有首先确保进一步审计程序的性质与特定认定错报风险相关,审计活动才是有效的。例如,对于与收入完整性认定相关的重大错报风险,控制测试通常更能有效应对;对于与收入发生认定相关的重大错报风险,实质性程序通常更能有效应对。

1. 进一步审计程序的性质

进一步审计程序的性质是指进一步审计程序的目的和类型。其中,进一步审计程序的目的包括通过实施控制测试以确定内部控制运行的有效性,通过实施实质性程序以发现认定层次的重大错报。

在确定进一步审计程序的性质时,注册会计师需要考虑的因素主要包括:

(1) 认定层次重大错报风险的评估结果。这是注册会计师首先需要考虑的因素。评估的认定层次重大错报风险越高,对通过实质性程序获取的审计证据的相关性和可靠性的要求越高,从而可能影响进一步审计程序的类型及其综合运用。例如,当注册会计师判断某类交易协议的完整性存在更高的重大错报风险时,除了检查文件以外,注册会计师还可能决定向第三方询问或函证协议条款的完整性。

（2）评估的认定层次重大错报风险产生的原因。除了从总体上把握认定层次重大错报风险的评估结果对选择进一步审计程序的影响外,在确定拟实施的审计程序时,注册会计师接下来应当考虑评估的认定层次重大错报风险产生的原因,包括考虑各类交易、账户余额、列报的具体特征以及内部控制。例如,注册会计师可能判断某特定类别的交易即使在不存在相关控制的情况下发生重大错报的风险仍较低,此时注册会计师可能认为仅实施实质性程序就可以获取充分、适当的审计证据。又如,对于经由被审计单位信息系统日常处理和控制的某类交易,如果注册会计师预期此类交易在内部控制运行有效的情况下发生重大错报的风险较低,且拟在控制运行有效的基础上设计实质性程序,注册会计师就会决定先实施控制测试。

需要说明的是,如果在实施进一步审计程序时拟利用被审计单位信息系统生成的信息,注册会计师应当就信息的准确性和完整性获取审计证据。例如,注册会计师在实施实质性分析程序时,使用了被审计单位生成的非财务信息或预算数据。注册会计师应当获取关于这些信息的准确性和完整性的审计证据。

2. 进一步审计程序的时间

进一步审计程序的时间是指注册会计师何时实施进一步审计程序,或审计证据适用的期间或时点。

因此,有关进一步审计程序的时间的选择问题,第一个层面是注册会计师选择在何时实施进一步审计程序的问题;第二个层面是选择获取什么期间或时点的审计证据的问题。第一个层面的选择问题主要集中在如何权衡期中与期末实施审计程序的关系;第二个层面的选择问题分别集中在如何权衡期中审计证据与期末审计证据的关系,如何权衡以前审计获取的审计证据和本期审计获取的审计证据的关系。这两个层面的最终落脚点都是如何确保获取审计证据的效率和效果。

注册会计师可以在期中或期末实施控制测试或实质性程序。在进行选择时,一项基本的考虑因素应当是注册会计师评估的重大错报风险。当重大错报风险较高时,注册会计师应当考虑在期末或接近期末实施实质性程序,或采用不通知的方式,或在管理层不能预见的时间实施审计程序。另外,注册会计师在确定何时实施审计程序时还应当考虑以下几项重要因素:

（1）控制环境。良好的控制环境可以抵消在期中实施进一步审计程序的局限性,使注册会计师在确定实施进一步审计程序的时间时有更大的灵活度。

（2）何时能得到相关信息。例如,某些控制活动可能仅在期中（或期中以前）发生,而之后可能难以再被观察到。在这种情况下,注册会计师如果希望获取相关信息,则需要考虑能够获取相关信息的时间。

（3）错报风险的性质。例如,被审计单位可能为了保证盈利目标的实现,而在会计期末以后伪造销售合同以虚增收入,此时注册会计师需要考虑在期末（即财务报表日）这个特定时点获取被审计单位截至期末所能提供的所有销售合同及相关资料,以防范被审计单位在财务报表日后伪造销售合同虚增收入的做法。

（4）审计证据适用的期间或时点。注册会计师应当根据需要获取的特定审计证据确定何时实施进一步审计程序。例如,为了获取财务报表日的存货余额证据,显然不宜在与财务报表日间隔过长的期中时点或期末以后时点实施存货监盘等相关审计程序。

3. 进一步审计程序的范围

进一步审计程序的范围是指实施进一步审计程序的数量,包括抽取的样本量,对某项控制活动的观察次数等。

在确定审计程序的范围时,注册会计师应当考虑下列因素:

(1) 确定的重要性水平。确定的重要性水平越低,注册会计师实施进一步审计程序的范围越广。

(2) 评估的重大错报风险。评估的重大错报风险越高,对拟获取审计证据的相关性、可靠性的要求越高,因此注册会计师实施的进一步审计程序的范围也越广。

(3) 计划获取的保证程度,即注册会计师计划通过所实施的审计程序对测试结果可靠性所获取的信心。计划获取的保证程度越高,对测试结果可靠性要求越高,注册会计师实施的进一步审计程序的范围越广。

鉴于进一步审计程序的范围往往是通过一定的抽样方法加以确定的,因此,注册会计师需要慎重考虑抽样过程对审计程序范围的影响是否能够有效实现审计目的。注册会计师使用恰当的抽样方法通常可以得出有效结论。但如果出现注册会计师从总体中选择的样本量过小,或者选择的抽样方法对实现特定目标不适当,或者未对发现的例外事项进行恰当的追查等情形,注册会计师依据样本得出的结论可能与对总体实施同样的审计程序得出的结论不同,从而出现不可接受的风险。

💡 相关思考9-1 ....

试讨论总体应对策略和进一步审计程序的区别以及两者之间的联系。

第二节 │ 控 制 测 试

一、控制测试的含义

控制测试是指用于评价内部控制在防止或发现并纠正认定层次重大错报方面的运行有效性的审计程序。

这一概念需要与"了解内部控制"进行区分。"了解内部控制"包含两层含义:一是评价控制的设计;二是确定控制是否得到执行。因此,在概念上容易引起混淆的是"测试控制运行的有效性"与"确定控制是否得到执行"。需要指出的是,测试控制运行的有效性与确定控制是否得到执行所需获取的审计证据是不同的。具体来说:

(1) 在了解被审计单位及其环境获取控制是否得到执行的审计证据时,注册会计师应当确定某项控制是否存在,被审计单位是否正在使用。

(2) 在测试控制运行的有效性时,注册会计师应当从下列方面获取关于控制是否有效运行的审计证据:①控制在所审计期间的不同时点是如何运行的;②控制是否得到一贯执行;③控制由谁执行或以何种方式执行。

从这三个方面来看,控制运行有效性强调的是控制能够在各个不同时点按照既定设计得以一贯执行。因此,在了解控制是否得到执行时,注册会计师只需抽取少量的交易进行检查或观察某几个时点。但在测试控制运行的有效性时,注册会计师需要抽取足够数量的交易进行检查或对多个不同时点进行观察。

测试控制运行的有效性与确定控制是否得到执行所需获取的审计证据虽然存在差异，但两者也有联系。为评价控制设计和确定控制是否得到执行而实施的某些审计程序并非专为控制测试而设计，但可能提供有关控制运行有效性的审计证据，注册会计师可以考虑在评价控制设计和获取其得到执行的审计证据的同时测试控制运行有效性，以提高审计效率；同时注册会计师应当考虑这些审计证据是否足以实现控制测试的目的。例如，穿行测试是通过追踪交易在财务报告信息系统中的处理过程，来证实注册会计师对控制的了解，以确定控制是否得到了执行，但同时，注册会计师可能获取部分控制运行有效性的审计证据。

二、控制测试的要求

作为进一步审计程序的类型之一，控制测试并非在任何情况下都需要实施。当存在下列情形之一时，注册会计师应当实施控制测试。

（一）在评估认定层次重大错报风险时，预期控制的运行是有效的

注册会计师通过实施风险评估程序，可能发现某项控制的设计是存在的，也是合理的，同时得到了执行。在这种情况下，出于成本效益的考虑，注册会计师可能预期，如果相关控制在不同时点都得到了一贯执行，与该项控制有关的财务报表认定发生重大错报的可能性就不会很大，也就不需要实施很多的实质性程序。为此，注册会计师可能会认为值得对相关控制在不同时点是否得到了一贯执行进行测试，即实施控制测试。这种测试主要是出于成本效益的考虑，其前提是注册会计师通过了解内部控制以后认为某项控制存在着被信赖和利用的可能。因此，只有认为控制设计合理、能够防止或发现和纠正认定层次的重大错报，注册会计师才有必要对控制运行的有效性实施测试。

（二）仅实施实质性程序不足以提供认定层次充分、适当的审计证据

如果认为仅实施实质性程序获取的审计证据无法将认定层次重大错报风险降至可接受的低水平，注册会计师应当实施相关的控制测试，以获取控制运行有效性的审计证据。

对于某些重大错报风险，注册会计师仅通过实质性程序有时无法应对。例如，在被审计单位对日常交易或与财务报表相关的其他数据（包括信息的生成、记录、处理、报告）采用高度自动化处理的情况下，审计证据可能仅以电子形式存在，此时审计证据是否充分和适当通常取决于自动化信息系统相关控制的有效性。如果信息的生成、记录、处理和报告均通过电子格式进行而没有适当有效的控制，则生成不正确信息或信息被不恰当修改的可能性就会大大增加。在认为仅通过实施实质性程序不能获取充分、适当的审计证据的情况下，注册会计师必须实施控制测试，且这种测试已经不再是单纯出于成本效益的考虑，而是必须获取的一类审计证据。

三、控制测试的性质

控制测试的性质是指控制测试所使用的审计程序的类型及其组合。

计划从控制测试中获取的保证水平是决定控制测试性质的主要因素之一。注册会计师应当选择适当类型的审计程序以获取有关控制运行有效性的保证。计划的保证水平越高，对有关控制运行有效性的审计证据的可靠性要求越高。当拟实施的进一步审计程序主要以控制测试为主，尤其是仅实施实质性程序获取的审计证据无法将认定层次重大错报风险降

至可接受的低水平时,注册会计师应当获取有关控制运行有效性的更高的保证水平。

控制测试采用的审计程序包括询问、观察、检查、重新执行。

通常,只有当询问、观察和检查程序结合在一起仍无法获得充分的证据时,注册会计师才考虑通过重新执行来证实控制是否有效运行。例如,为了合理保证计价认定的准确性,被审计单位一项控制是由复核人员核对发票上的价格与统一价格单上的价格是否一致。但是,要检查复核人员有没有认真执行核对,仅仅检查复核人员是否在相关文件上签字是不够的,注册会计师还需要自己选取一部分销售发票进行核对,这就是重新执行程序。

注册会计师在确定控制测试的性质时,应当注意以下几个方面。

1. 考虑特定控制的性质

注册会计师应当根据特定控制的性质选择所需实施审计程序的类型。例如,某些控制可能存在反映控制运行有效性的文件记录,在这种情况下,注册会计师可以检查这些文件记录以获取控制运行有效的审计证据;而某些控制可能不存在文件记录(如一项自动化的控制活动),或文件记录与能否证实控制运行有效性不相关,注册会计师应当考虑实施检查以外的其他审计程序(如询问和观察)或借助计算机辅助审计技术,以获取有关控制运行有效性的审计证据。

2. 考虑测试与认定直接相关和间接相关的控制

在设计控制测试时,注册会计师不仅应当考虑与认定直接相关的控制,还应当考虑这些控制所依赖的与认定间接相关的控制,以获取支持控制运行有效性的审计证据。

例如,被审计单位可能针对超出信用额度的例外赊销交易设置报告和审核制度(与认定直接相关的控制);在测试该项制度的运行有效性时,注册会计师不仅应当考虑审核的有效性,还应当考虑与例外赊销报告中信息准确性有关的控制(与认定间接相关的控制)是否有效运行。

3. 对于自动化应用控制运行有效性的测试应紧密结合信息技术的特点

对于一项自动化的应用控制,由于信息技术处理过程的内在一贯性,注册会计师可以利用该项控制得以执行的审计证据和信息技术一般控制(特别是对系统变动的控制)运行有效性的审计证据,作为支持该项控制在相关期间运行有效性的重要审计证据。

4. 注册会计师可以考虑实施双重目的测试

控制测试的目的是评价控制是否有效运行,细节测试的目的是发现认定层次的重大错报。尽管两者目的不同,但注册会计师可以考虑针对同一交易同时实施控制测试和细节测试,以实现双重目的。例如,注册会计师通过检查某笔交易的发票可以确定其是否经过适当的授权,也可以获取关于该交易的金额、发生时间等细节证据。当然,如果拟实施双重目的测试,注册会计师应当仔细设计和评价测试程序。

5. 实施实质性程序的结果会对控制测试结果产生影响

如果通过实施实质性程序未发现某项认定存在错报,这本身并不能说明与该认定有关的控制是有效运行的;但如果通过实施实质性程序发现某项认定存在错报,注册会计师应当在评价相关控制的运行有效性时予以考虑。因此注册会计师应当考虑实施实质性程序发现的错报对评价相关控制运行有效性的影响(如降低对相关控制的信赖程度、调整实质性程序的性质、扩大实质性程序的范围等)。如果实施实质性程序发现被审计单位没有识别出的重大错报,通常表明内部控制存在重大缺陷,注册会计师应当就这些缺陷与管理层和治理层进行沟通。

四、控制测试的时间

控制测试的时间包含两层含义:一是何时实施控制测试;二是测试所针对的控制适用的时点或期间。

注册会计师应当根据控制测试的目的确定控制测试的时间,并确定拟信赖的相关控制的时点或期间。如果仅需要测试控制在特定时点的运行有效性(如对被审计单位期末存货盘点进行控制测试),注册会计师只需要获取该时点的审计证据。如果需要获取控制在某一期间有效运行的审计证据,仅获取与时点相关的审计证据是不充分的。关于控制在多个不同时点的运行有效性的审计证据的简单累加并不能构成控制在某期间的运行有效性的充分、适当的审计证据,注册会计师应当辅以其他控制测试,包括测试被审计单位对控制的监督等,以提供相关控制在所有相关时点都运行有效的审计证据。

在确定控制测试的时间时,还有以下两个问题需要注意。

1. 即使注册会计师已获取有关控制在期中运行有效性的审计证据,仍然需要考虑如何能够将控制在期中运行有效性的审计证据合理延伸至期末

前已述及,注册会计师可能在期中实施进一步审计程序。对于控制测试,注册会计师在期中实施此类程序具有更积极的作用。但需要说明的是,即使注册会计师已获取有关控制在期中运行有效性的审计证据,仍然需要考虑如何能够将控制在期中运行有效性的审计证据合理延伸至期末,一个基本的考虑是针对期中至期末这段剩余期间获取充分、适当的审计证据。因此,如果已获取有关控制在期中运行有效性的审计证据,并拟利用该证据,注册会计师应当实施下列审计程序:①获取这些控制在剩余期间发生重大变化的审计证据;②确定针对剩余期间还需获取的补充审计证据。

上述两项审计程序中,第一项是针对期中已获取审计证据的控制,考察这些控制在剩余期间的变化情况(包括是否发生了变化以及如何变化);如果这些控制在剩余期间没有发生变化,注册会计师可能决定信赖期中获取的审计证据;如果这些控制在剩余期间发生了变化(如信息系统、业务流程或人事管理等方面发生变动),注册会计师需要了解并测试控制的变化对期中审计证据的影响。

上述两项审计程序中,第二项是针对期中证据以外的、剩余期间的补充证据。在执行该项规定时,注册会计师应当考虑下列因素:

(1)评估的认定层次重大错报风险的重要程度。评估的重大错报风险对财务报表的影响越大,注册会计师需要获取的剩余期间的补充证据越多。

(2)在期中测试的特定控制,以及自期中测试后发生的重大变动。例如,对自动化运行的控制,注册会计师更可能测试信息系统一般控制的运行有效性,以获取控制在剩余期间运行有效性的审计证据。

(3)在期中对有关控制运行有效性获取的审计证据的程度。如果注册会计师在期中对有关控制运行有效性获取的审计证据比较充分,可以考虑适当减少需要获取的剩余期间的补充证据。

(4)剩余期间的长度。剩余期间越长,注册会计师需要获取的剩余期间的补充证据越多。

(5)在信赖控制的基础上拟缩小实质性程序的范围。注册会计师对相关控制的信赖程

度越高,通常在信赖控制的基础上拟减少进一步实质性程序的范围就越大。在这种情况下,注册会计师需要获取的剩余期间的补充证据越多。

(6) 控制环境。在注册会计师总体上拟信赖控制环境的前提下,控制环境越薄弱(或把握程度越低),注册会计师需要获取的剩余期间的补充证据越多。

除了上述的测试剩余期间控制的运行有效性,测试被审计单位对控制的监督也能够作为一项有益的补充证据,以便更有把握地将控制在期中运行有效性的审计证据延伸至期末。如前所述,被审计单位对控制的监督起到的是一种检验相关控制在所有相关时点是否都有效运行的作用,因此,通过测试剩余期间控制的运行有效性或测试被审计单位对控制的监督,注册会计师可以获取补充审计证据。

2. 注册会计师在本期审计时可以适当考虑利用以前审计获取的有关控制运行有效性的审计证据

注册会计师考虑以前审计获取的有关控制运行有效性的审计证据,其意义在于:一方面,内部控制中的诸多要素对于被审计单位往往相对来说是稳定的(相对于具体的交易、账户余额及其披露),因此,注册会计师在本期审计时还是可以适当考虑利用以前审计获取的有关控制运行有效性的审计证据;另一方面,内部控制在不同期间可能发生重大变化,注册会计师在利用以前审计获取的有关控制运行有效性的审计证据时需要格外慎重,充分考虑各种因素。

关于如何考虑以前审计获取的有关控制运行有效性的审计证据,基本思路是考虑拟信赖的以前审计中测试的控制在本期是否发生变化,因为考虑与控制变化有关的审计证据有助于注册会计师决定合理调整拟在本期获取的有关控制运行有效性的审计证据。

(1) 基本思路。考虑拟信赖的以前审计中测试的控制在本期是否发生变化。如果拟信赖以前审计获取的有关控制运行有效性的审计证据,注册会计师应当通过实施询问并结合观察或检查程序,获取这些控制是否已经发生变化的审计证据。例如,在以前审计中,注册会计师可能确定被审计单位某项自动控制能够发挥预期作用。那么在本期审计中,注册会计师需要获取审计证据以确定是否发生了影响该自动控制持续有效发挥作用的变化。例如,注册会计师可以通过询问管理层或检查日志,确定哪些控制已经发生变化。

注册会计师可能面临两种结果:控制在本期发生变化;控制在本期没有发生变化。

(2) 当控制在本期发生变化时注册会计师的做法。如果控制在本期发生变化,注册会计师应当考虑以前审计获取的有关控制运行有效性的审计证据是否与本期审计相关。例如,如果系统的变化仅仅使被审计单位从中获取新的报告,这种变化通常不影响以前审计所获取证据的相关性;如果系统的变化引起数据累积或计算发生改变,这种变化可能影响以前审计所获取证据的相关性。如果拟信赖的控制自上次测试后已发生变化,注册会计师应当在本期审计中测试这些控制的运行有效性。

(3) 当控制在本期未发生变化时注册会计师的做法。如果拟信赖的控制自上次测试后未发生变化,且不属于旨在减轻特别风险的控制,注册会计师应当运用职业判断确定是否在本期审计中测试其运行有效性,以及本次测试与上次测试的时间间隔,但每 3 年至少对控制测试一次。

(4) 不得依赖以前审计所获取证据的情形。鉴于特别风险的特殊性,对于旨在减轻特别风险的控制,不论该控制在本期是否发生变化,注册会计师都不应依赖以前审计获取的证据。因此,如果确定评估的认定层次重大错报风险是特别风险,并拟信赖旨在减轻特别风险

的控制,注册会计师不应依赖以前审计获取的审计证据,而应在本期审计中测试这些控制的运行有效性。也就是说,如果注册会计师拟信赖针对特别风险的控制,那么,所有关于该控制运行有效性的审计证据必须来自当年的控制测试。

五、控制测试的范围

控制测试的范围主要是指某项控制活动的测试次数。

注册会计师在确定某项控制的测试范围时通常考虑的因素包括:

（1）在整个拟信赖的期间,被审计单位执行控制的频率(控制执行的频率越高,控制测试的范围越大)。

（2）在所审计期间,注册会计师拟信赖控制运行有效性的时间长度(拟信赖期间越长,控制测试的范围越大)。

（3）为证实控制能够防止或发现并纠正认定层次重大错报所需获取审计证据的相关性和可靠性(对审计证据的相关性和可靠性要求越高,控制测试的范围越大)。

（4）通过测试与认定相关的其他控制获取的审计证据的范围(针对同一认定,可能存在不同的控制。当针对其他控制获取审计证据的充分性和适当性较高时,测试该控制的范围可适当缩小)。

（5）在风险评估时拟信赖控制运行有效性的程度(注册会计师在风险评估时对控制运行有效性的拟信赖程度越高,需要实施控制测试的范围越大)。

（6）在控制测试中,对样本规模的影响因素及方向,将在第十章审计抽样中详细阐述。

需要指出的是,由于信息技术处理具有内在一贯性,除非系统发生变动,一项自动化应用控制应当一贯运行。因此,对于一项自动化应用控制,一旦确定被审计单位正在执行该控制,注册会计师通常无需扩大控制测试的范围。

另外,要注意测试两个层次控制的问题。因为控制测试可用于每个层次的内部控制,但整体层次的控制测试通常更加主观,如管理层对胜任能力的重视。对整体层次控制进行测试通常比业务流程层次的控制(如检查付款是否得到授权)更难以记录。因此,整体层次控制和信息技术一般控制的评价通常记录的是文件备忘录和支持性证据。注册会计师最好在审计的早期测试整体层次控制,原因在于对这些控制测试的结果会影响其他计划审计程序的性质和范围。

在实务中,注册会计师可以用表9-2汇总记录对各个业务循环内部控制运行有效性进行测试的主要内容和结论。

表9-2　　　　　　　　　　　　　控制测试汇总表

被审计单位:＿＿＿＿＿＿＿＿＿＿　　索引号:＿＿＿＿＿＿＿＿＿＿

项目:＿＿＿＿＿＿＿＿＿＿　　　　　财务报表截止日/期间:＿＿＿＿＿＿

编制:＿＿＿＿＿＿＿＿＿＿　　　　　复核:＿＿＿＿＿＿＿＿＿＿

日期:＿＿＿＿＿＿＿＿＿＿　　　　　日期:＿＿＿＿＿＿＿＿＿＿

1. 了解内部控制的初步结论

（注:根据了解本循环控制的设计并评估其执行情况所或获取的审计证据,注册会计师对控制的评价结论可能是:①控制设计合理,并得到执行;②控制设计合理,未得到执行;③控制设计无效或缺乏必要的控制。)

（续表）

2. 控制测试结论

控制目标	被审计单位的控制活动	控制活动对实现控制目标是否有效(是/否)	控制活动是否得到执行(是/否)	控制活动是否有效运行(是/否)	控制测试结果是否支持风险评估结论(支持/不支持)

（编制说明：①本审计工作底稿记录注册会计师测试的控制活动及结论。其中，"控制活动对实现控制目标是否有效"、"控制活动是否得到执行"、"控制活动是否有效运行"各栏，应根据控制测试过程中获取的审计证据分析填写；"控制测试结果是否支持风险评估结论"一栏，应根据了解和测试内部控制中获取的审计证据分析填写。②如果注册会计师不拟对与某些控制目标相关的控制活动实施控制测试，则应直接执行实质性程序，对相关交易和账户余额的认定进行测试，以获取足够的保证程度。）

3. 相关交易和账户余额的审计方案

（1）对未进行测试的控制目标的汇总。根据计划实施的控制测试，我们未对下列控制目标、相关交易和账户余额及其认定进行测试。

业务循环	主要业务活动	控制目标	相关交易和账户余额及其认定	原因

（2）对未达到控制目标的主要业务活动的汇总。根据控制测试的结果，我们确定下列控制运行无效，在审计过程中不予信赖，拟实施实质性程序获取充分、适当的审计证据。

业务循环	主要业务活动	控制目标	相关交易和账户余额及其认定	原因

（注：如果本期执行控制测试的结果表明本循环与相关交易和账户余额及其认定相关的控制不能予以信赖，应重新考虑本期拟信赖的以前审计获取的其他循环控制运行有效性的审计证据是否恰当。）

根据控制测试的结果，执行下列审计方案：

受影响的交易账户余额	完整性(控制测试结果/需从实质性程序中获取的保证程度)	发生/存在(控制测试结果/需从实质性程序中获取的保证程度)	准确性/计价和分摊(控制测试结果/需从实质性程序中获取的保证程度)	截止(控制测试结果/需从实质性程序中获取的保证程度)	权利和义务(控制测试结果/需从实质性程序中获取的保证程度)	分类(控制测试结果/需从实质性程序中获取的保证程度)	列报(控制测试结果/需从实质性程序中获取的保证程度)

（注：如果本期执行控制测试的结果表明本循环与相关交易和账户余额及其认定相关的控制不能予以信赖，应重新考虑本期拟信赖的以前审计获取的其他循环控制运行有效性的审计证据是否恰当。）

4. 沟通事项

是否需要就已识别出的内部控制设计、执行以及运行方面的重大缺陷，与适当层次的管理层或治理层进行沟通？

需要与管理层沟通的事项：_____

需要与治理层沟通的事项：_____

相关思考 9-2

风险评估程序的类型和控制测试的类型有哪些是相同的？哪些是控制测试独有的程序？

第三节 实质性程序

一、实质性程序的含义

实质性程序是指注册会计师针对评估的重大错报风险实施的直接用于发现认定层次重大错报的审计程序。实质性程序包括对各类交易、账户余额及其披露的细节测试以及实质性分析程序。

由于注册会计师对重大错报风险的评估是一种判断，可能无法充分识别所有的重大错报风险，并且由于内部控制存在固有局限性，无论评估的重大错报风险结果如何，注册会计师都应当针对所有重大的各类交易、账户余额、列报实施实质性程序。此外，如果认为评估的认定层次重大错报风险是特别风险，注册会计师应当专门针对该风险实施实质性程序。

二、实质性程序的性质

实质性程序的性质是指实质性程序的类型及其组合。实质性程序的两种基本类型包括细节测试和实质性分析程序。

（一）细节测试

细节测试是对各类交易、账户余额、列报的具体细节进行测试，目的在于直接识别财务报表认定是否存在错报。

细节测试适用于对各类交易、账户余额及其披露认定的测试，尤其是对存在或发生、计价认定的测试。注册会计师需要根据不同的认定层次的重大错报风险设计有针对性的细节测试。例如，在针对存在或发生认定设计细节测试时，注册会计师应当选择包含在财务报表金额中的项目，并获取相关审计证据。又如，在针对完整性认定设计细节测试时，注册会计师应当选择有证据表明应包含在财务报表金额中的项目，并调查这些项目是否确实包括在内。

（二）实质性分析程序

实质性分析程序从技术特征上讲仍然是分析程序，主要是通过研究数据间关系评价信息，只是将该技术方法用作实质性程序，即用以识别各类交易、账户余额、列报及相关认定是否存在错报。

对在一段时期内存在可预期关系的大量交易，注册会计师可以考虑实施实质性分析程序。注册会计师在设计实质性分析程序时应当考虑的因素包括：对特定认定使用实质性分析程序的适当性；对已记录的金额或比率作出预期时，所依据的内部或外部数据的可靠性；作出预期的准确程度是否足以在计划的保证水平上识别重大错报；已记录金额与预期值之间可接受的差异额等。

考虑到数据及分析的可靠性，当实施实质性分析程序时，如果使用被审计单位编制的信息，注册会计师应当考虑测试与信息编制相关的控制，以及这些信息是否在本期或前期经过审计。

三、实质性程序的时间

与控制测试的时间选择类似,实质性程序也面临着对期中审计证据和对以前审计获取的审计证据的考虑。但与控制测试不同的是:在控制测试中,期中实施控制测试并获取期中关于控制运行有效性审计证据的做法更具有一种"常态",而由于期中实施实质性程序获取的审计证据不能直接作为期末财务报表认定的审计证据,注册会计师仍然需要消耗进一步的审计资源使期中审计证据能够合理延伸至期末,因此,注册会计师在期中实施实质性程序时更需要考虑其成本效益的权衡。另外,在本期控制测试中拟信赖以前审计获取的有关控制运行有效性的审计证据,已经受到了很大的限制;而对于以前审计中通过实质性程序获取的审计证据,现行审计准则采取了更加慎重的态度和更严格的限制。

如果在期中实施了实质性程序,注册会计师应当针对剩余期间实施进一步的实质性程序,或将实质性程序和控制测试结合使用,以将期中测试得出的结论合理延伸至期末。如果拟将期中测试得出的结论延伸至期末,注册会计师应当考虑针对剩余期间仅实施实质性程序是否足够。如果认为实施实质性程序本身不充分,注册会计师还应测试剩余期间相关控制运行的有效性或针对期末实施实质性程序。此外,如果已识别出由于舞弊导致的重大错报风险,为将期中得出的结论延伸至期末而实施的审计程序通常是无效的,注册会计师应当考虑在期末或者接近期末实施实质性程序。

在以前审计中实施实质性程序获取的审计证据,通常对本期只有很弱的证据效力或没有证据效力,不足以应对本期的重大错报风险。只有当以前获取的审计证据及其相关事项未发生重大变动时(如以前审计通过实质性程序测试过的某项诉讼在本期没有任何实质性进展),以前获取的审计证据才可能用作本期的有效审计证据。但即便如此,如果拟利用以前审计中实施实质性程序获取的审计证据,注册会计师应当在本期实施审计程序,以确定这些审计证据是否具有持续相关性。

四、实质性程序的范围

在确定实质性程序的范围时,注册会计师应当考虑评估的认定层次重大错报风险和实施控制测试的结果。注册会计师评估的认定层次的重大错报风险越高,需要实施实质性程序的范围越广。如果对控制测试结果不满意,注册会计师应当考虑扩大实质性程序的范围。

在设计细节测试时,注册会计师除了从样本量的角度考虑测试范围,还要考虑选样方法的有效性等因素。例如,注册会计师有时从总体中选取大额或异常项目进行测试,而不是进行代表性抽样或分层抽样。

实质性分析程序的范围有两层含义:一是对什么层次上的数据进行分析,注册会计师可以选择在高度汇总的财务数据层次进行分析,也可以根据重大错报风险的性质和水平调整分析层次。例如,按照不同产品线、不同季节或月份、不同经营地点或存货存放地点等实施实质性分析程序。二是需要对什么幅度或性质的偏差展开进一步调查。一般来说,可接受的偏差越大,作为实质性分析程序一部分的进一步调查的范围就越小,因此,在设计实质性分析程序时,注册会计师应当确定已记录金额与预期值之间可接受的差异额。

在实务中,注册会计师根据评估的重大错报风险水平和实施控制测试的结果来确定计划实施的实质性程序,如表9-3所示,风险评估程序、控制测试和实质性程序之间存在对应关系。

表 9-3　　　　　　　　　　　　计划实施的实质性程序

项　　　目	财务报表认定					
	存在	完整性	权利和义务	计价和分摊	列报	……(注1)
评估的重大错报风险水平(注2)						
控制测试结果是否支持风险评估结论(注3)						
需从实质性程序获取的保证程度						
计划实施的实质性程序(注4)	索引号	执行人				
1.						
2.						
3.						
4.						
5.						
6.						
7.						
8.						
9.						
10.						
……						

注：1. 对于不同的项目来说,所对应的认定也不同,例如,所对应的认定还可能是发生、准确性、截止、分类等。
　　2. 结果取自风险评估工作底稿。
　　3. 结果取自该项目所属业务循环内部控制测试工作底稿。
　　4. 计划实施的实质性程序与财务报表认定之间的对应关系用"√"表示。

本 章 小 结

本章介绍了财务报表层次重大错报风险的总体应对措施以及针对认定层次重大错报风险的进一步审计程序,其中进一步审计程序又包含控制测试和实质性程序。在设计进一步审计程序时,需设计进一步审计程序的性质、时间安排和范围。

本 章 重 要 概 念

实质性方案　综合性方案　进一步审计程序　控制测试　实质性程序　细节测试
实质性分析程序

本 章 练 习

一、思考题

1. 进一步审计程序的总体方案有哪两种？应当如何进行选择？

2. 简述实质性程序的两种基本类型。

3. 注册会计师在哪些情形下，应当实施控制测试？

4. 注册会计师应当从哪些方面获得关于控制运行有效性的证据？

5. 注册会计师在设计实质性分析程序时应考虑哪些因素？

二、案例讨论题

9-6 扫一扫
练一练

9-7 扫一扫
看答案

9-8 扫一扫
看课件

甲公司是会计师事务所的常年审计客户，主要从事肉制品的加工和销售。A 注册会计师负责审计甲公司 2×22 年度财务报表。具体事项如下：

（1）甲公司部分原材料系向农户采购。财务人员办理结算时应当查验农户身份证，并将身份证复印件及农户签字的收据作为付款凭证附件。2 000 元以上的付款应当通过银行转账。

A 注册会计师在审计工作底稿中记录了与采购与付款交易相关的审计工作，部分内容摘录如下：注册会计师在实施控制测试时，发现一笔 8 000 元的采购交易被拆分成八笔，以现金支付。财务经理解释该农户无银行卡。A 注册会计师询问了该农户，对控制测试结果满意。

（2）甲公司内部控制制度规定，财务经理每月应复核销售返利计算表，检查销售收入金额和返利比例是否准确，如有异常进行调查并处理，复核完成后签字存档，审计项目组选取了 3 个月的销售返利计算表，检查了财务经理的签字，认为该控制运行有效。

（3）A 注册会计师在询问管理层、阅读内控手册并执行穿行测试后，尽管认为甲公司与关联方交易相关的内部控制设计合理，但不拟信赖，拟直接实施细节测试。

（4）A 注册会计师认为甲公司存在低估负债的特别风险，在了解相关控制后，未信赖这些控制，直接实施了细节测试。

（5）A 注册会计师对银行存款实施了实质性程序，未发现错报，因此认为甲公司与银行存款相关的内部控制运行有效。

要求：指出 A 注册会计师的做法是否恰当；如不恰当，简要说明理由。

第十章　审　计　抽　样

内容提要

本章主要介绍了审计抽样的相关概念及具体运用方法,并对控制测试中和实质性程序中的审计抽样作了具体介绍。

重点难点

本章重点为审计抽样的含义及分类、审计抽样的程序;难点为控制测试和实质性程序中审计抽样的应用。

学习目标

通过本章学习,学生应理解审计抽样的含义,并了解其适用范围;理解抽样风险、非抽样风险的含义及其对审计工作的影响;熟悉审计抽样的种类以及各种抽样方法之间的区别与联系;掌握控制测试中抽样技术的运用和实质性程序中抽样技术的运用。

知识框架

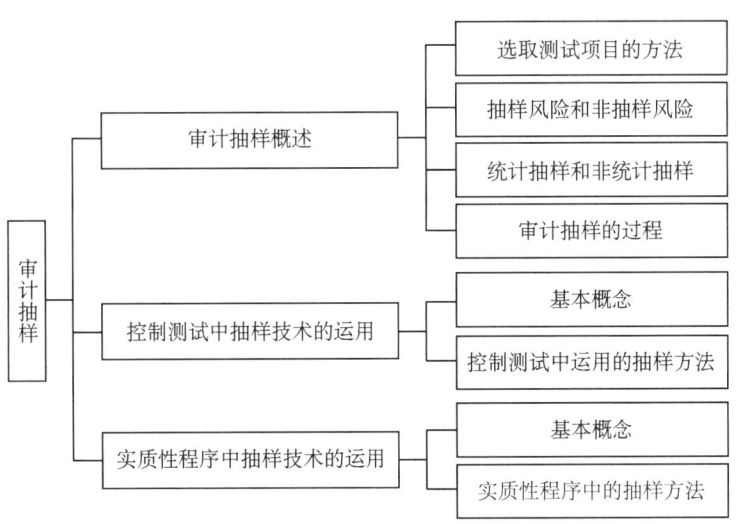

 **思政育人**　　　　**RPA 与审计抽样**

随着云计算、大数据、RPA 技术在审计实务领域的应用,审计抽样引起了学术界和实务界的重点关注,"四大"会计师事务所相继推出财务与审计各种应用场景下的 RPA 机器人。

审计抽样在实务中的运用十分普遍,如凭证检查、应收账款函证等都需要用到,审计抽样程序的规范性和合理性是影响审计质量的重要因素,其准确应用将会在一定程度上降低会计差错率。在审计抽样实际应用中,大型会计师事务所在抽样方法的选择上都存在一定的差异,从而导致抽样的样本规模有差异。审计人员在实施和运用审计抽样原则时最困难的就是通过样本错报推断总体错报以及解决错报。而基于 RPA 的审计抽样软件机器人能够更好地完成审计目标,其主要围绕提升审计效率、控制审计成本、降低审计风险这三个方面进行构建。

基于 RPA 的审计抽样软件机器人按照既定程序执行任务,除了对数据的处理和抽取,更多的是实现流程的衔接、标准化处理和存储,使得前一个阶段的数据输送和下一个阶段对抽取出的样本进行审计分析这两个环节能够紧密地联接起来。在基于 RPA 的审计抽样软件机器人将数据归类复制到新的表格并整合后,它们可以根据不同的审计工作需要选取统计抽样法或非统计抽样法。对于非统计抽样法,机器人可以作出快速的随机抽取;对于统计抽样法,机器人通过嵌套不同的公式算法,自动运行抽取所需要的样本。为了保证随机抽取的样本数据满足所需条件,应设计更多可以量化的标准。其中最主要的指标是项目的重要系数,还包括金额大小、异常金额、异常日期等方面,从而尽可能地对抽样总体实现全覆盖。

大数据时代,机器人技术将是社会发展和技术推进的必然趋势,机器人自动化流程的不断发展以及与审计、财务领域的融合必将促进审计工作不断提效。

大数据技术影响着我们生活的方方面面,大数据技术给你的学习与生活带来了哪些便利?你认为大数据技术还能在哪些领域发挥更大的作用呢?结合你的实际经历与所学专业,说说你的感受与看法。

资料来源:程平,毛俊力.基于 RPA 的审计抽样软件机器人研究[J].财会月刊,2021(21):100-106.

第一节 │ 审计抽样概述

一、选取测试项目的方法

审计时选取测试项目的方法包括全部项目、选取特定项目和审计抽样。注册会计师应当根据对被审计单位及其环境的了解,考虑评估的重大错报风险和审计效率,确定适当的选取测试项目的方法。

1. 选取全部项目

选取全部项目是指对总体中的全部项目进行检查,通常更适用于细节测试,而不适合控制测试。当存在下列情形之一时,注册会计师应当考虑选取全部项目进行测试。

(1)总体由少量的大额项目构成。

(2)存在特别风险且其他方法未提供充分、适当的审计证据。

(3)由于信息系统自动执行的计算或其他程序具有重复性,对全部项目进行检查符合成本效益原则。

2. 选取特定项目

根据对被审计单位的了解、评估的重大错报风险以及所测试总体的特征等,注册会计师可以确定从总体中选取特定项目进行测试。选取的特定项目包括:大额或关键项目;超过某一金额的全部项目;被用于获取某些信息的项目;被用于测试控制活动的项目等。

选取特定项目实施检查,通常是获取审计证据的有效手段,但并不构成审计抽样。按照这种方法所选取的项目实施审计程序的结果,不能推断至整个总体。当总体的剩余部分重大时,注册会计师应当考虑是否需要针对该剩余部分获取充分、适当的审计证据。

3. 审计抽样

审计抽样是指注册会计师对具有审计相关性的总体中低于百分之百的项目实施审计程序,使所有抽样单元都有被选取的机会,为注册会计师对整个总体得出结论提供合理基础。审计抽样能够使注册会计师获取和评价有关所选项目某一特征的审计证据,以形成或有助于形成有关总体的结论。总体,是指注册会计师从中选取样本并期望据此得出结论的整个数据集合。

10-1 审计抽样的含义

审计抽样应当具备以下三个基本特征:

(1)对某类交易或账户余额中低于百分之百的项目实施审计程序。

(2)所有抽样单元都有被选取的机会。

(3)审计测试的目的是评价该账户余额或交易类型的某一特征。

审计抽样并非在所有审计程序中都适合使用。注册会计师拟实施的审计程序将对运用审计抽样产生重要影响。在风险评估程序、控制测试和实质性程序中,有些审计程序可以使用审计抽样,有些审计程序则不宜使用审计抽样。

风险评估程序通常不涉及审计抽样。如果注册会计师在了解控制的设计和确定控制是否得到执行的同时计划和实施控制测试,则可能涉及审计抽样,但此时审计抽样仅适用于控制测试。

当控制的运行留下轨迹时,注册会计师可以考虑使用审计抽样实施控制测试。对于未留下运行轨迹的控制,注册会计师通常实施询问、观察等审计程序以获取有关控制运行有效性的审计证据,此时不宜使用审计抽样。

实质性程序包括对各类交易、账户余额及其披露的细节测试以及实质性分析程序。在实质性细节测试时,注册会计师可以使用审计抽样获取审计证据,以验证有关财务报表金额的一项或多项认定(如应收账款的存在性),或对某些金额做出独立估计(如陈旧存货的价值)。在实施实质性分析程序时,注册会计师不宜使用审计抽样。

相关思考 10-1

审计抽样应具备哪些特征?

二、抽样风险和非抽样风险

在获取审计证据时,注册会计师应当运用职业判断,评估重大错报风险并设计进一步审计程序,以确保将审计风险降至可接受的低水平。在使用审计抽样时审计风险既可能受到抽样风险的影响,又可能受到非抽样风险的影响。抽样风险和非抽样风险通过影响重大错报风险的评估和检查风险的确定而影响审计风险。

10-2 审计抽样的分类

1. 抽样风险

抽样风险是指注册会计师根据样本得出的结论,有可能不同于对整个总体实施与样本相同的审计程序得出的结论的风险,即样本不能代表总体的风险。产生抽样风险的原因可能是样本量过小或者选择抽样的方法不适当。注册会计师在进行控制测试时应关注以下抽

10-3 抽样风险与非抽样风险

样风险。

（1）信赖不足风险。信赖不足风险是指抽样结果使注册会计师推断的控制有效性低于其实际有效性的可能性。

（2）信赖过度风险。信赖过度风险是指抽样结果使注册会计师推断的控制有效性高于其实际有效性的可能性。

注册会计师在进行细节测试时，应关注以下抽样风险。

（1）误拒风险。误拒风险是指抽样结果表明账户余额存在重大错报，而实际上不存在重大错报的可能性。

（2）误受风险。误受风险是指抽样结果表明账户余额不存在重大错报，而实际上存在重大错报的可能性。

信赖不足风险与误拒风险会导致注册会计师执行额外的审计测试，降低审计效率；信赖过度风险与误受风险很可能导致注册会计师得出不正确的审计结论。

只要使用了审计抽样，抽样风险总会存在。在使用统计抽样时注册会计师可以准确地计量和控制抽样风险，在使用非统计抽样时注册会计师无法量化抽样风险，只能根据职业判断对其进行定性的评价和控制。抽样风险与样本规模反方向变动：样本规模越小，抽样风险越大；样本风险越大，抽样风险越小。无论是控制测试还是细节测试，注册会计师都可以通过扩大样本规模降低抽样风险。如果对总体中的所有项目都实施检查，就不存在抽样风险，此时审计风险完全由非抽样风险产生。

2. 非抽样风险

非抽样风险是指注册会计师由于任何与抽样风险无关的原因而得出错误结论的风险。注册会计师即使对某类交易或账户余额的所有项目实施审计程序，也可能仍未能发现重大错报或控制失效。在审计过程中可能导致非抽样风险的原因包括下列情况。

（1）注册会计师选择的总体不适合于测试目标。例如，注册会计师在测试销售收入完整性认定时将主营业务收入日记账界定为总体。

（2）注册会计师未能适当地定义误差（包括控制偏差或错报），导致注册会计师未能发现样本中存在的偏差或错报。例如，注册会计师在测试现金支付授权控制的有效性时，未将签字人未得到适当授权的情况界定为控制偏差。

（3）注册会计师选择了不适于实现特定目标的审计程序。例如，注册会计师依赖应收账款函证来揭露未入账的应收账款。

（4）注册会计师未能适当地评价审计发现的情况。例如，注册会计师错误解读审计证据可能导致没有发现误差；注册会计师对所发现误差的重要性的判断有误，从而忽略了性质十分重要的误差，这种情况也可能导致得出不恰当的结论。

（5）其他原因。

非抽样风险是由人为错误造成的，因而可以降低、消除或防范。虽然在任何一种抽样方法中注册会计师都不能量化非抽样风险，但通过采取适当的质量控制政策和程序对审计工作进行适当的指导、监督和复核，以及对注册会计师实务的适当改进可以将非抽样风险降至可以接受的低水平。注册会计师也可以通过仔细设计其审计程序尽量降低非抽样风险。

三、统计抽样和非统计抽样

注册会计师在运用审计抽样时,既可以使用统计抽样方法又可以使用非统计抽样方法,这取决于注册会计师的职业判断。统计抽样是指同时具备下列特征的抽样方法:①随机选取样本项目;②运用概率论评价样本结果,包括计量抽样风险。不同时具备前面提及的两个特征的抽样方法为非统计抽样。一方面,即使注册会计师严格按照随机原则选取样本,如果没有对样本结果进行统计评估就不能认为使用了统计抽样;另一方面,基于非随机选样的统计评估也是无效的。

注册会计师应当根据具体情况并运用职业判断确定使用统计抽样或非统计抽样方法,以最有效率地获取审计证据。注册会计师在统计抽样与非统计抽样方法之间进行选择时主要考虑成本效益。统计抽样的优点在于能够客观地计量抽样风险,并通过调整样本规模精确地控制风险,这是与非统计抽样最重要的区别。另外,统计抽样还有助于注册会计师高效地设计样本,计量所获取证据的充分性以及定量评价样本结果。但统计抽样又可能发生额外的成本。首先,统计抽样需要特殊的专业技能,因此使用统计抽样需要增加额外的支出对注册会计师进行培训;其次,统计抽样要求单个样本项目符合统计要求,这些也可能需要支出额外的费用。非统计抽样如果设计适当也能提供与统计抽样方法同样有效的结果。注册会计师使用非统计抽样时也必须考虑抽样风险并将其降至可接受的低水平,但无法精确地测定出抽样风险。

不管统计抽样还是非统计抽样,两种方法都要求注册会计师在设计、实施和评价样本时运用职业判断。另外,对选取的样本项目实施的审计程序通常也与使用的抽样方法无关。

延伸阅读 10-1 ....

审计抽样与审计专业判断的关系

在审计过程中,无论是统计抽样还是非统计抽样(任意抽样和判断抽样),都离不开注册会计师的专业判断。那种认为统计抽样能够减少审计过程中的专业判断或者取代专业判断的观点是错误的,因为在运用统计抽样过程中,由于存在许多不确定的因素,这些不确定因素需要注册会计师凭正确的判断来解决。在实际工作中,往往把上述几种抽样方法结合运用,才能收到较好的审计效果。

四、审计抽样的过程

审计抽样的一般过程分为样本设计、样本选取和抽样结果评价三个阶段。

(一)样本设计

在设计审计样本时,注册会计师应当考虑审计程序的目的和抽样总体的特征。也就是说,注册会计师首先应考虑拟实现的具体目标并根据目标和总体的特点确定能够最好地实现该目标的审计程序组合以及如何在实施审计程序时运用审计抽样。审计抽样中样本设计阶段的工作主要包括以下几个步骤。

1. 确定测试目标

审计抽样必须紧紧围绕审计测试的目标展开,因此确定测试目标是样本设计阶段的第一项工作。一般而言,控制测试是为了获取关于某项控制运行是否有效的证据,而细节测试的目的是确定某类交易或账户余额的金额是否正确,获取与存在的错报有关的证据。

2. 定义总体与抽样单元

在实施抽样之前,注册会计师必须仔细定义总体,确定抽样总体的范围。总体可以包括构成某类交易或账户余额的所有项目,也可以只包括某类交易或账户余额中的部分项目。注册会计师应当确保总体的适当性和完整性。也就是说,注册会计师所定义的总本应具备下列两个特征:①适当性。注册会计师应确定总体适合于特定的审计目标,包括适合于测试的方向。②完整性。在实施审计抽样时,注册会计师应当从总体项目内容和涉及时间等方面定总体的完整性。

抽样单元是指构成总体的个体项目。在定义抽样单元时,注册会计师应使其与审计试目标保持一致。注册会计师在定义总体时通常都指明了适当的抽样单元。

3. 分层

如果总体项目存在重大的变异性,注册会计师可以考虑将总体分层。所谓分层是指将总体划分为多个子总体的过程,每个子总体由一组具有相同特征(通常为货币金额)的抽样单元组成。分层可以降低每一层中项目的变异性,从而在抽样风险没有成比例增加的前提下减小样本规模,提高审计效率。注册会计师应当仔细界定总体,以使每一抽样单元只能属于一个层。

在实施细节测试时,注册会计师通常根据金额对子总体进行分层。这使注册会计师能够将更多审计资源投向金额较大的项目,而这些项目最有可能包含高估错报。

延伸阅读 10-2

对应收账款进行函证时,将涉及的往来明细账户按余额的大小分为若干层次,再对每个层次采用不同的审计方法(表 10-1)。

表 10-1　　　　　　　　　　　　往来明细账余额表

项　目	金额(元)	重要性水平
银行存款	1 500	10
应收账款	3 000	70
库存商品	5 000	90
固定资产	10 500	30
合计	20 000	200

分层后的每层构成一个子总体且可以单独检查。对某一层中的样本项目实施审计程序的结果,只能用于推断构成该层的项目。如果对整个总体得出结论,注册会计师应当考虑与构成整个总体的其他层有关的重大错报风险。

4. 定义误差构成条件

注册会计师必须事先准确定义构成误差的条件,否则执行审计程序时就没有识别误差的标准。在控制测试中,误差是指控制偏差,注册会计师要仔细定义所要测试的控制及可能出现偏差的情况;在细节测试中误差是指错报,注册会计师要确定哪些情况构成错报。

注册会计师定义误差构成条件时要考虑审计程序的目标。清楚地了解误差构成条件,对于确保在推断误差时将所有与审计目标相关的条件包括在内至关重要。

5. 确定审计程序

注册会计师必须确定能够最好地实现测试目标的审计程序组合。例如,如果注册会计师的审计目标是通过测试某一阶段的适当授权证实交易的有效性,审计程序就是检查特定人员已在某文件上签字以示授权的书面证据。注册会计师预计样本中每一张该文件上都有适当的签名。

(二) 样本选取

1. 确定样本规模

样本规模是指从总体中选取样本项目的数量。在确定样本规模时,注册会计师应当考虑能否将抽样风险降至可接受的低水平。影响样本规模的因素主要包括以下几点。

(1)可接受的抽样风险。可接受的抽样风险与样本规模成反比。注册会计师愿意接受的抽样风险越低,样本规模通常越大。反之,注册计师愿意接受的抽样风险越高,样本规模越小。

(2)可容忍误差。可容忍误差是指注册会计师在认为测试目标已实现的情况下准备接受的总体最大误差。在其他因素既定的条件下,可容忍误差越大,所需的样本规模越小。

(3)预计总体误差。预计总体误差是指注册会计师根据以前对被审计单位的经验或实施风险评估程序的结果而估计总体中可能存在的误差。预计总体误差越大,可容忍误差也应当越大;但预计总体误差不应超过可容忍误差。在既定的可容忍误差下,当预计总体误差增加时,所需的样本规模越大。

(4)总体变异性。总体变异性是指总体的某一特征(如金额)在各项目之间的差异程度。在控制测试中,注册会计师在确定样本规模时一般不考虑总体变异性。在细节测试中,注册会计师确定适当的样本规模时要考虑特征的变异性。总体项目的变异性越低,通常样本规模越小。

(5)总体规模。除非总体非常小,一般而言,总体规模对样本规模的影响几乎为零。表10-2列示了审计抽样中影响样本规模的因素,并分别说明了这些影响因素在控制测试和细节测试中的表现形式。

表 10-2　　　　　　　　　　　　　影响样本规模的因素

影响因素	控制测试	细节测试	与样本规模的关系
可接受的抽样风险	可接受的信赖过度风险	可接受的误受风险	反向变动
可容忍误差	可容忍偏差率	可容忍错报	反向变动
预计总体误差	预计总体偏差率	预计总体错报	同向变动
总体变异性	—	总体变异性	同向变动
总体规模	总体规模	总体规模	影响很小

2. 选取样本方法

不管使用统计抽样或非统计抽样,在选取样本项目时注册会计师都应当使总体中的每个抽样单元都有被选取的机会。所有的审计抽样均要求注册会计师选取的样本对总体来讲具有代表性,否则就无法根据样本结果推断总体。

选取样本的基本方法,包括使用随机数表、系统选样和随意选样。

(1)随机数选样。使用随机数选样需以总体中的每一项目都有不同的编号为前提。注册会计师可以使用计算机生成的随机数,如电子表格程序、随机数码生成程序、通用审计软件程序等计算机程序产生的随机数,也可以使用随机数表获得所需的随机数。

随机数是一组从长期来看出现概率相同的数码,且不会产生可识别的模式。随机数表也称乱数表,它是由随机生成的从 0~9 共 10 个数字所组成的数表,每个数字在表中出现的次数是大致相同的,它们出现在表上的顺序是随机的。表 10-3 就是 5 位随机数表的一部分。

表 10-3   随机数表

序号	1	2	3	4	5	6	7	8	9	10
1	32044	69037	29655	92114	81034	40582	01584	77184	85762	46505
2	23821	96070	82592	81642	08971	07411	09037	81530	56195	98425
3	82383	94987	66441	28677	95961	78346	37916	09416	42438	48432
4	68310	21792	71635	86089	38157	95620	96718	79554	50209	17705
5	94856	76940	22165	01414	01413	37231	05509	37489	56459	52983
6	95000	61958	83430	98250	70030	05436	74814	45978	09277	13827
7	20764	64638	11359	32556	89822	02713	81293	52970	25080	33555
8	71401	17964	50940	95753	34905	93566	36318	79530	51105	26952
9	38464	75707	16750	61371	01523	69205	32122	03436	14489	02086
10	59442	59247	74955	82835	98378	83513	47870	20795	01352	89906

应用随机数表(表 10-3)选样的步骤如下。

第一步,对总体项目进行编号,建立总体中的项目与表中数字的一一对应关系。

第二步,确定连续选取随机数的方法,即从随机数表中选择一个随机起点和一个选号路线,随机起点和选号路线可以任意选择,但一经选定就不得改变。从随机数表中任选一行或任何一栏开始按照一定的方向(上下左右均可)依次查找,符合总体项目编号要求的数字即为选中的号码,与此号码相对应的总体项目即为选取的样本项目一直到选足所需的样本量为止。例如,从前述应收账款明细表的 2 000 个记录中选择 10 个样本,总体编号规则如前所述,即前两位数字不能超过 40,后两位数字不能超过 50。如从表 10-3 第一行第一列开始使用前 4 位随机数,逐行向右查找,则选中的样本为编号 3204、0741、0903、0941、3815、2216、0141、3723、0550、3748 的 10 个记录。

(2)系统选样。系统选样也称等距选样,是指按照相同的间隔从审计对象总体中等距离地选取样本的一种选样方法。采用系统选样法,首先要计算选样间距,确定选样起点然后再根据间距顺序地选取样本。选样间距的计算公式如下:

$$选样间距 = 总体规模 \div 样本规模$$

例如,如果销售发票的总体范围是 652~3 151 之间,设定的样本量是 125,那么选样间距为 20[(3 152−652)÷125]。注册会计师必须从 0~19 中选取一个随机数作为抽样起点。如果随机选择的数码是 9,那么第一个样本项目是发票号为 661(652+9)的那一张,其余的 124 个项目分别是 681(661+20),701(681+20),…,依此类推,直至第 3141 号。

(3)随意选样。在这种方法中,注册会计师选取样本不采用结构化的方法。尽管不使用结构化方法,注册会计师也要避免任何有意识的偏向或可预见性(如回避难以找到的项目,或总是选择或回避每页的第一个或最后一个项目),从而试图保证总体中的所有项目都有被选中的机会。在使用统计抽样时,运用随意选样是不恰当的。

上述三种基本方法均可选出代表性样本。但随机数选样和系统选样属于随机基础选样方法,即对总体的所有项目按随机规则选取样本,因而可以在统计抽样中使用,当然也可以在非统计抽样中使用。而随意选样虽然也可以选出代表性样本,但它属于非随机基础选样方法,因而不能在统计抽样中使用,只能在非统计抽样中使用。

3. 对样本实施审计程序

注册会计师应当针对选取的每个项目,实施适合具体目的的审计程序。对选取的样本项目实施审计程序旨在发现并记录样本中存在的误差。如果审计程序不适用于选取的项目,注册会计师应当针对替代项目实施该审计程序。例如,如果在测试付款授权时选取了一张作废的支票并确信支票已经按照适当程序作废因而不构成偏差,注册会计师需要适当选择一个替代项目进行检查。

(三)抽样结果评价

1. 分析样本误差

注册会计师应当调查识别出所有偏差或错报的性质和原因,并评价其对审计程序的目的和审计的其他方面可能产生的影响。

无论是统计抽样还是非统计抽样,对样本结果的定性评估和定量评估一样重要。即使样本的统计评价结果在可以接受的范围内,注册会计师也应对样本中的所有误差(包括控制测试中的控制偏差和细节测试中的金额错报)进行定性分析。

2. 推断总体误差

当实施控制测试时,注册会计师应当根据样本中发现的偏差率推断总体偏差率并考虑这一结果对特定审计目标及审计的其他方面的影响。

当实施细节测试时,注册会计师应当根据样本中发现的错报金额推断总体错报金额,并考虑这一结果对特定审计目标及审计的其他方面的影响。

3. 形成审计结论

注册会计师应当评价样本结果,以确定对总体相关特征的评估是否得到证实或需要修正。

(1)控制测试中的样本结果评价。在控制测试中,注册会计师应当将总体偏差率与可容忍偏差率比较,但必须考虑抽样风险。

在统计抽样中,注册会计师通常使用表格或计算机程序计算抽样风险。用以评价抽样结果的大多数计算机程序都能根据样本规模、样本结果,计算在注册会计师确定的信赖过度风险条件下可能发生的偏差率上限的估计值。该偏差率上限的估计值即总体偏差率与抽样风险允许限度之和。

如果估计的总体偏差率上限低于可容忍偏差率,则总体可以接受。这时注册会计师对总体得出结论,样本结果支持计划评估的控制有效性,从而支持计划的重大错报风险评估水平。

如果估计的总体偏差率上限大于或等于可容忍偏差率,则总体不能接受。这时注册会计师对总体得出结论,样本结果不支持计划评估的控制有效性,从而不支持计划的重大错报风险评估水平。此时注册会计师应当修正重大错报风险评估水平,并增加实质性程序的数量。注册会计师也可以对影响重大错报风险评估水平的其他控制进行测试,以支持计划的重大错报风险评估水平。

如果估计的总体偏差率上限低于但接近可容忍偏差率,注册会计师应当结合其他审计程序的结果,考虑是否接受总体并考虑是否需要扩大测试范围以进一步证实计划评估的控制有效性和重大错报风险水平。

在非统计抽样中,抽样风险无法直接计量。注册会计师通常将样本偏差率(即估计的总体偏差率)与可容忍偏差率相比较,以判断总体是否可以接受。如果样本偏差率大于可容忍偏差率,则总体不能接受;如果样本偏差率低于总体的可容忍偏差率,注册会计师要考虑即使总体实际偏差率高于可容忍偏差率时仍出现这种结果的风险;如果样本偏差率大大低于可容忍偏差率,注册会计师通常认为总体可以接受;如果样本偏差率虽然低于可容忍偏差率但两者很接近,注册会计师通常认为总体实际偏差率高于可容忍偏差率的抽样风险很高,因而总体不可接受;如果样本偏差率与可容忍偏差率之间的差额不是很大也不是很小,以至于不能认定总体是否可以接受时,注册会计师则要考虑扩大样本规模,以进一步收集证据。

(2)细节测试中的样本结果评价。当实施细节测试时,注册会计师应当根据样本中发现的错报推断总体错报。注册会计师首先必须根据样本中发现的实际错报要求被审计单位调整账面记录金额。将被审计单位已更正的错报从推断的总体错报金额中减掉后,注册会计师应当将调整后的推断总体错报与该类交易或账户余额的可容忍错报相比较,但必须考虑抽样风险。

在统计抽样中,注册会计师利用计算机程序或数学公式计算出总体错报上限,并将计算的总体错报上限与可容忍错报比较。计算的总体错报上限等于推断的总体错报(调整后)与抽样风险允许限度之和。

如果计算的总体错报上限低于可容忍错报,则总体可以接受。这时注册会计师对总体得出结论,所测试的交易或账户余额不存在重大错报。

如果计算的总体错报上限大于或等于可容忍错报,则总体不能接受。这时注册会计师对总体得出结论,所测试的交易或账户余额存在重大错报。

在非统计抽样中,注册会计师运用其经验和职业判断评价抽样结果。如果调整后的总体错报大于可容忍错报或虽小于可容忍错报但两者很接近,注册会计师通常得出总体实际错报大于可容忍错报的结论。也就是说该类交易或账户余额存在重大错报,因而总体不能接受。如果对样本结果的评价显示,对总体相关特征的评估需要修正,注册会计师可以单独或综合采取下列措施:提请管理层对已识别的错报和存在更多错报的可能性进行调查并在必要时予以调整;修改进一步审计程序的性质、时间安排和范围;考虑对审计报告的影响。

如果调整后的总体错报远远小于可容忍错报,注册会计师就可以得出总体实际错报小于可容忍错报的结论,即该类交易或账户余额不存在重大错报,因而总体可以接受。

如果调整后的总体错报虽然小于可容忍错报但两者之间的差距很接近,注册会计师必须特别仔细地考虑,总体实际错报超过可容忍错报的风险是否能够接受并考虑是否需要扩大细节测试的范围以获取进一步的证据。

第二节 控制测试中抽样技术的运用

一、基本概念

可接受的抽样风险在控制测试时,注册会计师主要是指可接受的信赖过度风险。可接受的信赖过度风险与样本规模成反比。由于控制测试是控制是否有效运行的主要证据来源,因此可接受的信赖过度风险应确定在相对较低的水平上。通常,相对较低的水平在数量上是指 5%～10%的信赖过度风险。在实务中,注册会计师一般的测试是将信赖过度风险确定为 10%。

可容忍误差在控制测试中表现为可容忍偏差率。可容忍偏差率是指注册会计师在不改变其计划评估的控制有效性,进而不改变其计划评估的重大错报风险水平的前提下愿意接受的对于设定控制的最大偏差率。在确定可容忍偏差率时,注册会计师应考虑计划评估的控制有效性。计划评估的控制有效性越低,注册会计师确定的可容忍偏差率通常越高,所需样本规模就越小。

预计总体误差在控制测试中是指预计总体偏差率。

 延伸阅读10-3

销售交易内部控制的抽样测试

注册会计师要对与销售交易有关的各项内部控制的有效性进行测试,拟从销售日记账记录 的发票中选取发票及其相关支持性凭证作为样本,并对发票进行下列检查:

(1) 检查发票中载明的金额和其他资料是否与销售日记账的记录一致。

(2) 检查销货通知单、提货单和顾客订单是否存在,并附在发票的后面。

(3) 检查有关凭证是否经过信用经理的正确授权。

(4) 将发票上的价格与总价目表进行比较,以检查价格是否正确。

(5) 测试发票金额的计算是否正确。

(6) 销货通知单、提货单和顾客订单上载明的信息与发票上载明的信息一致。

二、控制测试中运用的抽样方法

实施控制测试时,注册会计师可能使用统计抽样的方法,也可能使用非统计抽样方法。注册会计师在统计抽样中通常使用的抽样方法有固定样本量抽样、停-走抽样、发现抽样三种方法。

(一)固定样本量抽样

在固定样本量抽样中,注册会计师对一个确定规模的样本实施检查且等到某一确定规模的样本全部选取、审查完以后,才作出审计结论。

1. 确定样本规模

在基于泊松分布的统计模型中,样本量的计算公式如下:

$$样本量(n) = \frac{可接受的信赖过度风险系数(R)}{可容忍偏差率(TR)}$$

10-4 控制测试中抽样示例

其中,可接受的信赖过度风险系数取决于特定的信赖过度风险和预期将出现的偏差的个数,可在泊松分布表中查到。表 10-4 列示了在控制测试中常用的风险系数。

表 10-4　　　　　　　　　　控制测试中常用的风险系数

样本中发现偏差的数量	信赖过度风险	
	5%	10%
0	3.0	2.3
1	4.8	3.9
2	6.3	5.3
3	7.8	6.7
4	9.2	8.0
5	10.5	9.3
6	11.9	10.6
7	13.2	11.8
8	14.5	13.0
9	15.7	14.2
10	17.0	15.4

在表 10-4 中,注册会计师确定的可容忍信赖过度风险为 10%,可容忍偏差率为 7% 并预期至多发现一例偏差:应用公式可计算出所需的样本量为 56,计算如下:

$$n = R/TR = 3.9/0.07 = 56$$

其中的风险系数 39 是根据预期的偏差 1,信赖过度风险 10%,从表 10-4 中可查出。

2. 推断总体误差

(1)计算总体偏差率。将样本中发现的偏差数除以样本规模就可以计算出样本偏差率。样本偏差率是注册会计师对总体偏差率的最佳估计,因而在控制测试中无须另外推断总体偏差率。但注册会计师还必须考虑抽样风险。

(2)考虑抽样风险。在实务中,注册会计师使用统计抽样方法时通常使用公式、表格或计算机程序直接计算在确定的信赖过度风险水平下可能发生的偏差率上限,即估计的总体偏差率与抽样风险允许限度之和。

$$总体偏差率上限(MDR) = \frac{R}{n} = \frac{风险系数}{样本量} = \frac{2.3}{56} \times 100\% = 4.1\%$$

其中,风险系数根据可接受的信赖过度风险为 10%,且偏差数量为 0,在表 10-4 中查得为 2.3。

这意味着,如果样本量为 56 且无一例偏差,总体实际偏差率超过 4.1% 的风险为 10%,即有 90% 的把握保证总体实际偏差率不超过 4.1%。由于注册会计师确定的可容忍偏差率为 7%,因此可以得出结论,总体的实际偏差率超过可容忍偏差率的风险很小,总体可以接受。也就是说,样本结果证实注册会计师对控制运行有效性的估计和评估的重大错报风险水平是适当的。

如果在 56 个样本中有两个偏差,则在既定的可接受信赖过度风险下,按照公式计算的总体偏差率上限如下:

$$总体偏差率上限(MDR) = \frac{R}{n} = \frac{风险系数}{样本量} = \frac{5.3}{56} \times 100\% = 9.5\%$$

这意味着,如果样本量为 56 且有两个偏差,总体实际偏差率超过 9.5% 的风险为 10%。在可容忍偏差率为 7% 的情况下注册会计师可以得出结论,总体的实际偏差率超过可容忍偏差率的风险很大,因而不能接受总体。也就是说样本结果不支持注册会计师对控制运行有效性的估计和评估的重大错报风险水平。注册会计师应当扩大控制测试范围以证实初步评估结果或提高重大错报风险评估水平,并增加实质性程序的数量或者对影响重大错报风险评估水平的其他控制进行测试以支持计划的重大错报风险评估水平。

(3)分析偏差的性质和原因。除了评价偏差发生的频率,注册会计师还要对偏差进行定性分析,即分析偏差的性质和原因。

(二)停-走抽样

停-走抽样采用边抽样、边审查、边判断的方法,一旦能得出审计结论即可中止抽样,所以并非一定要把样本量全部抽出才能得出审计结论。其思路是先根据零差错率确定一个初始样本量进行抽样审查,如果未发现差错或例外则可停止抽样,得出在一定可靠程度下总体误差率不超过某一可容许差错率的结论。如果发现差错则扩大样本规模继续进行抽样审查,直到原预计差错率得到肯定或否定为止。

(三)发现抽样

发现抽样是在既定的可信赖程度下,在假定误差以既定的误差率存在于总体之中的情况下,至少查出一个误差的抽样方法。发现抽样主要用于调查重大舞弊或非法事件。它能够以极高的可信赖程度(如 99.5% 以上)确保查出误差率仅在 0.5%~1% 的误差。使用发现抽样时当发现重大的误差,如欺诈的凭据时无论发生次数多少,审计人员都可能放弃一切抽样程序,而对总体进行全面彻底的检查。若发现抽样未发现任何例外,审计人员可得出下列结论:在既定的误差率范围内没有发现重大误差。

第三节 | 实质性程序中抽样技术的运用

一、基本概念

在实质性程序中,审计抽样只能在实施细节测试时使用。在细节测试中,可接受的抽样风险主要是指抽样风险中的误受风险,有时也包括误拒风险。在确定可接受的误受风险水平时,注册会计师需要考虑下列因素:注册会计师愿意接受的审计风险水平;评估的重大错报风险水平;针对同一审计目标(财务报表认定)的其他实质性程序的检查风险,包括分析程序。

可容忍误差在细节测试中表现为可容忍错报。可容忍错报是指在不导致财务报表存在重大错报的情况下,注册会计师对各类交易、账户余额、列报确定的可接受的最大错报金额。

可容忍错报的确定是以注册会计师对财务报表层次重要性水平的初步评估为基础。某账户的可容忍错报实际上就是该账户的重要性水平。它是该账户的错报与其他账户的错报汇总起来不会引起财务报表整体重大错报的最大金额。对特定账户而言，当抽样风险一定时，如果注册会计师确定的可容忍错报降低，所需的样本规模就增加。

在细节测试中，预计总体误差是指预计总体错报额，即预计总体发生错报的金额。

二、实质性程序中的抽样方法

实施细节测试时，注册会计师可能使用统计抽样方法，也可能使用非统计抽样方法。注册会计师在细节测试中使用的统计抽样方法主要包括变量抽样和概率比例规模抽样。

变量抽样主要包括均值估计抽样、差额估计抽样等。

1. 均值估计抽样

均值估计抽样是指先通过抽样审查确定样本的平均值，再根据样本平均值推断总体的平均值和总值的一种变量抽样方法。使用这种方法时，注册会计师需要先计算样本中所有项目审定金额的平均值，然后用这个样本的平均值乘以总体规模，得出总体金额的估计值。总体估计金额和总体账面金额之间的差额就是推断的总体错报。例如，注册会计师从总体规模为1 000个、账面金额为1 000 000元的存货项目中选择了200个项目作为样本。在确定了正确的采购价格并重新计算了价格与数量的乘积之后，注册会计师将200个样本项目的审定金额加总后除以200，确定样本项目的平均审定金额为980元。然后计算估计的存货余额为980 000元（980×1 000）。推断的总体错报就是20 000元（1 000 000－980 000）。

2. 差额估计抽样

差额估计抽样是以样本实际金额与账面金额的平均差额来估计总体实际金额与账面金额的平均差额，然后再以这个平均差额乘以总体规模，从而求出总体的实际金额与账面金额的差额（即总体错报）的一种方法。差额估计抽样的计算公式如下：

$$平均错报 = \frac{样本实际金额与账面金额的差额}{样本规模}$$

$$推断的总体错报 = 平均错报 \times 总体规模$$

使用这种方法时，注册会计师先计算样本项目的平均错报，再根据这个样本平均错报推断总体。例如，注册会计师从总体规模为1 000个的存货项目中选取了200个项目进行检查，总体的账面金额总额为1 040 000元。注册会计师逐一比较200个样本项目的审定金额和账面金额并将账面金额208 000元和审定金额196 000元之间的差异加总，本例中为12 000元。12 000元的差额除以样本项目个数200，得到样本平均错报60元。然后注册会计师用这个平均错报乘以总体规模，计算出总体错报为60 000元（60×1 000）。

本 章 小 结

10-5 审计抽样运用的基本要求

本章主要讲解了审计抽样相关知识。审计抽样是指注册会计师对某类交易或账户余额中低于百分之百的项目实施审计程序，使所有抽样单元都有被选取的机会。

使用审计抽样时，审计风险可能受到抽样风险和非抽样风险的影响。在对某类交易或账户余额使用审计抽样时,注册会计师可以使用统计抽样方法,也可以使用非统计抽样方法。统计抽样是指同时具备下列特征的抽样方法:随机选取样本;运用概率论评价样本结果,包括计量抽样风险。审计抽样的一般过程分为样本设计、样本选取和抽样结果评价三个阶段。

控制测试中运用的抽样方法包括固定样本量抽样、停—走抽样、发现抽样。实质性程序中的抽样方法包括均值估计抽样、差额估计抽样。

本章重要概念

审计抽样　抽样单元　统计抽样　抽样风险　非抽样风险　分层　变量抽样　均值估计抽样　比率估计抽样

本章练习

一、思考题

1. 什么是抽样风险? 抽样风险分为哪几类?

2. 在审计过程中,可能导致非抽样风险的原因有哪些?

3. 简述非统计抽样和统计抽样的区别。

4. 简述审计抽样的过程。

5. 确定样本规模时需考虑的因素有哪些?

10-6　扫一扫 练一练

二、案例讨论题

A 注册会计师负责审计甲公司 2×22 年度财务报表。在了解甲公司内部制后,A 注册会计师决定采用审计抽样的方法对拟信赖的内部控制进行测试,部公做法摘录如下:

(1) 为测试 2×22 年度信用审核控制是否有效运行,将 2×22 年 1 月 1 日至 11 月 30 日期间的所有销售单界定为测试总体。

10-7　扫一扫 看答案

(2) 为测试 2×22 年度采购付款凭证审批控制是否有效运行,将采购凭证缺乏审批人员签字或虽有签字但未按制度审批的界定为控制偏差。

(3) 在使用随机数表选取样本项目时,由于所选中的 1 张凭证已经丢失,无法测试,直接用随机数表另选 1 张凭证代替。

10-8　扫一扫 看课件

(4) 在对存货验收控制进行测试时,确定样本规模为 60,测试后发现 3 例偏差。在此情况下,推断 20×× 年度该项控制总体偏差率的最佳估计为 5%。

(5) 在上述第(4)项的基础上,A 注册会计师确定的信赖过度风险为 5%,可容忍偏差率为 7%。由于存货验收控制的偏差率的最佳估计不超过可容忍偏差率,认定该项控制运行有效。

要求:针对上述第(1)项～第(5)项,逐项指出 A 注册会计师的做法是否正确。如不正确,简要说明理由。

第十一章 完成审计工作

内容提要

本章主要介绍审计完成阶段的工作,包括审计差异调整表和试算平衡表的编制、三级复核制度及书面声明。

重点难点

本章重点为审计完成阶段工作的内容,审计工作的复核;难点为审计结果的评价。

学习目标

通过本章学习,学生应掌握审计差异调整表和试算平衡表的编制,掌握完成阶段执行分析程序进行总体复核的内容,熟悉对审计结果进行评价的方法;了解审计师与治理层沟通的作用及内容,掌握审计工作底稿复核的要点;理解管理层声明的作用及类型。

知识框架

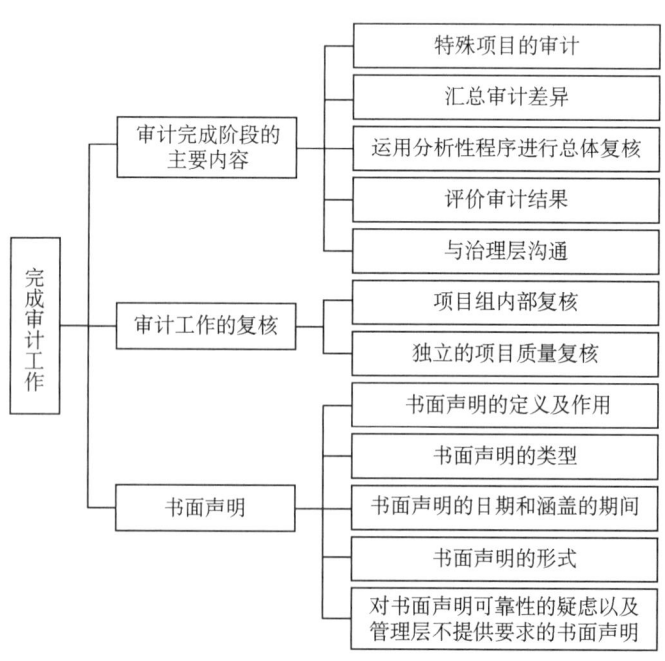

思政育人   良好的复核并不只是看一看审计底稿

李明是武汉某会计师事务所的一名高级审计师,他委派助手小刘对一家大型设备制造商 ABC 公司的应付账款进行审计。对于制造型企业来说,应付账款是一个重要的负债类账户,测试其截止日的账户余额是审计工作的重要一环。测试主要是通过审查被审计单位期后向供应商和其他债权人的付款情况来复核被审计单位的负债记录情况,从而确定其负债是否已恰当记录。

李明在审计过程中发现,小刘花费大量的时间打电话联系个人事务,随后在审计业务即将结束前不久,小刘就宣布将要离开会计师事务所。尽管由于私事而分心,小刘还是在预定时间内完成了分配给他的工作。鉴于小刘的工作特点,李明决定格外仔细地复核他的审计底稿。李明所复核的每一份明细表都编制恰当,上面有标记并注明了小刘的解释,表明小刘已经对有关数据和凭证进行了广泛的审查,并认为被审计单位报表中的应付账款余额是恰当的。

当李明完成其审计工作后,将审计底稿转交给张清复核。张清是负责该项审计业务的项目经理,对有关设备制造商的知识颇为精通,当然对 ABC 公司也十分了解。通过复核(包括在审计过程中执行的分析程序,完成了复核过程中追加的分析程序后),她与李明取得了联系,告知他应付账款余额与她的计算结果相悖,并要求他做额外检查。尽管李明曾经检查过小刘所做的审计底稿,但他还是再次对审计底稿涉及的全部凭证进行了审查。结果表明,李明要么根本没有审查过凭证,要么就是在审查过程中敷衍了事。有一张近 100 万美元的凭证应于所审会计年度入账,但是在资产负债日的负债余额中却未包括这一余额。可以说,张清的复核意义重大,使该会计师事务所避免了一次损失。

这个例子形象地说明了审计工作底稿复核的重要性,而审计工作底稿的复核是审计工作完成阶段的重要内容,在这一章我们将对其进行详细阐述。

第一节 │ 审计完成阶段的主要内容

审计完成阶段是审计的最后一个阶段,在该阶段中,注册会计师会进行更具综合性的审计工作,如审计特殊项目、汇总审计差异、复核审计工作底稿和财务报表;在此基础上,评价审计结果,在与客户沟通以后,获取管理层声明,确定应出具审计报告的意见类型和措辞,进而编制并致送审计报告,完成审计工作。

一、特殊项目的审计

在终结审计阶段,注册会计师需要对一些特殊项目进行审计,包括考虑被审计单位的持续经营假设的合理性,关注期初余额、会计估计、关联方、期后事项、或有事项对财务报表的影响等。值得注意的是,在审计实务中,注册会计师对特殊项目的关注往往贯穿于审计的整个过程中,而不仅仅是在终结审计阶段才予以考虑。鉴于特殊项目的审计属于注册会计师审计实务的内容,本书不对其进行详细阐述。

二、汇总审计差异

在完成控制测试和实质性程序以及特殊项目的审计后,对审计项目组成员在审计中发现的被审计单位的会计处理方法与企业会计准则的不一致,即审计差异,审计项目经理应根据审计重要性原则予以初步确定并汇总,并建议被审计单位进行调整,使经审计的财务报表所载的信息能够公允地反映被审计单位的财务状况、经营成果和现金流量。对审计差异的"初步确定并汇总"直至形成"经审计的财务报表"的过程,主要是通过编制审计差异调整表和试算平衡表完成的。

(一)编制审计差异调整表

审计差异内容按是否需要调整账户记录可分为核算错误和重分类错误。核算错误是因企业对经济业务进行了不正确的会计核算而引起的错误;重分类错误是因企业未按企业会计准则列报财务报表而引起的错误。

? 相关思考 11-1 ......

在对 Y 公司的审计过程中,A 和 B 两位注册会计师关注到以下事项。

Y 公司原采用余额百分比法计提坏账准备,计提比例为应收款项(包括应收账款和其他应收款)余额的 5%。为更合理地核算坏账,Y 公司董事会决定自 2020 年度起改按账龄分析法计提坏账准备,根据债务单位的账务状况、现金流量等情况,确定对应收款项计提坏账准备的比例分别为:账龄 1 年(含 1 年,以下类推)以内的,按其余额的 6% 计提;账龄 1~2 年的,按其余额的 30% 计提;账龄 2~3 年的,按其余额的 50% 计提;账龄 3 年以上的,按其余额的 80% 计提。Y 公司 2020 年度未审会计报表尚未根据董事会的决定按账龄分析法计提坏账准备,应收账款和其他应收款相应的坏账准备期末余额分别为 1 600 000 元和 520 000 元,应收账款和其他应收款的期末账面余额分别为 32 000 000 元和 10 400 00 元,其明细余额组成如表 11-1、表 11-2 所示。

表 11-1 　　　　　　　　　　　**Y 公司应收账款明细表** 　　　　　　　　　单位:元

客户名称	1 年以内	1~2 年	2~3 年	3 年以上
应收账款——a 公司	20 150 000			
应收账款——b 公司	−2 000 000			
应收账款——c 公司	600 000		25 760	78 000
应收账款——d 公司	10 000 000	2 160 240	932 000	
应收账款——e 公司		54 000		
小计	28 750 000	2 214 240	957 760	78 000

表 11-2 　　　　　　　　　　　**Y 公司其他应收款明细表** 　　　　　　　　　单位:元

客户名称	1 年以内	1~2 年	2~3 年	3 年以上
其他应收款——f 公司	5 250 000			
其他应收款——g 公司	32 000		324 200	20 000
其他应收款——h 公司	6 000 000	245 800		28 000
其他应收款——i 公司	−1 500 000			
小计	9 782 000	245 800	324 200	48 000

要求:请分别判断 A 和 B 注册会计师是否需提出审计处理建议? 若需提出审计调整建议,请直接列示审计调整分录(包括报表重分类分录)。审计调整分录均不考虑对期末结转损益的影响。

解析:

A 和 B 注册会计师应提请 Y 公司作以下报表重分类的调整分录。

借:应收账款——b 公司 　　　　　　　　　　　　　　　　　　　　　　2 000 000
　　贷:预收账款——b 公司 　　　　　　　　　　　　　　　　　　　　　　2 000 000
借:其他应收款——i 公司 　　　　　　　　　　　　　　　　　　　　　　1 500 000
　　贷:其他应付款——i 公司 　　　　　　　　　　　　　　　　　　　　　1 500 000

Y 公司应按账龄分析法补提应收账款坏账准备金额如下。

补提数＝[(28 750 000＋2 000 000)×6％＋2 214 240×30％＋957 760×50％ ＋78 000×80％]－
    1 600 000＝1 450 552(元)

故 A 和 B 注册会计师应提请 Y 公司作以下审计调整分录。

借:资产减值损失——计提的坏账准备   1 450 552

    贷:应收账款——坏账准备   1 450 552

Y 公司应按账龄分析法补提其他应收款坏账准备金额如下:

补提数＝[(9 782 000＋1 500 000)×6％＋245 800×30％＋324 200×50％＋48 000×80％]－
    520 000＝431 160(元)

故 A 和 B 注册会计师应提请 Y 公司作以下审计调整分录:

借:资产减值损失——计提的坏账准备   431 160

    贷:其他应收款——坏账准备   431 160

账项调整分录汇总表如表 11-3 所示,重分类调整分录汇总表如表 11-4 所示。

表 11-3   **账项调整分录汇总表**

被审计单位:_____   索引号:_____

项目:_____   财务报表截止日/期间:_____

编制:_____   复核:_____

日期:_____   日期:_____

序号	内容及说明	索引号	调整内容				影响利润表 +(－)	影响资产负债表+(－)
			借方项目	借方金额	贷方项目	贷方金额		
1	重分类调整坏账准备		资产减值损失	1 450 552	应收账款——坏账准备	1 450 552	－1 450 552	－1 450 552
2	重分类调整坏账准备		资产减值损失	431 160	其他应收账款——坏账准备	431 160	－ 431 160	－ 431 160

与被审计单位的沟通:

参加人员:

被审计单位:_____

审计项目组:_____

被审计单位的意见:_____

结论:

是否同意上述审计调整:_____

被审计单位授权代表签字:_____   日期:_____

表 11-4   **重分类调整分录汇总表**

被审计单位:_____   索引号:_____

项目:_____   财务报表截止日/期间:_____

编制:_____   复核:_____

日期:_____   日期:_____

序号	内容及说明	索引号	调整项目和金额			
			借方项目	借方金额	贷方项目	贷方金额
1	重分类调整		应收账款	2 000 000	预收账款	2 000 000
2	重分类调整		其他应收款	1 500 000	其他应付款	1 500 000

（续表）

与被审计单位的沟通：

参加人员：

被审计单位：＿＿＿＿＿＿＿＿＿＿＿＿＿＿＿＿＿＿＿＿＿＿＿＿＿＿＿＿＿

审计项目组：＿＿＿＿＿＿＿＿＿＿＿＿＿＿＿＿＿＿＿＿＿＿＿＿＿＿＿＿＿

被审计单位的意见：＿＿＿＿＿＿＿＿＿＿＿＿＿＿＿＿＿＿＿＿＿＿＿＿＿

结论：

是否同意上述审计调整：＿＿＿＿＿＿＿＿＿＿＿＿

被审计单位授权代表签字：＿＿＿＿＿＿＿＿＿＿＿＿   日期：＿＿＿＿＿

（二）编制试算平衡表

试算平衡表是注册会计师在被审计单位提供未审财务报表的基础上，考虑账项调整分录、重分类调整分录等内容以确定已审数与报表披露数的表式。有关资产负债表的试算平衡表的参考格式见表11-5。

需要说明的是，在编制完试算平衡表后，应注意核对相应的勾稽关系。例如，资产负债表试算平衡表左边的"期末未审数"列合计数、"期末审定数"列合计数应分别等于其右边相应各列合计数；资产负债表试算平衡表左边的"账项调整"列中的借方合计数与贷方合计数之差应等于右边的"账项调整"列中的贷方合计数与借方合计数之差；资产负债表试算平衡表左边的"重分类调整"列中的借方合计数与贷方合计数之差应等于右边的"重分类调整"列中的贷方合计数与借方合计数之差。

三、运用分析程序进行总体复核

在审计结束或临近结束时，注册会计师应当运用分析程序，在已收集的审计证据的基础上，对财务报表整体的合理性作最终把握。这时运用分析程序主要目的在于强调并解释财务报表项目自上个会计期间以来发生的重大变化，以确定经审计调整后的财务报表整体是否与注册会计师对被审计单位及其环境的了解一致、是否具有合理性。

如果在这一阶段识别出以前未识别的重大错报风险，注册会计师应当重新考虑对全部或部分各类交易、账户余额、列报评估的风险是否恰当，并在此基础上重新评价之前计划的审计程序是否充分，是否有必要追加审计程序。

相关思考 11-2

用于总体复核的分析程序与风险评估阶段的分析程序有何区别？

四、评价审计结果

注册会计师需要评价审计结果，主要是为了确定审计意见的类型以及在整个审计工作中是否遵循了审计准则。为此，注册会计师必须完成两项工作：一是对重要性和审计风险进行最终的评价；二是对被审计单位已审计的财务报表形成审计意见并草拟审计报告。

（一）对重要性和审计风险进行最终的评价

该过程主要是通过两个步骤来完成：一是确定可能的错报金额；二是根据财务报表层次的重要性水平，确定可能的错报金额的汇总数对整个财务报表的影响程度。需要注意的是，

表 11-5

被审计单位：_____
项目：_____
编制：_____
日期：_____

资产负债表试算平衡表

索引号：_____
财务报表截止日/期间：_____
复核：_____
日期：_____

项　目	期末未审数	账项调整		重分类调整		期末审定数
		借方	贷方	借方	贷方	
货币资金						
交易性金融资产						
应收票据						
应收账款						
预付款项						
应收利息						
应收股利						
其他应收款						
存货						
1年内到期的非流动资产						
其他流动资产						
可供出售金融资产						
持有至到期投资						
长期应收款						
长期股权投资						

项　目	期末未审数	账项调整		重分类调整		期末审定数
		借方	贷方	借方	贷方	
短期借款						
交易性金融负债						
应付票据						
应付账款						
预收款项						
应付职工薪酬						
应交税费						
应付利息						
应付股利						
其他应付款						
1年内到期的非流动负债						
其他流动负债						
长期借款						
应付债券						
长期应付款						

（续表）

项目	期末未审数	账项调整 借方	账项调整 贷方	重分类调整 借方	重分类调整 贷方	期末审定数
专项应付款						
预计负债						
递延所得税负债						
其他非流动负债						
实收资本（或股本）						
资本公积						
盈余公积						
未分配利润						
合　计						

项目	期末未审数	账项调整 借方	账项调整 贷方	重分类调整 借方	重分类调整 贷方	期末审定数
投资性房地产						
固定资产						
在建工程						
工程物资						
固定资产清理						
生产性生物资产						
油气资产						
无形资产						
开发支出						
商誉						
长期待摊费用						
递延所得税资产						
其他非流动资产						
合　计						

这里的财务报表层次的重要性水平如果在审计过程中已经经过修正,应当按修正后的财务报表层次的重要性水平进行比较。此外,这里的可能错报金额一般是指各财务报表项目可能的错报金额汇总数,但也可能包括上一期间的任何未更正可能错报对本期财务报表的影响。

(二) 对被审计单位已审计的财务报表形成审计意见并草拟审计报告

为了对财务报表整体发表适当的意见,注册会计师还需要综合考虑在审计过程中所收集到的全部证据,评价审计证据的充分性及其是否支持审计意见。此外,在对审计意见形成最后决定之前,审计机构通常要与被审计单位召开沟通会。在会议上。注册会计师可口头报告本次审计所发现的问题,并说明建议被审计单位作必要调整或表外披露的理由。当然,管理层也可以在会上申辩其立场。注册会计师通常会对需要被审计单位作出的改变达成协议。如果达成了协议,注册会计师一般即可发表无保留意见;否则,则可能不得不发表其他类型的审计意见。

11-1 发现错报后的处理

五、与治理层沟通

治理层是指对被审计单位战略方向以及管理层履行经营管理责任负有监督责任的人员或组织。治理层的责任包括对财务报告过程的监督。管理层是指对被审计单位经营活动的执行负有管理责任的人员。

11-2 与治理层沟通

在完成审计工作阶段,审计人员应当就与财务报表审计相关且根据职业判断认为与治理层责任相关的重大事项,以适当的方式及时与治理层沟通。双向的沟通有助于:第一,注册会计师和治理层了解与审计相关的背景事项,并建立建设性的工作关系;在建立这种关系时,注册会计师需要保持独立性和客观性;第二,注册会计师向治理层获取与审计相关的信息,例如,治理层可以帮助注册会计师了解被审计单位及其环境,确定审计证据的适当来源,以及提供有关具体交易或事项的信息;第三,治理层履行其对财务报告过程的监督责任,从而降低财务报表重大错报风险。

(一) 选择与治理层沟通的方式

沟通的形式可分为口头或书面沟通、详细或简略沟通、正式或非正式沟通。有效的沟通形式不仅包括正式的声明或书面报告等正式形式,也包括讨论等非正式形式。

审计人员在确定采用何种沟通形式时,除了考虑特定事项的重要性程度外,还应当考虑下列因素:

(1) 管理层是否已就该事项与治理层沟通。

(2) 被审计单位的规模、经营结构、控制环境和法律结构。

(3) 法律法规的规定。

(4) 治理层的期望,包括与审计师定期会面或沟通的安排。

(5) 审计师与治理层保持联系和对话的数量。

(6) 治理层的成员是否发生重大变化。

如果是以口头形式沟通的,注册会计师应当将沟通的事项包括在审计工作底稿中,并记录沟通的时间和对象。

如果沟通的事项是以书面形式沟通的,注册会计师应当保存一份沟通文件的副本,作为审计工作底稿的一部分。

（二）与治理层沟通的内容

1. 注册会计师与财务报表审计相关的责任

沟通的事项包括注册会计师负责对管理层在治理层监督下编制的财务报表形成和发表意见，但对财务报表的审计并不减轻管理层或治理层的责任。

2. 计划的审计范围和时间安排的总体情况

沟通的事项可能包括：

（1）注册会计师拟如何应对由于舞弊或错误导致的特别风险。

（2）注册会计师对审计相关的内部控制采取的方案。

（3）在审计中对重要性概念的运用。

需要注意的是，在与治理层沟通计划的审计范围和时间时，审计师应当保持职业谨慎，以防止由于具体审计程序易于被治理层所预见而损害审计工作的有效性。例如，重要性的具体金额就不易与被审计单位治理层沟通。

3. 审计工作中发现的事项

沟通的问题包括：

（1）注册会计师对被审计单位会计实务（包括会计政策、会计估计和财务报表披露）重大方面的质量的看法。

（2）审计工作中遇到的重大困难。

（3）已与管理层讨论或需要书面沟通的、审计中出现的重大事项，以及注册会计师要求提供的书面声明，除非治理层全部成员参与管理被审计单位。

（4）影响审计报告形式和内容的情形（如有）。

（5）审计中出现的、根据职业判断认为对监督财务报告过程重大的其他事项。

4. 上市实体的被审计单位的沟通

如果被审计单位是上市实体，注册会计师还应当与治理层沟通下列内容：

（1）就审计项目组成员、会计师事务所其他相关人员以及会计师事务所和网络事务所按照相关职业道德要求保持了独立性作出声明。

（2）根据职业判断，注册会计师认为会计师事务所、网络事务所与被审计单位之间存在的可能影响独立性的所有关系和其他事项，包括会计师事务所和网络事务所在财务报表涵盖期间为被审计单位和受被审计单位控制的组成部分提供审计、非审计服务的收费总额；这些收费应当分配到适当的业务类型中，以帮助治理层评估这些服务对注册会计师独立性的影响。

（3）为消除对独立性的不利影响或将其降至可接受的水平，已经采取的相关防范措施。

需要注意的是，注册会计师有责任与治理层沟通准则要求的事项，管理层也有责任与治理层沟通有关治理的事项，但注册会计师的沟通并不减轻管理层的这种责任。同样，管理层与治理层就注册会计师需要沟通的事项进行的沟通，也不减轻注册会计师沟通这些事项的责任。但是，管理层就这些事项进行的沟通可能会影响注册会计师与治理层沟通的形式或时间安排。

审计师与治理层的沟通函的参考格式如表 11-6 所示。

表 11-6   **与治理层的沟通函**

S 公司董事会(审计委员会):

根据《中国注册会计师审计准则第 1151 号——与治理层的沟通》的规定,在上市公司审计中,注册会计师应当就自身的独立性与治理层进行书面沟通。此外,注册会计师还应当就与财务报表审计相关且根据职业判断认为与治理层责任相关的重大事项,以适当的方式及时与治理层沟通。保持有效的双向沟通关系,有利于注册会计师与治理层履行各自的职责。必须特别强调的是,除法律法规和审计准则另有规定的情形之外,这份书面沟通文件仅供贵公司治理层使用,我们对第三方不承担任何责任,未经我们事先书面同意,沟通文件不得被引用、提及或向其他人披露。

一、独立性问题

现就独立性问题声明如下:

(一)参与贵公司审计工作的审计项目组成员、本会计师事务所其他相关人员以及本会计师事务所按照法律法规和职业道德规范的规定保持了独立性。

(二)根据职业判断,我们认为本会计师事务所与贵公司之间不存在可能影响独立性的关系和事项。

(三)我们已经根据法律法规和职业道德规范的规定采取了必要的防护措施,以防止可能出现的对独立性的威胁。

二、重大事项

以下内容是与我们对贵公司 2×22 年度财务报表进行审计相关的、按规定应予沟通的重大事项:

(一)对贵公司所采用的会计政策、会计估计和财务报表披露的看法

(二)审计工作中遇到的重大困难

(三)未更正错报

……

我们发现,贵公司……

我们已于 2×22 年×月×日就上述事项与贵公司管理层沟通并提请更正,但至今尚未得到更正。如不更正,将会导致少计费用,从而虚增年度利润的后果。根据该笔业务的性质和重要程度,我们对贵公司 2×22 年度的财务报表将不能出具标准无保留意见的审计报告。现再次提请贵公司予以更正。

……

(四)其他事项

……

××会计师事务所(盖章)

中国注册会计师:(签名并盖章)

2×22 年×月×日

贵公司的意见:

结论:

是否同意上述本所就独立性问题所作的声明以及就上述重大事项所作的说明

贵公司授权代表签字: 日期:

第二节 | 审计工作的复核

审计机构应当建立完善的审计工作底稿分级复核制度。会计师事务所对审计工作底稿的复核可以分为两个层次:项目组内部复核和独立的项目质量复核。

一、项目组内部复核

项目组内部复核又分为以下两个层次。

(一)审计项目经理的现场复核

审计项目经理对审计工作底稿的全面复核通常在审计现场完成,以便及时发现和解决问题,争取审计工作的主动。由审计项目经理在审计过程进行中对工作底稿的复核属于第一层复核,这层复核主要是评价已完成的审计工作、所获得的证据和工作底稿编制人员形成的结论。

(二)项目合伙人的复核

在完成审计外勤工作时,则需项目合伙人对审计工作底稿实施复核。该复核既是对审计项目经理复核的再监督,也是对重要审计事项的重点把关。

二、独立的项目质量复核

项目质量复核是指审计机构挑选不参与该业务的人员,在出具报告前,对项目组作出的重大判断和在准备报告时形成的结论作出客观评价的过程。项目质量复核也称独立复核。

对特定业务实施项目质量复核,充分体现了分类控制、突出重点的质量管理理念。值得注意的是,项目质量复核并不减轻项目负责人的责任,更不能替代项目负责人的责任。

会计师事务所通常采用的项目质量复核方法包括:

(1)与项目负责人进行讨论。

(2)复核财务报表或其他业务对象信息及报告,尤其考虑报告是否适当。

(3)选取与项目组作出重大判断及形成结论有关的工作底稿进行复核。

除了上述方法,会计师事务所还可以视情况需要,采用其他适当的复核方法。例如,复核有关处理和解决重大疑难问题或争议事项形成的工作底稿,复核重大事项概要等。

项目质量复核与项目组内部复核在内容和目的等方面具有一定的相似性,但存在以下主要区别(表11-7)。

表11-7   **不同层次审计工作底稿复核的对比情况**

项　　目	复　核　内　容
审计项目经理现场复核	评价已完成的审计工作、所获得证据和工作底稿编制人员形成的结论
项目合伙人的复核	(1)复查计划确定的重点审计程序是否在适当,是否较好实施,是否实现了审计目标 (2)复查重点审计项目的审计证据是否充分、适当 (3)复查审计范围是否充分 (4)复查对建议调整的不符事项和未调整事项的处理是否适当 (5)复查审计工作底稿中重要的勾稽关系是否正确

（续表）

项　　目	复　核　内　容
	（6）检查审计工作中发现的问题及其对财务报表和审计报告的影响,审计项目组对这些问题的处理是否恰当 （7）复核已审财务报表总体是否合理、可信
项目质量复核	（1）项目组就具体审计业务对会计师事务所独立性作出的评价 （2）项目组在审计过程中识别出的特别风险以及采取的应对措施,包括项目组对舞弊风险作出的评估及应对措施 （3）作出的判断,尤其是关于重要性和特别风险的判断 （4）项目组是否已就存在的意见分歧、其他疑难问题或争议事项进行适当咨询,以及咨询得出的结论 （5）项目组在审计中识别的已更正和未更正错报的重要程度及处理情况 （6）项目组拟于管理层、治理层以及其他方面沟通的事项 （7）所复核的审计工作底稿是否反映了项目组针对重大判断执行的工作,是否支持得出的结论 （8）项目组拟出具的审计报告的适当性

（1）复核主体不同。项目组复核是项目组内部进行的复核（包括项目负责人亲自实施的复核）,而项目质量复核则是注册会计师指派不参与该业务的人员,独立的对特定审计业务实施的复核。后者的独立性和客观性明显更高。

（2）复核对象不同。对每项审计业务,项目组都应当实施项目组内部复核,而会计师事务所只对特定审计业务才独立实施项目组质量复核。

（3）复核要求不同。项目组对每项业务实施的复核比较详细具体。会计师事务所针对特定业务实施的项目质量复核应当突出重点,包括客观评价项目组作出的重大判断和在准备审计报告时得出的审计结论。

在审计实务中,会计师事务所可以参考表11-8给出的范例确定本所的业务复核内容及记录形式。

表 11-8　　　　　　　　　　　**业务复核核对表**

被审计单位：＿＿＿＿＿＿＿＿＿＿＿＿＿＿　　索引号：＿＿＿＿＿＿＿＿＿＿＿＿

项目：＿＿＿＿＿＿＿＿＿＿＿＿＿＿＿＿　　财务报表截止日/期间：＿＿＿＿＿

编制：＿＿＿＿＿＿＿＿＿＿＿＿＿＿＿　　复核：＿＿＿＿＿＿＿＿＿＿＿＿＿

日期：＿＿＿＿＿＿＿＿＿＿＿＿＿＿＿　　日期：＿＿＿＿＿＿＿＿＿＿＿＿＿

一、项目负责经理复核

复　核　事　项	是/否/ 不适用	备注
1. 是否已复核已完成的审计计划,以及导致对审计计划作出重大修改的事项?		
2. 是否已复核重要的财务报表项目?		
3. 是否已复核特殊交易或事项,包括债务重组、关联方交易、非货币性交易、或有事项、期后事项、持续经营能力等?		
4. 是否已复核重要会计政策、会计估计的变更?		
5. 是否已复核重大事项概要?		
6. 是否已复核建议调整事项?		

（续表）

复 核 事 项	是/否/ 不适用	备注
7. 是否已复核管理层声明书、股东大会、董事会相关会议纪要、与客户的沟通记录及重要会谈记录、律师询证函复函？		
8. 是否已复核审计总结？		
9. 是否已复核已审计财务报表和拟出具的审计报告？		
10. 实施上述复核后，是否可以确定下列事项： （1）审计工作底稿提供了充分、适当的记录，作为审计报告的基础？ （2）已按照中国注册会计师审计准则的规定执行了审计工作？ （3）对重大错报风险的评估及采取的应对措施是恰当的，针对存在特别风险的审计领域，设计并实施了针对性的审计程序，且得出了恰当的审计结论？ （4）作出的重大判断恰当合理？ （5）提出的建议调整事项恰当，相关调整分录正确？ （6）未更正错报无论是单独还是汇总起来对财务报表整体均不具有重大影响？ （7）已审计财务报表的编制符合企业会计准则的规定，在所有重大方面公允反映了被审计单位的财务状况、经营成果和现金流量？ （8）拟出具的审计报告措辞恰当，已按照中国注册会计师审计准则的规定发表了恰当的审计意见？		

签字：　　　　　　　　　　　　　　　　　　　　　　　　　　　　　　　日期：

二、项目负责合伙人复核

复 核 事 项	是/否/ 不适用	备注
1. 是否已复核已完成的审计计划，以及导致对审计计划作出重大修改的事项？		
2. 是否已复核重大事项概要？		
3. 是否已复核存在特别风险的审计领域，以及项目组采取的应对措施？		
4. 是否已复核项目组作出的重大判断？		
5. 是否已复核建议调整事项？		
6. 是否已复核管理层声明书、股东大会、董事会相关会议纪要、与客户的沟通记录及重要会谈记录、律师询证函复函？		
7. 是否已复核审计总结？		
8. 是否已复核已审计财务报表和拟出具的审计报告？		
9. 实施上述复核后，是否可以可以确定下列事项： （1）对项目负责经理实施的复核结果满意？ （2）对重大错报风险的评估及采取的应对措施是恰当的，针对存在特别风险的审计领域，设计并实施了针对性的审计程序，且得出了恰当的审计结论？ （3）项目组作出的重大判断恰当合理？ （4）提出的建议调整事项恰当合理，未更正错报无论是单独还是汇总起来对财务报表整体均不具有重大影响？ （5）已审计财务报表的编制符合企业会计准则的规定，在所有重大方面公允反映了被审计单位的财务状况、经营成果和现金流量？ （6）拟出具的审计报告措辞恰当，已按照中国注册会计师审计准则的规定发表了恰当的审计意见？		

签字：　　　　　　　　　　　　　　　　　　　　　　　　　　　　　　　日期：

（续表）

三、项目质量复核

复　核　事　项 （注：由独立的项目质量复核人员进行复核，项目质量复核适用于上市公司财务报表审计或会计师事务所规定的其他类型审计业务。）	是/否/ 不适用	备注
1. 项目质量复核之前进行的复核是否均已得到满意的执行？ 2. 是否已复核项目组针对本业务对本所独立性作出的评价，并认为该评价是恰当的？ 3. 是否已复核项目组在审计过程中识别的特别风险以及采取的应对措施，包括项目组对舞弊风险的评估及采取的应对措施，认为项目组作出的判断和应对措施是恰当的？ 4. 是否已复核项目组作出的判断，包括关于重要性和特别风险的判断，认为这些判断恰当合理？ 5. 是否确定项目组已就存在的意见分歧、其他疑难问题或争议事项进行适当咨询，且咨询得出的结论是恰当的？ 6. 是否已复核项目组与管理层和治理层沟通的记录以及拟与其沟通的事项，对沟通情况表示满意？ 7. 是否认为所复核的审计工作底稿反映了项目组针对重大判断执行的工作，能够支持得出的结论？ 8. 是否已复核已审计财务报表和拟出具的审计报告，认为已审计财务报表的编制符合企业会计准则的规定，拟出具的审计报告已按照中国注册会计师审计准则的规定发表了恰当的审计意见？		

签字：　　　　　　　　　　　　　　　　　　　　　　　　　　　　　　　日期：

第三节　书　面　声　明

一、书面声明的定义及作用

书面声明是指管理层向注册会计师提供的书面陈述，用以确认某些事项或支持其他审计证据。书面声明不包括财务报表及其认定，以及支持性账簿和相关记录。

书面声明是注册会计师在财务报表审计中需要获取的必要信息，也是审计证据。如果管理层修改书面声明的内容或不提供注册会计师的书面声明，可能使注册会计师警觉存在重大问题的可能性。而且，在很多情况下，注册会计师要求管理层提供书面声明而非口头声明，可以促使管理层更加认真的考虑声明涉及的事项，从而提高声明的质量。

尽管书面声明提供必要的审计证据，但其本身并不为所涉及的任何事项提供充分、适当的审计证据。而且，管理层已提供可靠书面声明的事实，并不影响注册会计师就管理层责任履行情况或具体认定获取的其他审计证据的性质和范围。

二、书面声明的类型

（一）针对管理层责任的书面声明

根据注册会计师执行准则规定，针对管理层责任的书面声明，应该包括两个方面的内容。

1. 针对财务报表的编制

注册会计师应当要求管理层提供书面声明，确认其根据审计业务约定条款，履行了按照适用的财务报告编制基础编制财务报表并使其实现公允反映（如适用）的责任。

11-4　书面声明的类型

2. 针对提供的信息和交易的完整性

注册会计师应当要求管理层就下列事项提供书面声明:

(1)按照审计业务约定条款,已向注册会计师提供所有相关信息,并允许注册会计师不受限制地接触所有相关信息以及被审计单位内部人员和其他相关人员。

(2)所有交易均已记录并反映在财务报表中。

(二)其他书面声明

除了注册会计师执业准则和其他审计准则要求的书面声明,如果注册会计师认为有必要获取一项或多项其他书面声明,以支持与财务报表或者一项或多项具体认定相关的其他审计证据,注册会计师应当要求管理层提供这些书面声明。

其他书面声明主要包括两类。

1. 关于财务报表的额外书面声明

(1)会计政策的选择和运用是否适当。

(2)是否按照使用的财务报告编制基础对下列事项进行了确认、计量、列报或披露。例如,负债(包括实际负债和或有负债);资产的所有权或控制权或其他物权;可能影响财务报表的法律法规及合同;可能影响资产和负债账面价值或分类的计划或意图。

2. 关于特定认定的书面声明

在获取有关管理层的判断和意图的证据时,或在对判断和意图进行评价时,注册会计师可能考虑下列一项或多项事项:

(1)被审计单位以前对声明的意图的实际实施情况。

(2)被审计单位选取特定措施的理由。

(3)被审计单位实施特定措施的能力。

(4)是否存在审计过程中获取了可能与管理层判断或意图不一致的任何信息。

三、书面声明的日期和涵盖的期间

书面声明的日期应当尽量接近对财务报表出具审计报告的日期,但不得在审计报告日后。书面声明应当涵盖审计报告针对的所有财务报表和期间。

由于书面声明是必要的审计证据,在管理层签署书面声明前,注册会计师不能发表审计意见,也不能签署审计报告。而且,由于注册会计师关注截至审计报告日发生的、可能需要在财务报表中作出相应调整或披露的事项,书面声明的日期应当尽量接近对财务报表出具审计报告的日期,不得在其之后。

❓ 相关思考 11-3 ....

　　甲注册会计师于 2023 年 1 月 28 日开始对 A 公司 2022 年度财务报表进行审计,2 月 18 日完成审计工作,2 月 22 日完成审计报告,并与 2 月 23 日将审计报告送交给 A 公司,则 A 公司管理层声明书的日期通常应为(　　)。

　　A. 2023 年 1 月 28 日　　　　　　　　B. 2023 年 2 月 28 日

　　C. 2023 年 2 月 22 日　　　　　　　　D. 2023 年 2 月 23 日

四、书面声明的形式

书面声明应当以声明书的形式致送注册会计师。如果法律、法规要求管理层就其责任作出公开的书面陈述。尽管这种陈述是向财务报表使用者或是相关机构提供的,但注册会计师可能认为这些陈述提供了准则要求的部分或全部声明,则这些陈述所涵盖的相关事项不必包括在声明书中,参考格式如表11-9所示。

表11-9 **管理层声明书**

××会计师事务所并注册会计师:

本声明书是针对你们审计ABC公司截至2×22年12月31日的年度财务报表而提供的。审计的目的是对财务报表发表意见,以确定财务报表是否存在所有重大方面已按照企业会计准则的规定编制,并实现公允反映。

尽我们所知,并在作出了必要的查询和了解后,我们确认:

一、财务报表

1. 我们已履行[插入日期]签署的审计业务约定书中提及的责任,即根据企业会计准则的规定编制财务报表,并对财务报表进行公允反映。

2. 在作出会计估计时使用的重大假设(包括与公允价值计量相关的假设)是合理的。

3. 已按照企业会计准则的规定对关联方关系及其交易作出了恰当的会计处理和披露。

4. 根据企业会计准则的规定,所有需要调整或披露的财务报表日后事项都已得到调整或披露。

5. 未更正错报,无论是单独还是汇总起来,对财务报表整体的影响均不重大。未更正错报汇总表附在本声明书后。

6. [插入注册会计师可能认为适当的其他任何事项]。

二、提供的信息

7. 我们已向你们提供下列工作条件:

(1) 允许接触我们注意到的、与财务报表编制相关的所有信息(如记录、文件和其他事项)。

(2) 提供你们基于审计目的要求我们提供的其他信息。

(3) 允许在获取审计证据时不受限制地接触你们认为必要的本公司内部人员和其他相关人员。

8. 所有交易均已记录并反映在财务报表中。

9. 我们已向你们披露了由于舞弊可能导致的财务报表重大错报风险的评估结果。

10. 我们已向你们披露了我们注意到的、可能影响本公司的与舞弊或舞弊嫌疑相关的所有信息,这些信息涉及本公司的:

(1) 管理层。

(2) 在内部控制中承担重要职责的员工。

(3) 其他人员(在舞弊行为导致财务报表重大错报的情况下)。

11. 我们已向你们披露了从现任和前任员工、分析师、监管机构等方面获知的、影响财务报表的舞弊指控或舞弊嫌疑的所有信息。

12. 我们已向你们披露了所有已知的、在编制财务报表时应当考虑其影响的违反或涉嫌违反法律法规的行为。

13. 我们已向你们披露了我们注意到的关联方的名称和特征、所有关联方关系及其交易。

14. [插入注册会计师可能认为必要的其他任何事项]。

附:未更正错报汇总表

ABC公司   ABC公司管理层

(盖章)   (签名并盖章)

中国××市   年   月   日

五、对书面声明可靠性的疑虑以及管理层不提供要求的书面声明

如果对管理层的胜任能力、诚信、道德价值观或勤勉尽责存在疑虑,或者对管理层在这些方面的承诺或贯彻执行存在疑虑,注册会计师应当确定这些疑虑对书面或口头声明和审计证据总体的可靠性可能产生的影响。

如果书面声明与其他审计证据不一致,注册会计师应当实施审计程序以设法解决这些问题。如果问题仍未解决,注册会计师应当重新考虑对管理层的胜任能力、诚信、道德价值观或勤勉尽责的评估,或者重新考虑对管理层在这些方面的承诺或贯彻执行的评估,并确定书面声明与其他审计证据的不一致对书面或口头声明和审计证据总体的可靠性可能产生的影响。

如果认为书面声明不可靠,注册会计师应当采取适当措施,确定其对审计意见可能产生的影响。

如果管理层不提供要求的一项或多项书面声明,注册会计师应当:

(1)与管理层讨论该事项。

(2)重新评价管理层的诚信,并评价该事项对书面或口头声明和审计证据总体的可靠性可能产生的影响。

(3)采取适当措施,确定该事项对审计意见可能产生的影响。

如果存在下列情形之一,注册会计师应当对财务报表发表无法表示意见的审计报告:

(1)注册会计师对管理层的诚信产生重大疑虑,以至于认为其按照本准则的要求作出的书面声明不可靠。

(2)管理层不提供本准则要求的书面声明。

11-5 牛刀
小试

相关思考 11-4

如何理解管理层声明与注册会计师工作之间的关系?

11-6 扫一
扫看答案

本 章 小 结

在完成审计工作阶段,注册会计师会进行更具综合性的审计工作,可能涉及审计特殊项目、汇总审计差异、复核审计工作底稿和财务报表,并在此基础上评价审计结果,在与客户沟通之后,获取管理层声明,确定应出具审计报告的意见类型和措辞,进而编制并致送审计报告,完成审计工作。审计工作的复核包括项目组内部复核和独立的项目质量复核。

本章重要概念

审计差异　核算错误　重分类错误　项目质量控制复核　管理层声明

本 章 练 习

一、思考题

1. 完成审计工作阶段包括哪些主要内容?

2. 运用分析程序进行总体复核的目的是什么？

3. 简述注册会计师应当与治理层沟通的作用及内容。

4. 简述项目质量控制复核与项目组内部复核的区别。

二、案例讨论题

资料：X 注册会计师在对 Y 公司主营业务收入实施实质性测试程序时，抽查到以下销售业务：

确认对 A 公司销售收入计 1 000 万元（不含税，增值税税率为 13%）。相关记录显示：销售给 A 公司的产品系 Y 公司生产的半成品，其成本为 900 万元，Y 公司已开具增值税发票且已经收到货款；A 公司对其购进的上述半成品进行加工后又以 1 287 万元的价格（含税，增值税税率为 13%）销售给 Y 公司，A 公司已开具增值税发票且已收到货款，Y 公司已作存货购进处理。

要求：针对上述资料，请分别判断 Y 公司已经确认的销售收入应否确认。若回答"不应确认"，请提出审计调整建议（编制审计调整分录时不考虑流转税附加及对所得税和利润分配的影响）。

11-7 扫一扫 练一练

11-8 扫一扫 看答案

11-9 扫一扫 看课件

第十二章 审 计 报 告

内容提要

本章主要介绍了审计报告的概述、审计报告的内容与格式、审计报告的类型及其决策。

重点难点

本章重点为审计报告的含义、种类和作用,审计报告格式,审计报告意见类型及其决策;难点为审计报告意见类型的决策。

学习目标

通过本章学习,学生应熟悉审计报告的含义、种类和作用,掌握我国注册会计师审计准则有关审计报告格式的规定,掌握不同意见审计报告类型出具的条件及意见的内容,掌握审计报告意见的决策方法。

知识框架

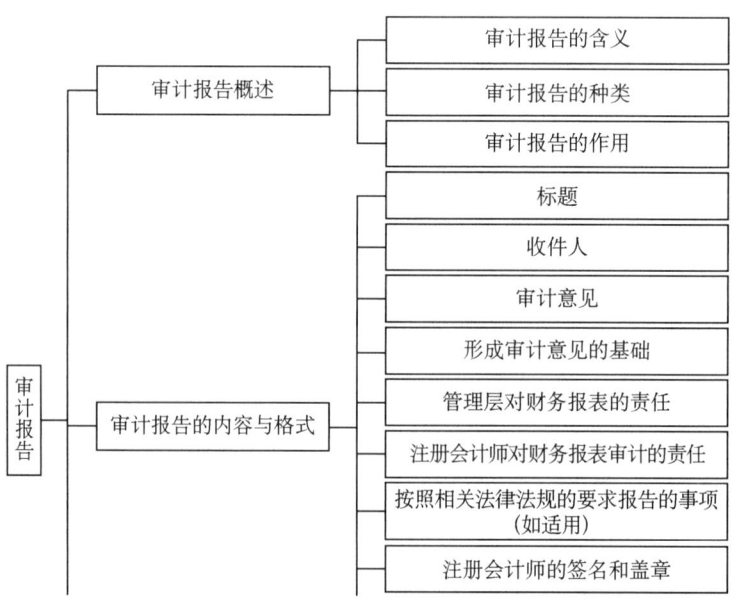

审计报告概述
- 审计报告的含义
- 审计报告的种类
- 审计报告的作用

审计报告

审计报告的内容与格式
- 标题
- 收件人
- 审计意见
- 形成审计意见的基础
- 管理层对财务报表的责任
- 注册会计师对财务报表审计的责任
- 按照相关法律法规的要求报告的事项(如适用)
- 注册会计师的签名和盖章

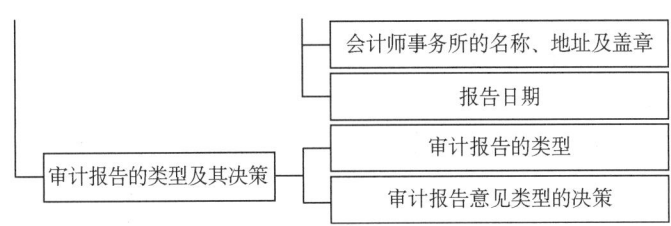

思政育人　　　中国证券市场第一份否定意见审计报告

重庆渝港钛白粉股份有限公司(以下简称"渝钛白公司")是在以吸收合并方式接受重庆化工厂后于1992年9月11日宣告成立的,是以社会募集方式设立的公众持股有限公司。1993年7月12日,渝钛白公司在深圳证券交易所上市交易(股票代码是000515)。公司上市之后,起初经营业绩还算可以,但从1995年开始,公司在经营上开始出现亏损,亏损达1318万元。

1998年3月8日,重庆会计师事务所对重庆渝港钛白粉股份有限公司出具了中国证券市场上第一份否定意见的审计报告。出具否定意见的原因有两点:第一,1997年度应计入财务费用的借款及应付债券利息8064万元,渝钛白公司将其资本化计入钛白粉工程成本;第二,欠付中国银行重庆分行的美元借款利息为89.8万美元(折合人民币743万元),渝钛白公司未计提入账。两项共影响利润8807万元。

这被看作中国注册会计师成熟的标志,面对企业财务报表中出现的严重虚假错报问题,注册会计师勇敢地说了"不",改变了以往注册会计师软弱无力的社会形象,标志着注册会计师社会责任意识的加强和中国注册会计师行业的独立性。

这个案例说明了出具恰当的审计报告不仅有利于保护信息使用者的合法权益,也有利于会计师事务所树立声誉,赢得更多的客户。

资料来源:佚名."渝钛白"公司审计案例[EB/OL].(2017-08-01)[2022-12-30].http://fanwen.gerenjianli.org/1154657.html.

第一节 | 审计报告概述

一、审计报告的含义

审计报告是指注册会计师根据注册会计师审计准则的规定,在执行审计工作的基础上,对被审计单位财务报表发表审计意见的书面文件。它是注册会计师在完成审计工作后向委托人提交的最终产品。

二、审计报告的种类

(一)按审计报告使用的目的不同分类

1. 公布目的审计报告

公布目的审计报告一般是用于对企业股东、投资者、债权人等非特定利益关系者公布的附送会计报表的审计报告。

2. 非公布目的审计报告

非公布目的审计报告一般是用于经营管理、合并或业务转让、融通资金等特定目的而实施审计的审计报告。这类审计报告是分发给特定使用者的,如经营者、合并或业务转让的关

12-1 审计报告的种类

245

系人、提供信用的金融机构等。

（二）按审计报告的详略程度不同分类

1. 简式审计报告

简式审计报告又称短式审计报告，是指注册会计师对应公布的会计报表进行审计后所编制的简明扼要的审计报告。简式审计报告反映的内容是非特定多数的利害关系人共同认为的必要审计事项，它具有记载事项为法令或审计准则所规定的特征，具有标准格式。因此，简式审计报告一般适用于公布目的。

2. 详式审计报告

详式审计报告又称长式审计报告，是指对审计对象所有重要的经济业务和情况都要做详细说明和分析的审计报告。详式审计报告主要用于指出企业经营管理存在的问题和帮助企业改善经营管理，故其内容要较简式审计报告丰富得多，详细得多。因此，详式审计报告一般适用于非公布目的。

（三）按审计报告的撰写主体不同分类

按审计报告的撰写主体不同分为国家审计报告、内部审计报告和注册会计师审计报告。本章以注册会计师审计报告为例进行介绍。

（四）按审计意见的类型不同分类

1. 标准审计报告

标准审计报告是注册会计师发表无保留意见，且不附加说明段、强调事项段和任何修饰性用语时所出具的审计报告。

2. 带强调事项段的无保留意见的审计报告

带强调事项段的无保留意见的审计报告是注册会计师发表无保留意见，但需要附加说明段、强调事项段或一些修饰性用语时所出具的审计报告。

3. 保留意见的审计报告

保留意见的审计报告是注册会计师发表保留意见时所出具的审计报告。

4. 否定意见的审计报告

否定意见的审计报告是注册会计师发表否定意见时所出具的审计报告。

5. 无法表示意见的审计报告

无法表示意见的审计报告是注册会计师无法表示意见时所出具的审计报告。

上述后四种审计报告可统称为非标准审计报告；前两种审计报告可统称为无保留意见的审计报告；后三种审计报告可统称为非无保留意见的审计报告。本章第三节将对上述审计报告类型进行详细介绍。

三、审计报告的作用

此处只要介绍注册会计师签发的审计报告的作用。注册会计师签发的审计报告，主要具有鉴证、保护和证明三方面的作用。

（一）鉴证作用

注册会计师签发的审计报告，不同于政府审计和内部审计的审计报告，是以超然独立的第三者身份，对被审计单位财务报表合法性、公允性发表审计意见。这种意见，具有鉴证作用,得到了政府及各部门和社会各界的普遍认可。

(二)保护作用

注册会计师通过审计,可以对被审计单位财务报表出具不同类型审计意见的审计报告,以提高或是降低财务报表使用者对财务报表的信赖程度,能够在一定程度上对被审计单位的财产、债权人和股东的权益及企业利害关系人的利益起到保护作用。例如,投资者可以根据注册会计师的审计报告作出投资决策,可以降低其投资风险。

(三)证明作用

审计报告是对注册会计师审计任务完成情况及其结果所做的总结,它可以表明审计工作的质量并明确注册会计师的审计责任。因此,审计报告可以对审计质量和注册会计师的审计责任起到证明作用。

第二节 | 审计报告的内容与格式

审计报告应当包括下列要素:①标题;②收件人;③审计意见;④形成审计意见的基础;⑤管理层对财务报表的责任;⑥注册会计师对财务报表审计的责任;⑦按照相关法律法规的要求报告的事项(如适用);⑧注册会计师的签名和盖章;⑨会计师事务所的名称、地址和盖章;⑩报告日期。

在适用的情况下,注册会计师还应当按照《中国注册会计师审计准则第 1324 号——持续经营》《中国注册会计师审计准则第 1504 号——在审计报告中沟通关键审计事项》《中国注册会计师审计准则第 1521 号——注册会计师对着其他信息的责任》的相关规定,在审计报告中对与持续经营相关的重大不确定性、关键审计事项、被审计单位年度审计报告中包含的除财务报表和审计报告之外的其他信息进行报告。

(一)标题

审计报告应当具有标题,统一规范为"审计报告"。

(二)收件人

审计报告的收件人是指注册会计师按照业务约定书的要求致送审计报告的对象,一般是指审计业务的委托人。审计报告应当载明收件人的全称。

为了防止审计报告被委托人滥用,注册会计师应当与委托人在业务约定书中约定致送对象。针对整套通用目的的财务报表出具的审计报告,审计报告的致送对象通常为被审计单位的全体股东或董事会。例如,"××股份有限公司全体股东""××有限责任公司董事会"等。

(三)审计意见

审计意见部分有两部分构成。第一部分指出已审计财务报表,应当包括下列方面:

(1)指出被审计单位的名称。

(2)说明财务报表已经审计。

(3)指出构成整套财务报表的每一财务报表的名称。

(4)提及财务报表附注。

(5)指明构成整套财务报表的每一财务报表的日期或涵盖的期间。

为体现上述要求,审计报告可说明:"我们审计了被审计单位的财务报表,包括指明适用的财务报告编制基础规定的构成整套财务报表的每一份财务报表的名称、日期或涵盖的期间以及财务报表附注,还包括重大会计政策和会计估计。"审计意见涵盖由适用的财务报告编制基础所确定的整套财务报表。例如,在许多通用目的编制基础中,财务报表包括资产负债表、利润表、现金流量表、所有者权益变动表和相关附注(通常包括重大会计政策和会计估计以及其他解释性信息)。

第二部分应当说明注册会计师发表的审计意见。如果对财务报表发表了无保留意见,除非法律法规另有规定,审计意见应当使用"我们认为,财务报表在所有重大方面按照适用的财务报告编制基础(如企业会计准则等)编制,公允反映了……"的措辞。审计意见说明财务报表在所有重大方面按照适用的财务报告编制基础编制,公允反映了财务报表旨在反映的事项。例如,对于按照企业会计准则编制的财务报表,这些事项是"被审计单位期末的财务状况、截至期末某一期间的经营成果和现金流量"。

注册会计师出具非标准审计报告时,应当遵守《国注册会计师审计准则第 1502 号——在审计报告中发表非无保留意见》《中国注册会计师审计准则 1503号——在审计报告中增加强调事项段和其他事项段》和《中国注册会计师审计准则 1501 号——对财务报表形成审计意见和出具审计报告》的相关规定。本章第三节对此有详细介绍。

(四)形成审计意见的基础

审计报告应当包含标题为"形成审计意见的基础"的部分。该部分提供关于审计意见的重要背景,应当紧接在审计意见部分之后,并包括下列方面:

(1)说明注册会计师按照审计准则的规定执行了审计工作。

(2)提及审计报告中用于描述审计准则规定的注册会计师责任的部分。

(3)声明注册会计师按照与审计相关的职业道德要求对被审计单位保持了独立性,并履行了职业道德方面的其他责任。声明中应当指明适用的职业道德要求,如中国注册会计师职业道德守则。

(4)说明注册会计师是否相信获取的审计证据是充分、适当的,为发表审计意见提供了基础。

(五)管理层对财务报表的责任

审计报告应当包含标题为"管理层对财务报表的责任"的部分,其中应当说明管理层负责下列方面:

(1)按照适用的财务报告编制基础编制财务报表,使其实现公允反映,并设计、执行和维护必要的内部控制,以使财务报表不存在由于舞弊或错误导致的重大错报。

(2)评估被审计单位的持续经营能力和适用持续经营假设是否适当,并披露与持续经营相关的事项(如适用)。对管理层评估责任的说明应当包括描述在何种情况下使用持续经营假设是适当的。

在审计报告中说明管理层对财务报表的责任,有利于区分被审计单位和注册会计师的责任,防止财务报表使用者误解注册会计师。

(六)注册会计师对财务报表审计的责任

审计报告应当包含标题为"注册会计师对财务报表审计的责任"的部分,其中应当包括下列内容:

（1）说明注册会计师的目标是对财务报表整体是否不存在由于舞弊或错误导致的重大错报获取合理保证，并出具包含审计意见的审计报告。

（2）说明合理保证是高水平的保证，但按照审计准则执行的审计并不能保证一定会发现存在的重大错报。

（3）说明错报可能由于舞弊或错误导致。在说明错报可能由于舞弊或错误导致时，注册会计师应当从下列两种方法中选取一种：①描述如果合理预期错报单独或汇总起来可能影响财务报表使用者依据财务报表作出的经济决策，则通常认为错报是重大的；②根据适用的财务报告编制基础，提供关于重要性的定义或描述。

注册会计师对财务报表审计的责任部分还应当包括下列内容：

（1）说明在按照审计准则执行审计的过程中，注册会计师运用了职业判断，保持了职业怀疑。

（2）通过说明注册会计师的责任，对审计工作进行描述。这些责任包括：①识别和评估由于舞弊或错误导致的财务报表重大错报风险，设计和实施审计程序以应对这些风险，并获取充分、适当的审计证据，作为发表审计意见的基础。由于舞弊可能涉及串通、伪造、故意遗漏、虚假陈述或凌驾于内部控制之上，未能发现由于舞弊导致的重大错报的风险高于未能发现由于错误导致的重大错报的风险。②了解与审计相关的内部控制，以设计恰当的审计程序，但目的并非对内部控制的有效性发表意见。当注册会计师有责任在财务报表审计的同时对内部控制的有效性发表意见时，应当略去上述"目的并非对内部控制的有效性发表意见"的表述。③评价管理层选用会计政策的恰当性和作出会计估计及相关披露的合理性。④对管理层使用持续经营假设的恰当性得出结论。同时，根据获取的审计证据，就可能导致对被审计单位持续经营能力产生重大疑虑的事项或情况是否存在重大不确定性得出结论。如果注册会计师得出结论认为存在重大不确定性，审计准则要求我们在审计报告中提请报表使用者注意财务报表中的相关披露；如果披露不充分，我们应当发表非无保留意见。我们的结论基于审计报告日可获得的信息。然而，未来的事项或情况可能导致××公司不能持续经营。⑤评价财务报表的总体列报、结构和内容（包括披露），并评价财务报表是否公允反映相关交易和事项。

注册会计师对财务报表审计的责任部分还应当包括下列内容：

（1）说明注册会计师与治理层就计划的审计范围、时间安排和重大审计发现等事项进行沟通，包括沟通在审计中识别的值得关注的内部控制缺陷。

（2）对于上市实体财务报表审计，指出注册会计师就已遵守与独立性相关的职业道德要求向治理层提供声明，并与治理层沟通可能被合理认为影响注册会计师独立性的所有关系和其他事项，以及相关的防范措施（如适用）。

（3）对于上市实体财务报表审计，以及决定按照《中国注册会计师审计准则第1504号——在审计报告中沟通关键审计事项》的规定沟通关键审计事项的其他情况，说明注册会计师从已与治理层沟通的事项中确定哪些事项对本期财务报表审计最为重要，因而构成关键审计事项。注册会计师在审计报告中描述这些事项，除非法律法规禁止公开披露这些事项，或在极其罕见的情形下，如果合理预期在审计报告中沟通某事项造成的负面后果超过在公众利益方面产生的益处，因而决定不应在审计报告中沟通该事项。

（七）按照相关法律法规的要求报告的事项（如适用）

除审计准则规定的注册会计师对财务报表出具审计报告的责任外，相关法律法规可能对注册会计师设定了其他报告责任。例如,如果注册会计师在财务报表审计中注意到某些事项,可能被要求对这些事项予以报告。此外,注册会计师可能被要求实施额外的规定的程序并予以报告,或对特定事项(如会计账簿和记录的适当性)发表意见。

在某些情况下,相关法律法规可能要求或允许注册会计师将对这些其他责任的报告作为对财务报表出具的审计报告的一部分。在另外一些情况下,相关法律法规可能要求或允许注册会计师在单独出具的报告中进行报告。

这些责任是注册会计师按照审计准则对财务报表出具审计报告的责任的补充。例如,如果注册会计师在财务报表审计中注意到某些事项,可能被要求对这些事项予以报告。此外,注册会计师可能被要求实施额外规定的程序并予以报告,或对特定事项(如会计账簿和记录的适当性)发表意见。如果注册会计师在对财务报表出具的审计报告中履行其他报告责任,应当在审计报告中将其单独作为一部分,并以"按照相关法律法规的要求报告的事项"为标题。此时,审计报告应当区分为"对财务报表出具的审计报告"和"按照相关法律法规的要求报告的事项"两部分,以便将其同注册会计师的财务报表报告责任明确区分。在另外一些情况下,相关法律法规可能要求或允许注册会计师在单独出具的报告中进行报告。

(八) 注册会计师的签名和盖章

审计报告应当由注册会计师签名并盖章,以明确责任。根据相关法规规定,审计报告应当由两名具备相关业务资格的注册会计师签名盖章并经会计师事务所盖章方为有效。合伙会计师事务所出具的审计报告,应当由一名对审计项目负最终复核责任的合伙人和一名负责该项目的注册会计师签名盖章;有限责任会计师事务所出具的审计报告,应当由会计师事务所主任会计师或其授权的副主任会计师和一名负责该项目的注册会计师签名盖章。

(九) 会计师事务所的名称、地址及盖章

审计报告应当载明会计师事务所的名称和地址,并加盖会计师事务所公章。

根据《注册会计师法》的规定,注册会计师承办业务,由其所在的会计师事务所统一受理并与委托人签订委托合同。因此,审计报告除了应由注册会计师签名盖章,还应载明会计师事务所的名称和地址,并加盖会计师事务所公章。注册会计师在审计报告中载明会计师事务所地址时,标明会计师事务所所在的城市即可。

(十) 报告日期

审计报告应当注明报告日期。审计报告的日期不应早于注册会计师获取充分、适当的审计证据,并在此基础上对财务报表形成审计意见的日期。

在确定审计报告日期时,注册会计师应当确信已获取下列两方面的审计证据:

(1) 构成整套财务报表的所有报表(包括相关附注)已编制完成。

(2) 被审计单位的董事会、管理层或类似机构已经认可其对财务报表负责。

第三节 审计报告的类型及其决策

一、审计报告的类型

审计报告分为标准审计报告和非标准审计报告。标准审计报告是指不含有说明段、强调事项段、其他事项段和其他任何修饰性用语的无保留意见的审计报告,非标准审计报告是

指带强调事项段或其他事项段的无保留意见的审计报告和非无保留审计报告。

不同审计报告的对比如表12-1所示。

表12-1 不同类型的审计报告的对比

类 型		出具的条件	意见内容
标准审计报告 无保留意见的审计报告	无保留意见	同时满足以下两个条件:一是财务报表已经按照适用的会计准则和相关会计制度的规定编制,在所有重大方面公允反映了被审计单位的财务状况、经营成果和现金流量;二是注册会计师已经按照中国注册会计师审计准则的规定计划和实施审计工作,在审计过程中未受到限制	如果对按照公允列报框架编制的财务报表发表无保留意见,除非法律法规另有规定,审计意见应当使用"财务报表在所有重大方面按照适用的财务报告框架(如国际财务报告准则或企业会计准则等)编制,公允反映了……"的措辞; 如果对按照遵循性框架编制的财务报表发表无保留意见,审计意见应当使用"财务报表在所有重大方面按照适用的财务报告框架编制"的措辞
非标准审计报告 非无保留意见的审计报告	保留意见	存在下列情形之一时: (1)在获取充分、适当的审计证据后,注册会计师认为错报单独或累计起来对财务报表影响重大,但不具有广泛性; (2)注册会计师无法获取充分、适当的审计证据以作为形成审计意见的基础,但认为未发现的错报(如存在)对财务报表可能产生的影响重大,但不具有广泛性	当由于财务报表存在重大错报而发表保留意见时,注册会计师应当根据适用的财务报告编制基础在审计意见段中说明:①注册会计师认为,除了导致保留意见的事项段所述事项产生的影响,财务报表在所有重大方面按照适用的财务报告编制基础编制,并实现公允反映。(当财务报表按照公允列报框架编制时);②注册会计师认为,除了导致保留意见的事项段产生影响,财务报表在所有重大方面按照适用的财务报告编制基础编制(当财务报表按照遵循性框架编制时); 当无法获取充分、适当的审计证据而导致发表保留意见时,注册会计师应当在审计意见段中使用"除……可能产生的影响"等措辞
	否定意见	在获取充分、适当的审计证据后,如果认为错报单独或累计起来对财务报表的影响重大且具有广泛性,注册会计师应当发表否定意见	当发表否定意见时,注册会计师应当根据适用的财务报告框架在审计意见段中说明: (1)注册会计师认为,由于导致否定意见的事项段所述事项的重要性,财务报表没有在所有重大方面按照适用的财务报告框架编制,未能实现公允反映(当财务报表按照公允列报框架编制时); (2)注册会计师认为,由于导致否定意见的事项段所述事项的重要性,财务报表没有在所有重大方面按照适用的财务报告框架编制(当财务报表按照遵循性框架编制时)
	无法表示意见	如果无法获取充分、适当的审计证据以作为形成审计意见的基础,但认为未发现的错报(如存在)对财务报表可能产生的影响重大且具有广泛性,注册会计师应当发表无法表示意见	当由于无法获取充分、适当的审计证据而发表无法表示意见时,注册会计师应当在审计意见段中说明:由于导致无法表示意见的事项段所述事项的重要性,注册会计师无法获取充分、适当的审计证据以为发表审计意见提供基础,因此,注册会计师不对这些财务报表发表审计意见; 当由于无法获取充分、适当的审计证据而发表无法表示意见时,注册会计师应当修改审计报告的引言段,说明注册会计师接受委托审计财务报表; 注册会计师还应当修改对注册会计师责任和审计范围的描述,并仅能作出如下说明:"我们的责任是在按照中国注册会计师审计准则的规定执行审计工作的基础上对财务报表发表审计意见。但由于导致无法表示意见的事项段中所述的事项,我们无法获取充分、适当的审计证据以为发表审计意见提供基础"

（续表）

类　型		出具的条件	意　见　内　容
非标准审计报告	带强调事项段和其他事项段	**带强调事项段** 如果认为有必要提醒财务报表使用者关注已在财务报表中列报或披露，且根据职业判断认为对财务报表使用者理解财务报表至关重要的事项，在同时满足下列条件时，注册会计师应当在审计报告中增加强调事项段：①该事项不会导致注册会计师发表非无保留意见；②该事项未被确定为在审计报告中沟通的关键审计事项	将强调事项段作为单独的一部分置于审计报告中，并使用包含"强调事项"这一术语的适当标题；明确提及被强调事项以及相关披露的位置，以便能够在财务报表中找到对该事项的详细描述；指出审计意见没有因该强调事项而改变； 在审计报告中包含强调事项不影响审计意见。包含强调事项不能代替下列情形：①根据审计业务的具体情况发表非无保留意见；②适用的财务报告编制基础要求管理层在财务报表中作出的披露，或为实现公允列报所需的其他披露；③当可能导致对被审计单位持续经营能力产生重大疑虑的事项或情况存在重大不确定性时作出的报告
		带其他事项段 对于未在财务报表中列报或披露，但根据职业判断认为与财务报表使用者理解审计工作、注册会计师的责任或审计报告相关，在同时满足下列条件时，注册会计师应当在审计报告中增加其他事项段：①未被法律法规禁止；②该事项未被确定为在审计报告中沟通的关键审计事项	其他事项段紧接在强调事项段之后。如果其他事项段的内容与其他报告责任部分相关，这一段落也可以置于审计报告的其他位置

不同类型的审计报告范例如下：

（1）对按照公允列报框架（如企业会计准则）编制财务报表出具的标准审计报告参考范例（表12-2）。

表12-2　　　　　　　　　　　　　**审计报告**

ABC股份有限公司全体股东：

一、对财务报表出具的审计报告①

（一）审计意见

我们审计了ABC股份有限公司（以下简称"ABC公司"）财务报表，包括2×22年12月31日的资产负债表，2×22年度的利润表、现金流量表、股东权益变动表以及财务报表附注。

我们认为，后附的财务报表在所有重大方面按照企业会计准则的规定编制，公允反映了ABC公司2×22年12月31日的财务状况以及2×22年度的经营成果和现金流量。

（二）形成审计意见的基础

我们按照中国注册会计师审计准则的规定执行了审计工作。审计报告的"注册会计师对财务报表审计的责任"部分进一步阐述了我们在这些准则下的责任。按照中国注册会计师职业道德守则，我们独立于ABC公司，并履行了职业道德方面的其他责任。我们相信，我们获取的审计证据是充分、适当的，为发表审计意见提供了基础。

（三）关键审计事项

关键审计事项是根据我们的职业判断，认为对本期财务报表审计最为重要的事项。这些事项是在对财务报表整体进行审计并形成审计意见的背景下进行处理的，我们不对这些事项提供单独的意见。

（按照《中国注册会计师审计准则第1504号——在审计报告中沟通关键审计事项》的规定描述每一关键审计事项。）

12-2　审计报告的强调事项段

12-3　审计报告的其他事项段

---

　①　如果审计报告中不包含"按照相关法律法规的要求报告的事项"部分，则不需要加入此标题。

（续表）

（四）管理层和治理层对财务报表的责任

管理层负责按照企业会计准则的规定编制财务报表，使其实现公允反映，并设计、执行和维护必要的内部控制，以使财务报表不存在由于舞弊或错误导致的重大错报。

在编制财务报表时，管理层负责评估 ABC 公司的持续经营能力，披露与持续经营相关的事项（如适用），并运用持续经营假设，除非计划清算 ABC 公司、停止营运或别无其他现实的选择。

治理层负责监督 ABC 公司的财务报告过程。

（五）注册会计师对财务报表审计的责任

我们的目标是对财务报表整体是否不存在由于舞弊或错误导致的重大错报获取合理保证，并出具包含审计意见的审计报告。合理保证是高水平的保证，但并不能保证按照审计准则执行的审计在某一重大错报存在时总能发现。错报可能由于舞弊或错误导致，如果合理预期错报单独或汇总起来可能影响财务报表使用者依据财务报表作出的经济决策，则通常认为错报是重大的。

在按照审计准则执行审计的过程中，我们运用了职业判断，保持了职业怀疑。我们同时：

（1）识别和评估由于舞弊或错误导致的财务报表重大错报风险；对这些风险有针对性地设计和实施审计程序；获取充分、适当的审计证据，作为发表审计意见的基础。由于舞弊可能涉及串通、伪造、故意遗漏、虚假陈述或凌驾于内部控制之上，未能发现由于舞弊导致的重大错报的风险高于未能发现由于错误导致的重大错报的风险。

（2）了解与审计相关的内部控制，以设计恰当的审计程序，但目的并非对内部控制的有效性发表意见。

（3）评价管理层选用会计政策的恰当性和作出会计估计及相关披露的合理性。

（4）对管理层使用持续经营假设的恰当性得出结论。同时，根据获取的审计证据，就可能导致对 ABC 公司持续经营能力产生重大疑虑的事项或情况是否存在重大不确定性得出结论。如果我们得出结论认为存在重大不确定性，审计准则要求我们在审计报告中提请报表使用者注意财务报表中的相关披露；如果披露不充分，我们应当发表非无保留意见。我们的结论基于审计报告日可获得的信息。然而，未来的事项或情况可能导致 ABC 公司不能持续经营。

（5）评价财务报表的总体列报、结构和内容（包括披露），并评价财务报表是否公允反映相关交易和事项。

我们与治理层就计划的审计范围、时间安排和重大审计发现（包括我们在审计中识别的值得关注的内部控制缺陷）等事项进行沟通。

我们还就遵守关于独立性的相关职业道德要求向治理层提供声明，并就可能被合理认为影响我们独立性的所有关系和其他事项，以及相关的防范措施（如适用）与治理层进行沟通。

从与治理层沟通的事项中，我们确定哪些事项对本期财务报表审计最为重要，因而构成关键审计事项。我们在审计报告中描述这些事项，除非法律法规禁止公开披露这些事项，或在极其罕见的情形下，如果合理预期在审计报告中沟通某事项造成的负面后果超过在公众利益方面产生的益处，我们确定不应在审计报告中沟通该事项。

二、按照相关法律法规的要求报告的事项

［本部分报告的格式和内容，取决于相关法律法规对其他报告责任的规定。法律法规规范的事项（其他报告责任）应当在本部分处理，除非其他报告责任与审计准则所要求的报告责任涉及相同的主题。如果涉及相同的主题，其他报告责任可以在审计准则所要求的同一报告要素部分中列示。当其他报告责任和审计准则规定的报告责任涉及同一主题，并且审计报告中的措辞能够将其他报告责任与审计准则规定的责任予以清楚地区分（如差异存在）时，允许将两者合并列示（即包含在"对财务报表出具的审计报告"部分中，并使用适当的副标题）。］

××会计师事务所	中国注册会计师：×××（项目合伙人）
（盖章）	（签名并盖章）
	中国注册会计师：×××
	（签名并盖章）
中国××市	二×二三年×月×日

（2）对按照遵循性框架编制财务报表出具的标准审计报告参考范例（表12-3）。

表12-3 **审计报告**

ABC股份有限公司全体股东：

（一）审计意见

我们审计了ABC股份有限公司（以下简称"ABC公司"）财务报表，包括2×22年12月31日的资产负债表，2×22年度的利润表、现金流量表、股东权益变动表以及财务报表附注。

我们认为，ABC公司财务报表在所有重大方面按照×国法律法规（插入具体法律法规的名称）的规定编制。

（二）形成审计意见的基础

我们按照中国注册会计师审计准则的规定执行了审计工作。审计报告的"注册会计师对财务报表审计的责任"部分进一步阐述了我们在这些准则下的责任。按照中国注册会计师职业道德守则，我们独立于ABC公司，并履行了职业道德方面的其他责任。我们相信，我们获取的审计证据是充分、适当的，为发表审计意见提供了基础。

（三）关键审计事项

关键审计事项是根据我们的职业判断，认为对本期财务报表审计最为重要的事项。这些事项是在对财务报表整体进行审计并形成审计意见的背景下进行处理的，我们不对这些事项提供单独的意见。

（按照《中国注册会计师审计准则第1504号——在审计报告中沟通关键审计事项》的规定描述每一关键审计事项。）

（四）管理层和治理层对财务报表的责任

管理层负责按照×国法律法规（插入具体法律法规的名称）的规定编制财务报表，使其实现公允反映，并设计、执行和维护必要的内部控制，以使财务报表不存由于舞弊或错误导致的重大错报。

在编制财务报表时，管理层负责评估ABC公司的持续经营能力，披露与持续经营相关的事项（如适用），并运用持续经营假设，除非计划清算ABC公司、停止营运或别无其他现实的选择。

治理层负责监督ABC公司的财务报告过程。

（五）注册会计师对财务报表审计的责任

我们的目标是对财务报表整体是否不存在由于舞弊或错误导致的重大错报获取合理保证，并出具包含审计意见的审计报告。合理保证是高水平的保证，但并不能保证按照审计准则执行的审计在某一重大错报存在时总能发现。错报可能由于舞弊或错误导致，如果合理预期错报单独或汇总起来可能影响财务报表使用者依据财务报表作出的经济决策，则通常认为错报是重大的。

在按照审计准则执行审计的过程中，我们运用了职业判断，保持了职业怀疑。我们同时：

（1）识别和评估由于舞弊或错误导致的财务报表重大错报风险；对这些风险有针对性地设计和实施审计程序；获取充分、适当的审计证据，作为发表审计意见的基础。由于舞弊可能涉及串通、伪造、故意遗漏、虚假陈述或凌驾于内部控制之上，未能发现由于舞弊导致的重大错报的风险高于未能发现由于错误导致的重大错报的风险。

（2）了解与审计相关的内部控制，以设计恰当的审计程序，但目的并非对内部控制的有效性发表意见。

（3）评价管理层选用会计政策的恰当性和作出会计估计及相关披露的合理性。

（4）对管理层使用持续经营假设的恰当性得出结论。同时，根据获取的审计证据，就可能导致对ABC公司持续经营能力产生重大疑虑的事项或情况是否存在重大不确定性得出结论。如果我们得出结论认为存在重大不确定性，审计准则要求我们在审计报告中提请报表使用者注意财务报表中的相关披露；如果披露不充分，我们应当发表非无保留意见。我们的结论基于审计报告日可获得的信息。然而，未来的事项或情况可能导致ABC公司不能持续经营。

（5）评价财务报表的总体列报、结构和内容（包括披露），并评价财务报表是否公允反映相关交易和事项。

我们与治理层就计划的审计范围、时间安排和重大审计发现（包括我们在审计中识别的值得关注的内部控制缺陷）等事项进行沟通。

（续表）

我们还就遵守关于独立性的相关职业道德要求向治理层提供声明，并就可能被合理认为影响我们独立性的所有关系和其他事项，以及相关的防范措施（如适用）与治理层进行沟通。

从与治理层沟通的事项中，我们确定哪些事项对本期财务报表审计最为重要，因而构成关键审计事项。我们在审计报告中描述这些事项，除非法律法规禁止公开披露这些事项，或在极其罕见的情形下，如果合理预期在审计报告中沟通某事项造成的负面后果超过在公众利益方面产生的益处，我们确定不应在审计报告中沟通该事项。

××会计师事务所	中国注册会计师：×××（项目合伙人）
（盖章）	（签名并盖章）
	中国注册会计师：×××
	（签名并盖章）
中国××市	二×二三年×月×日

（3）对持续经营能力产生重大疑虑的带强调事项段的无保留意见的审计报告的范例（表12-4）。

表12-4　　　　　　　　　　　**审计报告**

ABC股份有限公司全体股东：

一、对财务报表出具的审计报告①

（一）审计意见

我们审计了ABC股份有限公司（以下简称"ABC公司"）财务报表，包括2×22年12月31日的资产负债表，2×22年度的利润表、现金流量表、股东权益变动表以及财务报表附注。

我们认为，后附的财务报表在所有重大方面按照企业会计准则的规定编制，公允反映了ABC公司2×22年12月31日的财务状况以及2×22年度的经营成果和现金流量。

（二）形成审计意见的基础

我们按照中国注册会计师审计准则的规定执行了审计工作。审计报告的"注册会计师对财务报表审计的责任"部分进一步阐述了我们在这些准则下的责任。按照中国注册会计师职业道德守则，我们独立于ABC公司，并履行了职业道德方面的其他责任。我们相信，我们获取的审计证据是充分、适当的，为发表审计意见提供了基础。

（三）强调事项

我们提醒财务报表使用者关注，如财务报表附注×所述，ABC公司在2×22年发生亏损×万元，在2×22年12月31日，流动负债高于资产总额×万元。ABC公司已在财务报表附注×充分披露了拟采取的改善措施，但其持续经营能力仍然存在重大不确定性。本段内容不影响已发表的审计意见。

（四）管理层和治理层对财务报表的责任

管理层负责按照企业会计准则的规定编制财务报表，使其实现公允反映，并设计、执行和维护必要的内部控制，以使财务报表不存在由于舞弊或错误导致的重大错报。

在编制财务报表时，管理层负责评估ABC公司的持续经营能力，披露与持续经营相关的事项（如适用），并运用持续经营假设，除非计划清算ABC公司、停止营运或别无其他现实的选择。

治理层负责监督ABC公司的财务报告过程。

（五）注册会计师对财务报表审计的责任

我们的目标是对财务报表整体是否不存在由于舞弊或错误导致的重大错报获取合理保证，并出具包含

---

①　如果审计报告中不包含"按照相关法律法规的要求报告的事项"部分，则不需要加入此标题。

（续表）

审计意见的审计报告。合理保证是高水平的保证,但并不能保证按照审计准则执行的审计在某一重大错报存在时总能发现。错报可能由于舞弊或错误导致,如果合理预期错报单独或汇总起来可能影响财务报表使用者依据财务报表作出的经济决策,则通常认为错报是重大的。

在按照审计准则执行审计的过程中,我们运用了职业判断,保持了职业怀疑。我们同时:

（1）识别和评估由于舞弊或错误导致的财务报表重大错报风险;对这些风险有针对性地设计和实施审计程序;获取充分、适当的审计证据,作为发表审计意见的基础。由于舞弊可能涉及串通、伪造、故意遗漏、虚假陈述或凌驾于内部控制之上,未能发现由于舞弊导致的重大错报的风险高于未能发现由于错误导致的重大错报的风险。

（2）了解与审计相关的内部控制,以设计恰当的审计程序,但目的并非对内部控制的有效性发表意见。

（3）评价管理层选用会计政策的恰当性和作出会计估计及相关披露的合理性。

（4）对管理层使用持续经营假设的恰当性得出结论。同时,根据获取的审计证据,就可能导致对ABC公司持续经营能力产生重大疑虑的事项或情况是否存在重大不确定性得出结论。如果我们得出结论认为存在重大不确定性,审计准则要求我们在审计报告中提请报表使用者注意财务报表中的相关披露;如果披露不充分,我们应当发表非无保留意见。我们的结论基于审计报告日可获得的信息。然而,未来的事项或情况可能导致ABC公司不能持续经营。

（5）评价财务报表的总体列报、结构和内容（包括披露）,并评价财务报表是否公允反映相关交易和事项。

我们与治理层就计划的审计范围、时间安排和重大审计发现（包括我们在审计中识别的值得关注的内部控制缺陷）等事项进行沟通。

我们还就遵守关于独立性的相关职业道德要求向治理层提供声明,并就可能被合理认为影响我们独立性的所有关系和其他事项,以及相关的防范措施（如适用）与治理层进行沟通。

从与治理层沟通的事项中,我们确定哪些事项对本期财务报表审计最为重要,因而构成关键审计事项。我们在审计报告中描述这些事项,除非法律法规禁止公开披露这些事项,或在极其罕见的情形下,如果合理预期在审计报告中沟通某事项造成的负面后果超过在公众利益方面产生的益处,我们确定不应在审计报告中沟通该事项。

二、按照相关法律法规的要求报告的事项

［本部分报告的格式和内容,取决于相关法律法规对其他报告责任的规定。法律法规规范的事项（其他报告责任）应当在本部分处理,除非其他报告责任与审计准则所要求的报告责任涉及相同的主题。如果涉及相同的主题,其他报告责任可以在审计准则所要求的同一报告要素部分中列示。当其他报告责任和审计准则规定的报告责任涉及同一主题,并且审计报告中的措辞能够将其他报告责任与审计准则规定的责任予以清楚地区分（如差异存在）时,允许将两者合并列示（即包含在"对财务报表出具的审计报告"部分中,并使用适当的副标题）。］

××会计师事务所　　　　　　　　　　　　中国注册会计师:×××（项目合伙人）
（盖章）　　　　　　　　　　　　　　　　（签名并盖章）
　　　　　　　　　　　　　　　　　　　　中国注册会计师:×××
　　　　　　　　　　　　　　　　　　　　（签名并盖章）

中国××市　　　　　　　　　　　　　　　二×二三年×月×日

（4）由于财务报表存在重大错报而发表保留意见的审计报告范例（表12-5）。

表 12-5 **审 计 报 告**

ABC 股份有限公司全体股东：

一、对财务报表出具的审计报告

（一）保留意见

我们审计了 ABC 股份有限公司（以下简称"ABC 公司"）财务报表，包括 2×22 年 12 月 31 日的资产负债表，2×22 年度的利润表、现金流量表、股东权益变动表以及财务报表附注。

我们认为，除"形成保留意见的基础"部分所述事项产生的影响，后附的财务报表在所有重大方面按照企业会计准则的规定编制，公允反映了 ABC 公司 2×22 年 12 月 31 日的财务状况以及 2×22 年度的经营成果和现金流量。

（二）形成保留意见的基础

ABC 公司 2×22 年 12 月 31 日资产负债表中存货的列示金额为×元。管理层根据成本对存货进行计量，而没有根据成本与可变现净值孰低的原则进行计量，这不符合企业会计准则的规定。公司的会计记录显示，如果管理层以成本与可变现净值孰低来计量存货，存货列示金额将减少×元。相应地，销售成本将增加×元，所得税、净利润和股东权益将分别减少×元、×元和×元。

我们按照中国注册会计师审计准则的规定执行了审计工作。审计报告的"注册会计师对财务报表审计的责任"部分进一步阐述了我们在这些准则下的责任。按照中国注册会计师职业道德守则，我们独立于 ABC 公司，并履行了职业道德方面的其他责任。我们相信，我们获取的审计证据是充分、适当的，为发表审计意见提供了基础。

（三）关键审计事项

关键审计事项是根据我们的职业判断，认为对本期财务报表审计最为重要的事项。这些事项是在对财务报表整体进行审计并形成审计意见的背景下进行处理的，我们不对这些事项提供单独的意见。除"形成保留意见的基础"部分所述事项外，我们确定下列事项是需要在审计报告中沟通的关键审计事项。

（按照《中国注册会计师审计准则第 1504 号——在审计报告中沟通关键审计事项》的规定描述每一关键审计事项。）

（四）管理层和治理层对财务报表的责任

管理层负责按照企业会计准则的规定编制财务报表，使其实现公允反映，并设计、执行和维护必要的内部控制，以使财务报表不存在由于舞弊或错误导致的重大错报。

在编制财务报表时，管理层负责评估 ABC 公司的持续经营能力，披露与持续经营相关的事项（如适用），并运用持续经营假设，除非计划清算 ABC 公司、停止营运或别无其他现实的选择。

治理层负责监督 ABC 公司的财务报告过程。

（五）注册会计师对财务报表审计的责任

我们的目标是对财务报表整体是否不存在由于舞弊或错误导致的重大错报获取合理保证，并出具包含审计意见的审计报告。合理保证是高水平的保证，但并不能保证按照审计准则执行的审计在某一重大错报存在时总能发现。错报可能由于舞弊或错误导致，如果合理预期错报单独或汇总起来可能影响财务报表使用者依据财务报表作出的经济决策，则通常认为错报是重大的。

在按照审计准则执行审计的过程中，我们运用了职业判断，保持了职业怀疑。我们同时：

（1）识别和评估由于舞弊或错误导致的财务报表重大错报风险；对这些风险有针对性地设计和实施审计程序；获取充分、适当的审计证据，作为发表审计意见的基础。由于舞弊可能涉及串通、伪造、故意遗漏、虚假陈述或凌驾于内部控制之上，未能发现由于舞弊导致的重大错报的风险高于未能发现由于错误导致的重大错报的风险。

（2）了解与审计相关的内部控制，以设计恰当的审计程序，但目的并非对内部控制的有效性发表意见。

（3）评价管理层选用会计政策的恰当性和作出会计估计及相关披露的合理性。

（续表）

（4）对管理层使用持续经营假设的恰当性得出结论。同时，根据获取的审计证据，就可能导致对 ABC 公司持续经营能力产生重大疑虑的事项或情况是否存在重大不确定性得出结论。如果我们得出结论认为存在重大不确定性，审计准则要求我们在审计报告中提请报表使用者注意财务报表中的相关披露；如果披露不充分，我们应当发表非无保留意见。我们的结论基于审计报告日可获得的信息。然而，未来的事项或情况可能导致 ABC 公司不能持续经营。

（5）评价财务报表的总体列报、结构和内容（包括披露），并评价财务报表是否公允反映相关交易和事项。

我们与治理层就计划的审计范围、时间安排和重大审计发现（包括我们在审计中识别的值得关注的内部控制缺陷）等事项进行沟通。

我们还就遵守关于独立性的相关职业道德要求向治理层提供声明，并就可能被合理认为影响我们独立性的所有关系和其他事项，以及相关的防范措施（如适用）与治理层进行沟通。

从与治理层沟通的事项中，我们确定哪些事项对本期财务报表审计最为重要，因而构成关键审计事项。我们在审计报告中描述这些事项，除非法律法规禁止公开披露这些事项，或在极其罕见的情形下，如果合理预期在审计报告中沟通某事项造成的负面后果超过在公众利益方面产生的益处，我们确定不应在审计报告中沟通该事项。

二、按照相关法律法规的要求报告的事项

［本部分报告的格式和内容，取决于相关法律法规对其他报告责任的规定。法律法规规范的事项（其他报告责任）应当在本部分处理，除非其他报告责任与审计准则所要求的报告责任涉及相同的主题。如果涉及相同的主题，其他报告责任可以在审计准则所要求的同一报告要素部分中列示。当其他报告责任和审计准则规定的报告责任涉及同一主题，并且审计报告中的措辞能够将其他报告责任与审计准则规定的责任予以清楚地区分（如差异存在）时，允许将两者合并列示（即包含在"对财务报表出具的审计报告"部分中，并使用适当的副标题）。］

××会计师事务所	中国注册会计师：×××（项目合伙人）
（盖章）	（签名并盖章）
	中国注册会计师：×××
	（签名并盖章）
中国××市	二×二三年×月×日

（5）由于注册会计师无法获取充分、适当的审计证据而发表保留意见的审计报告的范例（表 12-6）。

表 12-6　　　　　　　　　　　　审计报告

ABC 股份有限公司全体股东：

一、对财务报表出具的审计报告

（一）保留意见

我们审计了 ABC 股份有限公司（以下简称"ABC 公司"）财务报表，包括 2×22 年 12 月 31 日的资产负债表，2×22 年度的利润表、现金流量表、股东权益变动表以及财务报表附注。

我们认为，除"形成保留意见的基础"部分所述事项产生的影响，后附的财务报表在所有重大方面按照企业会计准则的规定编制，公允反映了 ABC 公司 2×22 年 12 月 31 日的财务状况以及 2×22 年度的经营成果和现金流量。

（二）形成保留意见的基础

如财务报表附注×所述，ABC 公司于 2×22 年取得了 ABC 公司 30％的股权，因能够对 ABC 公司施加

（续表）

重大影响,故采用权益法核算该项股权投资,于2×22年度确认对ABC公司的投资收益×元,截至2×22年12月31日该项股权投资的账面价值为×元。由于我们未被允许接触ABC公司的财务信息、管理层和执行ABC公司审计的注册会计师,我们无法就该项股权投资的账面价值以及ABC公司确认的2×22年度对ABC公司的投资收益获取充分、适当的审计证据,也无法确定是否有必要对这些金额进行调整。

我们按照中国注册会计师审计准则的规定执行了审计工作。审计报告的"注册会计师对财务报表审计的责任"部分进一步阐述了我们在这些准则下的责任。按照中国注册会计师职业道德守则,我们独立于ABC公司,并履行了职业道德方面的其他责任。我们相信,我们获取的审计证据是充分、适当的,为发表审计意见提供了基础。

（三）关键审计事项

关键审计事项是根据我们的职业判断,认为对本期财务报表审计最为重要的事项。这些事项是在对财务报表整体进行审计并形成审计意见的背景下进行处理的,我们不对这些事项提供单独的意见。除"形成保留意见的基础"部分所述事项外,我们确定下列事项是需要在审计报告中沟通的关键审计事项。

（按照《中国注册会计师审计准则第1504号——在审计报告中沟通关键审计事项》的规定描述每一关键审计事项。）

（四）管理层和治理层对财务报表的责任

管理层负责按照企业会计准则的规定编制财务报表,使其实现公允反映,并设计、执行和维护必要的内部控制,以使财务报表不存由于舞弊或错误导致的重大错报。

在编制财务报表时,管理层负责评估ABC公司的持续经营能力,披露与持续经营相关的事项(如适用),并运用持续经营假设,除非计划清算ABC公司、停止营运或别无其他现实的选择。

治理层负责监督ABC公司的财务报告过程。

（五）注册会计师对财务报表审计的责任

我们的目标是对财务报表整体是否不存在由于舞弊或错误导致的重大错报获取合理保证,并出具包含审计意见的审计报告。合理保证是高水平的保证,但并不能保证按照审计准则执行的审计在某一重大错报存在时总能发现。错报可能由于舞弊或错误导致,如果合理预期错报单独或汇总起来可能影响财务报表使用者依据财务报表作出的经济决策,则通常认为错报是重大的。

在按照审计准则执行审计的过程中,我们运用了职业判断,保持了职业怀疑。我们同时:

（1）识别和评估由于舞弊或错误导致的财务报表重大错报风险;对这些风险有针对性地设计和实施审计程序;获取充分、适当的审计证据,作为发表审计意见的基础。由于舞弊可能涉及串通、伪造、故意遗漏、虚假陈述或凌驾于内部控制之上,未能发现由于舞弊导致的重大错报的风险高于未能发现由于错误导致的重大错报的风险。

（2）了解与审计相关的内部控制,以设计恰当的审计程序,但目的并非对内部控制的有效性发表意见。

（3）评价管理层选用会计政策的恰当性和作出会计估计及相关披露的合理性。

（4）对管理层使用持续经营假设的恰当性得出结论。同时,根据获取的审计证据,就可能导致对ABC公司持续经营能力产生重大疑虑的事项或情况是否存在重大不确定性得出结论。如果我们得出结论认为存在重大不确定性,审计准则要求我们在审计报告中提请报表使用者注意财务报表中的相关披露;如果披露不充分,我们应当发表非无保留意见。我们的结论基于审计报告日可获得的信息。然而,未来的事项或情况可能导致ABC公司不能持续经营。

（5）评价财务报表的总体列报、结构和内容(包括披露),并评价财务报表是否公允反映相关交易和事项。

我们与治理层就计划的审计范围、时间安排和重大审计发现(包括我们在审计中识别的值得关注的内部控制缺陷)等事项进行沟通。

我们还就遵守关于独立性的相关职业道德要求向治理层提供声明,并就可能被合理认为影响我们独立性的所有关系和其他事项,以及相关的防范措施(如适用)与治理层进行沟通。

（续表）

从与治理层沟通的事项中,我们确定哪些事项对本期财务报表审计最为重要,因而构成关键审计事项。我们在审计报告中描述这些事项,除非法律法规禁止公开披露这些事项,或在极其罕见的情形下,如果合理预期在审计报告中沟通某事项造成的负面后果超过在公众利益方面产生的益处,我们确定不应在审计报告中沟通该事项。

二、按照相关法律法规的要求报告的事项

［本部分报告的格式和内容,取决于相关法律法规对其他报告责任的规定。法律法规规范的事项(其他报告责任)应当在本部分处理,除非其他报告责任与审计准则所要求的报告责任涉及相同的主题。如果涉及相同的主题,其他报告责任可以在审计准则所要求的同一报告要素部分中列示。当其他报告责任和审计准则规定的报告责任涉及同一主题,并且审计报告中的措辞能够将其他报告责任与审计准则规定的责任予以清楚地区分(如差异存在)时,允许将两者合并列示(即包含在"对财务报表出具的审计报告"部分中,并使用适当的副标题)。］

××会计师事务所	中国注册会计师:×××(项目合伙人)
(盖章)	(签名并盖章)
	中国注册会计师:×××
	(签名并盖章)
中国××市	二×二三年×月×日

（6）否定意见的审计报告的范例(表12-7)。

表12-7　　　　　　　　　　　　**审计报告**

ABC股份有限公司全体股东:

一、对财务报表出具的审计报告

(一)否定意见

我们审计了ABC股份有限公司(以下简称"ABC公司")财务报表,包括2×22年12月31日的资产负债表,2×22年度的利润表、现金流量表、股东权益变动表以及财务报表附注。

我们认为,由于"形成否定意见的基础"部分所述事项的重要性,ABC公司财务报表没有按照企业会计准则和《××会计制度》的规定编制,未能在所有重大方面公允反映ABC公司2×22年12月31日的财务状况以及2×22年度的经营成果和现金流量。

(二)形成否定意见的基础

如财务报表附注×所述,ABC公司的长期股权投资未按企业会计准则的规定采用权益法核算。如果按权益法核算,ABC公司的长期投资账面价值将减少×万元,净利润将减少×万元,从而导致ABC公司由盈利×万元变为亏损×万元。

我们按照中国注册会计师审计准则的规定执行了审计工作。审计报告的"注册会计师对财务报表审计的责任"部分进一步阐述了我们在这些准则下的责任。按照中国注册会计师职业道德守则,我们独立于ABC公司,并履行了职业道德方面的其他责任。我们相信,我们获取的审计证据是充分、适当的,为发表审计意见提供了基础。

(三)关键审计事项

关键审计事项是根据我们的职业判断,认为对本期财务报表审计最为重要的事项。这些事项是在对财务报表整体进行审计并形成审计意见的背景下进行处理的,我们不对这些事项提供单独的意见。

(按照《中国注册会计师审计准则第1504号——在审计报告中沟通关键审计事项》的规定描述每一关键审计事项。)

（续表）

（四）管理层和治理层对财务报表的责任

管理层负责按照企业会计准则的规定编制财务报表，使其实现公允反映，并设计、执行和维护必要的内部控制，以使财务报表不存由于舞弊或错误导致的重大错报。

在编制财务报表时，管理层负责评估 ABC 公司的持续经营能力，披露与持续经营相关的事项（如适用），并运用持续经营假设，除非计划清算 ABC 公司、停止营运或别无其他现实的选择。

治理层负责监督 ABC 公司的财务报告过程。

（五）注册会计师对财务报表审计的责任

我们的目标是对财务报表整体是否不存在由于舞弊或错误导致的重大错报获取合理保证，并出具包含审计意见的审计报告。合理保证是高水平的保证，但并不能保证按照审计准则执行的审计在某一重大错报存在时总能发现。错报可能由于舞弊或错误导致，如果合理预期错报单独或汇总起来可能影响财务报表使用者依据财务报表作出的经济决策，则通常认为错报是重大的。

在按照审计准则执行审计的过程中，我们运用了职业判断，保持了职业怀疑。我们同时：

（1）识别和评估由于舞弊或错误导致的财务报表重大错报风险；对这些风险有针对性地设计和实施审计程序；获取充分、适当的审计证据，作为发表审计意见的基础。由于舞弊可能涉及串通、伪造、故意遗漏、虚假陈述或凌驾于内部控制之上，未能发现由于舞弊导致的重大错报的风险高于未能发现由于错误导致的重大错报的风险。

（2）了解与审计相关的内部控制，以设计恰当的审计程序，但目的并非对内部控制的有效性发表意见。

（3）评价管理层选用会计政策的恰当性和作出会计估计及相关披露的合理性。

（4）对管理层使用持续经营假设的恰当性得出结论。同时，根据获取的审计证据，就可能导致对 ABC 公司持续经营能力产生重大疑虑的事项或情况是否存在重大不确定性得出结论。如果我们得出结论认为存在重大不确定性，审计准则要求我们在审计报告中提请报表使用者注意财务报表中的相关披露；如果披露不充分，我们应当发表非无保留意见。我们的结论基于审计报告日可获得的信息。然而，未来的事项或情况可能导致 ABC 公司不能持续经营。

（5）评价财务报表的总体列报、结构和内容（包括披露），并评价财务报表是否公允反映相关交易和事项。

我们与治理层就计划的审计范围、时间安排和重大审计发现（包括我们在审计中识别的值得关注的内部控制缺陷）等事项进行沟通。

我们还就遵守关于独立性的相关职业道德要求向治理层提供声明，并就可能被合理认为影响我们独立性的所有关系和其他事项，以及相关的防范措施（如适用）与治理层进行沟通。

从与治理层沟通的事项中，我们确定哪些事项对本期财务报表审计最为重要，因而构成关键审计事项。我们在审计报告中描述这些事项，除非法律法规禁止公开披露这些事项，或在极其罕见的情形下，如果合理预期在审计报告中沟通某事项造成的负面后果超过在公众利益方面产生的益处，我们确定不应在审计报告中沟通该事项。

二、按照相关法律法规的要求报告的事项

［本部分报告的格式和内容，取决于相关法律法规对其他报告责任的规定。法律法规规范的事项（其他报告责任）应当在本部分处理，除非其他报告责任与审计准则所要求的报告责任涉及相同的主题。如果涉及相同的主题，其他报告责任可以在审计准则所要求的同一报告要素部分中列示。当其他报告责任和审计准则规定的报告责任涉及同一主题，并且审计报告中的措辞能够将其他报告责任与审计准则规定的责任予以清楚地区分（如差异存在）时，允许将两者合并列示（即包含在"对财务报表出具的审计报告"部分中，并使用适当的副标题）。］

（续表）

××会计师事务所	中国注册会计师：×××（项目合伙人）
（盖章）	（签名并盖章）
	中国注册会计师：×××
	（签名并盖章）
中国××市	二×二三年×月×日

相关思考 12-1

资本市场中否定意见的审计报告较少，请简要谈谈出现这个现象的原因。

（7）无法表示意见的审计报告的范例（表 12-8）。

表 12-8 **审计报告**

ABC 股份有限公司全体股东：

一、对财务报表出具的审计报告

（一）无法表示意见

我们接受委托，审计 ABC 股份有限公司（以下简称"ABC 公司"）财务报表，包括 2×22 年 12 月 31 日的资产负债表，2×22 年度的利润表、现金流量表、股东权益变动表以及财务报表附注。

我们不对后附的 ABC 公司财务报表发表审计意见。由于"形成无法表示意见的基础"部分所述事项的重要性，我们无法获取充分、适当的审计证据以作为对财务报表发表审计意见的基础。

（二）形成无法表示意见的基础

ABC 公司未对 2×22 年 12 月 31 日的存货进行盘点，金额为×万元，占期末资产总额的 40%。我们无法实施存货监盘，也无法实施替代审计程序，以对期末存货的数量和状况获取充分、适当的审计证据。

（三）管理层和治理层对财务报表的责任

管理层负责按照企业会计准则的规定编制财务报表，使其实现公允反映，并设计、执行和维护必要的内部控制，以使财务报表不存在由于舞弊或错误导致的重大错报。

在编制财务报表时，管理层负责评估 ABC 公司的持续经营能力，披露与持续经营相关的事项（如适用），并运用持续经营假设，除非计划清算 ABC 公司、停止营运或别无其他现实的选择。

治理层负责监督 ABC 公司的财务报告过程。

（五）注册会计师对财务报表审计的责任

我们的责任是按照中国注册会计师审计准则的规定，对 ABC 公司的财务报表执行审计工作，以出具审计报告。但由于"形成无法表示意见的基础"部分所述的事项，我们无法获取充分、适当的审计证据以作为发表审计意见的基础。

按照中国注册会计师职业道德守则，我们独立于 ABC 公司，并履行了职业道德方面的其他责任。

二、对其他法律和监管要求的报告

［本部分报告的格式和内容，取决于相关法律法规对其他报告责任的规定。法律法规规范的事项（其他报告责任）应当在本部分处理，除非其他报告责任与审计准则所要求的报告责任涉及相同的主题。如果涉及相同的主题，其他报告责任可以在审计准则所要求的同一报告要素部分中列示。当其他报告责任和审计准则规定的报告责任涉及同一主题，并且审计报告中的措辞能够将其他报告责任与审计准则规定的责任予以清楚地区分（如差异存在）时，允许将两者合并列示（即包含在"对财务报表出具的审计报告"部分中，并使用适当的副标题）。］

××会计师事务所	中国注册会计师：×××（项目合伙人）
（盖章）	（签名并盖章）
	中国注册会计师：×××
	（签名并盖章）
中国××市	二×二三年×月×日

相关思考 12-2 ···

有人认为无法表示意见就是审计人员没有发表意见或是审计人员不做任何审计程序就发表意见,你赞同吗? 为什么?

二、审计报告意见类型的决策

(一) 选择审计报告意见类型的决策步骤

注册会计师选择审计意见类型的正确与否,直接决定着审计风险和法律责任的大小。从国外大会计公司审计经验看,选用正确的审计意见类型、出具适当的审计报告,一般应采取以下三个决策步骤。

1. 确定是否存在需要偏离"标准审计报告"的任何情况

注册会计师在外勤审计完成后,应当根据工作底稿的记录,确定是否存在偏离"标准审计报告"的任何情况。如不存在这些情况,便出具标准审计报告。如果存在这些情况,转按以下步骤处理。

2. 决定每个情况的重要性程度

《中国注册会计师审计准则 1502 号——在审计报告中发表非无保留意见》规定,注册会计师要根据下列事项确定恰当的非无保留意见类型:一是导致非无保留意见的事项的性质,是财务报表存在重大错报,还是在无法获取充分、适当的审计证据的情况下,财务报表可存在重大错报;二是注册会计师就导致非无保留意见的事项对财务报表产生或可能产生影响的广泛性作出的判断。

如存在需要偏离"标准审计报告"的情况,注册会计师应当分析该情况对客户会计报表的潜在影响,决定该情况是"不重要""重要",还是"重要且广泛"。注册会计师对情况重要性的决策是个困难的过程,需要运用大量的专业判断。下文将重点说明确定重要性程度应考虑的因素。

3. 判断偏离情况的重要性程度

根据偏离情况的重要性程度,决定适当的审计意见类型和审计报告类型

选择审计报告意见类型的决策步骤如图 12-1 所示。

(二) 确定重要性程度应考虑的因素

重要性是考虑审计报告类型的主要因素。但在实际工作中,根据特定的情况来判断重要性程度却很不容易。某一问题不重要、重要或重要且广泛,并无明确的标准。根据《中国注册会计师审计准则第 1221 号——计划和执行审计工作时的重要性》的规定,重要性取决于在具体环境下对错报金额和性质的判断,如果一项错报单独或连同其他错报可能影响财务报表使用者依据财务报表作出的经济决策,则该错报是重大的。因此,确定重要性程度时应当考虑错报金额和性质两个方面。同时,当审计范围受到限制时,还需要考虑审计范围受到限制的程度。

1. 错报金额或审计范围受到限制的影响程度与重要性水平的比较

如前所述,重要性水平可以采用基数乘以一定比率的办法确定。例如,注册会计师可以采用资产总额的 0.5%～1%、净资产的 1%、营业收入的 0.5%～1%等来确定重要性水平。重要性水平一旦确定,可将错报金额或审计范围受到限制的影响与重要性水平进行比较,以判断出具审计报告的类型:

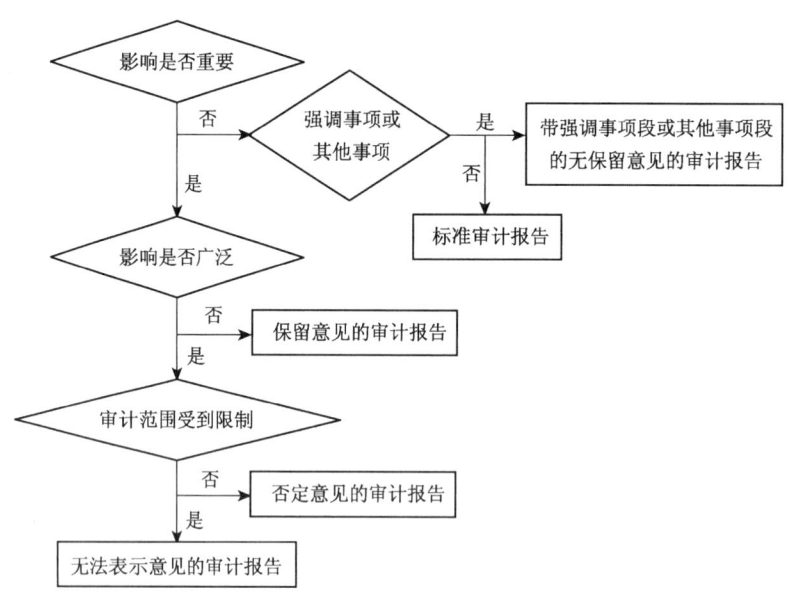

图 12-1　审计报告意见类型的决策步骤

（1）错报金额或审计范围受到限制的影响不重要。被审计单位会计政策的选用、会计估计的作出或财务报表的披露不符合适用的会计准则和相关会计制度的规定,或审计范围受到限制,但所涉金额不大,远远低于重要性水平,不至于影响财务报表使用者的决策,则该错报金额或审计范围受到限制的影响不重要。此时,注册会计师应当出具无保留意见的审计报告。如前所述,如果需要在审计报告中附加说明段、强调事项段或一些修饰性用语,则出具带强调事项段的无保留意见的审计报告;否则,出具标准审计报告。

（2）错报金额或审计范围受到限制的影响重要,但就财务报表整体而言是公允的。被审计单位会计政策的选用、会计估计的作出或财务报表的披露不符合适用的会计准则和相关会计制度的规定,或(且)审计范围受到限制,且所涉金额接近或超过重要性水平,以致在某些方面影响财务报表使用者的决策,但就财务报表整体而言是公允的,此时注册会计师应当出具保留意见的审计报告。

（3）错报金额重要或审计范围受到限制且影响广泛,以至于财务报表整体公允性存在问题。被审计单位会计政策的选用、会计估计的作出或财务报表的披露不符合适用的会计准则和相关会计制度的规定,所涉金额超过重要性水平且影响广泛,将全面影响财务报表使用者的决策,此时注册会计师应当出具否定意见的审计报告;审计范围受到限制,所涉金额超过重要性水平且影响广泛,将全面影响财务报表使用者的决策,此时注册会计师应当出具无法表示意见的审计报告。

值得注意的是,当确定某一例外事项是否重要时,必须考虑该例外事项对财务报表各部分的影响程度,这叫作"牵扯性"。现金和应收账款的错误分类只影响这两个账户,因而没有牵扯性。但漏记一项重要的销售业务就具有很强的牵扯性,因为它会影响流动资产、资产总额、流动负债、负债总额、所有者权益、毛利润和营业收入。因此,在确定出具的审计报告的类型时,注册会计师必须考虑所有受该错报影响的账户及其金额大小(牵扯性)。一项错报金额或审计范围受到限制所涉及的影响牵扯性越广泛,注册会计师出具否定意见或无法表示意见审计报告的可能性就越大。

2. 错报的性质

会计报表中的错误类型不同,也会影响使用者的决策。有些错报金额可能不大,但性质却是严重的。某些事项会影响使用者的决策,从而会以不同于大多数其他错报的方式影响注册会计师对重要性的判断。从性质上看,下列事项通常认为是严重的:

(1)业务是非法或欺诈性的。

(2)某一项目单从本期考虑并不重要,但对未来某些期间有重大影响。

(3)具有"心理"效应的项目,如小额利润相对于小额亏损,存款结余相对于透支。

(4)根据合同责任判断影响重大,如未能遵守某项债务约束,可能导致一笔重要的贷款被要求立即偿还。

(5)对遵守国家有关法律、法规和规章影响重大,如首次发行股票公司的净资产收益率。

综上所述,重要性与审计报告类型之间的关系如表 12-9 所示。

表 12-9　　　　　　　　　　重要性和审计报告类型之间的关系

重要性水平	从正常使用者的决策角度考察重要性水平	审计报告类型
不重要	不影响财务报表使用者的决策,且无强调事项	标准审计报告
	不影响财务报表使用者的决策,但有强调事项	带强调事项段的无保留意见的审计报告
重要	在某些方面影响财务报表使用者的决策,但就财务报表整体而言是公允的	保留意见的审计报告
重要且广泛	由于错报全面影响财务报表使用者的决策	否定意见的审计报告
	由于审计范围受到限制全面影响财务报表使用者的决策	无法表示意见的审计报告

根据重要性水平和审计范围受到限制的程度确定审计意见类型在概念上是很清楚的,然而在实际应用中却是一件非常困难的事情。它在很大程度上取决于注册会计师的专业判断,需要注册会计师具备较高的职业道德素质和业务水平。

12-5　牛刀小试

本 章 小 结

本章主要学习了审计报告相关知识。审计报告是指审计人员根据审计准则的规定,在实施审计工作的基础上对被审计单位财务报表发表审计意见的书面文件。审计意见的类型按其表述方式的不同,可以分为无保留意见、保留意见、否定意见和无法表示意见四种类型。

本 章 重 要 概 念

审计报告　标准审计报告　关键审计事项　强调事项段　保留意见　否定意见
无法表示意见

本章练习

一、思考题

1. 什么是审计报告？审计报告的作用有哪些？

2. 注册会计师可以对已审计会计报表发表哪几种类型的审计意见？在什么情况下发表这些类型的审计意见？

3. 如何确定审计报告类型？需经历哪些步骤？

12-6 扫一扫 练一练

12-7 扫一扫 看答案

12-8 扫一扫 看课件

二、案例讨论题

1. ABC 会计师事务所的 A 注册会计师担任多家被审计单位 2022 年度财务报表审计的项目合伙人,遇到下列与审计报告相关的事项:

(1) 甲公司为 ABC 会计师事务所 2022 年度承接的新客户。前任注册会计师由于未就 2020 年 12 月 31 日存货余额获取充分、适当的审计证据,对甲公司 2021 年度财务报表发表了保留意见。审计项目组认为,导致保留意见的事项对本期数据本身没有影响。

(2) 2022 年 10 月,上市公司乙公司因涉嫌信息披露违规被证券监管机构立案稽查。截至审计报告日尚无稽查结论。管理层在财务报表附注中披露了上述事项。

(3) 丙公司管理层对固定资产实施减值测试,按照未来现金流量现值与固定资产账面净值的差额确认了重大减值损失。管理层无法提供相关信息以支持现金流量预测中假设的未来 5 年营业收入,审计项目组也无法作出估计。

(4) 2022 年 2 月,丁公司由于生产活动产生严重污染,被当地政府部门责令无限期停业整改。截至审计报告日,管理层的整改计划尚待董事会批准。管理层按照持续经营假设编制了 2019 年度财务报表,并在财务报表附注中披露了上述情况。审计项目组认为管理层运用持续经营假设符合丁公司的具体情况。

(5) 戊公司于 2022 年 9 月起停止经营活动,董事会拟于 2023 年内清算戊公司。2022 年 12 月 31 日,戊公司账面资产余额主要为货币资金、其他应收款以及办公家具等固定资产,账面负债余额主要为其他应付款和应付职工薪酬。管理层认为,如采用非持续经营编制基础,对上述资产和负债的计量并无重大影响,因此,仍以持续经营假设编制 2019 年度财务报表,并在财务报表附注中披露了清算计划。

(6) 2022 年 1 月 1 日,己公司通过收购取得子公司庚公司。由于庚公司账目混乱,己公司管理层决定在编制 2019 年度合并财务报表时不将其纳入合并范围。庚公司 2022 年度的营业收入和税前利润约占己公司未审合并财务报表相应项目的 30%。

要求:针对上述第(1)至(6)项,假定不考虑其他条件,逐项指出 A 注册会计师应当出具何种类型的审计报告,并简要说明理由。

2. 中国证券市场中的第一份无法表示意见的审计报告

1998 年年初,石家庄宝石电子玻璃股份有限公司(以下简称"宝石公司")生产停顿,财务状况不佳,受聘审计的普华大华会计师事务所对其财务报表出具了拒绝表示意见(无法表示意见)的审计报告。由于是中国证券市场出现的第一份这种类型的报告,引起了证券市场不小的震动,广大市场参与者对其给予了充分的肯定与支持。

　　宝石公司的前身是石家庄显像管总厂(以下简称"石显总厂")。1992年5月,经政府有关部门批准,石显总厂以其下属的黑白玻壳生产线、黑白显像管生产线为主体开始进行股份制试点,并以募集方式设立股份有限公司。公司的主营业务为生产黑白显像管玻壳及黑白显像管。石显总厂则改组为石家庄宝石电子集团公司,成为股份公司的控股公司。1995年6月和9月,宝石公司又先后在深圳证券交易所上网定价发行了B股10 000万股和A股2 620万股,并上市流通。至此,宝石公司的总股本达38 300万股。

　　从财务报表来看,宝石公司从成立伊始至上市,业绩一直是良好的。从1993年度至1996年度,该公司的净资产收益率分别为4.16%、26.88%、35.15%和8.8%。从招股说明书中所反映的过去的成就和展望的前景来看,公司的整体状况也是比较好的。然而,市场经济这只无形之手也是无情之手。由于黑白电视机市场的快速萎缩,其上游产品的需求、价格大幅度下降。公司1997年度的财务报表反映出的企业经营成果和财务状况令人大失所望,出现每股0.872元的严重亏损。更为严重的是,为公司进行年度报表审计的注册会计师认为,由于产品积压、生产停顿,已无法判定该公司是否保有持续经营能力,因此无法对财务报表整体发表任何意见。

　　据公司1996年年报反映,黑白电视机市场的萎缩在1996年下半年已经出现,只是由于公司控股的彩壳公司下半年投入生产,增加了公司的投资收益,所以尽管利润有大幅下滑,但不至于出现亏损,因此问题暴露得不很明显。自1997年,由于国内电视机市场的恶性无序竞争发展到白热化程度,使得黑白电视机市场加速萎缩。黑白显像管和黑白玻壳在1997年的最低售价比1996年上半年均下跌了60%以上,已低于生产成本,同时,彩壳的售价下跌也超过20%,彩壳公司也出现了严重亏损;黑白玻壳生产线熔炉按计划停炉检修后,由于产品积压严重,恢复生产无望,而转产其他产品在短时间内又难以完成,因此整个生产线实际已处于停产状态。

　　针对以上严峻情况,注册会计师认为,宝石公司无法就公司是否能保持经营能力提供充分和必要的证据,在这种情况下,也就无法确定公司巨额存货和固定资产的计价方法的合理性。而且,由于市场环境恶劣,公司的巨额应收账款的可回收性也由于下游企业的不良财务状况而变得更加不确定。另外,公司的流动负债超过流动资产7亿多元,资产负债比率严重不正常。因此,注册会计师无法就依据持续经营会计假设编制的会计报表是否能公允反映该公司的财务状况和经营成果发表任何意见。

　　要求:该案例中的注册会计师针对宝石公司的情形出具了无法表示意见的审计报告,他们作出的决策是否合理? 他们的依据是什么?

参 考 文 献

［1］中国注册会计师协会. 审计［M］. 北京：经济科学出版社，2022.

［2］韩晓梅. 审计学——原理与实务［M］. 北京：清华大学出版社，北京交通大学出版社，2014.

［3］阿尔文·A·阿伦斯，兰德尔·J·埃尔德，马克·S·比斯利. 审计学——一种整合方法［M］. 谢盛纹，张龙平，译. 北京：中国人民大学出版社，2013.

［4］中国注册会计师协会. 财务报表审计工作底稿编制指南［M］. 北京：经济科学出版社，2012.

［5］王生根. 审计实务——基于风险导向审计理念［M］. 北京：清华大学出版社，2009.

［6］陈汉文，韩洪灵. 审计理论［M］. 北京：机械工业出版社，2009.

［7］余玉苗. 审计学［M］. 2版. 北京：清华大学出版社，2008.

［8］朱荣恩. 审计学［M］. 3版. 北京：高等教育出版社，2008.

［9］张继勋，程悦. 审计学［M］. 北京：清华大学出版社，2008.

［10］李晓慧. 审计学——实务与案例［M］. 北京：中国人民大学出版社，2011.

［11］杨昌红，赵凌云. 审计学［M］. 北京：清华大学出版社，2008.

［12］赵晓波，韩东京. 审计学［M］. 成都：西南财经大学出版社，2008.

［13］文森特·M·奥赖利，等. 蒙哥马利审计学［M］. 刘霄仑，等译. 北京：中信出版社，2007.

［14］W·罗伯特·克涅科. 审计——增信服务与风险［M］. 程悦，译. 大连：东北财经大学出版社，2011.

［15］宋常. 审计学［M］. 北京：中国人民大学出版社，2016.

［16］王英姿. 审计原理与实务［M］. 上海：上海财经大学出版社，2015.

［17］刘明辉. 审计［M］. 大连：东北财经大学出版社，2016.

［18］里克·海斯，等. 审计学——基于国际审计准则的视角［M］. 来明敏，等译. 北京：机械工业出版社，2006.

［19］彭华彰. 政府效益审计论［M］. 北京：中国时代经济出版社，2006.

［20］章文波，曹光四. 审计学［M］. 上海：立信会计出版社，2005.

［21］马贤明，郑朝晖. 会计 & 谜局［M］. 大连：大连出版社，2005.

［22］拉里·F·康里奇. 审计学——一项风险分析方法［M］. 耿建新，等译. 北京：中国人民大学出版社，2004.

［23］李雪. 审计理论研究［M］. 青岛：中国海洋大学出版社，2004.

［24］林柄沧. 如何避免审计失败［M］. 北京：中国时代经济出版社，2003.

［25］雷·惠廷顿，等. 审计与其他保证服务［M］. 萧英达，等译. 北京：机械工业出版社，2003.

［26］荆新. 工业企业经营审计［M］. 北京：地震出版社，1988.

［27］中国注册会计师协会. 中国注册会计师审计准则［S］. 2016.

［28］中国注册会计师协会. 质量控制准则第5101号——会计师事务所对执行财务报表审计和审阅、其他鉴证和相关服务业务实施的质量控制［S］. 2010.

［29］中国注册会计师协会. 中国注册会计师职业道德守则第1号～第5号［S］. 2009.

［30］审计署. 中华人民共和国国家审计准则［S］. 2010.

［31］中国内部审计协会. 中国内部审计准则［S］. 2013.

［32］财政部，审计署，中国保险监督管理委员会，中国银行业监督管理委员会，中国证券监督管理委员会.

企业内部控制基本规范[S]. 2008.

[33] 财政部,审计署,中国保险监督管理委员会,中国银行业监督管理委员会,中国证券监督管理委员会. 企业内部控制应用指引第1~5号[S].2010.

[34] 财政部会计司.财政部会计司解读《企业内部控制应用指引第1~5号》[S].2010.

[35] 财政部会计司. 企业内部控制规范讲解(2010)[M].北京:经济科学出版社,2010.

[36] 窦鑫丰,吴姬君. 刍议会计师事务所审计计划阶段的风险管理[J].财会月刊,2009(3).

[37] 孙玉军. 我国政府环境审计计划管理研究[J].会计之友,2008(4).

[38] 席晨,倪巍洲,孙秀春.审计计划执行过程控制和审计计划调整[J].审计研究,2006(1).

[39] 廖义刚. 论审计师思维模式与分析程序[J].财会通讯,2008(6).

[40] 毛敏,张龙平. 审计重要性概念的内涵与本质辨析[J].财会月刊,2009(7).

[41] 谢盛纹. 重要性概念及其运用:过去与未来[J].会计研究,2007(2).

[42] 吴水澎,陈汉文,邵贤弟.论改进我国企业内部控制——由"亚细亚"失败引发的思考[J].会计研究,2000(9).

[43] 刘志远,刘洁. 信息技术条件下的企业内部控制[J].会计研究,2001(12).

[44] 张锦秀. 信息技术对内部控制及审计过程的影响[J].中南财经政法大学学报,2005(3).

[45] 张蕊. 注册会计师的民事责任及其抗辩[J].审计研究,2003(1).

[46] 王传凤. 关于我国注册会计师法律责任的成因分析[J].工业审计与会计,2010(3).

[47] 李哲. 政府效益审计要素[J].审计与经济研究,1998(2).

[48] 深圳大剧院、音乐厅3年亏损4千万 巨额补贴引争议[N].南方日报,2010-11-23.

[49] 万玉昆. 基层审计视角下《国家审计准则》解读[EB/OL]. http://www.cjbd.com.cn.

[50] 湖北省随州市审计局."一张银行利息通知单'挖'出一个女'巨贪'"——原随州市第二棉纺厂厂长、党委书记贪污案查处纪实"[EB/OL]. http://203.207.93.61:8180/search/search.jsp.

[51] 审计署."54个部门单位2008年度预算执行情况和其他财政收支情况审计结果"[OB/OL]. http://203.207.93.61:8180/search/search.jsp.

[52] 李若山. 审计案例——国外审计诉讼案例[M].沈阳:辽宁人民出版社,1998.

[53] 孙伟龙. 审计学——教程与案例[M].杭州:浙江大学出版社,2012.

[54] 柳洪强,金文兵. 虚假审计报告导致重犯被判无罪——法院亡羊补牢 嫌犯、会计双双获刑[N].武汉晚报,2008-02-03.

[55] 李寿喜. 审计学原理——面向人性缺陷的治理技术[M].北京:经济管理出版社,2012.

[56] 阿伦斯,洛布贝克. 审计学[M].1卷.北京:中国审计出版社,2001.

[57] 高雅青,等. 上市公司审计案例分析[M].北京:中国时代经济出版社,2003.

[58] 刘静. 审计案例与模拟实验[M].北京:经济科学出版社,2007.

[59] 何秀英. 审计学[M].大连:东北财经大学出版社,2012.

[60] 葛荣根. 2亿元足以让合作伙伴翻脸[N].上海证券报,2006-5-11.

[61] 蒋武,刘丽华. 审计学[M].北京:经济科学出版社,2001.

[62] 王宝庆,邢小玲,刘勇. 审计学[M].北京:科学出版社,2012.

[63] 班景刚,谭先华. 审计学习指导与练习(要点·习题·案例)[M].北京:中国财政经济出版社,2012.

[64] 孙平. 我国政府效益审计问题研究[D].东北林业大学,2006.

[65] 阿尔文·A·阿伦斯,等. 审计学:一种整合方法[M].14版.北京:中国人民大学出版社,2013.

[66] 秦荣生. 审计学(第八版)[M].北京:中国人民大学出版社,2014.

[67] 张立民,等. 审计学原理与实务[M].2版.北京:北京交通大学出版社,2013.

[68] 王道顺. 新编审计学[M].长沙:湖南师范大学出版社,2016.